神나는 윷판 인생

김홍석 지음

청어

신神나는 윷판 인생人生

김홍석 지음

발행처·도서출판 청어
발행인·이영철
영　업·이동호
홍　보·이수빈
기　획·천성래
편　집·방세화
디자인·김희주 / 이수빈
제작부장·공병한
인　쇄·두리터

등　록·1999년 5월 3일
(제321-3210000251001999000063호)

1판 1쇄 인쇄·2018년 8월 20일
1판 1쇄 발행·2018년 8월 30일

주소·서울특별시 서초구 효령로55길 45-8
대표전화·586-0477
팩시밀리·586-0478

홈페이지·www.chungeobook.com
E-mail·ppi20@hanmail.net
ISBN·979-11-5860-575-9(03150)

이 도서의 국립중앙도서관 출판시도서목록(CIP)은 서지정보유통지원시스템 홈페이지
(http://seoji.nl.go.kr)와 국가자료공동목록시스템(http://www.nl.go.kr/kolisnet)에서
이용하실 수 있습니다.(CIP제어번호: CIPCIP2018019926)

하늘과 땅과 사람이
윷판에서 신나게 함께 살아간다

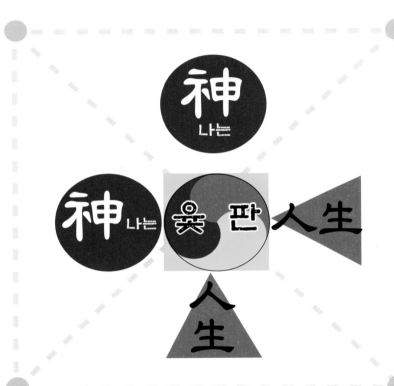

얼이 씨구나!
신나게 윷 한판 놀아보세

天符經

中	本	衍	運	三	三	一	盡	一
天	本	萬	三	大	天	三	本	始
地	心	往	四	三	二	一	天	無
一	本	萬	成	合	三	積	一	始
一	太	來	環	六	地	十	一	一
終	陽	用	五	生	二	鉅	地	析
無	昂	變	七	七	三	無	一	三
終	明	不	一	八	人	匱	二	極
一	人	動	妙	九	二	化	人	無

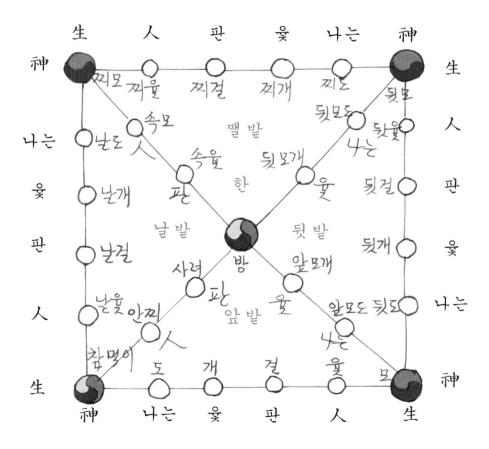

윷판

1-1 하늘과 땅과 사람이
자유와 평화와 사랑이
함께하는 삼태극
三太極

1-2 잠실뻘에 서 있는
123층 롯데타워빌딩
2017년

1-3 한강개포포구에 조성된
탄천하수처리장 1985년

1-3 한강개포포구에 조성된
탄천물재생센터 복개공원 2017년

1-4 가족 윷놀이 모습
2017년 01월 새해

1-4 안성휴게소 윷놀이
2018년 01월 01일 새해

1-4 안성휴게소 풍물놀이 홍보판
2018년 01월 01일 새해

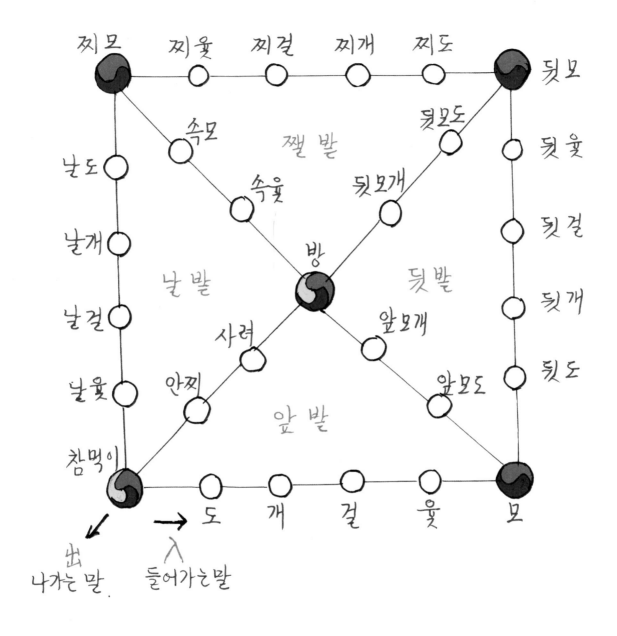

2-1 그림1. 현재 사용중인 윷판(用)

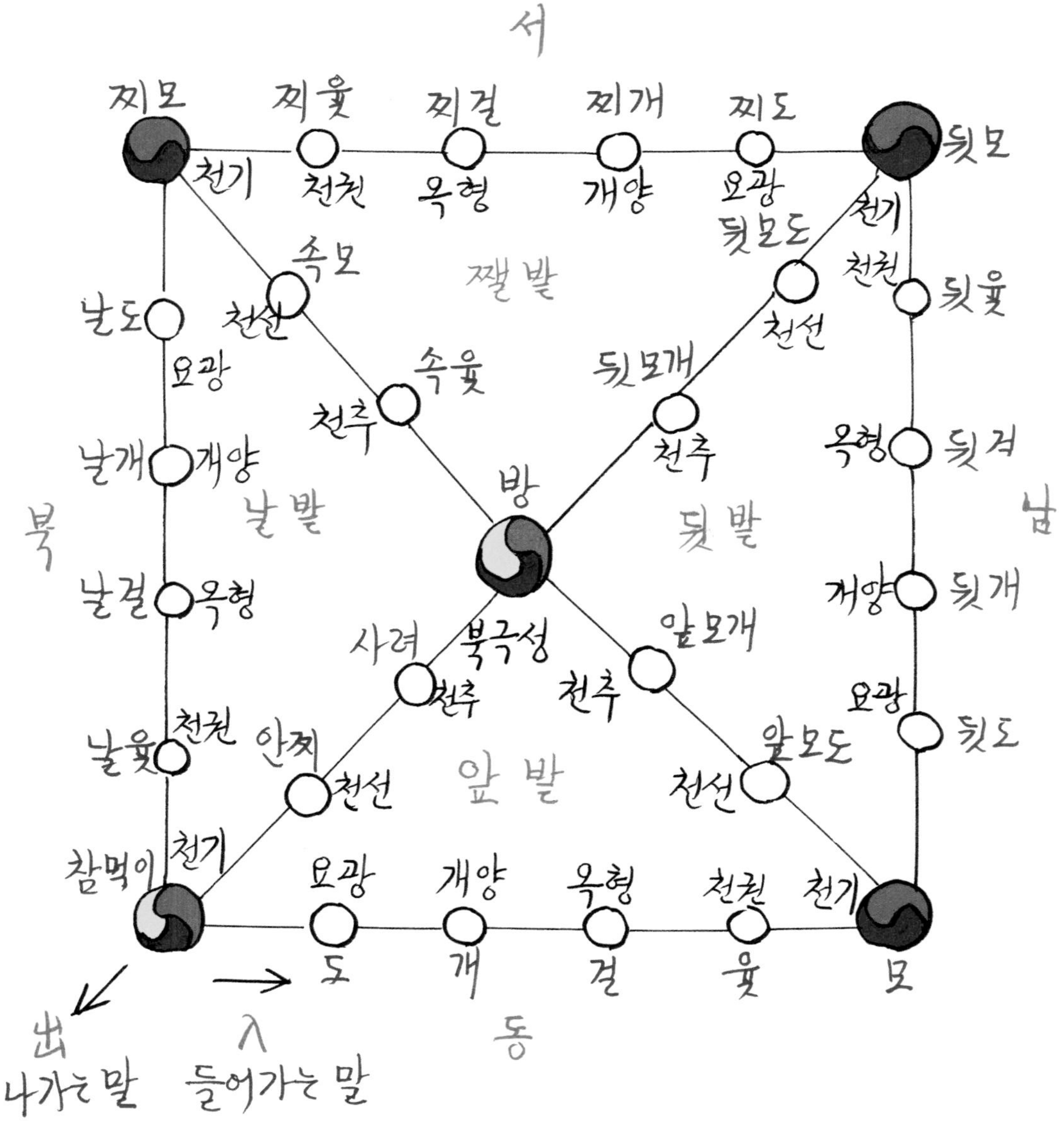
서
찌모
찌윷
찌걸
찌개
찌도
뒷모
천기
천천
옥형
개양
요광
뒷모도
천기
속모
쨀발
날도
천선
천천
뒷윷
천선
요광
속윷
뒷모개
천추
날개
개양
천추
옥형
뒷걸
방
북
날발
뒷발
남
날걸
옥형
개양
뒷개
사려
북극성
앞모개
천추
천추
요광
날윷
천천
안찌
앞모도
뒷도
천선
앞 발
천선
참먹이
천기
요광
개양
옥형
천천
천기
도
개
걸
윷
모
出
入
동
나가는 말
들어가는 말

2-2 그림2. 북극성 중심의 북두칠성 윷판(體)

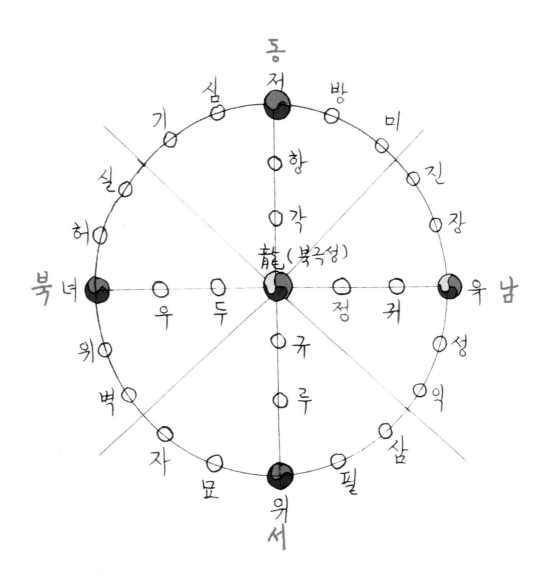

2-3 그림3. 북극성 중심의 28수 윷판(한국세시풍속사전)(體)

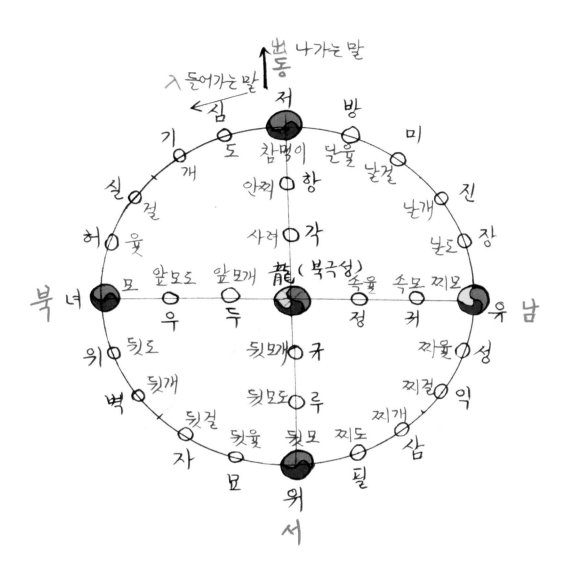

2-3 그림3. 북극성 중심의 28수 윷판(한국세시풍속사전)(體)

10

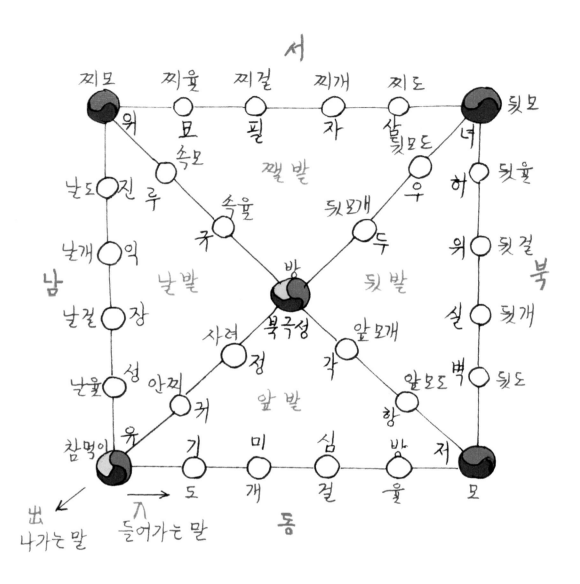

2-4 그림4. 북극성 중심의 28수 윷판(한국세시풍속사전)
근거로 배치한 윷판(體)

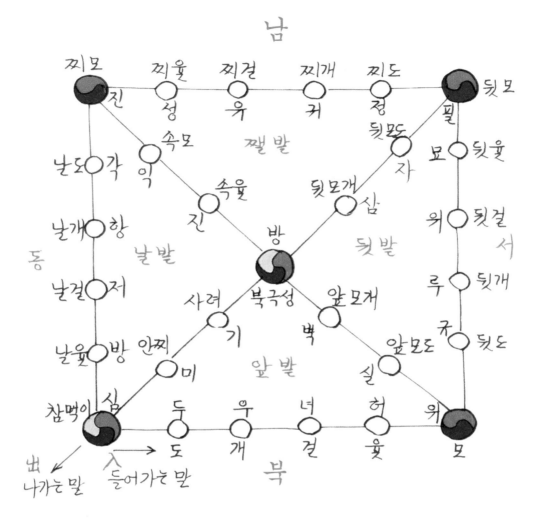

2-5 그림5. 북극성 중심의 28수를 배치한 윷판(體)
(김문표님의 사도설 윷판)

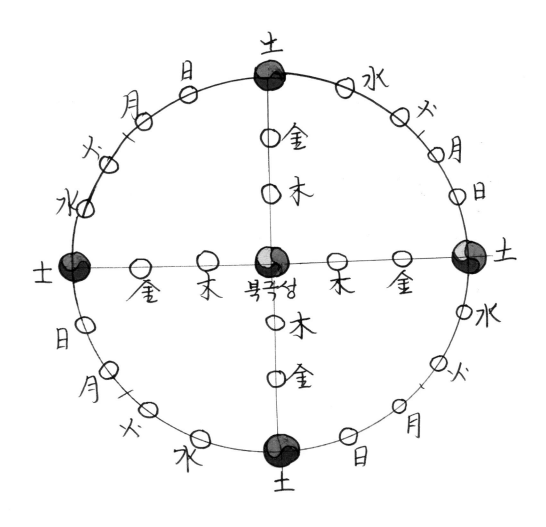

2-6 그림6. 북극성 중심의 태양 행성 운행 윷판(體)
(대종교 천지무극대도판)

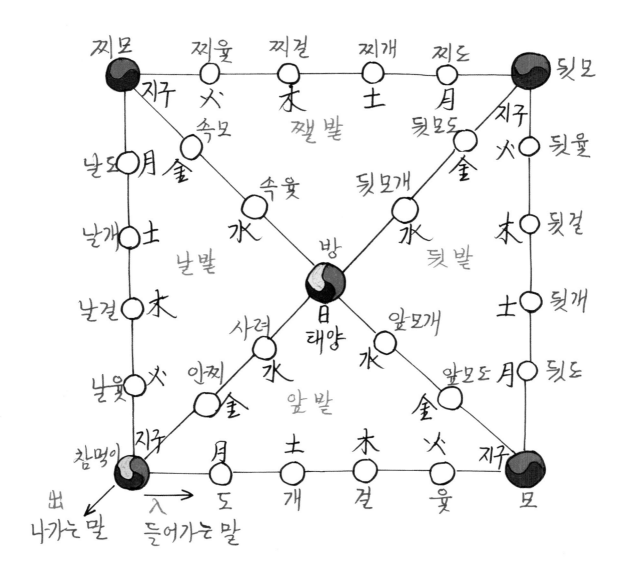

2-7 그림7. 태양 중심의 태양 행성 운행 윷판(體)

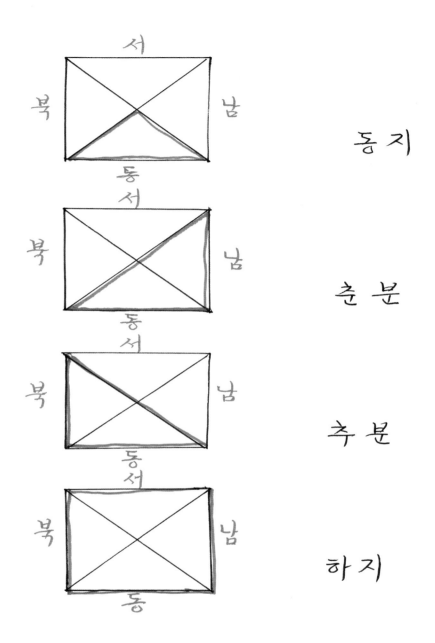

2-8 그림8. 4계절을 표시한 윷판(體)

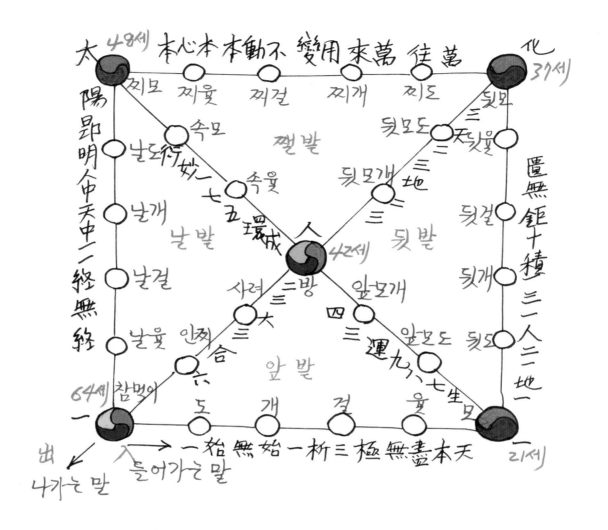

2-9 그림9. 천부경 81자의 윷판(用)

바깥순환 12자 × 4 =   48자
안 순환 7자 × 4 =   28자
방 모방 4자 + 방 1자 =   5자
_____
                        81자

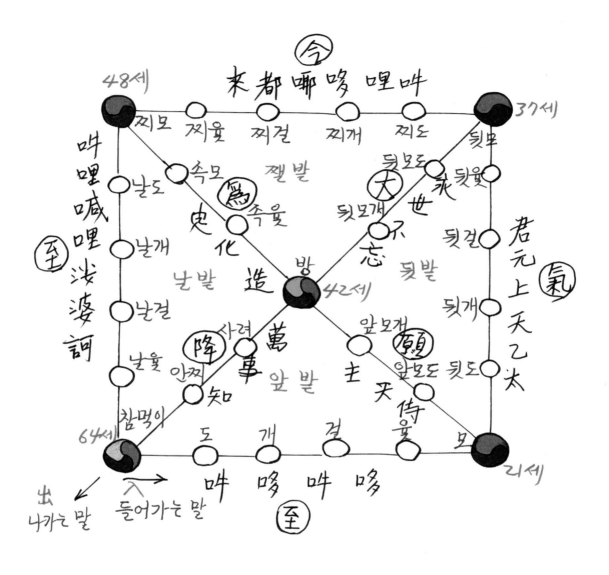

2-10 그림10. 태을주 23자와 시천주 13자의 윷판(用)

바깥순환 태을주 23자
안   순환 시천주 13자
_____
36자

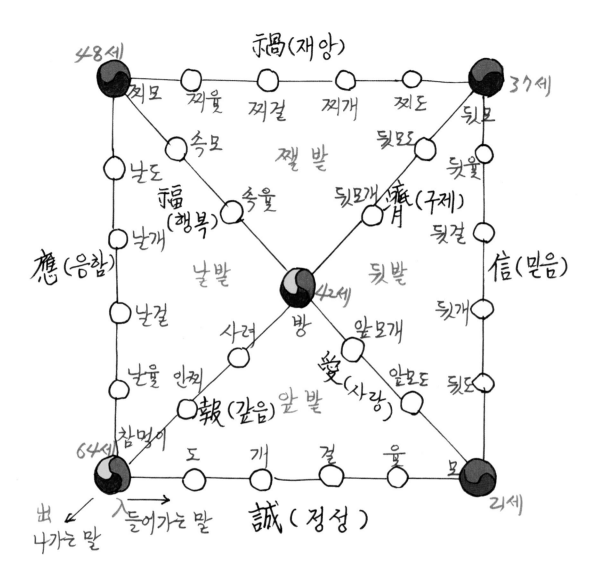

2-11 그림11. 참전계경 8강령 윷판(用)

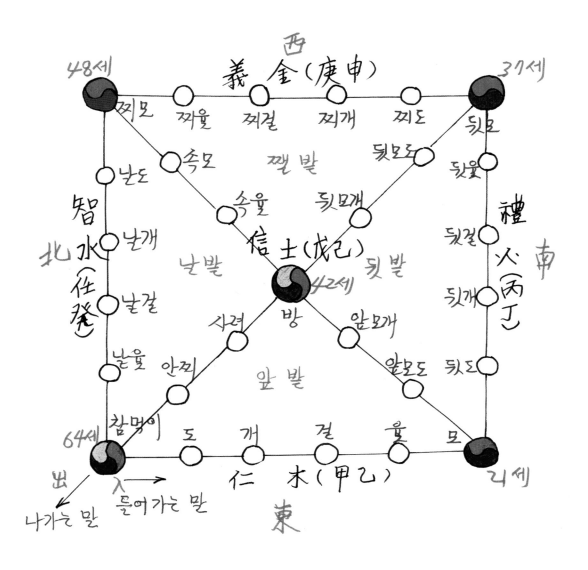

西
義 金(庚申)

48세
智
北水
(任癸)

信 土(戊己)
42세

禮
火(丙丁)
南

64세

仁 木(甲乙)
東

出
나가는 말

入→
들어가는 말

37세

2세

짠발
낟발
앞발
뒷발

찌모 짜율 쩌걸 찌개 찌도
속모
뒷모도
난도
속율
뒷모개
낟개
뒷율
낟걸
뒷걸
방
앞모개
뒷개
사령
앞모도
뒷도
낟율 안찌
참먹이 도 개 걸 율 모

오행 : 木火土金水
10干 : 甲乙丙丁戊己庚申任癸

2-12 그림12. 오행과 10干의 윷판(用)

19

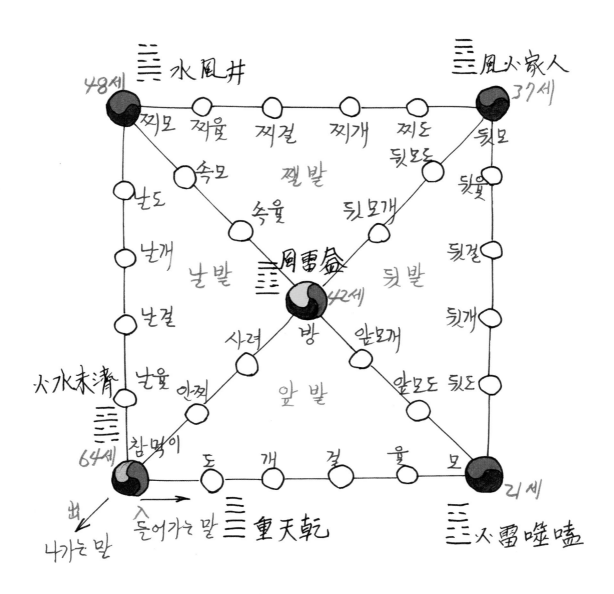

2-13 그림13. 주역 64괘 윷판(用)

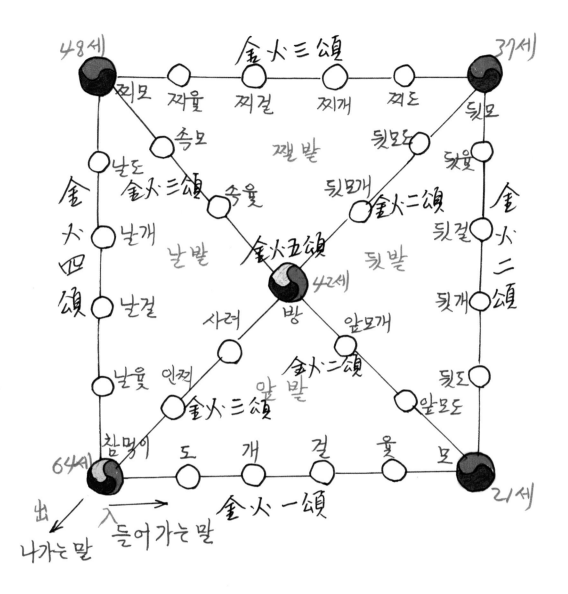

2-14 그림14. 정역의 金火五頌 윷판(用)

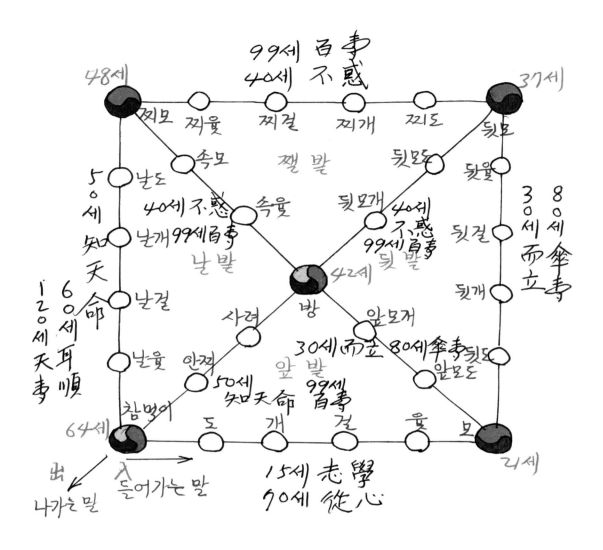

15세 지학 志學 30세 이립 而立 40세 불혹 不惑.
50세 지천명 知天命 60세 이슌 耳順 70세 종삼 從心
80세 산수 傘壽 88세 미수 米壽 99세 백수 百壽
108세 다수 茶壽 120세 천수 天壽

2-15 그림15. 인생행로의 윷판(用)

22

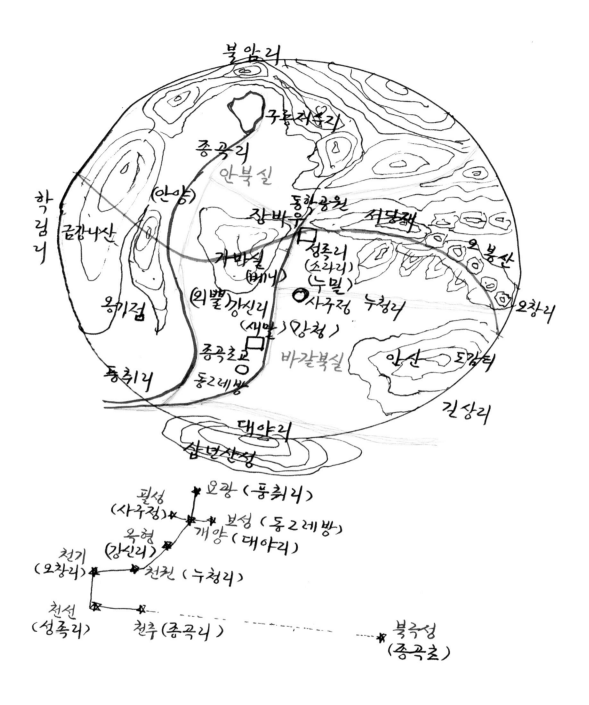

4-1 그림20. 북극성과 북두칠성이 펼쳐진 하늘의 땅(북실)

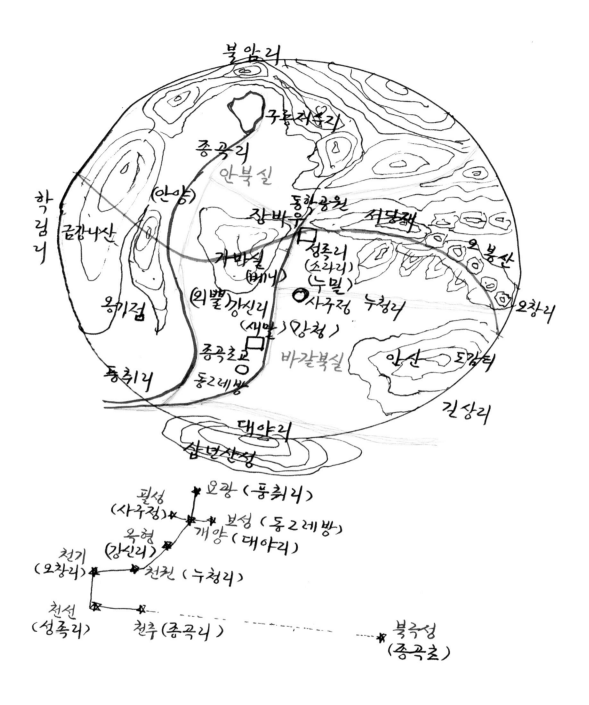

4-1 그림20. 북극성과 북두칠성이 펼쳐진 하늘의 땅(북실)

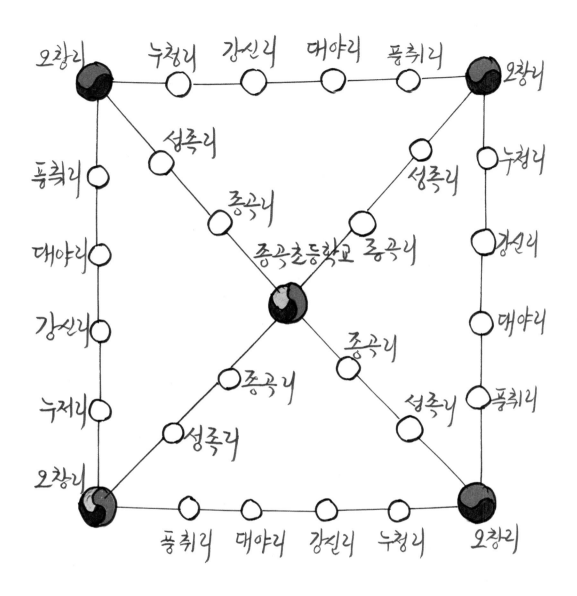

4-2 그림21. 북두칠성의 윷판(북실)

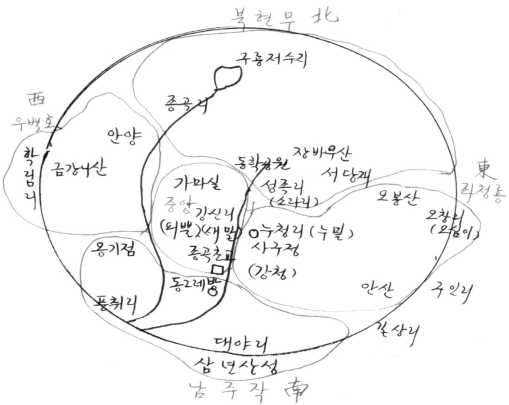

좌청룡 (東 仁) : 안산. 강청. 누밀. 사구정. 오창리
우백호 (西. 義) : 금강나산. 안양. 학림리.
남주작 (南 禮) : 동그레뱅. 옹기점. 풍취리. 대야리 삼년산성
북현무 (北 智) : 종곡리. 소라리. 동학용원. 장바우산. 서영재산. 구룡저수지
중앙 (信) : 종곡초교 외빌. 새말. 가마실

4-3 그림22. 28수별의 동서남북으로 펼쳐진 하늘의 땅(북실)

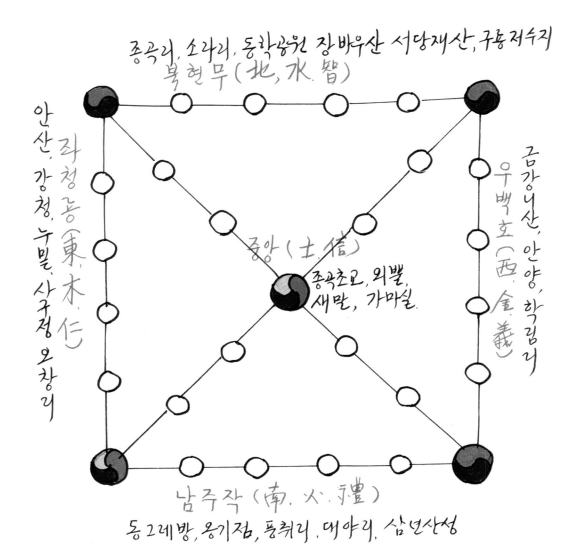

종곡리, 소라리, 동학공원 장바우산 서당재산, 구룡저수지
북현무(北, 水, 智)

안산, 강청, 누밀, 사구정 오창리
좌청룡(東, 木, 仁)

중앙(土, 信)
종곡초교, 외뿔, 새말, 가마실.

금강니산, 안양, 학림리
우백호(西, 金, 義)

남주작(南, 火, 禮)
동그레방, 옹기점, 풍취리, 대야리, 삼년산성

4-4 그림23. 28수별의 동서남북 윷판(북실)

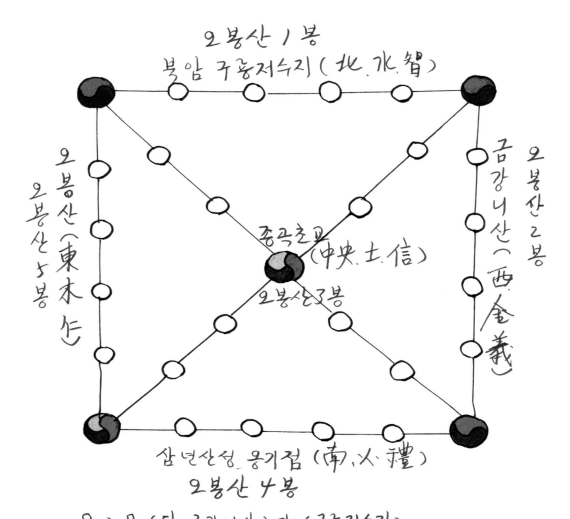

오봉산 1봉
북암 구룡저수지 (北.水.智)

오봉산 (東木仁)
오봉산 5봉

종곡초교 (中央.土.信)
오봉산 3봉

금강니산 (西金義)
오봉산 2봉

삼년산성 용기점 (南.火.禮)
오봉산 4봉

음 : 月 (달. 금강니산) 水 (구룡저수지)
양 : 日 (해. 서당재) 火 (용기점)
오행 오덕 : 오봉산 1봉 (北.水.智) 2봉 (西金義)
　　　　　　3봉 (土.信)　　4봉 (南火.禮)
　　　　　　5봉 (東木仁)

4-5 그림25. 음양오행 오덕의 윷판(북실)

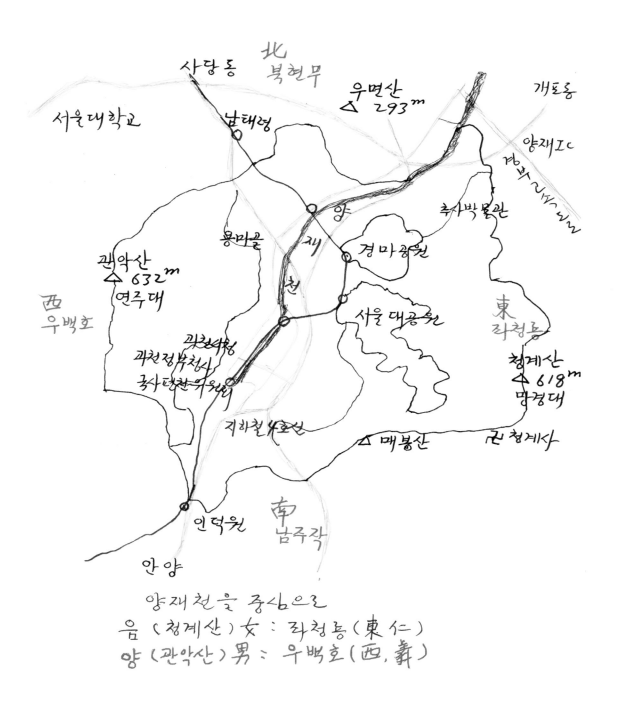

4-7 그림26. 28수별의 동서남북으로 펼쳐진 하늘의 땅(과천)

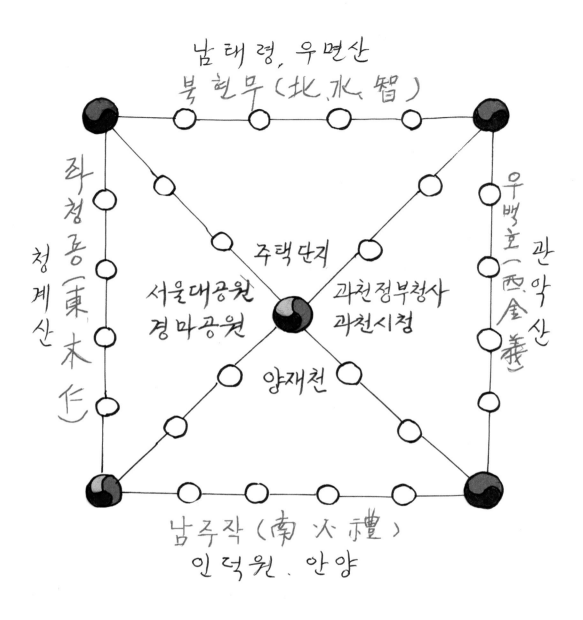

남태령, 우면산
북현무 (北, 水, 智)

좌청룡 (東, 木, 仁)
청계산

우백호 (西, 金, 義)
관악산

주택단지

서울대공원
경마공원

과천정부청사
과천시청

양재천

남주작 (南, 火, 禮)
인덕원, 안양

4-8 그림27. 28수별의 동서남북 윷판(과천)

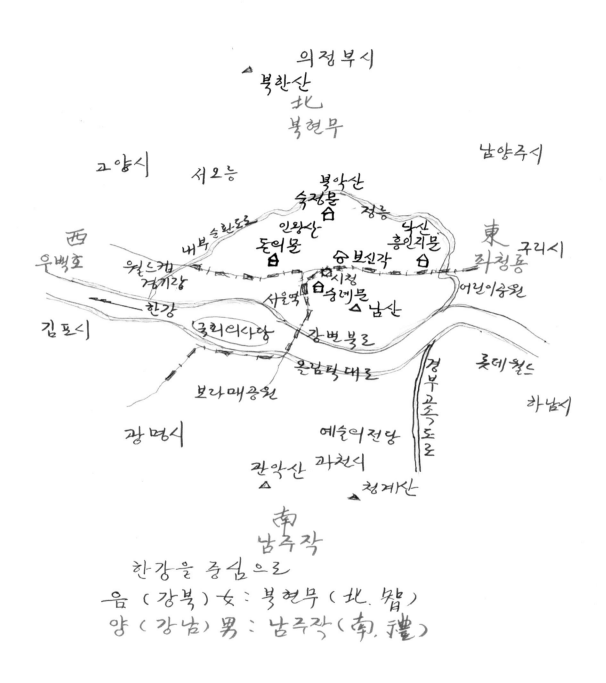

의정부시
북한산
北
북현무

남양주시

고양시   서오능

북악산
숙정문
인왕산   정능
西   내부순환도로   낙산
우백호   동의문   흥인리문   東
월드컵   보신각   구리시
경기강   시청   좌청룡
한강   서울역   숭례문   어린이공원
김포시   남산

국회의사당   강변북로
올림픽대로   경부고속도로   롯데월드
보라매공원   하남시

광명시

예술의전당

관악산   과천시
청계산
南
남주작

한강을 중심으로
음 (강북) 女 : 북현무 (北. 智)
양 (강남) 男 : 남주작 (南. 禮)

4-9 그림28. 28수별의 동서남북으로 펼쳐진 하늘의 땅(서울)

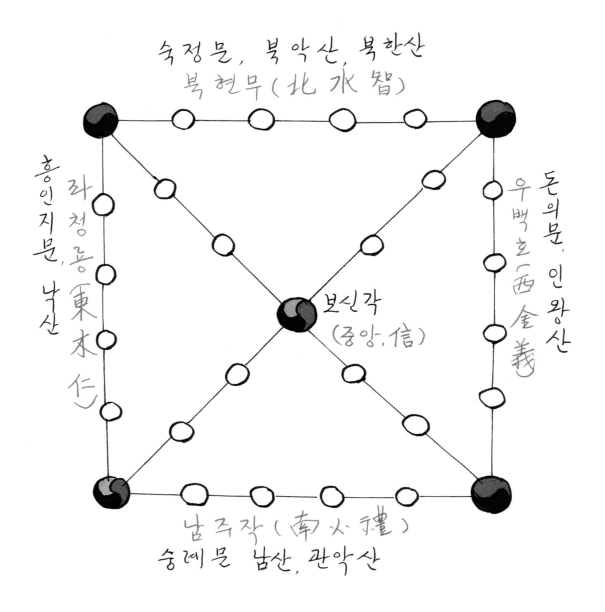

숙정문, 북악산, 북한산
북 현무 (北 水 智)

흥인지문, 낙산

좌청룡(東 木 仁)

돈의문, 인왕산

우백호(西 金 義)

보신각
(중앙, 信)

남주작 (南 火 禮)
숭례문, 남산, 관악산

4-10 그림29. 28수별의 동서남북 윷판(서울)

4-11 종곡초등학교 전경

4-12 동쪽 오봉산 아침 떠오르는 해
(좌청룡)

4-13 서쪽 금강니산 봄
(우백호)

4-14 남쪽 삼년산성
(남주작)

4-15 북쪽 장바우산 동학공원
(북현무)

4-16 종곡리 입구 북실 장승

4-17 경주김씨 판도판서공 세거지

4-17 경주김씨 판도판서공장유공 1,2,3대
모신 종곡리 선영

4-17 충암 김정 문화제 2017년 10월

4-17 사구정에 모셔진 임진왜란 시
의병으로 출정하여 금산 700의총에 묻히신 11대
金자 성聲자 원遠자 할아버지 추념비

4-17 사구정에 모셔진 임진왜란 시
의병으로 출정하여 금산 700의총에 묻히신 11대
金자 성聲자 원遠자 할아버지 추념비

4-17 보은새말집에서 치致자 구九자 아버님과
준準자 복福자 어머님 묘日모심 2017년 3월 11일

4-18 성황당 옆 동그레방

4-19 500년 은행나무 사구정

4-20 외뿔동각 느티나무

4-21 동학군이 집단 매장된 가마실산

4-22 동학혁명군 위령탑

4-23 장바우천과 서당재산

4-24 경주 용담리의 수운대신사 동상

4-25 수운대신사가 깨달음 얻은 용담정

4-26 남원의 은적암의 교룡산

4-27 남원의 은적암 가는길

4-28 전북 정읍의 동학농민공원

4-29 전봉준 장군의 생가터

4-29 전북 정읍의 전봉준 장군의 동학공원

4-30 과천마당 눈 모습

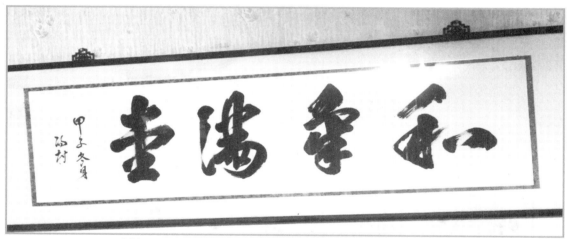

4-31 과천 안방을 지키고 있는 「화기만당」 응이 친구가 준 표구 1981년

4-32 과천 관악산

4-33 과천 경마장

4-34 과천 청계산 매봉

4-35 과천 서울대공원

4-36 과천 남태령의 용마골

4-37 서울 인왕산

4-38 서울 낙산

4-39 서울 남산

4-40 서울 동대문
흥인지문

4-41 서울 남대문 숭례문

4-42 서울 보신각

차례

│ 그림차례 │

| 일러두기 |

o. 본서는 2013년부터 오십이학역五十而學易코자 **본인이 살아온 이야기를** 윷놀이를 통해서 하늘별을 찾고 윷판경전 (「환단고기」, 「천부경」, 「주역」, 「정역」, 「도전」)에 풀어서 정리한 책이다.

o. **기존 하늘별 윷판으로는**
①북극성이 중심에 있고 28수별이 배치된 「한국세시풍속사전」의 그림3과 그림4의 윷 판이 있다. 또한 「김문표 님의 사도설」 윷판 그림5가 있다.
②북극성이 중심에 있고 태양행성이 배치된 「대종교천주무극대도판」 윷판 그림6이 있다.

o. 윷판경전인 「환단고기」, 「천부경」, 「주역」, 「정역」, 「도전」에서는 **하늘별인 북극성, 북두칠성, 28수별, 태양과 달과 태양행성의 운행과 하늘, 땅, 사람의 음양오행과 인, 의, 예, 지, 신 5덕의 윷판 기록에 근거하였다.**

o. **천부경 81자의 풀이는 「환단고기」 「소도경전본훈」 기록과 수월재 신지윤 님의 「천부경」의 풀이 기록의 차이는 해석자의 의견을 인정하였다.**

o. 호칭은 이름자만 표기하지만 존칭어는 님으로 표기한다.

o. **창조주인** 상제님, 화웅님, 하늘님, 하나님, 하느님, 한울님, 미륵님, 천지신명님, 한님 등, **하늘은** 각 경전에 따라 호칭이 다를 수 있으므로 그대로 표기한다.

o. **그림과 사진은 이해를 돕기위하여 아래와 같이 배치하였다**

• 책의 들어가는 말쪽에 1편, 2편, 3편, 4편의 내용
• 책의 중앙방쪽에 5편의 내용
• 책의 나가는 말쪽에 6편, 7편, 8편, 9편, 10편의 내용
• 사진에 날짜가 없는 것은 2017년 현재의 모습이다

머리말

　정유년丁酉年 새해가 밝았다. 누구나가 새해를 맞이하면 건강과 만복을 기원하며 새로운 각오를 다지게 된다. 정유년은 닭띠해이니 닭유酉가 물수水를 먹는 모습이 술주酒(水+酉)자로서 붉은 장닭이 새 세상을 갈구하며 땅에 감사드리고 물 한 모금 마시고 하늘을 우러러 고개를 들어 감사한다. 우리도 술을 마실 때 닭의 물 마시는 모습을 닮아야 하겠다. 금년 새해맞이도 변함없이 좌청룡인 청계산 매봉에서 가족이 함께하기로 하였다.

　원터골에서 4가족이 매봉정상에서 만나자고 약속하고 출발한다. 예년같이 춥지도 않은데 산을 오르는 분들이 많지 않다. 박 대통령 탄핵으로 나라가 편치 않아서인가? 정자 쉼터에 오르니 눈이 녹지 않아 미끄럽다. 아이잰을 준비 못하였으니 넘어지고 미끄러진다. 여자 가족들은 아예 소원 탑까지만 간다고 선언을 한다. 땀이 비 오듯 쏟아진다. 가장으로서 앞장서서 산에 올라야 되는데 뒤에 처져서 겨우 정상에 도착한다. 매봉 1등 도착은 8살 손자라고 한다.

　매봉정상에서 동쪽을 보니 떠오르는 태양이 구름에 가리어 보이질 않는다. 반대쪽인 서쪽 우백호 관악산을 보니 하늘이 청명하다. 새해맞이이니 떠오르는 아침

해를 기다려서 보아야 될 것인가? 아니다. 매봉 큰 바위 아래에 터를 잡고 준비해 간 막걸리와 음식을 차려놓고 각자가 나름대로 새해소원을 기원하도록 하고 정성 드려 절을 드린다.

작년 새해 아침에 우리를 환영해주었던 박새도 까치도 보이지 않는다. 세상 민심이 흉흉하니 산새들도 이곳을 떠났는가? 과천에서 보면 청계산은 동쪽의 좌청룡이요, 관악산은 서쪽의 우백호이다. 그러나 청계산 정상에서 보면 동쪽 좌청룡은 서울에 있는 구룡산이 된다. 기준이 되는 위치에 따라 동서남북의 역할이 바뀌게 된다.

서울시 재직 시 아침출근시간에 동작대교에서 지하철 4호선의 창밖을 보면 한강 물이 유유히 흘러가고 한강철교와 여의도 쪽에 우뚝 서 있는 63빌딩이 한 폭의 그림으로 참 아름답게 다가온다. 그러나 비 오는 날 이곳을 지나가면 전혀 창밖의 풍경이 하나도 보이지 않는다. 비 오는 날에 이곳을 지나간 시골 사람은 63빌딩이 없다고 할 것이다. 그러나 보이던 보이지 않던 63빌딩은 그 자리에 서 있다.

정월 초삼일 날에는 북실 각 동네 연세 드신 어르신들은 동그레방 성황당에 모이신다. 정성을 다하여 백설기 떡과 인물 좋은 돼지머리를 차려놓고, 흰 두루마기를 입으신 연장자가 제주가 되어 천지신명님께 바깥북실 동네의 화합과 건강과 소원성취를 기원하는 절을 드린다. 절 드리고 나눠준 백설기 떡이 그렇게 맛있을 수 없다. 참 맛있다.

우리 고향 북실에서는 정월 대보름날이 되면 북쪽 북현무인 서당재 매봉에는 보름달 새해 달맞이 횃불(달집태우기)이 활활 타오른다. 다음 동쪽 좌청룡 안산에서도 서쪽 우백호 금강니산에서도 화답하여 횃불이 밝혀진다. 달이 중천에 떠오르면 횃불 꾼들이 마을 뒤뜰에 내려와서 불 깡통을 돌리며 동네별로 쥐불놀이 힘자랑 싸움을 한다. 장바우천을 경계로 동쪽 누저리와 서쪽 강신리로 나뉘어 밀고 밀리며 치열하게 싸운다. 젊은 청년들은 혈기가 넘쳐 다치기도 하지만 쥐불놀이가 끝나면 서로 화합하고 단합하는 새날을 맞이한다.

윷놀이는 정월 대보름이 지나고 날씨가 풀리면서 농사가 시작되기 전에 동네 어르신들은 "얼이 씨구나!"를 크게 외치며 황소를 걸어놓고 윷놀이 한판을 질펀하게 벌린다. 두 팀으로 편을 갈라 넉동을 참먹이 방에서 출발시킨다. 참먹이 방을 출발한 넉동은 동서남북 사방팔방으로 돌아서 다시 참먹이 방으로 돌아가야 이긴다. 각 동네별로 풍물놀이 깃발을 들고 꽹과리, 장구 치며, 북치고, 징치며 흥을 돋운다. 할머니, 아주머니, 애들이 뒤따르며 다 같이 춤을 춘다.

새해를 맞이하여 어머니께서 정화수 떠놓으시고 북쪽의 칠성님께 정성 드리는 모습이 너무도 경건하다. 동그레방 성황당에서 흰 두루마기 입으시고 천지신명께 절 드리는 연장자이신 할아버지의 염원은 마을의 화합과 평화이다. 어릴 때 항상 의문사항은 "누구한테 절을 하는 것일까?"이다. 정월 대보름날 궂은 일은 가고 좋은 일만 오도록 떠오르는 달을 보며 달집태우기를 하며 기원하고 새봄이 오기 전 농한기 겨울에 "얼이 씨구나!"를 크게 외치며 두 팀으로 나누어 윷 한판을 神나게 벌리는 윷놀이의 의미는 무엇일까?

새해를 맞이하여 가족이 다 함께 청계산에 올라 해맞이를 하는 것도 윷놀이의 참먹이 방을 힘차게 출발하는 것으로 볼 수 있다. 당연히 넉동이 동서남북을 돌아서 다시 참먹이 방으로 가기를 기대하면서 새봄을 기다린다.

세월이 흐르는 물과 같이 흘러서 쉬지 않고 지나가고 있다. 어릴 때 고향에서 지켜보았던 정화수 떠놓으시고 소지 올리시는 어머니의 모습과 성황당에서 절 드리는 할아버지의 모습과 또한 정월 대보름날의 쥐불놀이, 神나는 윷놀이가 가슴 깊이 담겨있다. 가득 담겨있는 어린 시절의 꿈이 나이를 먹어가면서 학창시절, 서울시 공직생활, 사회생활의 과정을 토목공학土木工學인 입장에서 윷판 위에 있는 그대로를 "얼이 씨구나!" 윷 한 판 놀아보세를 크게 외치며 「神나는 윷판 人生」을 세상에 펼쳐 보았다.

민족상쟁의 6·25 동란 중 태어나서 배고픈 시절의 해결과 경제개발건설과 통일시대를 살아오면서 토목土木을 생업生業으로 하며 절망과 우여곡절 등은 있었으나 천부경天符經 윷판을 알고 건강하게 넉동을 참먹이 방으로 다시 돌아올 수 있었음은 더없는 신神의 가호 덕분이시다.

불확실한 시대이나 옛 어르신들이 살아가신 동학혁명 전쟁, 일제강점기, 6·25동란 등 전쟁의 시대가 아닌 꿈을 키우는 남북통일시대로서 새 질서 새 광명의 새 시대의 길을 걸을 수 있음은 부모님과 조상님께서 주신 크나큰 홍복이 계셨음이다.

오십이지천명五十而知天命하고 오십이학역五十而學易 하고자 최선을 다하였으나 워낙 잔학비재殘學非才함을 어쩌랴! 윷판 위에서 만나고, 헤어지고, 함께하신 친구, 친척, 이웃분들, 모든 분들이 계셨기에 현재의 본인本人이 있음에 감사를 드린다. 혹여 잘못된 사실이 있다면 본의가 아님과 존칭과 높임말을 사용치 않음에 양해를 바란다.

묵묵히 기다려주고 성원을 해준 복福자 기起자 아내와 원고와 자료정리를 해주며 아비의 뜻을 이해해주며 눈물로 감동을 준 딸과 아들에게 고마움과 감사를 한다.

함께하신 모든 분들께 "얼이 씨구나!" 윷 한판 놀아보자고 크게 외친다. 더 신나는 윷판 인생人生이 되시기를 기원 드린다.

2018년 戊戌年
새 윷판의 광복을 기다리며
김홍석 드림

들어가는 말(참먹이 출발)

어릴 때 윷놀이를 참 재미있게 하였다. "얼이 씨구나! 모 한살이다." 모가 나기를 바라며 사각형 멍석 위에 4가락의 윷을 하늘 위로 힘차게 던졌다. 3가락은 몸 높이에서 깔아 던지고 한 가닥은 하늘 높이 올려 던져서 내려오면서 바닥에 먼저 자리 잡은 뒤집힌 윷을 쳐서 엎어지도록 한다. 도가 날 것이 엎어져서 모가 난 것이다. 함께 끌어안고 덩실덩실 춤을 춘다. 얼은 정신이며 마음이다. 정신과 마음이 씨앗이라면 윷을 힘차게 던지고 모가 나기를 바라면 모가 정말로 난다. 윷놀이할 때 "얼이 씨구나!"를 외치며 자기가 바라는 것을 염원하면 이루어진다. 이것이 나의 믿음이다.

책의 제목을 처음에는 윷판에서 찾은 하늘 땅 사람(1-1) 으로, 다음에는 신나는 윷판 인생으로, 어제는 돌아야 산다로 적어보았다. 책이 발간될 때는 더 멋진 이름으로 세상에 빛을 볼 수도 있다. 초고를 2016년 06월 22일 낮의 길이가 가장 긴 하지夏至 날 마치고 후련한 마음으로 잠실의암서실(1-2)로 글씨 쓰러 가면서 가기 전 개포동에 있는 탄천 환경공원(1-3)으로 발길이 닿았다.

서울 올림픽 개최 전인 87년(서울시 6급)에서 90년까지 근무하면서 완성수 10의 중간인 5급 사무관으로 진급하였던 곳으로 서울시 총 근무 기간 30년 중 절반인 15년

52

째로 가장 왕성한 직장생활을 할 때이다. 현재 탄천 환경공원(1-3)은 그때는 탄천 하수처리장(1-3)으로 불렸으며 서울시 남부지역의 모든 하수를 모아 맑은 물로 만드는 공장으로 악취와 벌레가 많은 혐오시설로서 누구나가 근무를 기피하는 곳이다. 25년이 지난 현재는 하수처리장 지상을 복개하여 악취를 없애고 흙을 덮어 나무를 심고, 꽃을 심고, 운동장을 만들고, 야외음악당과 어린이 교통공원 등을 조성하여 시민의 건강증진과 여가 생활을 위한 탄천 환경공원으로 아름답게 조성되었다.

태고의 오랫동안 물고기와 청둥오리가 살고 갈대가 피었던 한강 인접의 탄천 늪지대였다가 서울 도시가 개발되면서 1980년대에 하수처리장으로 바뀌었고, 세월이 흐르면서 도시발전을 수용하여 이제는 하수처리는 땅속에서 하고 지상에는 환경 공원으로서 주민들이 즐겨 찾는 공원으로 역할이 바뀌었다. 세상은 쉼 없이 율려律呂로서 변하여간다. 변하지 않고 원래 그대로의 모습으로 영원한 것은 없다.

근본적인 우주 변화의 원리는 있는 것인가? 탄천 하수처리장 근무 시절에 한민족의 경전인 「천부경天符經」을 알게 되었고 천부경 81八一字의 의미가 윷판과 같다고 생각하였다. 봄여름 가을 겨울 4계절 넉동이 참먹이를 출발하여 한 바퀴를 돌아 참먹이로 다시 나가는 것을 사람이 천수를 다하고 '돌아가시는 것'이라 하였고 참먹이를 출발하여 상대에게 잡히어 참먹이로 다시 나가는 것을 '원래대로 되어 갔다'고 한다. 「一始無始一 …… 一終無終一」 시작과 끝이 똑같은 一이다. 一은 무엇일까? 현실의 각박한 삶 속에서 一을 알고자 하였으나 역부족이었음을 자인한다. 나의 생업을 마치고 五十이 學易이라 했으니 훗날 나이 먹어서 시간 내기로 하고 미루어 놓았다.

90년대 초에 선진 지하철 건설을 배우러 미국(5-66)으로 출장을 갔다. 「천부경天符經」 10권을 무거운 가방에 함께 넣어서 처음으로 비행기에 올랐다. 미국에 가서 못하는 영어로 5000년 역사 한민족의 경전을 소리 높여 자랑하였다. 나의 뿌리를 찾고자 혼자서 삼법수행三法修行을 하면서 「환단고기桓檀古記」를 읽었으나 잘 이해가 가질 않고 그냥 훌륭한 우리 조상님들이 계셔서 이렇게 평화시대에 살고 있구나 하고 안도를 했다. 역시 五十이 學易으로 미루어 놓았다.

　95년도 서울 지하철 5호선 건설을 개통할 때 많은 심적 육체적 어려움을 겪을 때 「천부경天符經」은 나를 굳게 中心을 갖도록 지켜주었고, 머릿골에 항시 와계시는 하느님인 참 나를 찾기 위하여 삼법수행三法修行을 하는 중 새 시대를 예언하신 「정역正易」의 일부一夫 할아버지를 알게 되었다. 李正浩 님의 「주역정의周易正義」와 「第三의 易學」을 읽고 위대한 한민족으로 태어난 자긍심을 갖게 되었고, 正易을 알면서 자연스럽게 역학易學의 뿌리인 복희伏犧, 문왕주공文王周公, 공자孔子의 「주역 周易」을 접하게 되었다. 공자孔子께서 복희 이후 3,000년 후에 세상 이치를 밝히신 「주역 周易」을 읽고 뜻을 알고자 하였으나 또한 五十이 學易으로 미루어 놓았다.

　一夫할아버님이 잠들어계신 논산시 양촌면 남산리에 내려가 묘소에 절 드리고 손자 되시는 김효수님께서 주신 「대역서 大易序」(5-61)를 가지고 와 과천집 거실에 걸어 놓았다. 김효수 님께서 정역正易의 현실이 正易을 증산도甑山道에서 자기네 것으로 끌어들여 이용하고 있으시다고 강변을 하신다. 왜 「정역正易」을 증산도甑山道에서 가져갔을까? 증산도甑山道의 경전經典인 「도전道典」을 2003년도에 구입하여 읽었다. 처음에는 一夫 할아버지의 正易 사상을 부당하게 편취한 것으로 생각했으나 암울했던 구한말 시대의 격랑을 헤쳐가며 민중을 깨워가는 동학혁명과 한민족의 뿌리 역사를 기록한 「환단고기」가 함께 숨 쉬고 있으니 이를 어쩌란 말인가? 틈을 내어 읽고 또 읽었다. 「도전道典」속에 「환단고기」, 「천부경」, 「주역」, 「정역」이 함께 「도전道典」 속에 숨 쉬고 살아있으니 맞고 그르고의 판단은 할 수가 없고 이 역시 五十이 學易으로 미루어 놓았다.

　내 나이 五十이 되니 나의 천직인 서울시 공복 생업인 서울 지하철 7호선도 개통을 하였다. 지하철을 이용하는 장애우를 위한 편의시설과 청계천 복원사업도 순조롭게 진행되고 기술자의 자격조건인 '토질 및 기초 기술사'도 합격을 하였다. 이제 그간 미루어 왔던 五十이 學易을 위하여 공무원의 생업 미련을 과감히 버리고 달걀의 껍질을 깨고 밖으로 나가야 한다고 생각을 하고 밖으로 나왔다. 시민의 공복인 공무원 생활을 30년 하였으니 五十이 學易인 줄 알았는데 사회社會는 그간 갈고 닦고 배워온 기술자로서 또다시 기술자의 생업을 하도록 하였으며 십여 년을 주역64괘에 맞추어 63괘 수화기제水火旣濟를 겪으며, 64괘인 화수미제火水未濟를 終一로 하여 다시 一始를 시작하게 되었다. 이것이 우연인가? 필연인가?

64괘를 다 돌아보니 이제 五十이 學易할 때가 되었으며 이제서야 '얼이 씨구나! 윷 한판 神나게 놀아보세'의 의미와 넉동을 다 빼시고 돌아가신 어머님의 거룩한 뜻을 알 것도 같다. 윷판의 시작문도 참먹이이요, 윷판의 나가는 문도 참먹이이다. 「천부경天符經」의 시작문도 一이요, 「천부경天符經」의 나가는 끝의 문도 一이요, 나의 삶이 64괘를 다 돌아보았으니 한번 제대로 돌았는지? 어느 길로 돌았는지? 어떻게 돌아야 했는지? 따져보기로 하자고 생각을 하였다.

성인의 말씀, 스승님의 가르침, 학문 모든 것이 홍익인간弘益人間하고 이화세계理化世界하는 삶의 실사구시實事求是가 되어야 한다고 생각한다. 실제로 실사구시가 함께하지 않는다면 공염불만 하는 허송세월의 삶일 것이다. 경전말씀과 실제로 펼쳐 이루어진 현실과 미래의 꿈이 이루어지도록 살아온 나의 과정 중 서울지하철 건설의 실상을 살펴보기로 하였다.

서울의 한강의 강남과·북을 땅속으로 연결하는 서울지하철 천호동 한강통과 구간에 대하여 설계는 한강의 물을 그대로 흘러가도록 하고 한강의 땅속 밑으로 30m 정도 깊이에 터널로 통과하도록 되어있다. 터널의 통과구간 지반여건은 연약지반인 풍화암층과 토사층으로 한강 수원이 항시 무한대로 존재하므로, 안전한 터널을 땅속에 건설하려면 터널의 안전 영역을 연암층 강도가 나오도록 인위적으로 땅속을 고결시켜서 한강 물이 터널 내로 들어오지 않도록 하여야 한다.

설계자는 일본의 세이칸 해저터널의 설계개념대로 터널 주변을 제트 그라우팅으로 보강토록 하면 한강 물이 많이 들어오지 않을 것으로 예측하였다. 터널 상부의 한강 수압이 작용치 않는 라이닝 콘크리트를 철근이 들어가지 않은 무근 구조로 설계하였다. 설계자는 그 당시 모든 설계조건인 노선, 주변 건물, 인접 천호대교, 지하매설물, 한강 평수위와 최대홍수위와 유속 등을 감안하고 땅속 지반 상태 등을 고려하여서 설계를 하였다. 설계자는 지하철 5호선 전 구간의 공사구간에 있어서 지하철 공사중과 1,000만 시민이 이용하는 운행 중 절대 안전하도록 완벽한 설계를 하였다고 판단이 된다.

그리고 건설자는 당연히 설계자의 설계도와 시방규정을 엄격히 준수하여 한강 하부에 터널을 시공하여야 한다. 설계대로 건설한 공사가 완료되어 지하철이 개통되고 지하철이 운영되면, 운영하는 동안 한 치의 오차가 없이 안전이 확보되어 24시간 열차가 운행되도록 유지관리가 철저히 되어야 한다.

「천부경」은 하늘이 주신 인류창세문화의 경전이다. 「천부경」을 바탕으로 우주변화의 이치를 깨닫고 태호복희씨는 「하도河圖」를 그렸다. 「하도河圖」는 우주宇宙와 인간人間의 생장발전生長發展과 결실성도結實成道를 예시豫示하는 창조주의 설계도設計圖로서 완전무결完全無缺한 것이다. 「천부경」과 「하도」의 말씀이 창조주 하늘의 설계도라면 사람이 설계를 하였지만 안전하게 이용하여 할 지하철의 설계는 지상에서 펼쳐지므로 같은 맥락의 의미가 있다. 실제로 터널 공사를 함에 있어서 설계와 시방규정에 의하면 한강 하부의 땅속에서 터널 상부와 측벽을 제트 그라우팅하여 고결시키면 한강 물은 들어오지 않아야 한다. 그러나 아무리 완벽한 설계를 하였을지라도 흘러가는 한강 물 땅속에서는 설계 시 예상한 유입되는 물의 양보다 10배 이상 물이 많이 들어온다. 무한대의 수원이므로 좌·우·상·하 곳곳에서 물이 터져 나온다. 그리고 무너진다. 근본적인 설계개념을 재검토하여 공사 중도 안전하여야 하고, 특히 지하철이 개통되고 운행 중에도 안전하여야 하는 건설시공이 되어야 함은 필수 조건이다. 그러나 건설시공인建設施工人은 설계자

設計者의 뜻과는 달리 완전무결한 「하도」의 십수도十數圖를 건설하지 못하였다. 서울지하철 건설은 상극하는 불완전不完全한 구궁도九宮圖로 바꾸어 「낙서洛書」 주역세계周易世界를 건설한 것이다.

사람이 편리하게 이용할 수 있는 지하철 건설은 애초 물이 들어오지 않고 무너지지 않게 시공施工이 되어야 하나 실제로 건설된 현실은 설계도인 「하도河圖」와는 다른 「낙서洛書」와 「주역」의 말씀과 같이 지하철이 건설되었다고 하겠다. 근본적인 설계도와 규정을 준수하면서 음양오행과 동서남북 지수화풍의 다양한 변화를 고려하여 하도와 낙서가 함께 공존하듯이 지하철의 설계와 건설시공은 바늘이 가는 곳에 실이 따라가 옷을 만들듯이 서울 지하철 5호선 건설을 하였다. 이제는 서울에 1,000만 시민들이 편리하고 안전하게 이용하고 있다.

안정성이 확보된 유지관리가 되기 위해서는 구조물에 대하여 유지관리계획과 수시로 보수보강 작업이 있어야 하고 E/V, E/S 등 편의시설, 출입시설, 스크린도어, 맑은 공기의 환기와 화재 방재와 전동차의 정비 등이 필수적이어야 한다. 지하철의 완벽하고 안전한 운영 유지관리는 사람이 살아가는데 지켜야 할 의무와 책임과 앞으로 가야 할 새 광명의 미래가 있는 모든 종교(유, 불, 선, 기독교)와 「정역正易」과 「도전道典」이 가야 할 길이라 하겠다.

하늘이 주신 설계서設計書로서 항상 변함이 없는 대우주의 별인 북극성과 북두칠성, 28宿별, 태양계 오행별에 대하여 천부 윷판인 천도天道로 도시圖示하였다. 천도天道를 만법의 근원으로 하늘의 뜻을 받들어 사람이 지켜가야 하는 길을 알려주신 「환단고기」, 「천부경」, 「주역」, 「정역」, 「도전」의 말씀을 천부 윷판 천도 天道에 펼쳐보았다.

아름다운 이 강산 대한민국에 태어난 것이 너무도 영광스럽다. 그간 태어나서 현재까지 살아온 이 땅의 윷판에 대하여는 태어난 보은 고향과 생업을 한 서울시와 현재 살고 있는 과천이 천도天道에 맞는 땅인지 지도地道를 살펴보았다.

무한 광대한 대우주별인 하늘이 주신 설계서와 하늘의 뜻을 받들어 길을 알려주신 「천부경」, 「주역」, 「정역」, 「도전」의 말씀인 천도天道를 지하철을 건설하는 설계서로 보았다.

본인이 태어나서 자라온 과정인 초, 중고 학창시절과 서울시의 직장생활 그리고 현실에서 겪어온 '희노애락애오욕'의 일들과 자연변화가 끊임없이 이루어진 땅에서 온갖 난관을 극복하면서 지하철의 설계서를 준수하여 서울시민이 편리하게 이용하는 지하철 시설물을 시공하는 것을 인도人道로서 지하철을 건설하는 것으로 보았다.

나이 들면서 마음과 몸의 건강을 지켜온 축구, 산, 낚시, 볼링, 골프 취미 운동의 신神나는 윷판위의 이야기와 신神났다 윷 한 판 더 놀아보세의 참 나를 찾고자 하는 과거, 현재, 미래의 나의 삶을 천지인도天地人道로 보았다.

서울지하철은 1호선에서 9호선까지 동서남북 사방팔방으로 운행되고 있으며, 각호선 별로 갈아탈 수 있도록 환승역이 있다. 환승역에는 3태극 아리랑 무늬(☯)가 곳곳에 걸려있다.

3태극三太極은 현상으로는 하늘천天, 땅지地, 사람인人의 3극이며, 색으로는 하늘은 파란색, 땅은 노란색, 사람은 빨간색으로 색의 3원색이며, 형상으로는 하늘은 ○, 땅은 □ , 사람은 △으로 표시할 수 있다.

능력으로는 하늘은 조화의 큰 덕으로, 땅은 교화의 큰 슬기로, 사람은 치화의 큰 힘으로 나투어서 하늘에는 자유와 땅에는 평화와 사람 간에는 사랑의 뜻으로 펼쳐져, 현실 세계로는 창조와 발전과 생산으로 이루어져 가고 있으며, 우리가 즐겨 먹는 과일로는 하늘은 밤으로, 땅은 감으로, 사람은 대추로 제사상에 빠지지 않고 오르는 삼실과로서 3태극(1-1)의 의미를 되새기고 있다.

하늘이 주신 천도天道와 땅에 펼쳐진 지도地道와 우리가 살고 있는 인도人道에 맞게 인의예지신하고 살고 있는 것인지? 아니면 잘못 살고 있는 것인지? 우리의 삶이 울고 웃고 갈등하고 분노와 슬픔이 있지만 다 함께 용서하고 은혜를 갚고 서로 사랑하며 다 함께 사는 홍익인간과 이화세계 하는 참 나의 길이 있다고 확신한다.

서울의 지하철 9개 노선은 천부경의 씨앗으로 태어난 완전수 10의 하도河圖 설계도의 뜻을 살렸지만, 현실의 여건을 감안하다보니 불완전한 9궁수 낙서洛書의 세상으로 건설되었다. 이렇게 건설된 지하철 용마는 1호선에서 9호선까지 건설되어 한강의 남북과 동서 사방팔방으로 시민이 안전하게 이용하도록 끊임없이 달리고 있다.

하늘의 도 천도天道와 땅의 도 지도地道와 사람의 도 인도人道가 자유, 평화, 사랑으로 함께 하는 세상이 오기를 간절히 소망하며 「神나는 윷판 人生」을 있는 그대로 펼쳐 보았다.

1편

얼이 씨구나!
윷 한판 놀아보세

○. 우리 동네 정월대보름 척사대회

　종곡초등학교는 우리 동네 새말집과 가깝게 이웃하고 있다. 초등학교 때는 학교와 우리 집이 가까우므로 도시락을 싸서 학교에 가지 않고 오전 4시간 수업시간 끝나고 점심시간에는 집으로 점심 먹으러 내달린다. 순길네 집 쪽으로 오면 술국 냄새가 허기를 재촉한다. 동네 밭 언덕 밑에는 순길네 객줏집이 있는데 항상 술손님이 왁자지껄하고 한겨울 정월 대보름날에는 소라리, 외뿔, 새말, 누밑, 강청이 다섯 동네가 함께 모여 농한기에 황소를 걸고 윷놀이 척사대회(1-4)가 크게 열린다.

　동네별로 신명 있고 윷 잘 노는 분이 자진 출전을 하면 말판 놓는 분이 정해지고 동네별로 편이 갈라지게 된다. 달리는 말은 주로 흑백 바둑알이므로 백마 편과 흑마 편으로 나누어진다. 백말은 개울 건너 강청이 팀이고 흑말은 우리 동네 새말 팀이다. 뒷집에 사시는 상규 아버님 응채 아저씨가 우리 새말마을 대표 윷꾼이시다. 막걸리 한잔 쭉 마시고 "얼이 씨구나! 한 살이다" 윷을 던지면 윷 3개는 멍석 위로 구르고 윷 1개가 하늘 높이 떠서 내려오면서 하늘 보고 있는 윷 1개를 때리니 뒤집어져서 땅을 보고 엎어지고 도(돼지)가 날 것이 모(말)가 난다. "얼이 씨구나! 모 한 살이다." 모 한살이에 한편이 되어 덩실덩실 춤을 추고, 앞에 가는 상대방 강청이 백말은 모개에 석 동을 업고 가고 있고 뒷걸에 한 동이 잘 달리고 있다. 우리 동네 흑마는 백마에 다 잡히었기 때문에 달리는 말이 하나도 없다. 개가 나면 모개에 있는 백마 석 동을 잡고 걸이 나면 뒷걸 한 동을 잡는다. 상대방 백마를 흑마가 이기는 방법은 무수히 많다. 그러나 백마와 흑마는 싸움을 시작하였으니 상대방 말을 잡아야 살 수가 있다. 개와 걸 둘 중에 하나가 나오면 잡을 수가 있고 잡고 나서 윷이나 모가 나도 또 한 번 더 던져 놀을 수가 있다. 도가 나면 백마를 잡지 못하고 앞모도나 뒷도에서 다음 기회를 기다려야 한다.

소금 안주에 막걸리 한 대포를 벌컥벌컥 드시고 윷을 손에 맞도록 쥐고 양다리를 땅에 디디고, 펴놓은 멍석의 크기와 던질 높이를 가늠하고 개와 걸이 나도록 머리를 땅으로 향하여 "얼이 씨구나! 개 걸 진이다." 펼쳐진 윷가락은 2개가 하늘을 보고 있고 1개가 땅을 보고 엎어져 있다. 높이 올라간 윷가락이 내려오면서 하늘을 보고 있는 윷가락을 치니 땅으로 엎어지고 내려온 윷가락도 함께 땅을 보고 엎어진다. 도가 낳다. 잡지를 못하고 백마가 공들여 쌓아가고 있던 석 동 앞모개 뒤로 앞모도에 안착하여 바짝 뒤쫓아 간다. 백마는 초반에 힘껏 달리는 흑마를 다 잡고 앞모개에 석 동 말과 뒷걸에 한 동 말을 잘 달리고 있는데 흑마의 앞모도가 진을 치고 앞모개에 석 동 말을 바짝 뒤쫓게 되었다. 전개되는 말판의 펼쳐질 경우의 수는 달리는 말 8마리(흑말 4, 백말 4이다.)

(8×8=64, 64×64=4,096가지로서.)

과연 누가 이기고 누가 질 것인가!

백팀에서 윷도가 나던지 모도가 나던지 하면 앞모개에 있는 석 동의 백석 돌은 방을 경유하며 바로 참먹이로 날 수가 있는데 도가 낳으니 뒷걸 한 동을 뒷윷으로 갈 것인지 앞모개 석 동을 방으로 갈 것인지? 석동을 방에 모시니 흑 팀에서는 다시 "얼이 씨구나! 개진 아니면 모, 윷이다." 크게 외치고 윷을 던지니 모 한살이가 덜컥 멍석 위에 깔린다. 모다. 모다. 덩실덩실 얼싸안고 춤을 춘다. 석 동은 개진과 걸진에 걸려있다. "얼이 씨구나! 개 걸진 이다." 그러나 나야 하는 개, 걸은 안 나고 도가 나니 석 동 말은 못 잡고, 뒷도로 가서 백팀 뒷걸을 뒤쫓기로 하였다. 다음 백팀은 도가 나니 방따사려에 석 동을 모셨고, 그다음 흑 팀의 앞모도가 개가 나서 방을 차지하였다. 백팀에서 다시 던졌으나 도가나 석 동이 안찌로 가고 뒷걸에 한 동이 자리 잡고 달리고 있다. 흑 팀에서는 이제 개만 나면 백돌 석 동을 잡는다. 다 함께 우리 동네 사람들이 "개다, 개진이다." 숨죽여 상규 아버님의 윷 추임새에 힘을 실어준다.

절대절명의 순간에 하늘 높이 솟은 한가락이 내려오면서 엎어진 윷가락을 치니 뒤로 획까닥 뒤집히고 떨어진 윷도 뒤집혀 개가 탄생했다. 神이 났다. 神바람이 났다. 방따사려에 있는 백팀 석 동의 말을 잡고 흑 한 동이 그 자리에 입성하였으니 윷을 노는 상규 아버지의 마음과 응원하는 새말 구경꾼이 외친 개진을 하늘께서 들어주셨는가 보다. 하늘에서 높이 솟았다가 떨어지는 한 가닥의 윷가락이 미리 멍석에 깔린 윷을 쳐서 뒤집을 때의 그 통쾌하고 짜릿한 전율은 참으로 엄청나다. 윷판은 마을 동네 대항이 되어 전세가 역전되어 흑말 두 말이 달리게 되고 백마 한 말은 쫓기어 뒷걸에 있고, 아깝게 되어져가는(뒤진) 석 동의 백마는 다시금 참먹이를 출발하여 모밭을 지나 방을 지나든, 뒷길인 꽂은 밭을 지나 뒷모로 가서 방을 지나든, 뒷모에 안착을 못하고 훈련밭을 돌아서 날밭을 가서 동서남북 28수를 돌아서 참먹이로 가야지만 윷놀이는 끝나게 되어있다. 백말 넉동과 흑말 넉동은 처절하게 용감하게 잡히고 달아나고 따라가고 하여 엄격한 말의 규정을 준수하여 먼저 넉동이 출발점인 참먹이 방으로 나가야만 승리를 하는 것이다.

그 날의 윷놀이 척사대회는 우리 동네 어르신들의 "얼이 씨구나! 개진이다."를 외침 속에서 상규 아버님 응채씨가 막걸리로 목을 축이고 배를 채우시고 힘을 다해 윷을 던져 지난해 강청이 동네에 넘겨줬던 황소를 다시 찾아오게 되었다. 동네 앞집 팔천이 아버지가 황소 고삐를 잡고 황소 등에 상규 아버님은 그날의 승리로서 손을 높이 들고 타시고, 영차영차를 외치며 한 바퀴 돈다. 승리한 새말 동네 어르신들과 강청이 동네와 진 다른 동네 어르신 모두가 넘어지고 자빠지고, 꽹과리 치고 징치고 북치고(1-4), 실컷 배 터지도록 술을 드신다. 윷놀이 전에는 원수 같은 적이었으나 하나가 되어 덩실덩실 춤을 춘다. 내 고향의 어릴 적 초등학교(1958년~1963년) 때의 윷놀이 모습이다.

여기서 지나온 선천시대의 성인 어르신께서 내주신 윷판은 64괘로 64살로서 한 판이 끝난다. 그러나 이제 신인합일의 100세 시대의 윷판은 100괘로 100살로 맞추든지 아니면 새로운 윷판 64괘 64살을 한판을 더 준비하여 60세 이후를 정말로 128세(64+64)로서 하늘의 베푸심대로 살든지 하는 방법이 있다. 세상에 태어나 윷판에 던져졌으면 직접 전쟁의 싸움터가 아니고, 지금과 같은 과학 문명의 최 극치의 혼돈의 시대일지라도, 윷판의 큰 모밭 5개, 바깥도, 개, 걸, 윷 모는 16개, 안밭 8개, 총 29개 방을 돌아야 한다. 참먹이방은 출발과 도착점 공히 공존한다. 28개 28首 방은 다 거쳐 가야하는 인생의 길이다. 알고 느끼고 즐기며 가야 할 우리의 길이다.

○. 누밑 문제네 집 윷놀이

마을대항 척사대회에서 새말 동네가 이겨서 황소 타고 덩실덩실 춤을 추며 한바탕 잔치가 벌어진다. 어르신분들의 척사대회가 재미가 있고 배우고 싶으니 윗동네 누밑에 사는 문제가 겨울 방학 때 우리도 마을 동네 대항 윷놀이를 하자고 한다. 빡빡머리 초등학교 때인 것 같다. 우리는 함께 모여 놀기를 좋아했다. 동네별 시합에는 질 수 없는 게 새말동네 친구들이다. 누밑 동네 4명과 새말 동네 4명이 뽑혔다. 크고 높은 서당재산에서 뻗어 내려온 능선이 소등처럼 아늑한 참나무가 많은 뒷산 누밑 동네에 자리 잡은 문제네 집은 초가집이지만 집이 크고 마당도 참 넓었다. 그래도 잘사는 문제네 집은 문제 어머니께서 밤도 주시고 고구마도 내주신다.

결승에서 누밑 동네 대표 경구와 새말 동네 대표인 내가 시합을 붙었는데 "얼이 씨구나! 모다, 윷이다, 걸이다." 외치니 어린 나이에도 신명神明이 나고 신神이 난다. 윷을 손에 하나씩 모아서 힘을 주고 상규 아버님 윷 던지는 모습대로 던질 때, 한 가닥은 위로 높이 올리고 3가닥은 낮게 굴리니 정말로 내려오면서 뒤집혀 있는 윷을 때리니 뒤집어져 모가 났다. "야, 홍석아, 한 살이 더해라." 양제, 웅이, 응근이가 응원을 한다. 응원에 힘내어 바짝 긴장하고 "얼이 씨구나!"를 외치니 모 한살이가 또 난다. 잡고 잡히고 우여곡절 끝에 내가 경구를 이겼다. 그때도 경구는 윷을 무척 잘 놀았는데 누밑 친구들이 "얼이 씨구나!"를, 神나는 추임소리가 없으니 神이 안 난 것 같은 생각이 든다. 우리 동네 친구들한테 내가 1등을 한 건 너희들의 응원 덕이라고 얘기하고 맛있게 상 탄 빵을 나눠 먹었다. 남는 빵 몇 조각은 누밑 친구들에게 나누어 주었다.

○. 부장님 아버님 상갓집 윷놀이

88서울올림픽을 성대히 성공적으로 개최하였다. 서울은 세계로 세계는 서울로 가는 기치 아래 국가 최대정책 사업으로 추진된 지하철 5호선 건설은 1990년도에 착공을 해서 1996년도에 개통을 하였다. 85년 2호선 건설을 마치고 조직이 해체되어 흩어져있던 건설 기술자들을 다시 불러들여서 지하철 건설본부 조직을 새로 조직하고, 2기 지하철 5호선 전 구간을 설계도서 없이 개략설계를 하여 착수하게 되었다.

5호선 천호동 네거리, 길동 네거리, 둔촌로 올림픽공원 앞 구간을 맡은 신임 사무관 과장으로 발령을 받았다. 교통을 차단하고 말뚝을 박고 지하매설물을 보호하고 공사를 착수하여야 하는데, 지하철 경험자도 없고 설계가 진행 중이니 공사가 추진이 안 될 때이다. 지하철 2호선 참여한 경험과 기술을 바탕으로 직원들을 독려하여 우선 시공할 가시설 도면을 만들고, 다종 다량의 지하매설물 보호를 하기 위하여 유관기관 협의를 거쳐 최소한 일을 시작할 수 있는 여건을 마련하였다.

서 부장님은 전북 황등석 생산지로 유명한 익산군의 시골 양조장 집 장남이시다. 아버님이 돌아가시어 문상을 갔는데 손님도 많으시고 90수 천수를 다하셨으니 마을 사람들이 여기저기서 윷판과 술판이 벌어졌다. 우리도 윷놀이 한판을 벌였다. 양조장을 할 정도로 시골의 부잣집이어서 마음 놓고 고생하는 직원들과 거나하게 막걸리를 퍼마시고 윷을 던지니 神바람이 났는가 보다. 서 부장님은 술을 한잔도 못 드시는데 돌아가신 아버님은 술을 잘 드셨는지 정말로 그날 윷판은 던지면 모가 나고 다시 던지면 윷이 나고, 잡고자 하는 말이 걸진이면 걸이 난다. 윷가락이 펄펄 날아서 뛴다. 미친 윷이다. 神바람이 났다. 神이 나서 춤을 춘다. 내 편은 덩실덩실 춤을 춘다. "얼이 씨구나! 모한살이다." 정말로 시합 붙은 윷판마다 내가 다이겼다. 거짓말 같은 모 다섯 살이에 윷 세 살이에 걸을 나서 한방에 28宿 한바탕을 돌아 넉동을 뺏으니 대적할 자 누구인가! 아, 이런 윷이 다 있네. 그 감격은 그대로 남아있다. 그 이후로 5호선 지하철 건설을 위하여 우리 팀 직원들이 서로 협의하고 밤새워 가시설설계도와 지하매설물 매달기 도면을 만들었다. 우리 건설 1부 구간뿐이 아니라 지하철공사 전구간에 우리가 만든 설계표준도로 확대 시공케되었다. 지하철 건설이 순조롭게 진행되었다.

圖 板 枢 擲

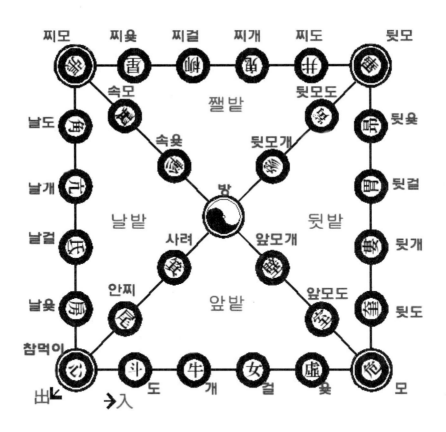

그림5. 김문표님의 사도설 윷판
(북극성 중심의 28수를 배치한 윷판體)

○. 윷놀이의 의미, 유래, 놀이방법

윷놀이에 대하여는 정월 초하루에서 보름까지 윷이라는 놀이도구를 사용하여 남녀노소 누구나 어울려 즐기면서 노는 놀이 사희柶戱 또는 척사희擲柶戱라고도 한다고 한국세시풍속사전에 정의하고 있다.

세시歲時 민속놀이는 농민들이 농사일을 마치고 농한기에 휴식을 취하는 연말연시에 윷놀이를 많이 한다. 각 동네에서는 널뛰기, 줄다리기, 연날리기, 제기차기, 쥐불놀이, 자치기 등 많은 민속놀이가 연말부터 정월 대보름까지 이루어진다. 위 놀이 중 가장 오래된 윷놀이는 우리 민족이 천손 족임을 나타낼 수 있는 우주관을 함축한 도판에서 진행되는 특이한 대한민국의 놀이이다. 시대가 흐르면서 전통 민속놀이가 사라져가고 있지만, 윷놀이는 연말연시뿐이 아니고 각종 모임에서 사랑받고 즐기는 놀이로서 자리를 잡고 있다.

"얼이 씨구나! 모 한살이다."

윷놀이에 대하여 살펴보기로 한다.

□. 윷놀이의 의미와 유래

환역이란 우리나라 고유의 역학을 말한다

역학은 환역과 복희역과 금역 세 종류로 나눌 수 있다. 환역과 복희역과 금역은 각기 원圓과 방方과 각角으로 천지리天之理와 천지체天之體와 천지명天之命을 드러내는 것이다. 원과 방과 각은 우주 만물이 생성하고 순환하는 자연의 법칙을 형상화한 것으로 우주의 만물이 시작되고 끝나는, 「천부경」에서 밝힌 이치를 밝혀주고 있다.

윷놀이는 인류 역사상 가장 오래된 민속놀이이면서 동시에 우주 만물의 변화 원리를 탐색하는 가장 철학적인 문화이다. 윷놀이는 천문 역법과 역학의 수리철학을 담고 있다. 윷놀이는 대동 세계와 이상세계의 지향을 목적으로 하고 있다. 「단군세기」에 따르면, 천하天河에서 거북이 윷판을 지고 나왔다고 한다. 1648년에 간행된 김육의 「송도지」에는 김문표(金文豹 1568~1608)의 '사도설'이 실려 있다.

김문표는 윷판(그림5)의 둥근 외곽은 하늘을, 네모진 속은 땅을, 안팎으로 늘어선 점은 28수 별로서 북극성이 제자리에 있고 뭇 별이 북극성을 향해 있는 모습을 형상한 것이라 했다. 윷판을 북두칠성의 운행원리(2-1~2-6)를 활용한 것이라 볼 수 있다는 것이다. 또한, 말의 모양과 윷가락에는 음양오행의 심오한 이치가 담겨있다고 했다. 윷놀이는 천시天時를 점쳐 한 해의 흉작과 풍년을 미리 알아보기 위한 것이라 볼 수 있다. 윷판은 하늘과 땅이 들어 있는 작은 우주이다. 윷판에서의 큰 동그라미인 모양인 방은 우주의 중심별은 추성樞星을 뜻하고, 주위 28점은 28수에 해당한다. 넷으로 나눈 안쪽은 밭과 사계절(2-8)을 뜻하며, 태양의 소장주기와 음양오행의 변화 원리를 뜻한다.

「태백일사」에서는 윷놀이를 「천부경」(2-9)과 연관하여 설명하고 있다. 「천부경」이 나온 뒤에 일반 대중을 위하여 윷놀이가 나왔으며 윷놀이를 통하여 우주 만물의 변화 원리를 담고 있는 환역을 알기 쉽게 풀이하였다.

신시 배달시대의 우사인 복희가 환역을 만들고 같은 시대의 선인인 발귀리의 후손 자부선인이 윷놀이를 만들어 환역을 더욱 발전시켰다. 일월의 운행도수를 측정하고 오행의 수리를 맞추어서 천문역법을 발달시켰다. 뒷날 창기소(蒼其蘇)가 자부선인의 환역 사상을 계승하여 오행치수의 법을 밝혔다고 한다. 따라서 윷판과 윷놀이는 우리 민족 고유의 역학 체계를 잘 보여주는 매우 소중한 문화유산이라 하겠다. (안경전 역주 「환단고기」 549쪽)

□. 윷놀이 방법

윷가락

윷가락은 각 참가자가 던지는 소품이다.
단면이 반달 모양인 네 개의 가락(막대기)
또는 콩알 반쪽을 사용한다. 등이 나온
결과를 '엎어졌다'라고 하고, 배가 나온
결과를 '까졌다고' 부른다.

장작윷은 길이 15~20cm, 지름 3~5cm로 4짝을 높이 던지며, 밤윷은 밤톨처럼
작은 4짝의 윷을 조그만 공기에 담아 흔들다가 던진다.

윷 판

윷 판은 던져진 윷 가락의 결과를 이용해서 말을 놓는 소품으로 말이 머물수 있
는 정점과 이것들로 구성된 길이 표시되어 있다. 정사각형의 윷판으로 설명하면
가로 세로 다섯개의 눈금의 정사각형과 그 안에 교차하는 두 대각선의 모양이며,
출발점은 정사각형의 한 꼭짓점이다.

말

말은 윷판 (또는 말판)에 표시되는 참가자의 위치한 상태를 가리키는 소품이며, 한 참가자(또는 편에 넉 동(4개)씩 주어지는 것이 일반적이다. '도'에서 시작(첫발)해 한 바퀴를 돌아 "참먹이"로 돌아오는 것(이것을 '났다' 또는 '폈다'라고 부른다.)이 놀이의 목적이다.

놀이 규칙

참가자가 여럿일 경우 팀(무리)을 만들어 놀이를 진행할 수도 있다. 참가자는 차례로 윷을 던지고 윷 셈 규칙과 말길 규칙에 따라서 말을 윷판에 놓게 된다. 모든 말이 먼저 시작점인 참먹이방으로 돌아와 나오는 참가자가 놀이의 승자가 된다.

윷 셈

윷의 평평한 앞면 배는 음(-)이고, 볼록한 등면은 양(+)이다. 도, 개, 걸은 항시 음양이 공존한다. 4가락의 평평한 앞면 배가 다 나오면 윷으로서 음(-)이고, 4가락이 볼록한 등면이 다 나오면 모로서 양(+)이다.

윷놀이는 상대방이 있어야 놀이가 된다. 윷판은 달리는 백마로, 양(+)이다. 상대편인 흑마는 음(-)이다. 양편과 음편이 짝으로 이루어져 참먹이 방에 들어가서 출발을 하고 동서남북 한 바퀴를 다 돌고 나갈 때까지 양(+)과 음(-)은 상생과 상극을 하며 공생·공존을 하게 된다.

윷의 셈은 앞면이 위로 향한 윷가락의 개수에 따라서 다섯 가지 혹은 여섯 가지로 다음의 표와 같이 나뉜다.

이름	상태	설명
도 (돼지 堵)		앞이 하나인 경우 말을 한 칸 전진시킨다. 우측 그림에서 'x'면이 등(뒷)면, 그렇지 않은 면이 배(앞)면을 표시하고 있다.
개 (개 拘)		앞이 둘인 경우 말을 두 칸 전진시킨다.
걸 (양 羊)		앞이 셋인 경우 말을 세 칸 전진시킨다.
윷 (소 牛)		앞이 넷인 경우 말을 네 칸 전진시키며, 윷을 다시 한 번 던질 수 있다.
모 (말 馬)		모두 뒷면인 경우 말을 다섯 칸 전진시키며, 윷을 다시 한 번 던질 수 있다.
뒷도 또는 백도(빽도) 또는 후도		앞이 하나나 '뒤'가 표시되어 있는 것인 경우 말을 한 칸 후퇴(뒤로 보냄)시킨다. 우측 그림에서 점이 찍힌 앞면이 뒷도가 표시된 윷 가락을 나타내는 예이다(그러나 꼭 '점'을 뒷도로 사용할 필요는 없다).
낙		윷가락 중 하나 이상이 멍석을 나갈 경우 그대로 차례가 넘어간다.

말길

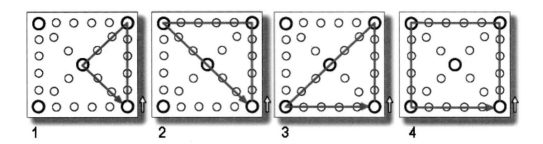

1 2 3 4

한 번 더 던지기

윷은 참가자들 사이에 차례로 '한번'씩 던지게 되나, 다음의 경우 참가자는 윷을 한 번 더 던지는 기회를 갖는다.

- 윷이 나온 경우
- 모가 나온 경우
- 다른 참가자의 말을 잡은 경우
- 윷이나 모를 이용하여 다른 참가자의 행마를 잡은 경우에도 계속해서 다시 던지기를 할 수 있다.

잡기와 업기

먼저 가는 사람의 말을 뒤따라 오는 사람의 말이 잡을 수 있도록 하는데, 잡힌 말은 처음 참먹이방에서 다시 출발해야 한다. 반면, 같은 사람의 말이 같이 겹쳐지게 될 때면 함께 움직여 갈 수 있는데, 이를 소위 업어간다고 한다. 물론, 이때도 잡히면 함께 움직인 모든 말은 다시 출발해야 한다. 그리고 말을 잡은 사람은 윷을 한 번 더 던질 수 있는 기회가 생긴다.

뒷도에 따른 움직이기

판 위의 돌이 없는 상태에서 뒷도가 나올 경우 참먹이방으로 가서 바로 날 수 있도록 하기도 하고 말이 탈락하거나 무효가 되는 것으로 하기도 한다. 또 도에서 뒷도가 나온 경우 바로 나는 참먹이방으로 보기도 하고 나려면 한 바퀴를 돌아야 하는 것으로 보기도 한다.

놀이의 특징을 살펴보면

던지기 기술이 필요하다

윷의 결과는 (뒷도를 제외하면) 모두 다섯 가지 (도, 개, 걸, 윷, 모) 경우의 수가 존재하고 따라서 확률을 이용한 놀이로 볼 수 있다.

윷가락의 단면이 반달 모양인 관계로, 모와 도, 그리고 뒷도 처럼 많은 수의 윷가락이 등(뒤)이 나오는 경우를 위하여는, 윷가락이 구르는 형태의 던지는 기술이 필요하다. 반면에 걸과 윷처럼 대다수의 가락이 배(앞)으로 놓여야 하는 경우에는 윷가락이 바닥에서 구르지 않도록 윷을 던지는 기술이 바람직하다.

윷놀이는 '하나'의 던진 결과를 윷판에 놓는 방법(즉, 말을 쓰는 방법)에 있어서 '복수개'가 존재하는 경우가 빈번히 발생하는데, 그 이유는 1. 복수개의 말을 사용한다는 점, 2. '한 번 더'의 규칙이 존재한다는 점, 3. 복수개의 말 길이 선택 가능하다는 점 등을 꼽을 수 있다.

말을 업을 것인가 업지 않을 것인가

말을 업어 사용할 경우 업힌 말들은 동시에 이동하는 까닭에 보다 신속한 말의 이동이 가능하지만, 한 번 잡히면 업힌 모든 말들이 몰살을 당하는 위험이 있어서 전략적인 선택이 필요하다.

윷과 모의 '한 번 더' 규칙 적용 시 말을 어떻게 놓을 것인가

윷을 던진 결과가 윷 또는 모의 경우, 참가자는 한 번 더 윷가락을 던질 기회를 갖는다.

윷놀이의 확률을 보면

일반적인 윷놀이에서 도, 개, 걸, 윷, 모가 나올 수학적 확률은 다음과 같다.

도: 4/16 (1/4)
개: 6/16 (3/8)
걸: 4/16 (1/4)
윷: 1/16
모: 1/16

그러나 윷 자체가 정확히 반원이 아니기 때문에 각각이 나올 확률은 이와 일치하지 않는다. 즉, 평면이 위로 나오는 비율이 60%일 때 확률을 구하면 개와 걸은 각각 0.3456의 확률로 나오고 도는 0.1536, 윷은 0.1296, 모는 0.0256의 확률로 나오고 61.5%가 되었을 때는 걸〉개〉윷〉도〉모의 순서대로 많이 나온다. 물론 예외는 항상 존재한다. (출처: 우리 모두의 백과사전)

2편

하늘이 주신
천부天符 윷판

(천도天道)

0. 대우주 별에서 온 윷판

□. 북극성과 북두칠성

△. 북극성北極星은 하늘의 북극에 있는 별이다

자미원紫微垣의 중심에 있다

자미원紫微垣은 동아시아의 별자리인 삼원의 하나이다. 삼원 중 두 번째에 해당되며, 천구의 북극을 포함한다. 서양 별자리의 큰곰자리의 일부가 해당되며, 작은곰자리, 용자리를 포함한다. 한민족은 오래전부터 하늘나라 임금이 거처하는 곳은 북극의 중심에 위치한다고 여겼다. 바로 자미궁이라는 궁궐이다. 그래서 그 궁궐의 담을 자미원紫微垣이라 불렀다. 자미궁은 임금과 왕비, 그리고 태자와 후궁 등 그 가족이 사는 곳이며, 하늘을 다스리기 위한 신하와 장군들이 포진하고 있듯이 모두 170여개의 별로 이루어져 있다.

이러한 별들이 북극성 주위에 포진되어 있다. 북극성은 하늘에서 일년 내내 볼 수 있는 항성의 별자리이기 때문에 하늘나라 임금이 사는 자미궁의 중심으로 생각했고, 바로 이 자미원을 중심으로 태미원, 천시원, 그리고 계절에 따라 하늘을 도는 28수를 다스린다고 여겼던 것이다. (출처: 위키백과)

지구의 자전운동 때문에 하늘의 북극을 중심으로 모든항성 恒星이 시곗바늘과 반대방향으로 1일 주기 회전운동을 하는 것처럼 보인다. 항성일주운동의 중심점의 위치, 즉 북쪽 하늘의 지평선에서부터 북극의 높이를 북극고도北極高度라고 하였다. 예로부터 북극성이 관찰지점에서의 북극고도를 측정하는 기준점이 되었다.

이러한 북극고도는 그 지점의 위도緯度에 해당되며 오래전부터 오늘날의 위도 대신 사용되었는데, 그 지방의 밤낮의 길이, 해의 출입시각을 계산하는 기초가 되며 물시계에서 밤사이의 경각更刻을 정하는 데 필요한 자료이다. (출처: 한국민족문화대백과)

북극성 찾기

북극성은 밤하늘에서 밝게 빛나는 별이 아니므로, 밝고 쉽게 찾을 수 있는 북두칠성을 이용하여 그 위치를 찾을 수 있다.

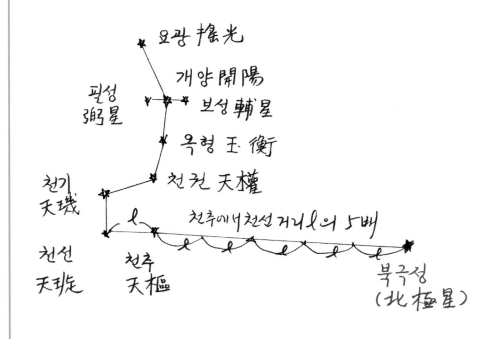

△. 북두칠성北斗七星

큰곰자리의 꼬리에 해당하는 7개의 별을 총칭하는 말로 그 모양이 국자 모양과 유사하다. 7개의 별 모두 2등 내외의 밝은 별이고 예로부터 항해할 때 길잡이가 되었다. 한국과 중국에서는 인간의 수명을 관장하는 별자리로 여겼다.

7개의 별이 국자 모양을 하고 있으므로 두斗자를 썼다. 모두 2등 내외의 밝은 별이고, 그 길이가 20°에 이르므로, 쉽게 식별할 수 있어 예로부터 항해가의 길잡이로서 친근한 별이다. 천선에서 천추까지 직선을 그으면 두 별의 각거리의 5배쯤 되는 곳에 북극성北極星이 있어서, 두 별을 지극성指極星이라고 한다.

북두칠성은 3월경에는 정오에 남중하고, 5, 6월경에는 오후 8시쯤에 남중한다.

한국과 중국에서는 국자의 머리부터 차례로 천추天樞·천선天璇·천기天璣·천권天權·옥형玉衡·개양開陽·요광搖光으로 불렀으며, 인간의 수명을 관장하는 별자리로 여겼다.

우리 민족과 북두칠성에 대하여 살펴보면

밤하늘에 크고 뚜렷하게 볼 수 있는 북두칠성은 7개의 별이 국자 모양을 하고 있는 별자리이다. 북두나 북두성, 칠성이라고도 한다. 이 북두칠성(2-2)은 우리 민족에게 더없이 친숙한 별이다.

북두칠성에 담긴 의미는 인간의 길흉화복을 주관하는 북두칠성. 북두칠성은 종종 남두육성과 대비되어 이야기되기도 한다. 남두육성은 삶을 주관하는 별이요, 북두칠성은 죽음을 주관하는 별이라는 것이다. 또한, 북두는 해와 달을 합쳐 삼신三辰이라고도 했다.

　칠성신은 우리네 민족의 삶 속에 친숙한 신神이다. 북두칠성을 일, 월, 화, 수, 목, 금, 토(일월과 오행)의 정수라고 여기고, 이를 믿은 것이 바로 칠성 신앙이다. 옛날 우리 할머니와 어머니들이 뒤뜰이나 장독대에 정화수 한 그릇 떠다 놓고 두 손 모아 열심히 빌었던 대상이 바로 칠성신인 것이다. 이 칠성신에게는 주로 액을 물리치고, 자손이 번창하며, 만수무강하기를 빌었다. 그 내용에 대해 좀 더 자세히 살펴본 것이다.

　첫째, 칠성신은 비를 내리는 신이다.
　둘째, 칠성신은 인간의 수명을 관장하는 신이다.
　셋째, 칠성신은 재물과 소원 성취를 비는 신이다.

　밤하늘의 북두칠성은 정확한 시계이다. 북극성과 북두칠성을 이용하여 계절과 시간을 알아내는 원리는 이미 우리 인류의 문명의 시작과 함께 사용된 과학적 방법이다.

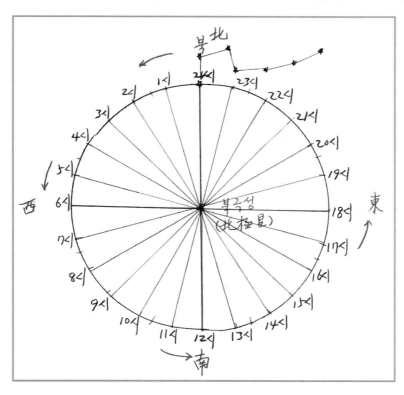

국자모양의 북두칠성은 한 시간이 경과할 때마다 북극성을 중심으로
시계 반대 방향으로 15도씩 회전한다. (출처 : 한국천문 우리하늘 우리 별자리)

북두칠성운행도

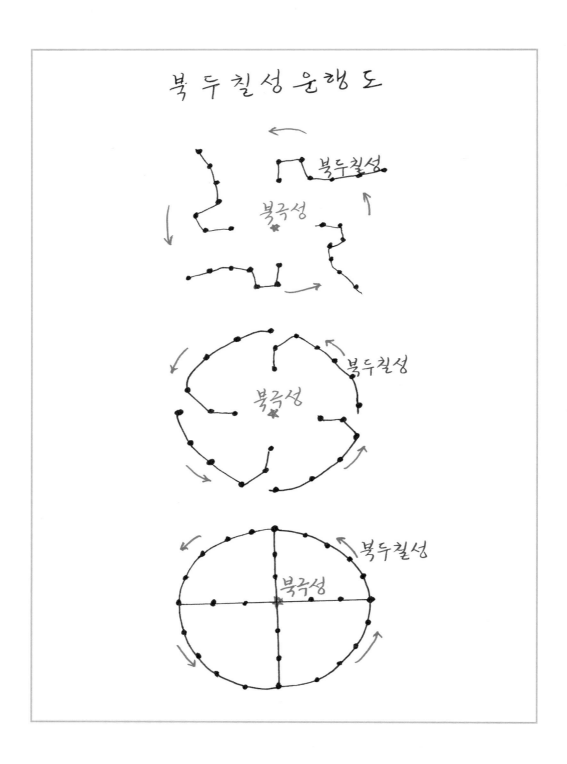

□. 28수宿별

우주의 경계인 삼원三垣과 28수 宿에 대하여 살펴보면

고대 그리스인들은 황도대를 12구역으로 나누어 12황궁도라 하였다. 이는 12개의 별자리를 태양이 일 년 중에서 1개월가량을 거처하는 궁으로 묘사한 것이다.

이에 비해 동양에서는 북쪽 하늘을 중심으로 눈에 보이지 않는 우주의 벽을 3개의 경계로 나누어 자미원紫微垣, 태미원太微垣, 천시원天市垣으로 구분하고 달을 기준으로 28수 별자리를 만들었다.

동양의 3원三垣 28수二十八宿의 기본적인 개념들을 이해하면 우주문명을 공부하는데 훨씬 재미를 더할 수 있다.

자미원紫微垣은 북극성을 중심으로 모여 있는 별들의 구역으로 자궁紫宮, 자미궁紫微宮, 자궐紫闕, 중궁中宮이라는 명칭 이 있고, 진극(辰極: 별들이 있는 공간의 끝)이라고도 하며, 하늘 의 중심 되는 별자리이다. 임금이 계신 대궐에 비유하며 중궁의 별들은 모두 인간 세상의 일을 상징한다.

태미원太微垣은 28宿 중에서 25~28번째인 성수星宿, 장수張 宿, 익수翼宿, 진수軫宿 이북의 구역으로, 나라 일을 다스리는 조정에 해당한다. 승상承相과 장군將軍등 문무중신文武重臣의 별이 있는 곳이다.

천시원天市垣은 28宿 중에서 4~8번째인 방수房宿, 심수心宿, 미수尾宿, 기수箕宿, 두수斗宿 이북의 구역이며, 임금이 신하들로부터 조회를 받는 곳으로, 제성(帝星: 천제별)이 임하는 명당이다.

28宿의 선정

동, 서, 남, 북 사궁四宮에 각각 7宿가 있어 28宿(2-3, 2-4, 2-5)이다

28宿는 '달의 자리'이다. 달이 지구를 한바퀴 도는 주기는 27.33일이기 때문에 우리가 보는 달은 매일 28宿 가운데 한자리에 머문다. 고대 동양의 별자리인 28宿는 달이 백도(白道: 달이 가는 길)를 일주함에 따라 태양궤도인 황도와 백도를 28 구획으로 나누고, 달이 매월 옮겨 머무는 위치에 뚜렷이 나타나는 성좌를 선택해서 만든 것이다. 이 성좌를 '수宿' 또는 '사舍'라고 하는데, 달이 매 월어느 성좌에 머물게 된다고 믿는 까닭이다. 헤아리는 순서는 동궁東宮으로 시작해서 북궁北宮, 서궁西宮, 남궁南宮의 순서로 달의이동에 맞추어 내려간다.

동궁청룡칠수東宮靑龍七宿로는

동쪽東方에는 각성角星, 항성亢星, 저성低星, 방성房星, 심성心星, 미성尾星, 기성箕星이 있는 곳이다.

북궁현무칠수北宮玄武七宿로는

북쪽北方에는 두성斗星, 우성牛星, 여성女星, 허성虛星, 위성危星, 실성室星, 벽성壁星이 있는 곳이다.

서궁백호칠수西宮白虎七宿로는

서쪽西方에는 규성奎星, 루성婁星, 위성胃星, 묘성昴星, 필성必星, 자성紫星, 삼성參星이 있는 곳이다.

남궁주작칠수南宮朱雀七宿로는

남쪽南方에는 정성井星, 귀성鬼星, 유성柳星, 성성星星, 장성張星 익성翼星, 진성軫星이 있는 곳이다.

모두 합해 28수(4×7=28)를 이루는 것이다

조선 태조 4년 1395년에 제작된 「천상열차분야지도」

천상은 하늘의 형체, 열차는 황도 부근을 12개로 나눈 것이다
분야는 그에 해당하는 땅의 영역을 의미한다

28수 별자리

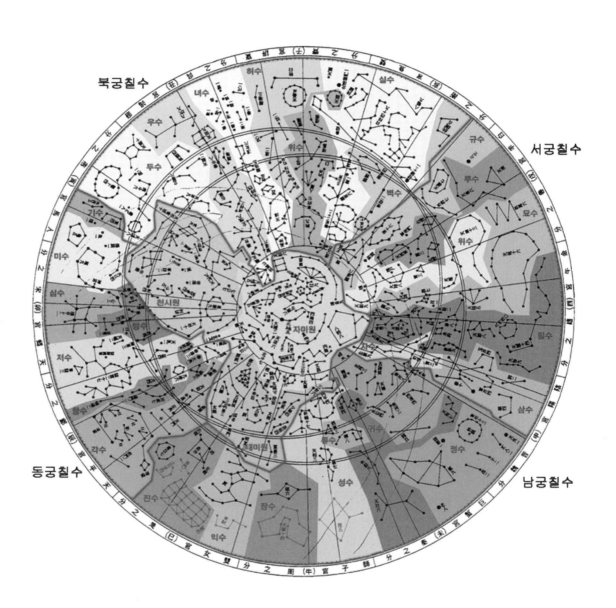

□. **태양계 별**(해, 달, 외행성)

태양계 행성

태양계(2-7)는 태양과 그 주변을 돌고 있는 행성과 소행성 그리고 혜성 등으로 이루어져 있다. 그 외에 카이퍼 띠와 오르트 구름을 이루고 있는 얼음덩어리와 소천체들도 태양계 식구들이다. 그중에 행성은 공전궤도면이 서로 비슷하여, 지구에서 봤을 때 태양이 지나가는 자리를 그대로 따라간다. 현재 태양계 행성(8개)은 특성에 따라 크게 지구형 행성과 목성형 행성으로 나눌 수 있다. 지구형 행성에는 수성, 금성, 지구, 화성이 있는데, 이 행성들은 크기가 상대적으로 작고 밀도는 높으며, 표면이 고체로 만들어져 있다. 목성형 행성에는 목성, 토성, 천왕성, 해왕성이 있는데, 이들은 기체로 구성되어 밀도가 상대적으로 낮으며, 아름다운 고리를 가지고 있다. 과거에는 명왕성도 행성으로 분류하였으나, 지구형 행성이나 목성형 행성의 특징을 가지고 있지 않았다. 그래서 2006년 이후부터는 행성이 아니라 세레스, 이리스와 함께 외행성으로 새롭게 분류하였다.

사진의 행성들은 태양에서 가까운 순서대로 나열되어있으나
크기와 거리 비율이 실제와는 매우 다르다. (출처 : 지식백과)

○. 하늘, 땅, 사람의 윷판

　　북극성과 북두칠성은 사람의 머리 뇌와 얼굴의 7 구멍과 몸체의 생식기(그림30)와 항문(그림37)으로 내외부 기능은 내려와 있고 28수 별의 동서남북 7수 별수는 사람인체의 외부형상(그림31, 그림38)으로 내려와 있고 해와 달과 오행성별은 사람 인체의 내부 기능(그림32, 그림39)으로 오장육부로 내려와 있다. 대우주 하늘의 형상과 하늘의 뜻이 이 땅에 그대로 펼쳐져 있으며 소우주인 사람은 하늘의 모습(그림40)과 뜻으로 살아가야만 한다.

□ . 구조構造로 본 대우주와 소우주

대우주(우주)		소우주(사람)	
북극성 북두칠성		 머리 : 7구멍 몸 : 2구멍	북극성(자미원) : 뇌 천추 천선 : 눈 천기 천권 : 귀 옥형 개양 : 코 요광 : 입 필성 : 생식기 보성 : 항문
28수별			좌청룡 7수 : 좌측몸. 팔 우백호 7수 : 오른쪽 몸 팔 남주작 7수 : 좌우쪽 머리 북현무 7수 : 머리
태양계 지구	 	 (오장. 육부) 	목성 : 간 담 화성 : 심장 소장 토성 : 비장 위 금성 : 폐. 대장 수성 : 신장 방광 삼포 (오장육부) 오대양육대주 　　: 오장육부 암반 : 골격. 뼈 흙 : 근육. 살 물 : 피

89

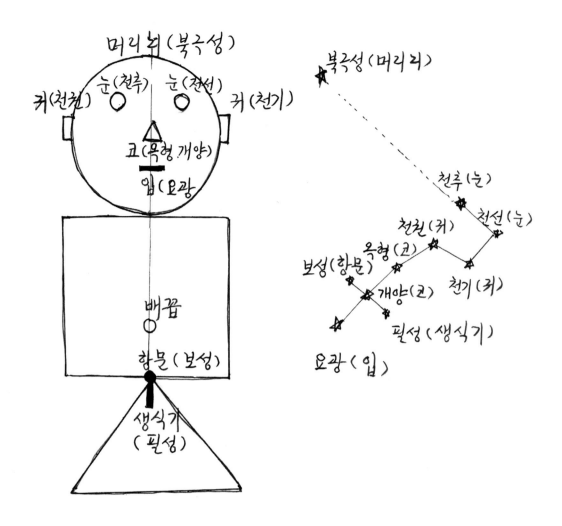

그림30 북극성과 북두칠성이 내려온 하늘사람(내외부 기능)

북두칠성은 사람의 9구멍의 기능역할이다.
얼굴(7개): 눈(2), 귀(2), 코(2), 입(1)
몸통(2개) : 생식기, 항문

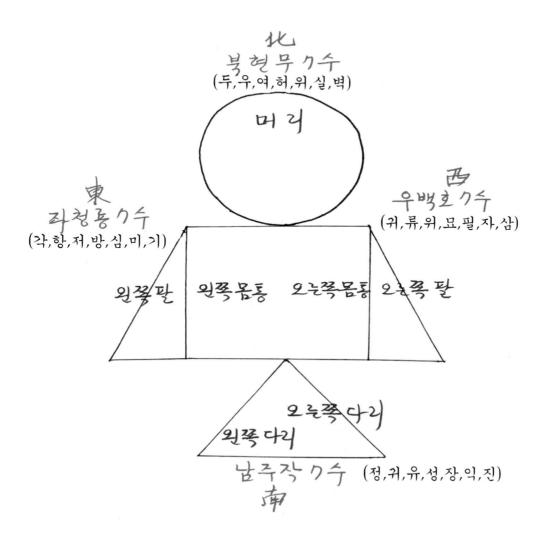

그림31 28수별이 동서남북으로 내려온 하늘사람(외부 기능)

28수 별은 사람 인체의 동서남북의 외부형상으로 나타난다.
좌청룡 7수 : 왼쪽 팔, 왼쪽 몸통
우백호 7수 : 오른쪽 팔, 오른쪽 몸통
남주작 7수 : 왼쪽 다리, 오른쪽 다리
북현무 7수 : 머리

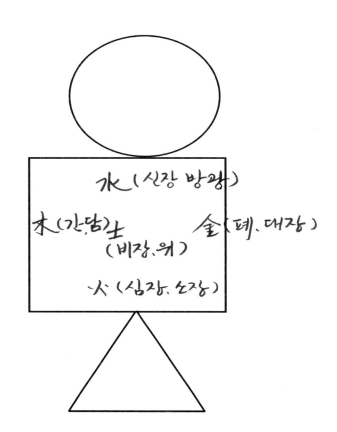

木 : 간 담
火 : 심장 소장
土 : 비장 위
金 : 폐. 대장
水 : 신장 방광
月 : 삼초신경
日 : 5장 6부 총괄

그림32 음양오행 오덕으로 내려온 하늘사람(내부기능)

해와 달과 오행성은 음양오행 오덕으로
인체 내부의 오장육부의 기능으로 나타난다

□. 사람은 하늘 우주의 축소판

△. 사람의 머리는 자미원과 북두칠성이다

사람의 생긴 형상을 보면 크게 셋으로 나눌 수 있다. 하늘의 형상인 원(○)인 머리와 땅의 형상인 방(□)인 몸통과 사람의 형상인 각(△)인 팔다리가 합쳐진 것이다. 하늘(○) 땅(□) 사람(△)이 하나가 되면 사람(⚇)이 탄생하는 것이다.

옛 어르신 말씀에 사람은 대우주를 닮은 소우주라고 하였다.

우리가 생각하는 무한 광대한 대우주와 사람이 닮았는지? 비슷한지? 살펴보기로 한다. 자미원紫微垣과 함께 하고 있는 북극성北極星을 중심中心으로 북두칠성北斗七星의 7개의 별들이 시계반대방향으로 돌고 있다. 국자의 머리부터 천추天樞, 천선天璇, 천기天璣, 천권天權, 옥형玉衡, 개양開陽, 요광搖光으로 불려진다. 개양開陽 좌우로 보輔 필弼까지 총 9개의 별이다. 하늘에 있는 자미원紫微垣의 북극성北極星과 북극성北極星을 일정하게 돌고 있는 북두칠성北斗七星과 개양성開陽星을 보좌하고 있는 보성輔星과 필성弼星 총 9개의 별(星)이 사람에게 그대로 내려와 있다.(그림30)

사람의 머리는 자미원紫微垣이다. 사람의 오장육부와 마음과 정신, 정精 ,기氣, 신神을 총괄 관장하고 있는 뇌는 북극성北極星이다.

북두칠성北斗七星은 사람머리에 있는 세상을 보는 눈 둘, 세상을 듣는 귀 둘, 하늘의 기운을 받는 코 둘, 땅의 기운을 받는 입 하나하여 일곱 구멍으로 얼이 있는 얼굴을 구성하고 있다. 사람이 수명을 다하고 돌아갔을 때 원래 자리인 북두칠성으로 돌아가라고 시신을 모신 관 바닥에 북두칠성의 모양을 한 일곱 구멍의 칠성판을 깔고 시신을 모신다. 개양성開陽星을 보좌하고 있는 필성弼星은 사람의 오장육부의 최종하수처리의 최종 기능인 신장과 방광을 관장하며 하늘의 조화調和

권능인 생식기의 역할을 한다. 또한 보성輔星은 오장육부의 최종찌꺼기를 배출하는 항문의 역할을 한다. 하늘에는 자미원紫微垣의 북극성北極星을 중심으로 북두칠성北斗七星 7개의 별을 포함한 북두구성北斗九星이 있다. 사람의 머리에는 북두칠성北斗七星과 같이 눈 두 개, 귀 두 개, 코 두 개 입 하나 하여 일곱 구멍이 있으며 몸통에 있는 항문과 생식기 두 구멍을 합하여 아홉 구멍이 있다. 그래서 남자는 아홉 구멍이며 하늘의 조화調和 권능인 자식을 낳을 수 있는 여자는 열 구멍이다. 하늘의 북두칠성은 우리의 땅에서 육안으로 밤하늘에서 볼 수 있다. 개양좌우에 있는 보성 필성은 육안으로 보이지 않는다. 사람의 몸에서도 북두칠성에 해당하는 눈, 코, 입, 귀는 얼굴에서 볼 수 있지만, 몸 안쪽에 있는 생식기와 항문은 필성과 보성과 같이 겉으로는 보이지 않는다.사람의 인체구조형상(머리, 몸통, 팔, 다리)은 동서남북으로 자리를 지키고 있는 28수宿 별과 같다.

자미원紫微垣의 북극성北極星을 중심으로 동, 서, 남, 북 사궁四宮에 각각 7수宿가 있어 28수宿이다. 28수宿는 달의 자리이다. 달은 대략 하루에 28수를 하나씩 건넌다. 달이 지구를 한 바퀴 도는 주기는 27.33일이기 때문에 우리가 보는 달은 매일 28수宿 가운데 한자리에 머문다.

△. 몸통과 팔다리는 28수이다

동방창룡7수東方靑龍7宿는 각·항·저·방·심·미·기의 7수 30개 별은 75도를 차지한다. 동쪽 궁宮에는 청제靑帝가 관할하며, 그 정수는 창룡蒼龍 또는 청룡靑龍으로 표상 된다. 각角은 뿔, 항亢은 목, 저低는 가슴, 방房은 배, 심心은 엉덩이, 미 尾는 꼬리 기箕는 항문에 해당한다. 계절로는 봄을 오행상으로는 木의 기운을 방향으로는 동쪽을 나타내고 비늘 달린 벌레 360종류를 맡았다. 사람 인체 중에서는 몸의 좌측의 몸과 팔을 관장한다.(그림31)

북방현무7수北方玄武七宿는 두·우·여·허·위·실·벽의 7수 25개 별은 93도를 차지한다. 북쪽 궁宮에는 흑제黑帝가 관할하며, 그 정수는 현무玄武로 표상된다. 두斗는 거북이와 뱀이 엉켜있는 상이고, 우 牛는 뱀의 상이며, 여女는 거북이의 상이며, 허虛와 위危와 실室과 벽璧은 거북이와 뱀이 엉켜있는 상이다. 계절로는 겨울을, 오행상으로는 水의 기운이며, 방향으로는 북쪽을 나타내고 딱딱한 껍질의 벌레 360종류를 맡았다. 사람 인체중에서는 몸의 가장 윗부분인 딱딱한 각질의 머리 부분을 관장한다.

서방백호7수西方白虎七宿는 규·루·위·묘·필·자·삼의 7수 47개 별은 80도를 차지한다. 서쪽 궁 宮에는 백제白帝가 관할하며, 그 정수는 백호白虎로 보고, 규奎 자체를 백호로 보고, 루婁·위胃·묘昴는 세 마리의 호랑이 새끼로, 필畢은 호랑이의 주둥이이며, 자와 삼參은 기린의 상이다. 계절로는 가을이며, 오행상으로는 金의 기운이며, 방향으로는 서쪽을 나타내며 털이 달린 벌레 360종을 맡았다. 사람 인체 중에서는 몸의 우측 몸과 팔을 관장한다.

남방주작7수南方朱雀七宿는 정·귀·유·성·장·익·진의 7수 59개 별은 112도를 차지한다. 남쪽 궁宮에는 적제 赤帝가 관할하며 그 정수는 주작朱雀으로 보고, 정井은 머리, 귀鬼는 눈, 류 柳는 부리, 성星은 목, 장張은 모이주머니, 익翼은 날개, 진軫은 꼬리에 해당한다. 계절로는 여름을 오행상으로는 火의 기운이며 방향으로는 남쪽을 나타내며 날개 달린 벌레 360종을 맡았다. 사람 인체 중에서는 몸의 다리를 관장한다.

28수 宿의 별은 수많은 별들의 대표별로서 군락을 이루고 있다. 사람의 인체에서도 별개의 기능의 명칭이 없는 동서남북의 좌측 팔, 우측 팔, 머리, 다리에서 뼈, 근육, 살, 피부, 세포 등이 함께 어우러진 조화의 구조이다. 수많은 별들 중에서 각 방향별로 대표되는 별들의 28수가 좌청룡, 우백호, 남주작, 북현무 동서남북 4방향에서 일정하게 굳건히 자리를 지키고 있으며 위에서 살펴본 바와 같이 북두칠성에서 눈, 귀, 코, 입과 배출과 생식기능인 항문과 생식기가 역할을 한다. 다음 28수 별에서 좌우 팔과 몸통과 다리와 머리가 역할을 한다.

이제 해와 달과 목화토금수 등 오행성이 있는 태양계의 운행이 우리 인체에서는 어떤 역할을 하는지 알아보기로 한다. 조선 시대에 축조된 근정전 옥좌 뒤와 인사동 입구 놀이 광장에는 일월오봉도日月五峯圖 그림이 있다. 일월오봉도의 뜻은 해와 달과 5개의 산봉우리 하늘과 땅이 함께 어울리는 뜻이다. 음양오행陰陽五行은 日月水金火木土 태양계의 우주를 상징한다.

앞에서 살펴본 대우주 중심의 북극성과 북두칠성의 의지대로 사람의 얼굴과 눈, 귀, 코, 입이 이루어졌으며 북극성을 보좌하는 좌청룡, 우백호, 남주작, 북현무 28수 의지대로 사람의 좌우 팔과 다리와 머리와 몸통이 이루어졌다.

△. 인체의 오장육부는 해와 달과 오행성이다

우주 공간에 존재하는 모든 만물은 우주宇宙의 법칙에 따른다. 우리 인류가 생존하고 있는 지구가 있는 태양계는 태양太陽을 중심으로 하여 수성水星 금성金星 지구地球 화성火星 목성木星 토성土星 천왕성天王星 해왕성海王星이 각기 자전을 하며 자기의 자리에서 일정하게 태양을 공전하고 있다. 태양계는 전체적으로 자미원의 북극성北極星을 공전하고 있다. 태양太陽은 스스로 빛을 내는 별이다. 우리에게 있어 아버지와 같은 존재이다. 태양이 내는 빛이 지구를 따뜻하게 만들어 모든 생명이 살 수가 있다. 지구뿐만 아니라 다른 행성과 위성, 소행성, 혜성 등 태양계의 전 가족이 태양의 에너지로 제 모습을 유지하고 있다. 태양은 지구보다 지름이 109배 크다. 무게는 태양계 전체의 99%를 차지한다. (출처:한국천문연구원)

태양太陽은 음양陰陽 중 양陽으로서 한자로는 날일日이다. 달은 한자로는 달월月로써 지구 주위를 돌고 있는 자연위성이며, 지구에서 가장 가까운 천체이다. 달의 모양이 변하는 이유는 달이 지구 주위를 돌면서 햇빛에 반사되어 눈에 보이는 부분이 달라지기 때문이다. 음력 1, 2일경에는 달이 거의 보이지 않다가 3일경에는 서쪽 하늘에 초승달이 보이다가 사라진다. 음력 7, 8일경에는 남쪽 하늘에 상현달이 나타나며 15일이 되면 동쪽 하늘에서 보름달이 떠오른다. 이후로는 달이 점점 기울며 음력 22일경이 되면 하현달이 되어 나타난다. 우리에게는 어머니와 같은 별로서 점점 작아져서 음력 28일경에는 그믐달로 변하여 30일이 되면 달은 보이지 않는다. (출처: 지식백과)

달은 음양陰陽 중 음陰으로서 한자로는 달월月이다.

수성水星은 태양과 가장 가까운 행성이다. 항상 밝은 태양 가까이에 있어 관측하기가 쉽지 않다. 해가 진 직후 서쪽 하늘이나 해가 뜨기 직전 동쪽 하늘에서만 볼 수 있다.

금성金星은 가장 밝은 행성으로 새벽에 보이는 금성은 샛별로, 저녁에 보이는 금성은 개밥바라기별이 불러왔다.

우리가 사는 지구地球는 태양계의 3번째 행성인 지구는 하나의 위성인 달을 가지고 일 년에 태양 주변을 한 바퀴 회전한다.

화성火星은 붉은색으로 붉게 보인다.

목성木星은 태양계 내에서 가장 크고 무거운 행성으로 지구보다 지름이 약 11배나 크다. 토성土星은 행성 중에서 가장 아름다운 고리를 가지고 있다.

태양太陽계의 해와 달과 행성인 수성, 금성, 화성, 목성, 토성은 현재의 1주일로 명명되는 日·月·火·水·木·金·土의 기본으로써 음양오행사상은 음陰과 양陽의 소멸 성장 변화와 음양에서 파생된 오행五行, 목木 화火 토土 금金 수水의 움직임으로 우주와 인간생활의 모든 현상과 생성소멸을 나타내고 있다. (출처: 문화원형 백과)

지구地球는 인류가 사는 천체로 달을 위성으로 가진다. 우리가 살고 있는 땅덩어리로 태양계에 속하는 행성 중 하나이다. 지구는 태양에서 볼 때 세 번째 행성으로 금성보다는 바깥에 화성보다는 안쪽에서 태양 둘레를 돌고 있다. 이러한 운동을 공전公轉이라 하고, 위에서 내려 보았을 때 시계 반대방향으로 돌고 있다. 북극과 남극을 연결한 지축을 중심으로 시계 반대방향으로 자전을 한다. 지축은 공전 궤도면의 수직 방향에서 23.5° 기울어져 있다. (출처: 한민족대백과사전)

우리가 살고 있는 푸른 행성이 바로 지구이다. 우주에서 봤을 때 푸른색의 바다, 녹색의 산과 갈색의 흙에 흰색의 구름이 조화를 이루고 있는 아름다운 행성이다. (출처: 한국천문연구원)

지구는 오대양 육대주로 구성되어 있다.

바다 오대양은 태평양, 대서양, 인도양, 남극해, 북극해로 지구 전체 면적의 바다 면적이 70%이다.

육지 육대주는 아시아주, 유럽주, 아프리카주, 남아메리카주, 북아메리카주, 오세아니아주로 구성되어 있다. 지구는 반지름이 6,370km로서 지구 전체 면적의 육지가 30%이다.

사람에 있어서 남자는 해로서 일日 양陽이요, 여자는 달로서 월月 음陰이다. 사람의 육체는 해로서 일日양 陽이요, 사람의 마음은 달로서 월月 음陰이다. 정역正易의 영동천심월影動天心月에서 天心月은 무진달戊辰달이 이천二天자리에 와서 만월滿月되는 달이라 하였다.

우리의 인체 구성을 여러 차원에서 바라볼 수 있다. 원리적인 측면에서는 정精

기氣 신神으로 볼 수 있으며, 인체를 실체적인 구성요소로 보면 오장육부로 나타
낼 수 있다. 오장과 육부는 인체를 구성하는 가장 중요한 부분으로 오장과 육부를
줄여서 장부라고 한다. 장부는 양과 음으로 나뉜다. 몸 바깥 부분에 있는 육부가
양이므로 쓸개, 위, 대장, 소장, 방광, 삼초三焦가 양陽에 속한다. 몸속 깊숙이 있
는 것으로 보이는 오장인 간, 심장, 비, 폐, 신이 음에 속한다.(그림32)

지구의 오대양 육대주

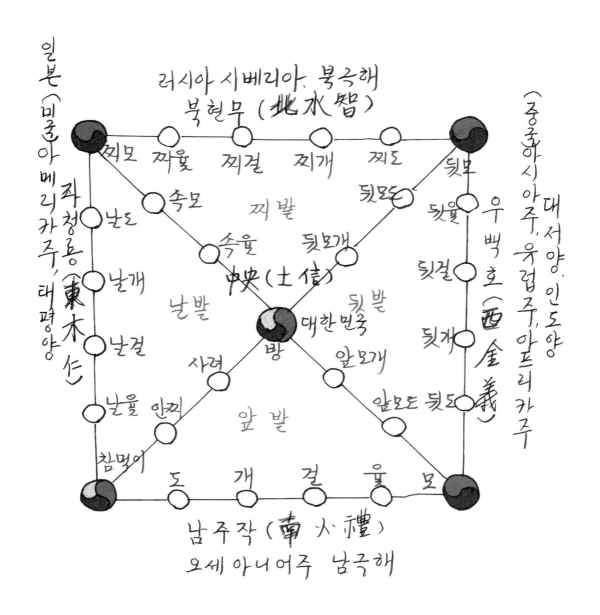

5대양 6대주 동서남북 윷판

△. 오장은 정기精氣, 신기神氣, 혈기血氣, 혼백魂魄을 간직한다

육부는 음식물을 소화시키고 진액을 돌게 하는 기능을 한다. 육부의 '부'는 창고府를 뜻하며 그릇이라고도 한다. '부'가 창고를 뜻하기에 '부'에 해당하는 기관들은 비어 있다. 위, 쓸개, 소장, 대장, 방광 등이 모두 비어 있어 있는 기관이다. 부는 영양분을 저장하며 먹은 것을 소화시켜 찌꺼기와 정수를 가르는 구실을 한다. 육부 중 위와 대장, 소장을 합친 길이는 58자 4치이며 음식을 9말 2되 1흡 5작 정도를 받아들인다. 육부는 오장과 짝을 이룬다.

오장을 살펴보면 폐는 전도지부라 하는 대장과 짝을 이룬다. 전도지부는 소장에서 내려보낸 분해물을 받아들여 수분을 흡수한 후 대변을 만들어 항문을 통해 내려 보내므로 인도한다는 뜻에서 전도지부라 한다.

심장은 수성지부인 소장과 짝을 이룬다. 수성지부란 위에서 초보적인 소화 과정을 거친 음식물이 내려오면 이를 받아들여 영양분을 흡수하는 작용을 하기 때문에 받아들인다는 뜻에서 수성지부라 한다.

간은 중정지부인 쓸개와 짝을 이룬다. 중정지부란 치우치지 아니한다는 좋지 않은 정신적 자극의 영향을 제거하고 인체의 평정을 유지한다는 뜻에서 중정지부라 한다.

비는 오곡지부라 하는 위와 짝을 이룬다. 오곡지부는 오곡은 곡식을 총칭한 말이다. 음식을 받아들인다는 뜻에서 오곡지부라 한다.

신은 진액지부라 하는 방광과 짝을 이룬다. 진액은 인체에 존재하는 수분을 총칭한다. 방광이 인체 내의 수분을 총괄한다는 뜻에서 진액지부라 한다.

삼초三焦는 중독지부라 하여 육부 가운데 짝이 없다. 중독은 인체의 중심을 관통하는 도랑과 같기 때문에 중독지부라 하였다. 대신 물이 나가는 길과 통해 있기 때문에 같은 육부 중 방광에 속한다.

오장은 몸 밖으로 난 일곱 구멍과 연결된다. 목화토금수의 태양계 오행성은 북두칠성의 일곱별과 연결된다는 뜻이다. 오장은 몸의 내부에 있는 장기지만, 얼굴에 있는 일곱 구멍과 연결되어 있다.

코는 폐에 속한 기관으로, 코로 드나드는 폐의 기운이 조화되어야 코로 향기로운 냄새를 맡을 수 있다. 폐에 병이 생기면 숨이 차고 코를 벌름거리게 된다. 눈은 간에 속한 기관으로, 간의 기운이 조화되어야 눈으로 다섯 가지 색깔을 구분할 수 있다. 간에 병이 생기면 눈시울이 퍼렇게 된다.

혀는 심장에 속한 기관으로, 심장의 기운이 조화되어야 혀가 다섯 가지 맛을 알 수 있으며 심장에 병이 생기면 혀가 말려 짧아지며 광대뼈가 벌겋게 된다.

입은 비에 속한 기관으로, 비의 기운이 조화되어야 입이 음식 맛을 알 수가 있으며 비가 병들면 입술이 누렇게 된다.

귀는 신에 속한 기관이므로, 신의 기운이 조화되어야 귀가 다섯 가지 소리를 들을 수 있으며 신에 병이 있으면 광대뼈 부위와 얼굴이 검게 되고 귀가 몹시 마른다.

네 개의 형장이 오장 이외에 더 있다. 머리, 귀와 눈, 입과 이, 가슴속이 그것이다. 이들은 그릇처럼 둘러싸여 있고 속은 비어 있으나 찌부러지지 않기 때문에 물체를 간직할 수 있다. 이들을 형장形臟이라 하여 오장의 신장神臟과 구별한다. 신장神臟이란 간, 심장, 비, 폐, 신 오장이 각기 혼魂, 신神, 의意, 백魄, 지志 등 정신을 간직한다.

부腑에도 기존의 육부 이외에 기항지부奇恒之腑라고 하는 여섯 개의 부가 더 있다. 뇌, 뼈, 맥, 담, 자궁, 골수 등이다. 기항지부란 정상적인 장부와 다른 장부란 뜻이다.(그림32)

오장육부는 몸 전체의 활동을 관장하는 내각內閣이라 할 수 있는데 그 기능에 따라 오장과 육부로 크게 나눈다. 육부는 주로 음식의 소화와 관련된 일을 맡는데, 위는 음식물을 소화시키는 일, 소장은 소화된 것을 받는 일, 대장은 소화된 찌꺼기를 밖으로 내보내는 일, 방광은 소화된 수분을 내보내는 일을 맡는다. 이 밖에 쓸개는 용기와 담력을, 삼초는 몸에 진액을 공급하는 역할이다. 육부에서 소화된 것 중에서 정精한 부분은 오장으로 간다. 오장은 정기精氣, 신기神氣, 혈기血氣, 혼백魂魄을 간직하며, 생명을 유지시키고 활동을 가능하게 하는 원천이다. 간은 생기가 비롯된 곳이며, 심장은 정신이 깃드는 곳이며, 비장은 기와 혈을 만드는 곳이며, 폐는 호흡을 맡는 곳이며, 신은 정력과 생식을 맡는 곳이다.

오장이 모두 작은 사람은 매사에 노심초사, 시름과 근심이 많다. 오장이 큰 사람은 일을 천천히 걱정을 하지 않는다. 오장이 원래 위치보다 높게 있으면 잘난 체하고, 낮게 있는 사람은 남의 부하가 되기를 좋아한다. 오장이 다 튼튼하면 앓지 않고, 오장이 약하면 항상 앓는다. 오장이 똑바로 놓여 있으면 성격이 원만하여 인심을 얻고, 오장이 비뚤게 놓여 있으면 마음이 바르지 않아 말을 자꾸 뒤집는다. 오장은 배속 원리에 따라 동식물, 곡식, 몸의 동작, 맛, 진액, 냄새, 소리 등과 연결되어 하늘과 땅, 인간을 묶어 주는 중심체로 작용한다. 한의학에서 내장 기관을 장과 부로 나눈 것처럼 서양 의학에서는 내장 기관을 기능에 따라 소화기계로는 위장, 간, 쓸개, 소장, 대장을 호흡기계로는 혈액 순환을 담당하는 심장과 혈관을 나누어 취급한다. 한의학에서는 오장의 크기와 위치에 따라서 사람의 성격이 다르다고 본다. 간 큰 사람, 담 큰 사람의 유래도 여기서 비롯된다. (출처: 한권으로 읽는 동의보감)

△. 새 생명의 탄생은 하늘의 뜻이다

여기까지 하늘과 땅과 사람에 대하여 살펴보았다
이제 사람의 탄생에 대하여 살펴보고자 한다

　우리 인간의 애틋하고 간절한 사랑이 있다면 하늘에 있는 별들의 사랑 이야기도 있다. 견우牽牛와 직녀織女는 은하銀河를 사이에 두고 동서로 자리 잡고 있는 견우성과 직녀성이다.

　음력 7월 7일, 즉 칠석七夕날과 관련된 전설로 더 유명하다. 견우성과 직녀성은 서로 사랑하지만, 은하에 다리가 없기 때문에 만날 수가 없어 둘이서 사랑을 나눌 수가 없다. 견우와 직녀의 딱한 이 사정을 알고 해마다 칠석날이 되면 지상에 있는 까마귀와 까치가 하늘로 올라가 몸을 잇대어 은하수에 다리를 놓아 준다. 이 다리를 오작교烏鵲橋라고 하는데, 견우와 직녀는 오작교를 건너와 1년 만의 회포를 풀게 된다. 그러나 사랑의 회포를 풀기도 전에, 새벽 닭이 울고 동쪽 하늘이 밝아오면 다시 이별을 하지 않으면 안 된다. 직녀는 또다시 1년간 베를 짜고 견우는 밭을 갈면서 제각기 고독하게 기다리며 1년을 보낸다. 그러기에 칠석날에는 까마귀, 까치를 한 마리도 볼 수가 없다 하는데, 어쩌다 있는 것은 병들어서 오작교를 놓는 데 참여하지 못한 까마귀와 까치들이라고 한다. 칠석날 저녁에 비가 내리면 견우와 직녀가 상봉한 기쁨의 눈물이고, 이튿날 새벽에 비가 오면 이별의 눈물이라 전한다. (출처: 두산백과)

　하늘의 사랑이 긴 기다림의 만남이니 우리 사람의 사랑은 어떨까? 사랑의 결실은 새 생명의 탄생이다.

　우리 옛 어르신들은 남자는 하늘이라 하였고, 여자는 땅이라 하였다. 성장한 남자와 여자의 사랑의 만남은 성스럽고 고귀한 하늘과 땅의 만남과 같다.

사람이 세상에 태어나기 전에는 엄마의 자궁 속에서 10달을 보낸다. 태아는 영양분을 배꼽으로 공급받아 머리와 몸과 다리의 형상을 갖고 사랑하는 남자와 여자가 만나 결혼을 하는 것은 70억 인구 중 여자가 35억 명이며 남자가 35억 명이라 할 수 있다. 35억 명 중 한 사람이 자기의 배필 짝이니 얼마나 소중한 만남이겠는가?

임신은 정자와 난자의 결합으로 만들어진 수정란이 자궁에 착상하여 태아로 발육하는 과정이다. 여자의 몸속에 사정된 남자의 정자精子는 무려 3억 마리이나 점액층을 돌파하고 자궁에 들어갈 수 있는 것은 그 1,000분의 1인 30만 마리이다. 더욱이 난관까지 당도하는 것은 200~300마리이고, 마지막으로 난자에 도달하는 것은 겨우 한 마리뿐이다. 난자에 도달하지 못한 정자는 모두 죽어버린다. 난자卵子는 여성의 생식세포로 여성의 생식기관인 난소에서 방출되는 단세포이다. 정자와 수정하여 같은 종의 새로운 개체를 만드는 유성생식에 가담한다. 여자아이가 태어날 때 난소에 약 200만 개의 난모세포를 가지고 태어난다. 초경 경우에 난소는 4만 개의 난모세포만이 남는다. (출처: 지식백과)

여성은 생리 주기마다 일반적으로 하나의 난모세포만을 분열시켜 난자를 만들어내기 때문에 난모세포는 400여 개 정도이다. 치열한 경쟁자 솎아내기를 통해 형성된 난자는 정자를 만나 승리자의 모습을 자랑한다. (출처: 생물산책)

임신은 여성의 난소에서 배란된 난자가 수란관의 상부에서 정자와 만나면 수정란이 형성되며, 이 과정을 수정이라고 한다. 난자는 배란 후 1~2일, 정자는 자궁 내에서 2~3일 동안 살아 있다. 정자는 사정 후 2~3시간이면 수란관을 따라 난소까지 이르며 기다리고 있다가 난소에서 배란된 난자가 정자 중 하나만이 결합하여 수정란을 형성한다. (출처: 두산백과)

북두칠성의 6번째 별인 개양 좌우측에 있는 보성과 필성중 창조생식기능인 남녀의 필성의 만남은 사람에게는 오랜 여정을 통하여 기나긴 세월 속에서 살아남은

단 하나만의 정자와 난자의 수정으로 탄생된 위대한 생명이다.(그림30)

위대하고 소중한 하늘과 땅의 만남으로 서로 사랑함은 필성弼星 필연必然의 도리道理라 하겠다.

천부경天符經의 창조주 역할인 창조조화調化의 옥동자가 세상에 빛을 본 것이다. 윷판의 참먹이방을 나가서 윷판으로 당당하게 들어간 것이다. 새 생명은 윷판을 앞밭에서 뒷밭으로 뒷밭에서 쩰밭으로 쩰밭에서 날밭으로 한 바퀴 돌고 참먹이방으로 다시 나가는 말의 영광을 누릴 수밖에 없는 것이 우리의 삶 윷판이다.

□. 하늘, 땅, 사람의 윷판

△. 현재 우리가 즐기고 사용하고 있는 윷판이다.(用) (그림1)

△. 대우주 하늘별에서 내려온 윷판을 도시하였다.

- 하늘의 변함없는 북극성 중심의 북두칠성을 배치한 윷판이다.(體) (그림2)
- 북극성 중심으로 사방을 지키고 있는 28수를 배치한 윷판이다.(體)

  한국세시풍속사전 윷판(體) (그림3)

  한국세시풍속사전 근거로 배치한 윷판(體) (그림4)

  김문표님의 사도설 윷판(體) (그림5)

- 북극성 중심으로 대종교 천지무극대도판 태양행성운행윷판(體) (그림6)
- 태양 중심으로 태양행성운행윷판(體) (그림7)
- 사계절을 표시한 윷판(體) (그림8)

△. 하늘, 땅, 사람 말씀에 대한 윷판을 도시하였다

- 사람을 중심으로 돌아가는 천부경 81자의 윷판(用) (그림9)
- 중심방을 비워두고 돌아가는 태을주 23자와 시천주 13자 윷판(用) (그림10)
- 중심방을 비워두고 돌아가는 참전계경 8강령 윷판(用) (그림11)
- 중심방을 무기토戊己土로 돌아가는 오행과 10간干의 윷판(用) (그림12)
- 중심방에 풍뢰익風雷益 괘가 돌아가는 주역64괘 윷판(用) (그림13)
- 중심방에 무기토戊己土로서 정역 금화오송金火五頌이 돌아가는 윷판(用) (그림14)
- 중심방에 나이 42세를 두고 돌아가는 인생행로의 윷판 (用) (그림15)
- 중심방에 나이 42세를 두고 돌아가는 인생 성취도의 윷판 (用) (그림16)

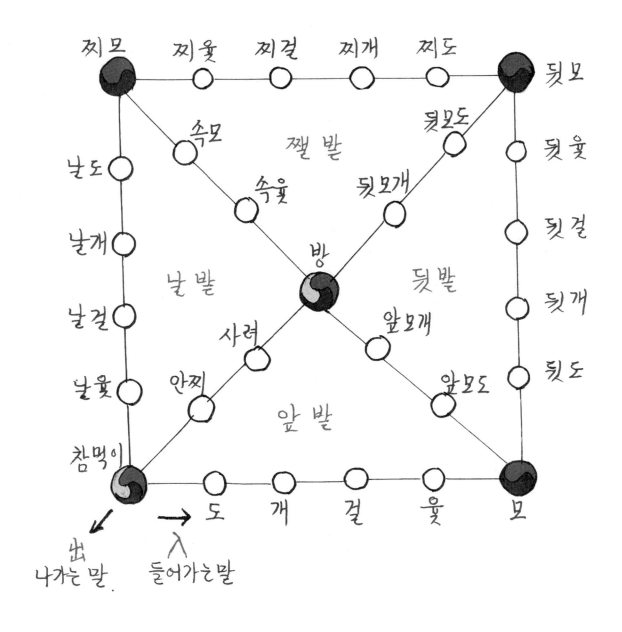

찌모   찌윷   찌걸   찌개   찌도   뒷모

속모   쨀 발   뒷모도   뒷윷

낙도   속윷   뒷모개

낙개   방   뒷걸

낙걸   낙 발   뒷 발   뒷개

사려   앞모개

낙윷   안찌   앞모도   뒷도

앞 발

참먹이   도   개   걸   윷   모

出
나가는 말.   入
들어가는 말

2-1 그림1. 현재 사용중인 윷판(用)

108

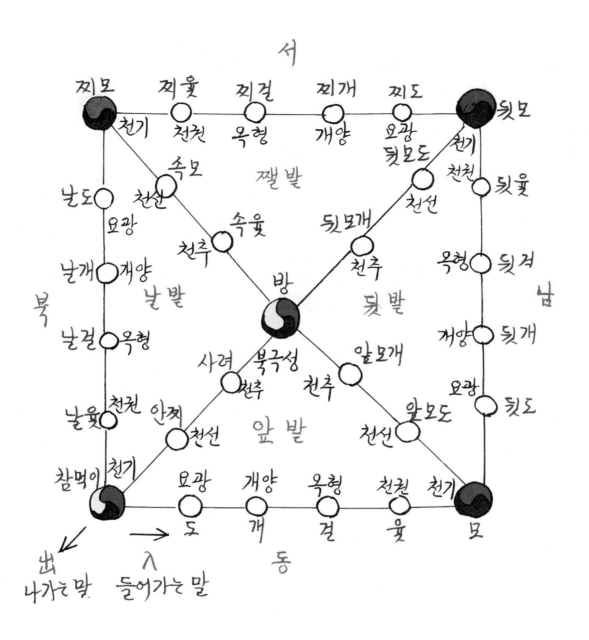

서

찌모 · 찌윳 · 찌걸 · 찌개 · 찌도 · 뒷모
천기 · 천천 · 옥형 · 개양 · 요광 · 천기
 · · · · 뒷모도 · 천천 · 뒷윳
속모 · · · · 천선 · 옥형 · 뒷걸
낱도 천선 · 쨀 발 · · · 옥형 · 뒷걸
요광 · 속윳 · 뒷모개 · · 옥형 · 뒷걸
낱개 개양 천측 · 천측 · 옥형 · 뒷개
낱발 · 방 · · 개양 · 뒷개
낱걸 옥형 · · · · 요광 · 뒷도
 · · 뒷발 · · ·
낱윳 천권 사려 북극성 앞모개 · ·
참먹이 천기 안찌 천측 천측 천선 · 앞모도 · 요광 · 뒷도
 · · 천선 · · 천선
 · 앞 발 · ·
요광 · 개양 · 옥형 · 천권 · 천기
도 · 개 · 걸 · 윳 · 모

出
나가는 말 들어가는 말
入

동

북

남

2-2 그림2. 북극성 중심의 북두칠성 윷판(體)

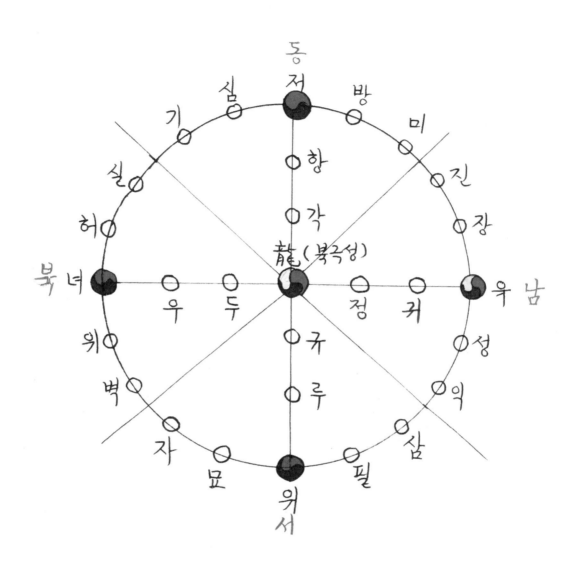

2-3 그림3. 북극성 중심의 28수 윷판 (한국세시풍속사전)(體)

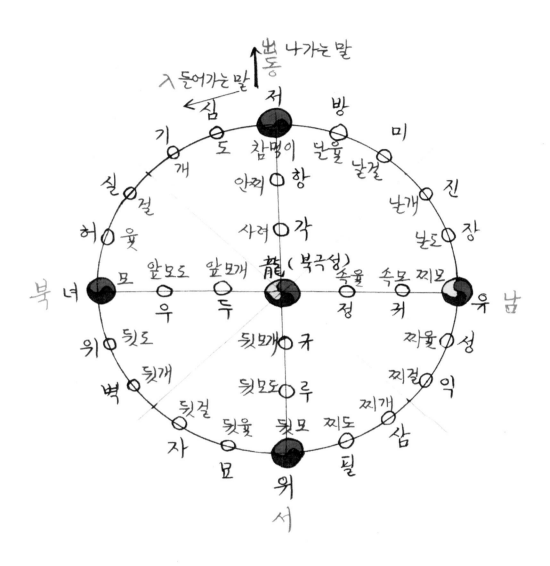

2-3 그림3. 북극성 중심의 28수 윷판 (한국세시풍속사전)(體)

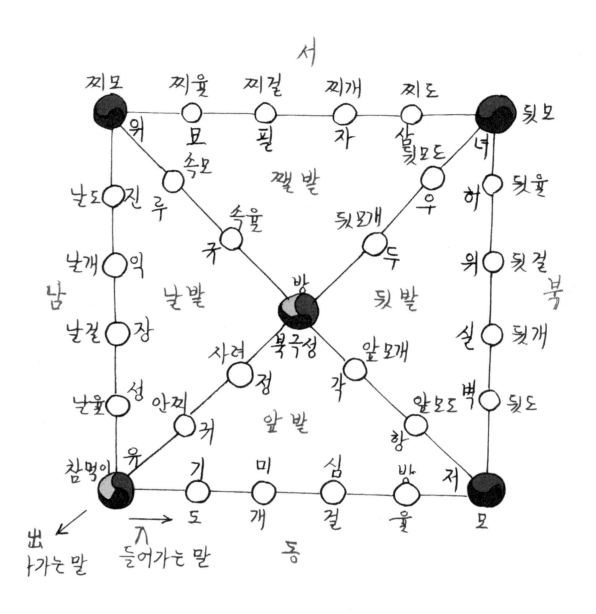

2-4 그림4. 북극성 중심의 28수 윷판
(한국세시풍속사전) 근거로 배치한 윷판(體)

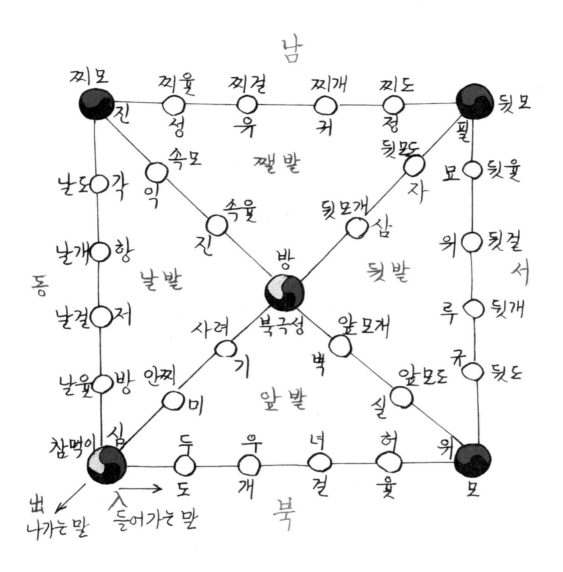

2-5 그림5. 북극성 중심의 28수를 배치한 윷판(體)
(김문표님의 사도설 윷판)

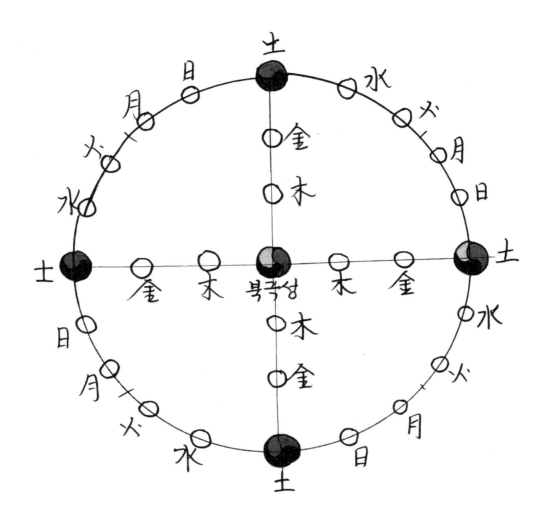

2-6 그림6. 북극성 중심의 태양행성 운행 윷판(體)
(대종교 천지무극대도판)

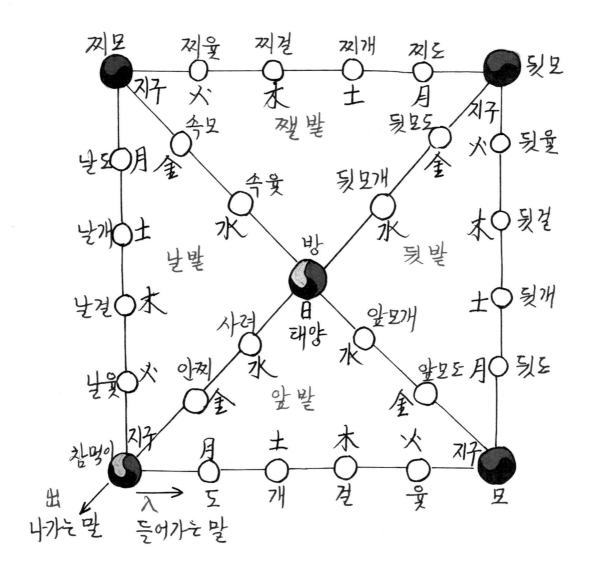

2-7 그림7. 태양 중심의 태양행성 운행 윷판(體)

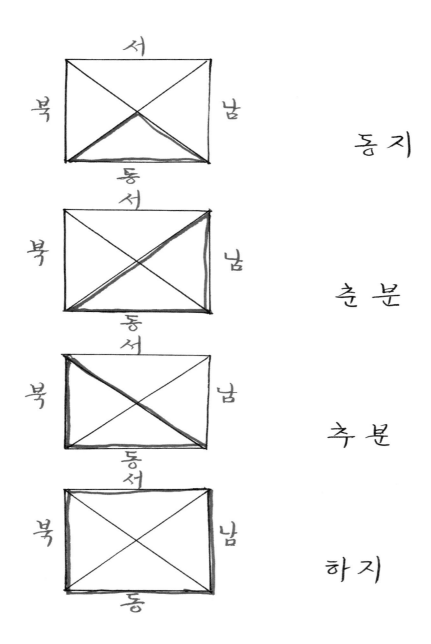

2-8 그림8. 4계절을 표시한 윷판(體)

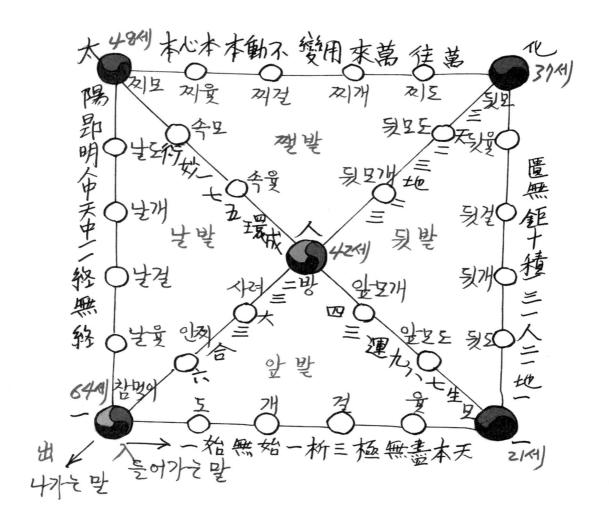

2-9 그림9. 천부경 81자의 윷판(用)

바깥순환 12자 × 4 =		48자
안 순환 7자 × 4 =		28자
방 모방 4자 + 방 1자 =		5자
		81자

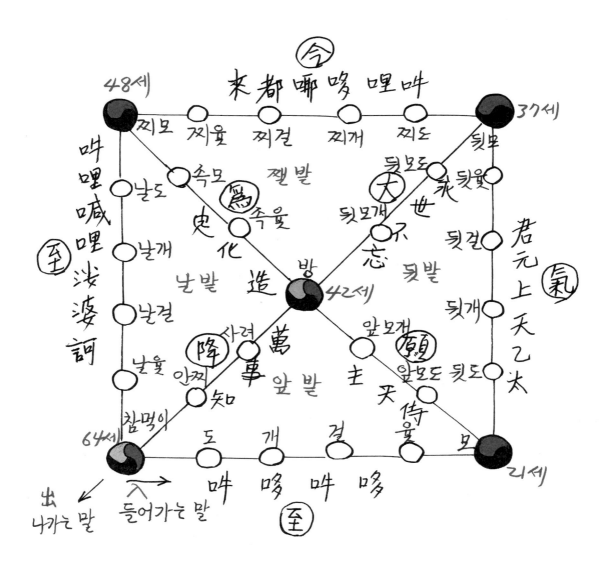

2-10 그림10. 태을주 23자와 시천주 13자의 윷판(用)

바깥순환 태을주 23자

안　순환 시천주 13자
_____
36자

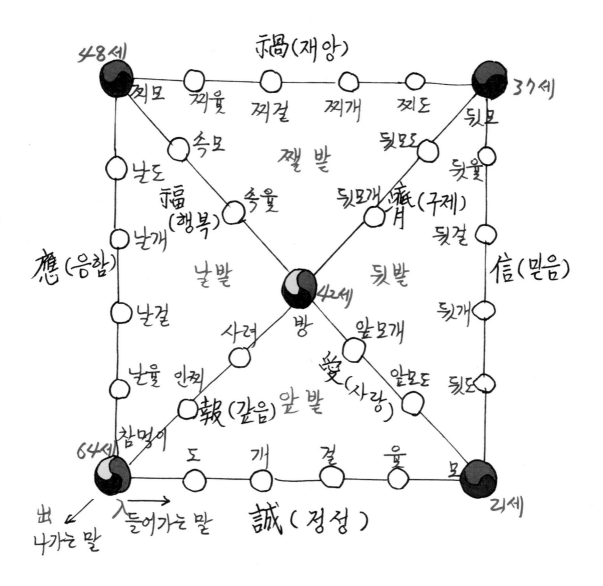

2-11 그림11. 참전계경 8강령 윷판(用)

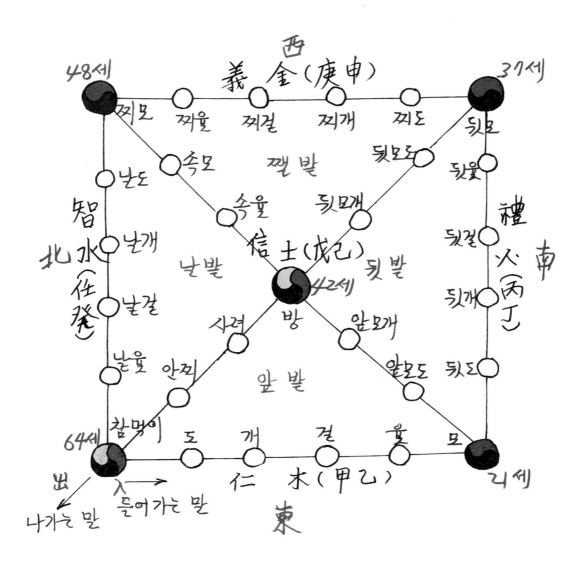

西

義 金(庚申)

48세

37세

智
北水
(壬癸)

禮
火(丙丁)
南

64세

乙세

出
나가는 말

入
들어가는 말

仁 木(甲乙)

東

오행 : 木火土金水
10干 : 甲乙丙丁戊己庚申壬癸

2-12 그림12. 오행과 10干의 윷판(用)

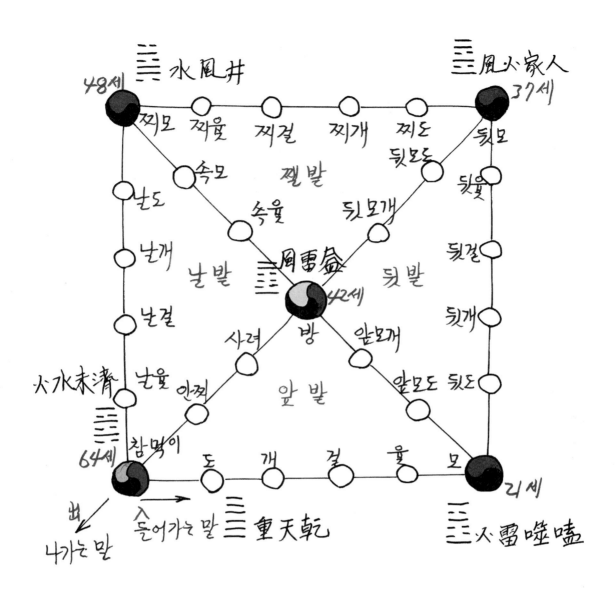

2-13 그림13. 주역 64괘 윷판(用)

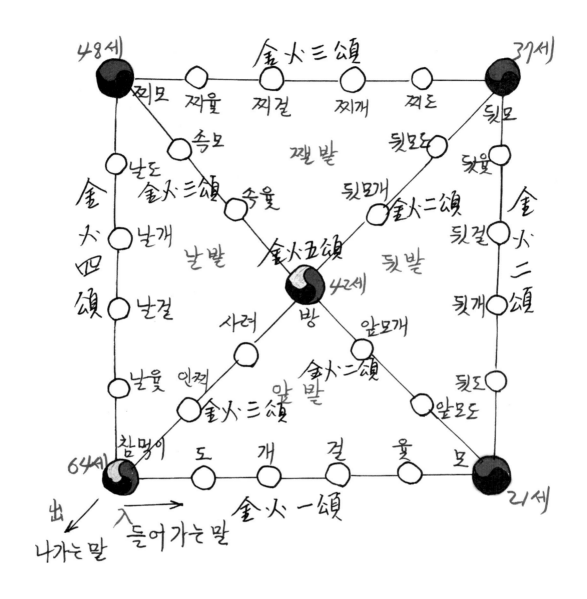

2-14 그림14. 정역의 金火五頌 윷판(用)

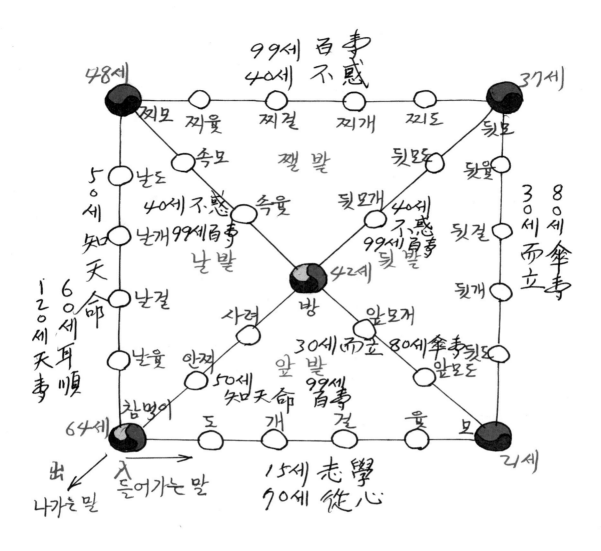

15세 지학 志學　30세 이립 而立　40세 불혹 不惑.
50세 지천명 知天命　60세 이슨 耳順　70세 종심 從心
80세 산수 傘壽　88세 미수 米壽　99세 백수 白壽
108세 다수 茶壽　120세 천수 天壽

2-15　그림15.　인생행로의 윷판(用)

3편

말씀에서
찾은 윷판
(천도天道)

지금까지 대우주별에서 내려온 우주의 중심인 북극성과 북두칠성, 동서남북 28수 별, 해와 달과 오행성 별들의 운행을 우리가 살고 있는 땅 위에서 하늘과 땅과 사람이 어우러져 돌아가는 윷판에 펼쳐보았다.

환단고기는 역사의 기록이다. 1000여 년에 걸쳐 5명의 조상님께서 지으신 한민족과 인류의 뿌리인「환단고기」기록에 나오는 우주의 중심인 북극성과 북두칠성, 동서남북의 28수 별, 해와 달과 지구와 태양계별들, 천부경과 윷판, 하도와 낙서의 주역에 대한 중요 내용을 정리하였다.

「천부경」은 환인 시절인 9000여 년 전에 공포된 하늘과 땅과 사람에 대한 경전이며, 천부경을 근간으로 하여 5500여 년 전 환웅 때 복희 씨가「하도」를 그리고「낙서」와 십 익전까지의「주역경전」, 주역을 바탕으로 하여 새로운 광명의 시대를 예시한 150여 년 전의「정역경전」, 상기우주의 운행과「천부경」,「주역」,「정역」을 뿌리로 하여 인류의 새 희망 새 소식을 총정리한「도전」에 대하여 중요내용을 요약정리하였다.

「환단고기」의 역사기록과「천부경」,「주역」,「정역」,「도전」에 나오는 경전의 말씀에는 어떻게 전개되고 있는지 알아보기로 하자.

경전經典의 연대표

경전		지은이	연대 (BC ─ AD)	비고
천부경		환인때 구전 환웅때 녹도문	9,000년 전	
주역	하도	환웅때 복희	5,500년 전	
주역	낙서	하나라 우왕	4,200년 전	
주역	주역경전	은나라 문왕주공	3,000년 전	
주역	십익전	춘추 공자	2,517년 전	
정 역		조선말 김일부		150년전 (1826년)
환단고기	삼성기상	신라 안함로	1500년전 (579년)	
환단고기	삼성기하	고려 원동중		
환단고기	단군세기	고려 충렬왕이암		710년전 (1297년)
환단고기	북부여기	고려말 범장		680년전 (1335년)
환단고기	태백일사	조선초 이맥		560년전 (1445년)
환단고기	편찬 30권	계연수		106년전 (1911년)
환단고기	편찬 100권	이유립		35년전 (1983년)
환단고기	편찬	안경전		5년전 (2012년)
도 전		강일순, 안경전		14년전 (2003년)

○. 환단고기

환단고기가 탄생하기까지의 과정을 알아본다

환단고기 桓檀古記의 내용은 「환단고기桓檀古記」 상생출판의 안경전安耕田 님 역주譯註에서 발췌하였다.

천년세월에 걸쳐 신라 시대부터 조선 초까지 이르기까지 다섯분의 우리 조상님 께서 지으신 환단고기桓檀古記의 역사 기록에 나오는

신시시대 책력인 칠회제신력七回祭神曆과 천지인도天地人道를 밝힌 천부경天 符經(2-9), 환역桓易놀이인 윷놀이와 환역桓易, 하늘의 중심 별인 28수(2-3) 별들 에 대한 내용을 정리하였다.

한국사와 인류사를 바로잡은 역사서 환단고기桓檀古記

「환단고기」는 안함로의 「삼성기 상」, 원동중의 「삼성기 하」, 행촌 이암의 「단군세 기」, 복애 범장의 「북부여기」, 일십당 이맥의 「태백일사」를 모아 한 권으로 엮은 사 서이다. 신라의 고승 안함로에서 조선 초 이맥에 이르기까지, 천년 세월에 걸쳐서 다섯 사람이 저술한 책이다.

「삼성기 상」을 지은 안함로는 신라 26세 진평왕 때의 김 씨 성을 가진 승려이 다.(AD579~640) 「삼성기 하」를 지은 원동중은 세종실록에 안함로와 더불어 「삼성기」

의 저자로 기록되어 있어 고려 때 인물로 추정된다. 안함로의 「삼성기 상」과 원동중의 「삼성기 하」가 음양 짝을 이루어 한민족의 국통맥을 바로 세우고 한민족 문화의 원형인 환桓(인간 마음의 본성이라 현인류의 시원국가인 환국)임을 밝혀준다.

「삼성기 하」는 12환국의 이름과 배달의 18대 환웅·천황의 계보를 기록하고 있다. 한민족의 상고사가 확연히 드러난다.

「단군세기」를 지은 행촌 이암은 고려 25세 충렬왕(AD1297년) 때의 고성 이씨의 9세손이다. 「단군세기」는 47대 단군의 치적과 중요한 사건을 편년체로 기록하였다. 고조선사의 삼한관경제三韓官境制 진한, 변한, 마한을 밝혀 고조선의 정치와 외교, 문화를 해명하였다. 상고시대 한민족의 정신적 지주였던 신교의 풍속 중에서 천제天祭의 중요성을 강조하였고 고려가 원나라의 부마국 전락에 통탄하여 '나라를 구하는 길이 바로 역사를 배우는 데 있다'고 선언한다.

「북부여기」를 지은 범장은 고려말 때 금성錦城(현 전라남도 나주)에서 태어난 충신으로 정몽주의 제자로 호는 복애이다. (AD1335년) 「북부여기」는 고조선을 계승한 북부여의 6대 단군 182년의 역사와 북부여(BC239~58)에서 파생한 다른 부여의 역사를 전한다. 부여 역사를 파악할 수 있는 유일한 현존 사서이다. 고구려의 시조 주몽의 출생과 혼인에 대한 비밀을 밝혀 북부여가 고구려로 계승되었음을 밝힌다.

「태백일사」를 지은 행촌 이암은 조선 초기 성종 연산군 때(AD1445-1528)의 문신으로 호는 일십당一十堂이다. 「태백일사」는 황국에서 고려까지의 역사를 기록하였다. 첫머리의 「삼심오제본기」는 삼신오제三神五帝사상과 이를 기반으로 성립된 음양오행 사상을 전하는 역사 철학서로 신교문화를 밝혔다. 「환국본기」, 「신사본기」, 「삼한관경본기」, 「삼성기」, 「단군세기」에서 전하지 못한 환국배달 고조선의 7천 년 역사를 세밀하게 그리고 있다.

「소도경전본훈」은 신교의 경전 성립사를 기록한 책으로 9천 년 한민족사의 왜곡 날조된 국통맥을 확고히 바로 세운 불멸의 공덕을 세웠다. 신교문화의 원전인 「천부경」, 「삼일신고」, 「참전계경」에 정통한 역사학자이다. 그의 호 일십당一十堂은 「천부경」의 일적십거一積十鉅에서 따온 것으로 하나가 생장 운동을 하여 열까지 열린다는 뜻이다. 그가 우주의 본체인 일태극一太極과 십무극十無極의 정신에 관통하였음을 나타낸다. 이맥은 한민족의 신교삼신문화와 원형 역사관을 밝혀주었다. 「고구려국본기」, 「대진국본기」, 「고려국본기」는 각각 고구려, 대진국(발해), 고려의 역사를 주체적으로 기록하였다. (안경전 역주 「환단고기」 47쪽-60쪽)

환단고기桓檀古記 책이 발간되기까지

생업生業을 핑계로 이제서야 책을 읽게 되었으니 참으로 부끄럽다. 환단고기가 탄생하여 지금 읽고 있는 안경전安耕田 님의 역주譯註가 나에게 오기까지 기나긴 시간이 흘렀다. 1987년에 임승국 님이 지으신 「환단고기」를 대강 읽고 한가한 기회가 올 때 자세히 읽자고 하였는데 계연수 님, 이기 님, 이유립 님, 오형기 님께서 통환의 원을 풀지 못하시고 돌아가신 님들을 생각하니 눈물이 줄줄 흐른다. 양종현 님을 거치며 우여곡절 끝에 안경전 님께서 이렇게 훌륭한 「환단고기」 책을 세상에 내놓으셨으니 감사할 뿐이다.

환단고기桓檀古記」의 중요기록 내용을 보면

「환단고기」는 동방 한민족이 천자天子문화인의 주인공이요 책력冊曆문화의 시조로서 수를 최초로 사용하였음을 밝히고 있다. 배달시대에 지은 한민족 최초의 책력인 칠회제신력七回祭神曆(「태백일사」, 「신시본기」) 또는 칠정운천도七政運天圖

(「태백일사」,「소도경전본훈」)는 인류 최고最古의 달력이다. 역법에는 숫자가 사용된다. 책력의 시조라는 것은 곧 숫자 문화의 시조라는 뜻이다.

수의 기본일 일一에서 십十까지의 숫자는 9천 년 전 환국 때의 우주론 경전인 「천부경天符經」에서 처음 보인다. 「천부경」(2-9)은 81자 중 3분의 1이 숫자로 구성되어 있다. 문자 발명 후에는 반드시 숫자가 나오는 법이다. 한민족은 세계최초로 숫자를 만든 민족이다.

고대 한민족이 수를 발명하고 하도와 팔괘를 창조하여 동방 한민족이 철학과 과학 문명의 뿌리가 되었다.

「환단고기」는 한민족이 천문학의 종주임을 밝히고 있다.
「단군세기」와 「태백일사」에 따르면 고조선은 BC 2000년경부터 천문관측 기술을 갖고 있었다. 고조선의 10세 노을 단군 때(BC1916) 감성監星 천문대에서 별자리를 관측하였다. 관측결과 다섯 행성의 결집, 강한 썰물, 두 개의 해가 뜬 일 등 특이한 천문현상을 전하고 있다.

「환단고기」는 배달과 고조선이 창제한 문자를 기록하여 고대 한국이 문자 문명의 발원처임을 밝혔다.
초대 환웅천황이(BC3897~3804) 신지 혁덕에게 명하여 녹도문을 창제하도록 하였다. 이것은 수메르 쐐기문자와 이집트 상형문자(BC3000년)보다 앞서는 세계 최초의 문자이다. 고조선 3세 가륵 단군은 녹도문을 수정 보완하여 가림토加臨土 문자를 만들었다. 가림토의 문자는 조선 세종대왕의 한글의 모체이다. 가림토는 일본에 전해져 아히루阿比留 문자를 낳았고, 아히루 문자는 日本신사의 고대비석에 나타나는 신대神代문자의 일종이다. 가림토의 첫 세 글자(ㆍ ㅣ ㅡ)는 천天 지地 인人 삼재三才의 삼신사상을 나타낸다. 우리의 한글은 음양사상의 출원처인 신교의 삼신오제 문화에서 탄생한 것이다.

칠회제신력七回祭神曆 내용을 보면

「신시지세   유칠회제신지력(2-7)
　神市之世에 有七回祭神之曆하니
　1회일   제천신   이회일   제월신
　一回日에 祭天神하고 二回日에 祭月神하고
　3회일   제수신   사회일   제화신
　三回日에 祭水神하고 四回日에 祭火神하고
　5회일   제목신   육회일   제금신
　五回日에 祭木神하고 六回日에 祭金神하고
　7회일   제토신   개조력   시어차
　七回日에 祭土神하니 盖造曆이 始於此라」

신시시대에 칠회제신력이 있었다
첫째 날에 천신께 둘째 날에 월신께
셋째 날에 수신께 넷째 날에 화신께
디섯째 날에 목신께 여섯째 날에 금신께
일곱째 날에 토신께 제사를 지냈다
책력을 짓는 방법이 여기에서 비롯하였다.

(「환단고기」, 「신시본기」 360쪽)

천부경 天符經내용을 보면

「천부경   천제환국구전지서야
　天符經은 天帝桓國口傳之書也라

환웅대성존　천강후
桓雄大聖尊이　天降後에

명신지혁덕
命神誌赫德하사

이녹도문　　기지
以鹿圖文으로　記之러니

최고운치원
崔孤雲致遠이

역상견신지전고비
亦嘗見神誌篆古碑하고

갱부작첩　　이전어세자야
更復作帖하여　而傳於世者也라

연　　지본조　　전의유서
然이나　至本朝하야　專意儒書하고

갱불여조의상문이욕존자
更不與皂衣相聞而欲存者하니

기역한재
其亦恨哉로다

이고　　특표이출지　　이시후래
以故로　特表而出之하야　以示後來하노라」

「천부경」(2-9)은 천제 환인의 환국 때부터 구전되어 온 글이다. 환웅대성존께서 하늘의 뜻을 받들어(태백산으로)내려 오신 뒤에 신지 혁덕에게 명하여 이를 녹도문鹿圖文으로 기록하게 하였는데, 고운 최치원이 일찍이 신지의 전고비를 보고 다시 첩으로 만들어 세상에 전하였다. 그러나 본조(한양조선)에 이르러 세상 사람이 오로지 유가경전에만 뜻을 두고 조의의 정신을 되살려 다시 서로 들어보고 보존하려는 자가 없으니 이 또한 참으로 한스러운 일이다. 그러므로 특별히 이를 들춰내어 후손에게 전하고자 한다.

天符經 八十一字

「일　　시　　무시일
　一은 始나 無始一이오

석삼극　　　무진본
析三極하여도 無盡本이니라

천　　일　　일
天의 一은 一이오

지　　일　　이
地의 一은 二요

인　　일　　삼
人의 一은 三이니

일적십거　　　무궤화삼
一積十鉅라도 无匱化三이니라

천　　이　　삼
天도 二로 三이오

지　　이　　삼
地도 二로 三이오

인　　이　　삼
人도 二로 三이니

대삼합육　　　생칠팔구
大三合六하야 生七八九하고

운삼사　　　성환오칠
運三四하여 成環五七이니라

일　묘연　　　만왕만래　　　용변부동본
一이 妙衍하야 萬往萬來라도 用變不動本이니라

본　　심　　　본태양　　　앙명

本은 心이니 本太陽하야 昻明하고

인　중천지　　일
人은 中天地하야 一이니

일　종　　무종일
一은 終이나 無終一이니라」

「천부경」 팔십일자

하나는 천지 만물 비롯된 근본이나

무에서 비롯한 하나이어라

이 하나가 나뉘어져 천지인 삼 극으로

작용해도 그 근본은 다할 것이 없어라

하늘은 창조운동 뿌리로서 첫째 되고

땅은 생성운동 근원 되어 둘째 되고

사람은 천지의 꿈 이루어 셋째 되니

하나가 생장하여 열까지 열리지만

다함 없는 조화로서 3수의 도 이름일세

하늘도 음양 운동 3수로 돌아가고

땅도 음양 운동 3수로 순환하고

사람도 음양 운동 3수로 살아가니

천지인 3수가 마주 합해 6수 되니

생장성 7.8.9를 생함이네

천지 만물 3과 4수 변화마디 운행하고

5와 7수 변화원리 순환운동 이름일세

하나는 오묘하게 순환운동 반복하여

조화작용 무궁무궁 그 근본은 변함없네

근본은 마음이니 태양에 근본 두어

마음의 대광명은 한없이 밝고 밝아

사람은 천지 중심 존귀한 태일이니

하나는 천지 만물 끝을 맺는 근본이나

무로 돌아가 마무리된 하나이니라

(『환단고기』, 「태백일사」, 「소도경전본훈」 504쪽)

『환단고기』, 「태백일사」 삼한경본기 내용을 보면 윷놀이는 천부경天符經의 대중화를 위하여 만들어진 것이다라고 기록돼있다

「적이시시   자부선생   조칠회제신지력(2-7)

 適以是時에 紫府先生이 造七回祭神之曆하고

진삼황내문어천폐

進三皇內文於天陛하니

천왕   가지   사건삼청궁이거지

天王이 嘉之하사 使建三淸宮而居之하시니

공공 헌원 창힐 대요   지도

共工 軒轅 倉頡 大撓 之徒가

개래학언

皆來學焉하니라

어시   작사희   이연환역

於是에 作柶戲하야 以演桓易하니

개신지혁덕소기 천부지유의야

盖神誌赫德所記 天符之遺意也라」

이때 자부선생께서 칠회제신의 책력을 만드시고 삼황내문을 천왕께 진상하시니 천왕께서는 아름답게 여기시고 삼청 궁을 짓게 해 거기에 머무르게 하셨다. 공공, 헌원, 창힐, 대요의 무리가 모두와 배우니 이에 윷놀이를 만들어 환역을 펴셨는데 대략 신지, 혁덕이 기록해 놓은 천부의 뜻이었다.(안경전 역주 「환단고기」, 「삼한관경본기」 434쪽)

「환단고기」, 「소도경전본훈」의 홍익인간 이념의 기록을 보면 환역에서 시작하였다

「홍익인간이념　유래　역　창시자복희성인

　弘益人間理念의　由來와　易의　創始者伏羲聖人

부　홍익인간자　천제지소이수환웅야

夫　弘益人間者는　天帝之所以授桓雄也오

일신강충　성통광명　재세이화

一神降衷하사　性通光明하니　在世理化하야

홍익인간자　신시지소이전단군조선야

弘益人間者는　神市之所以傳檀君朝鮮也라」

「환역　출어우사지관야

桓易은　出於雨師之管也라

시　복희위우사　이양육축야

時에　伏羲爲雨師하야　以養六畜也라

어시　견신룡지축일

於是에　見神龍之逐日하야

일십이변색　내작환역

日十二變色하고　乃作桓易하니

환　즉여희　동의야

桓은　卽與羲로　同義也요

역　즉고룡본자야

易은　卽古龍本字也라」

대저 홍익인간이념은 환인 천제께서 환웅에게 내려주신 가르침이다. 삼신(一神)께서 참마음을 내려주시어 사람의 성품이 신의 대광명에 통해 있으니 삼신 상제님의 진리(신교)로 세상을 다스리고 깨우쳐 천지 광명(환단)의 꿈과 대 이상을 실현하는 홍익인간이 되라는 가르침은 신시 배달이 단군조선에 전수한 심법이다.

대광명에 통해 있으니 삼신 상제님의 진리(신교)로 세상을 다스리고 깨우쳐 천지광명(환단)의 꿈과 대 이상을 실현하는 홍익인간이 되라는 가르침은 신시 배달이 단군조선에 전수한 심법이다.

환역은 우사의 관리에서 나왔다. 이때 복희가 우사를 맡아 육축을 기르고 있었는데 신룡이 해를 쫓아 하루에 열두 번 변색하는 것을 보고 환역을 만들었다. 환桓이란 의義와는 같은 뜻이다. 역易은 옛날 용龍의 본래 글자이다.

위의 기록에 의하면 윷놀이는 소위 환역桓易을 풀어놓은 것으로 天符經의 뜻이 담겨있다. 환역을 대중화시키기 위하여 윷놀이를 만들었다. 위 내용으로 보아 환역은 결국 복희역을 말한다. 복희역은 태양의 움직임과 관계가 있다. 윷이란 복희역을 보다 쉽게 풀어놓은 것이다.

(안경전 역주 「환단고기」, 「소도경전본훈」 502쪽)

천체의 운동과 변화를 이끄는 중심별 28수 별의 의미를 살펴보면

「연　　 천지원　 자시일대허무공이이　　 기유체호
然이나 天之源은 自是一大虛無空而已니 豈有軆乎아
천　 자시본무체　 이이십팔수　 내가위체야
天은 自是本無軆오 而二十八宿가 乃假爲軆也니라
개천하지물　 유호명즉개유수언
盖天下之物이 有號名則皆有数焉이오
유수즉개유력언
有数則皆有力焉이라
기언유수자즉유유한무한지수
旣言有數者則有有限無限之殊하고

138

우언유력자즉유유형무형지별

又言有力者則有有形無形之別하나니

고   천하지물

故로 天下之物이

이기유   언지즉개유지

以其有로 言之則皆有之하고

이기무   언지즉개무지

以其無로 言之則皆無之니라」

하늘의 근원은 한결같이 크고(一大) 허虛하고 무無하며 공空하니, 어찌 본체가 따로 있으리오! 하늘은 본래 근원적인 실체를 갖고 있지 않으나 천지 변화의 운동에는 이십팔수 별자리가 가상의 실체 노릇을 하고 있다. 대개 천하의 만물 중에 이름이 있는 것에는 모두 수數가 붙어 있고, 이 수가 붙어 있는 것에는 모두 힘(力, 생명력)이 깃들어 있다. 이미 수가 있다고 말한 것은 유형과 무형의 구별이 있나니 그 있음으로 말하면 천하 만물은 모두 있는 것이요, 그 없음(無)으로 말하면 만물은 그 형체가 모두 없어지게 되는 것이다.

(안경전 역주 「환단고기」 「태백일사」 소도경전본훈 504쪽)

하늘과 땅과 사람의 창조 정신과 목적에 대하여

고조선의 11세 단군 도해 때 염표문을 완성하였다. 염표지문念標之文은 인류의 시원 국가 환국으로부터 내려오는 신교문화의 진리 주제를 깨달아 마음에 아로새기고 생활화하여 환국의 진정한 백성이 되라는 글이다. 본래 염표문은 환국의 국통을 이어 받은 신시 배달의 초대 환웅천황이 환국의 국시인 홍익인간을 계승하여 삼신으로서 가르침을 세우는 대도 이념을 열여섯 자로 정리하였다. 고조선의 11세 단군도해는 이 염표문을 삼신의 외현인 하늘 땅 사람의 삼위일체의 도道로써 완성하였다.

「기염표지문　왈

　其念標之文에　曰

천　　이현묵위대　　기도야보원　　　기사야진일

天은　以玄默爲大하니　其道也普圓이오　其事也眞一이니라.

지　　이축장위대　　기도야효원　　　기사야근일

地는　以蓄藏爲大하니　其道也效圓이오　其事也勤一이니라.

인　　이지능위대　　기도야택원　　　기사야협일

人은　以知能爲大하니　其道也擇圓이오　其事也協一이니라.

고　　일신강충　　성통광명　　재세이화　　홍익인간

故로　一神降衷하사　性通光明하니　在世理化하야　弘益人間하라하고

잉각지우석

仍刻之于石하시니라.」

그 염표문의 내용은 다음과 같다.

하늘은 아득하고 고요함으로 광대하니, 하늘의 도는 두루 미치어 원만하고, 그 하는 일은 참됨으로 만물을 하나 되게 함이니라.

땅은 하늘의 기운을 모아서 성대하니, 땅의 도는 하늘의 도를 본받아 원만하고, 그 하는 일은 쉼 없이 길러 만물을 하나 되게 함이니라. 사람은 지혜와 능력이 있어 위대하니, 사람의 도는 천지의 도를 선택하여 원만하고, 그 하는 일은 서로 협력하여 태일의 세계를 만드는 데 있느니라. 삼신께서 참마음을 내려 주셔서 일신강충一神降衷 사람의 성품은 삼신의 대광명에 통해 있으니 성통광명性通光明, 삼신의 가르침으로 세상을 다스리고 깨우쳐 재세이화在世理化, 인간을 널리 이롭게 하라는 홍익인간弘益人間하고 이 글을 그대로 돌에 새기셨다.

(안경전 역주 「환단고기」 「단군세기」 125쪽)

「환단고기桓檀古記」의 기록에 나오는 한민족 최초의 책력인 칠회제신력七回祭神曆, 만법의 근본인 천제환인의 환국 때부터 구전해온 천부경天符經, 천부경을 펼치기 위한 윷놀이 환역桓易, 환역桓易에서 시작한 홍익인간이념弘益人間理

念, 천지변화의 운동을 이끄는 28수二十八宿별, 하늘과 땅과 사람의 창조정신과 목적인 일신강충하여 대광명하고 재세이화하여 홍익인간하라는 염표문念標文을 정리하여 보았다.

○. 천부경天符經

「천부경天符經」 내용은 수월재首月齊를 운영하고 계시는 신지윤 원장님의 책에서 발췌하였다. 환단고기 기록에 나오는 천부경의 내용과 일부분 다른 것은 의견의 차이는 있지만, 궁극적인 이화세계와 홍익인간과 성통공완의 길은 동일하다고 판단하였다. 차이점도 이해하실 필요가 있다고 생각한다.

그 서문序文을 보면

「한배검(환웅천왕)께서 천부인天符印을 가지시고 천부경, 삼일신고, 참전계경을 통하여 사람을 교화하셨으며 단군왕검께서는 홍익인간 이화세계의 건국이념으로 조선을 개국하셨습니다. 천부인은 원(圓○), 방(方□), 각(角△)으로 천天 지地 인人을 상징하며 단군왕검께서 경천敬天, 숭조崇祖, 애인愛人의 사상으로 사람을 교화敎化하신 것도 천부인의 원리에 따른 것입니다.

천부경天符經은 우주의 근본 이치를 81자로 설명하였습니다. 내용은 1에서 10까지의 수리역數理易으로 이루어져 있으며 생성멸生盛滅 법칙인 순환의 원리를 설명하고 있습니다.

은훈恩訓은 이법理法으로 삼신三神(1-1)의 원리를 설명하였습니다.
일은훈一恩訓은 심법心法으로 인간과 신의 관계를 설명하고 있습니다.
삼일신고三一神誥는 교화敎化의 원리로서, 하늘天과 신神과 천궁天宮과
세계世界와 진리眞理에 대하여 설명하는 경입니다.

참전계경參佺戒經(2-11)은 치화治化 즉 인간이 다스려야 하는 8가지 이치인 성誠, 신信, 애愛, 제濟, 화禍, 복福, 보報, 응應을 366사三百六十六事로 설명하고 있습니다.

이집트의 피라미드와 같은 인류의 고대 문명들이 우리 천부경 원리에 따라 지어 졌으며 세계 3대 종교의 원리가 천부경 사상과 맥을 같이 하고 있습니다. 우리 겨 레의 정신적 유산(천부경, 은훈, 일은훈, 삼일신고, 참전계경)은 고대에 이미 세계 로 전파되어 인류 정신적 문화의 뿌리로 발전했음이 점차 드러나고 있습니다. 인 류정신문화의 뿌리인 소중한 유산인 천부경天符經을 조화경, 교화경, 치화경으로 분류하였습니다.」라고 간곡히 외치고 있다.

천부경天符經

조화경造化經 천부경天符經(2-9)
　천부경天符經 일훈一訓
　은훈恩訓
　일은훈一恩訓

교화경敎化經 삼일신고三一神誥
　천훈天訓
　신훈神訓
　천궁훈天宮訓
　세계훈世界訓
　진리훈眞理訓

치화경治化經 참전계경參佺戒經(2-11)

　성 誠

　신 信

　애 愛

　제 濟

　화 禍

　복 福

　보 報

　응 應

(신지윤 역주 「天符經」 목차)

천부경天符經 일훈一訓

제1절　일시무시일

一始無始一

한은 비롯이니 한의 비롯은 없느니라.

제2절　석삼극무진본

析三極無盡本

한은 나투어 세 극을 이루나 다함이 없는 근본이니라.

제3절 천일일 지일이 인일삼

天一一 地一二 人一三

세 극은 하늘과 땅과 사람이니라.
하늘은 한의 첫 번째 나툼이요,
땅은 한의 두 번째 나툼이요,
사람은 한의 세 번째 나툼이니라.

제4절 일적십거무궤화삼

一積十鉅無匱化三

한은 열 곱으로 불어나면서 모자람이 없이
세 극으로 화하느니라.

제5절 천이삼 지이삼 인이삼

天二三 地二三 人二三

하늘과 땅과 사람은 각각 맞짝과
세 극을 지니고 있느니라.

제6절 대삼합육 생칠팔구 운삼사 성환오십

大三合六 生七八九 運三四 成環五十

세 극은 여섯 수로 어울리고
일곱 여덟 아홉수로 생성하며
셋과 넷 수로 운행하고
다섯과 열수로 고리를 이루느니라.

제7절　일묘연만왕만래　용변부동본

　　　一妙衍萬往萬來　用變不動本

　　　한은 걸림 없이 변화하지만
　　　움직임이 없는 근본이니라.

제8절　본심본태양　앙명인중천중일

　　　本心本太陽　昂明人中天中一

　　　마음의 근본과 햇빛의 근본은 더없이 밝나니
　　　사람과 하늘 가운데 있는 한이니라.

제9절　일종무종일

　　　一終無終一

　　　한은 끝맺음이니 한의 끝맺음은 없느니라.

(신지윤 역주 「天符經」 19쪽–21쪽)

　「천부경天符經」의 조화경造化經인 은훈恩訓, 일은훈一恩訓과 교화경敎化經(삼일신고三一神誥)인 천훈天訓, 신훈神訓, 천궁훈天宮訓, 세계훈世界訓, 진리훈眞理訓과 치화경治化經 (참전계경參佺戒經)인 성誠, 신信, 애愛, 제濟, 화禍, 복福, 보報, 응應의 자세한 내용은 지면관계상 상술하지 못하였다. 본책의 5편인 살아보니 도개걸윷모 윷판일세의 살아가는 과정과 8편 신났다. 윷한판 더 놀아보세의 일적십거의 숫자를 풀어보다와 9편 천부윷판 건강관리에 천부경의 내용을 풀어놓았다.
　신지윤 역주 「天符經」에서 참고하기 바란다.

146

○. 주역 周易

　주역경문 64괘의 배열순서와 괘의 내용에 대하여는 「주역통해」 신성주 님 著에서 발췌하였다.

　자연의 원리를 근거로 하여 64괘가 형성되는 방식에는 선천팔괘 상중방식, 후천팔괘 상중방식, 선천후천 상교방식의 3가지가 있다. 이것은 대자연의 음양 기운의 양상에 근거를 든 64괘의 변화 양상이다.

　그러나 주역경문 64괘 배열(2-13)은 이러한 자연한 순서에 입각하지 않고 다른 원리에 의해 배열되어 있다. 기본 팔괘(☰.☱.☲.☳.☴.☵.☶.☷)가 순서를 달리할 수 있는 경우의 수가 40,320가지 (8×7×6×5×4×3×1)가 되듯이 주역의 64괘가 각각 순서를 달리할 수 있는 총 경우의 수는 64×63×62×61 …… 4×3×2×1에 이르는 거의 무한대로 나가게 된다.

　주역은 상경 중천건重天乾괘로부터 시작하여 하경 화수미제火水未濟괘에 이르는 64괘의 배열은 자연한 배열의 순서가 아니고 우주창조로부터 시작하여 인간사회의 무궁한 변화원리에 맞추어 64괘를 배열한 것으로 이해할 수 있다.

　주역경문 64괘의 내용을 살펴보면 상경 30괘와 하경 34괘를 구성하고 있다.

(신성주 저 「주역통해」 64쪽)

　역은 음양 이진법으로 이루어진 자연법이다. 6효로 이루어진 자연과 인간사의 펼쳐지는 조화를 살펴보면 수의 기본이 되는 1에서 10까지의 수 가운데 독생자인 7수는 하늘의 수인 북두칠성의 수이며, 좌청룡7수 목木, 우백호7수 금金, 남주작7수 화火, 북현무7수 수水의 각 기수인 7개의 수(2-5)이며, 태양 앙명하는 五行星(木火土金水)과 달을 포함한 음양 오행수 7수(2-7)이다.

1에서10까지 자연수를 7로 나누면 다음과 같은 변화가 나타난다.

$$1 \div 7 = 0.142857142857 \cdots \cdots \; (\infty)$$
$$2 \div 7 = 0.28571428571 \cdots \cdots \; (\infty)$$
$$3 \div 7 = 0.428571428571 \cdots \cdots \; (\infty)$$
$$4 \div 7 = 0.571428571428 \cdots \cdots \; (\infty)$$
$$5 \div 7 = 0.714285714285 \cdots \cdots \; (\infty)$$
$$6 \div 7 = 0.857142857142 \cdots \cdots \; (\infty)$$
$$7 \div 7 = 1$$
$$8 \div 7 = 1.142857142857 \cdots \cdots \; (\infty)$$
$$9 \div 7 = 1.28571428574 \cdots \cdots \; (\infty)$$

즉 소수점 이하 수 조합에 1, 4, 2, 8, 5, 7의 여섯 수가 각각 순서를 달리하면서 종횡으로 무한이 반복되고 있는 것이다.

이러한 변화가 人間세상에 펼쳐진 것이 60갑자의 조합 변화이다. 10간干과 12 지支(2-12)가 조합하여 이루어진 것이 60갑자甲子이다. (신성주저 「주역통해」 66쪽)

간지干支 원리는 천문에 바탕하여 책력에 사용되어 온 것으로 자연율에 근거하고 있다. 천간과 지지의 조합이 무한히 반복해 나가고 있다.

효가 6효로 이루어져 있어, 아래에서 위로 올라가서 다시 아래로 내려오기까지 7일이 걸리게 된다. 대성괘 6효는 기본적으로 변화의 주기를 나타낸다. 7일 주기가 7번 거치면 49일이 되며 49일은 형상계와 신명계를 연결시키는 천지절도수가 된다.

7일을 1주일로 하는 책력으로 쓰고 있는 것은 일日 월月 화火 수水 목木 금金 토土의 1주일 개념은 천문에서 나온 것이다. 즉 우리가 살고 있는 지구가 공전, 자전하면서 펼쳐지는 태양계 내에서 항성恒星간 역학관계를 보면 지구에 가장 영향을 미치는 항성이 해(日) 달(月)이고 수성(水) 금성(金) 화성(火) 목성(木) 토성(土)이 영향을 미치고 있다. 우리가 사용하고 있는 1주일 7일 월, 화, 수, 목, 금, 토(2-7)는 무한히 반복하고 있다.

6효는 공간적 육합六合상황을 나타낸다. 우리는 일반적으로 동서남북 4방에 위 아래를 더하여 육합六合이라고 한다. 즉 상하上下 사방四方이 육합이고 이러한 공간적 상황을 나타낸 것이 6효이다. 인간은 전후前後를 살피면서 과거와 현재를 살고 있다. 그리고 좌우左右를 살피면서 많은 존재와 함께하고 있다. 전후좌우는 인간 삶의 기본 틀이다. 위를 보면 천문天文이 있고 아래를 보면 지리地理가 있다. 그래서 상하 사방의 공간 속에서 살고 있다. 따라서 주역6효는 대성괘를 기본으로 하여 천문, 지리, 인사를 포함한 공간적 상황을 그리고 있다.

(신성주저 「주역통해」 68쪽)

연번	괘상	괘명	괘의 의미	연번	괘상	괘명	괘의 의미
1	䷀	중천건 重天乾	자강불식 自强不息	2	䷁	중지곤 重地坤	후덕재물 厚德載物
3	䷂	수뢰둔 水雷屯	창세경륜 創世經綸	4	䷃	산수몽 山水蒙	과행육덕 果行育德
5	䷄	수천수 水天需	음식연락 飮食宴樂	6	䷅	천수송 天水訟	작사모시 作事謀始
7	䷆	지수사 地水師	용민축중 容民畜衆	8	䷇	수지비 水地比	건국친후 建國親候
9	䷈	풍천소축 風天小畜	의문축덕 懿文畜德	10	䷉	천택리 天澤履	변정민지 辯定民志

연번	괘상	괘명	괘의 의미	연번	괘상	괘명	괘의 의미
11		지천태 地天泰	보상천지 輔相天地	12		천지비 天地否	검덕피난 儉德避難
13		천화동인 天火同人	유족변물 類族辨物	14		화천대유 火天大有	순천휴명 順天休命
15		지산겸 地山謙	칭물평시 稱物平施	16		뇌지예 雷地豫	작악숭덕 作樂崇德
17		택뢰수 澤雷隨	향회연식 嚮晦宴息	18		산풍고 山風蠱	진민육덕 振民育德
19		지택림 地澤臨	용민무강 容民無疆	20		풍지관 風地觀	관민설교 觀民設敎
21		화뢰서함 火雷噬嗑	명벌칙법 明罰勅法	22		산화비 山火賁	무감절옥 无敢折獄
23		산지박 山地剝	후하안택 厚下安宅	24		지뢰복 地雷復	지일폐관 至日閉關
25		천뢰무망 天雷无妄	대시육물 對時育物	26		산천대축 山川大畜	다식축덕 多識畜德
27		산뢰이 山雷頤	신언절식 愼言節食	28		택풍대과 澤風大過	독립불구 獨立不懼
29		중수감 重水坎	상덕습교 常德習敎	30		중화리 重火離	명조사방 明照四方
31		택산함 澤山咸	이허수인 以虛受人	32		뇌풍항 雷風恒	입부역방 立不易方
33		천산둔 天山遯	불악이엄 不惡而嚴	34		뇌천대장 雷天大壯	비례불리 非禮弗履
35		화지진 火地晉	자소명덕 自昭明德	36		지화명이 地火明夷	용회이명 用晦而明
37		풍화가인 風火家人	언행유항 言行有恒	38		화택규 火澤睽	동동이이 同同異異

연번	괘상	괘명	괘의 의미	연번	괘상	괘명	괘의 의미
39		수산건 水山蹇	반신수덕 反身脩德	40		뇌수해 雷水解	사과유죄 赦過宥罪
41		산택손 山澤損	징분질욕 懲忿窒慾	42		풍뢰익 風雷益	개과천선 改過遷善
43		택천쾌 澤天夬	시록거덕 施祿居德	44		천풍구 天風姤	명고사방 命誥四方
45		택지췌 澤地萃	제융불우 除戎不虞	46		지풍승 地風升	적소고대 積小高大
47		택수곤 澤水困	치명수지 致命遂志	48		수풍정 水風井	노민권상 勞民勸相
49		택화혁 澤火革	치력명시 治曆明時	50		화풍정 火風鼎	정위의명 正位疑命
51		중뇌진 重雷震	공구수성 恐懼修省	52		중산간 重山艮	무사무위 無思無爲
53		풍산점 風山漸	거덕선속 居德善俗	54		뇌택귀매 雷澤歸妹	영종지폐 永終知敝
55		뇌화풍 雷火豊	절옥치형 折獄致刑	56		화산여 火山旅	명신용형 明愼用刑
57		중풍손 重風巽	신명행사 申命行事	58		중택태 重澤兌	붕우강습 朋友講習
59		풍수환 風水渙	향제입묘 享帝入廟	60		수택절 水澤節	제도의덕 制度議德
61		풍택중부 風澤中孚	의옥완사 議獄緩死	62		뇌산소과 雷山小過	행과호공 行過乎恭
63		수화기제 水火旣濟	사환예방 思患豫防	64		화수미제 火水未濟	변물거방 辨物居方

주역은 중천건괘에서 시작되어 64번째 화수미제괘로 되어있는 데 마지막 화수
미제괘가 그대로 미제이니 다시 중천건괘로 돌아가서 「주역周易」의 파노라마는
계속 반복 순환한다.(신성주저「주역통해」 64괘 괘의)

「주역周易」의 괘의에 대하여는 본책의 5편인 살아보니 도개걸윷모 윷판일세에
서 태어난 1세부터 64세까지 나이를 들어가는 과정에 괘의를 풀어놓았다. 상기 64
괘에 대한 상세설명은 지면관계상 상술하지 못하였다. 신성주저「주역통해」를 참
고하기 바란다.

주역周易의 다음은 무엇일까?

자연의 음양 변화원리를 그려놓은 것이 「하도河圖」와 「낙서洛書」이다. 하도河
圖는 현재부터 5500여 년 전 배달국의 5대 환웅桓雄인 태우 환웅천황의 막내아들
인 태호복희太昊伏羲씨가 삼신산(백두산)에서 천제를 올린 후 하수河水에서 하늘
의 계시를 받아 용마龍馬 등의 상을 보고 그린 것이다. 낙서洛書는 4200여 년 전 9
년 홍수로 인해 치수사업을 하던 하나라를 창업한 우임금이 낙수洛水에서 신구神
龜의 등에 나타난 상을 보고 그린 것이다. 이후 고대 제왕들은 하도와 낙서를 통치
의 근간으로 삼아왔다. 오늘날 전하고 있는 「주역周易」은 3000년 전 은나라 말기
서쪽 제후였던 문왕文王이 복희의 하도와 우임금의 낙서를 연구하여 64괘의 순서
를 정하고 괘사를 붙였다. 문왕의 아들 주공이 문왕의 역을 계승하여 384효에 효
사爻辭를 붙였다. 이것을 주역경문周易經文(상경 30괘, 하경 34괘)이라한다.

2500년 전(BC551년) 춘추시대 때 공자가 성인의 도를 이어 위편삼절韋編三絕 끝
에 십익전十翼傳을 찬술하여 보완하니 이것이 오늘날의 「주역周易」이다. 5500년
전 태호복희의 하도와 4200년 전의 우왕의 낙서와 3000년 전의 문왕주공의 주역
경문이 완성되기까지 2500년의 세월을 지나며 통치의 근간으로 삼고 자연변화원
리를 수용하여 왔다. 그 후 500년이 지난 2500년 전에 성인의 도를 이어 공자가

삼성일규三聖一揆하여 성인들의 도를 하나로 모은 「주역周易」을 완료하였다. 주역이 세상에 나온 지도 2500여 년이 지났다. 주역 다음에 이어지는 성인의 도道는 무엇일까?

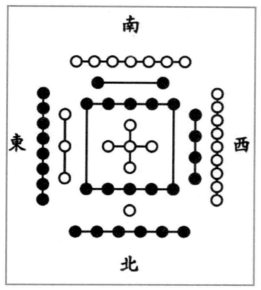

하도(河圖)

그림17. 복희팔괘도(伏犧八卦圖)

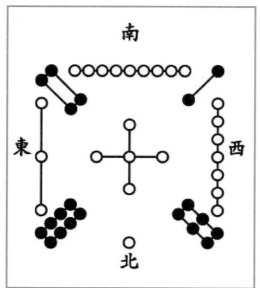

낙서(洛書)

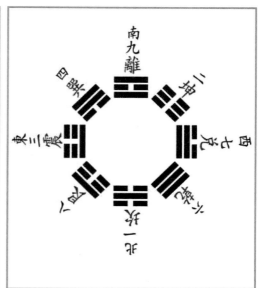

그림18. 문왕팔괘도(文王八卦圖)

○.정역正易

「정역正易」은 조선 말기의 종교사상가 김항金恒 김일부金一夫 님(1826~1898)이 저술한 역서易書로서 정역의 사상은 선천, 후천 사상과 일월개벽 사상과 신명개벽 사상으로 구성되어 있다.

「정역正易」의 내용을 살펴보면

김항의 학문적·도학적 스승은 이운규李雲圭로 알려져 있다. 이운규는 김항의 출생지인 담곡과 인접한 띠울에 은거하고 있던 학자였다.

김항이 36세 때인 1861년(철종 12) 이운규는 경주에서 올라온 최제우崔濟愚와 전라도에서 온 김광화金光華를 불렀다.

최제우에게는 선도적仙道的 전통을 계승할 자라 하여 동학계에 적용되는 "지기금지원위대강 시천주조화정 영세불망만사지 至氣今至願爲大降 侍天主造化定 永世不忘萬事知"(2-10)라는 주문을 독송하게 하며 근신하라 부탁하였다.

또한, 김광화에게는 불교적 전통을 계승할 자라 하여 "남문을 열고 바라치니 학명산천鶴鳴山川 밝아온다."라는 주문을 주면서 종교적 수련을 부탁하였다.

그리고 김항에게는 쇠하여 가는 공부자孔夫子의 도를 이어 천시를 크게 받들 자라고 하며 예서禮書만 볼 것이 아니라 서전書傳을 많이 읽으면 깨닫는 바가 있을 것이라 하였다.

그 뒤에 반드시 책을 지을 것이니 그때 "나의 이 글 한 수를 넣으라." 하였는데 그것이 바로 "관염觀淡은 막여수莫如水요 호덕好德은 의행인宜行仁을 영동천심월影動天心月하니 권군심차진勸君尋此眞 하소."라는 글이라 한다.

여기서 특히 '영동천심월'이라고 표현한 일월변화사상의 학적 명제가 바로 후일 동학과 「정역」의 공통사상인 선후천개벽사상 형성의 기초가 되었다. 그 뒤 김항은 54세 되던 1879년에 '영동천심월'의 오묘한 의미를 파악하여 그것을 입도시立道詩에 표현해 놓고 있다.

여기서 특히 '영동천심월'이라고 표현한 일월변화사상의 학적 명제가 바로 후일 동학과 「정역」의 공통사상인 선후천개벽사상 형성의 기초가 되었다. 그 뒤 김항은 54세 되던 1879년에 '영동천심월'의 오묘한 의미를 파악하여 그것을 입도시立道詩에 표현해 놓고 있다.

그 뒤 계속 정진하던 중 눈에 생소한 괘획卦劃이 나타나기 시작하므로 이러한 괘가 주역에 있는가 살펴보았으나 찾을 수가 없었다.

그러다가 어느 날 문득 계시적인 체험을 통하여 나름대로의 팔괘도를 작성하였는데 그것이 바로 문왕팔괘도文王八卦圖와는 다른 정역팔괘도이다.

이어서 그에게 공부자의 영상이 나타나 "내가 일찍이 하려고 하였으나 이루지 못한 것을 그대가 이루었으니 이런 장할 데가 있나."라고 하였다는 경험을 한 뒤 「대역서 大易序」를 1881년 6월 20일에 저술하였다.

그리고 1884년에 「정역正易」의 상편인 십오일언十五一言에서 무위시无位詩까지 저술하고 뒤이어 1885년에 정역시正易詩와 포도시布圖詩를 비롯하여 하편인 십일일언 十一一言에서 십일음 十一吟까지 저술함으로써 2년간에 걸쳐「정역正易」을 완성하였다.

역易이란 만물을 끊임없는 변화로서 파악하는 것이며 역학은 이 변화의 원리를 논하는 것이다. 역위설易緯說에 따르면 역이라는 명칭 속에는 간이지덕簡易之德·변역지리變易之理·불역지리不易之理의 삼의三義가 내포되어 있다고 본다.

이렇게 세 가지로 정의하는 것은 역경易經 십익전十翼傳에 고전적 근거를 둔 것으로서 역위설 이래로 많은 학자들에 의하여 통설로 되어왔다. 그런데 간이지덕과 불역지리는 역리의 성격을 표현하는 데 불과하고 오직 변역지리만이 역리의 본질적 내용이다.

그러므로 계사繫辭에서 생생지위역生生之謂易이라 하였고 정이程伊가 "역은 변역인데 도道에 따라서 수시로 변하고 바뀐다."라 한 것은 역도易道의 본령적 의의가 변역지리에 있는 것으로서, 거기에 이미 간이와 불역의 뜻이 내포되어 있음을 말하고 있는 것이다.

역은 예로부터 연산連山·귀장歸藏·주역周易의 3역이 있었는데 연산역과 귀장역은 없어지고 주역만이 지금까지 전해지고 있다.

연산역은 간艮을 머리로 하고 귀장역은 곤坤을, 주역은 건乾을 머리로 한다고 하였는데, 간을 머리로 한 정역이 연산(김항의 출생지로 지금의 논산)에서 나왔다고 하여 삼역의 관계에서 설명하기도 한다. 즉, 주역은 연산에서 귀장歸藏 : 돌아가 갖춤 되었다가 김항에 의하여 완성되었다는 것이다.

그러나 일부역一夫易이 연산역처럼 간을 머리로 하고 한국의 연산에서 나온 것이 신기한 일이므로 그렇게 미루어보는 것일 뿐 사실은 알 수 없다.

우리가 보고 있는 복희괘와 문왕괘는 하도河圖와 낙서洛書에 나타난 것을 보고 성인聖人이 만든 것이라고 「주역」 계사에 나와 있다. 하도는 제1역으로 복희씨가 천하를 다스릴 때 하수河水에서 나온 용마龍馬의 문채를 받아 팔괘를 그은 것이며 역학 발생의 시초이다.

낙서는 우禹가 치수할 때 신묘한 거북이 나타나 9를 이르는 수를 등에 드러내 보임에 따라 수를 이루었으니 이것이 제2역이다.

일부역은 연산의 김항에 의하여 세상에 나타난 것이며 제3역이다. 제1역과 제2역이 선천역先天易, 즉 과거와 현재를 나타내는 역인 데 비하여, 일부역은 미래역인 후천역이 된다.

복희역은 천지자연의 소박한 역이요 무문자시대의 역으로서 생역生易인데 비해 문왕역은 인간변화의 복잡다단한 역이요, 문자시대의 역으로서 장역長易이며, 일부역은 자연과 인문의 조화된 역이요 세계인류의 신화神化의 역으로 성역成易이라고 주장하기도 한다.

다시 말하자면 하도의 복희역이 우주창조의 설계도이고 그 설계에 따라 순차적으로 풀려나온 것이 낙서라고 보는 것이다.

하도가 본래 1·6, 2·7, 3·8, 4·9, 5·10과 같이 선천적으로 완전무결한 수에 따라 설계되었지만, 그것은 어디까지나 설계요 계획이며 윤곽에 지나지 않는다.

그러므로 탄생과정의 하도에 의해서 성장 과정의 낙서가 이루어지며 그 뒤 설계의 완전실현이 이루어지는 완성의 단계가 반드시 있어야 한다는 논리이다. 그와 같은 의미에서 정역은 최후의 역이며 인류가 가질 수 있는 최선의 역이라고 보는 것이다.

「주역」의 구조가 건곤乾坤에서 감리坎離까지를 상경上經으로, 함咸·항恒에서 기제旣濟·미제未濟까지를 하경下經으로 하고 있듯이, 「정역」은 상편 십오일언과 하편 십일일언으로 되어 있다.

십오일언이란 '열과 다섯이 하나로 합하는 말'이다. 열이란 하도의 오황극五皇極을 둘러싸고 있는 십무극十無極을 말하고, 다섯은 오황극을 말하며, 하나는 오황극의 중심을 말한다.

여기서 10·5로 합한다는 것은 10과 5가 그 극 중인 1에서 완전히 융합함을 말하며 이것을 십오일언이라 한다. 또, 이것이 우주조화의 반고화盤固化를 논하는 것이라고 본다.

십일일언이란 '열과 하나가 하나로 되는 말'이다. 열은 무극을 말하고 하나는 태극을 말한다. 이 무극과 태극이 하나로 합치는 것을 십일일언이라 한다. 십오일언은 「주역」의 건곤에 해당하고 십일일언은 그 함·항에 해당한다.

주역의 건곤이 천도이고 함·항이 인사人事이듯이, 「정역」의 십오일언은 건곤정위乾坤正位의 뜻이 있으며 뇌풍정위雷風正位의 체體를 이루고, 십일일언은 간태합덕艮兌合德의 뜻이 있으며 산택통기山澤通氣의 용用을 나타낸다.

뇌풍정위의 체는 자연의 초자연적 변화로 인한 윤력閏曆의 탈락과 정력正曆의 성립을 의미하고, 산택통기의 용은 인간의 초인간적 변화로 인한 인간 완성의 길을 의미한다.

「정역」은 십오일언에서 금화정역도까지는 주로 일월성도日月成道에 의한 정력의 사용, 변화 후의 새 질서, 우주의 새 방위, 기후의 새 조화를 나타내는 정역시와 포도시로 끝을 맺고 있다.

십일일언에서 십일음까지는 주로 인간 완성에 의한 황극인의 등장, 그리고 그에 의하여 새로이 수립되는 신질서와 고도로 발달한 무량복지사회인 유리세계琉璃世界를 노래하고 있는 내용이다.

이상과 같은 구조를 지니고 있는 「정역」의 사상은 세 가지로 나누어 볼 수 있다. 즉, 선천·후천 사상과 자연변화를 이루는 일월개벽사상, 그리고 인간 변화와 문화세계를 이루는 신명개벽 사상이 그것이다.

첫째, 일반적으로 선천·후천을 말할 때 과거의 것을 선천이라 하고 현재의 것을 후천이라 한다. 이것을 인간에 비유하여 말하자면 출생 이전은 선천이요, 출생 이후는 후천이라 하는 것과 같다.

역학에서도 과거를 나타내는 복희괘와 하도는 선천세계를 말하는 것이라 하고, 현재를 나타내는 문왕괘와 낙서는 후천 세계를 말하는 것이다. 그러나 「정역」에서는 선천·후천 개념을 다른 방식으로 사용하고 있다.

즉, 현재를 선천이라 하고 미래를 후천이라고 하는 것이다. 따라서 하도·낙서의 원리인 「주역」의 괘는 선천에만 적용될 수 있는 것이며, 미래에는 후천의 원리를 나타내는 정역의 괘도를 사용해야 된다고 본다.

이러한 의미에서 보면 「정역」의 후천개벽 사상은 미래의 이상세계 건설의 꿈이요, 미래세계에 펼쳐질 자연변화의 원리를 천명하는 것이라 할 수 있다.

둘째, 「정역」은 현행의 윤력도수閏曆度數에서 미래의 정력도수正曆度數로 넘어가는 장래의 일월역수변화, 즉 윤변위정閏變爲正의 후천 개벽기를 기점으로 우주사의 시간적 선후를 확정한 것이다.

그러므로 「정역」의 근본 사상은 역수원리를 바탕으로 후천개벽 사상을 말하는 천도적 윤변위정의 원리라 할 수 있다.

셋째, 앞에서 언급한 것이 후천개벽의 객관적 세계인 천지일월의 개벽 사상이라면, 신명개벽 사상은 이러한 이치를 주체적으로 자각한 인간에 관한 내용이다.

대역서大易序에서 '무역무성 무성무역無易無聖 無聖無易'이라 하였듯이, 일월변화와 인간성덕人間聖德을 일체로 보는 정역 사상은 외적인 일월개벽 사상과 아울러 내적인 인간본래성의 신명개발을 매우 강조한다.

따라서, "천지가 말을 하므로 일부一夫가 말을 하는 것이며 일부의 말이 곧 천지의 말이다."라고 한다든지, "금·화문金火門은 천·지·인 삼재三才의 출입문이다."라고 「정역」에서 언급하고 있는 이유는 천지는 천도를 자각한 인간, 즉 성인을 통해서만이 비로소 말해질 수 있다는 것을 중시하기 때문이다.

「정역」은 하도의 실현이요, 그 구체적 표현이라고 볼 수 있다. 하도는 음양의 완전조화체이므로 「정역」도 역시 음양의 완전조화를 나타낸다.

완전한 음양의 조화세계란 남녀가 평등하고 인권이 존중되고 무량한 복지사회가 됨을 의미한다. 또한, 사상적으로도 진리의 근원이 밝혀져 사상적 갈등이 극복되고, 교파초월과 상호이해·상호존중·상호협력으로 종교의 일치가 도모되는 세계이다.

지금까지 보아온 「정역」을 한국과 관련시켜 두 가지 관점에서 볼 수 있다. 즉, 역리 상에서 본 한국과 한국의 주체적 사상으로서의 「정역」이 언급될 수 있다.
우선 역리상에서 본 한국을 살펴보면, 주역 설괘전說卦傳에서 간艮은 겨울과 봄이 동과 북 사이에서 교체되는 괘다. 만물이 종말기가 되면서 곧 발생기가 되는 때이므로 결실은 간방에서 이루어진다고 한다.

또한, 간은 소남少男인데, 한국은 지리상의 위치로 볼 때 동북방으로서 간방이 므로 한국은 간소남艮少男이라 할 수 있다.

간은 진장남震長男에서 출발한 역이 간소남에 이르러 그 막을 내리고 그 자리에서 새 질서와 새 생명이 시작되는 터전이 마련된다. 이것은 바로 종말이 곧 새로운 간의 시작으로 이어지는 정역의 세계와 상응하고 있다.

즉, 팔간八艮으로 시작하여 칠지七地로 끝을 맺는 십오일언과 십일일언이 우주와 만물의 완성을 나타내는 정역의 내용이다.

우리나라는 역리 상에서 보듯이 만물을 종시終始하는 간역艮域으로써 만물이 시종하는 간역艮易, 즉 정역이 나왔으니 우주론적·인류사적 의의와 거기에서 창조될 새로운 세계건설, 즉 유리세계건설의 사명이 크다는 것을 정역은 암시하고 있다.

두 번째로 정역 사상은 19세기 후반의 동학사상과 함께 한민족의 주체사상을 이룬다. 20세기에 발생한 한국의 신종교들의 교리적 토대가 되었던 것이 바로 김항과 최제우에 의하여 천명된 후천개벽 사상이다.

그러므로 정역의 사상사적 연원은 중국의 선진성학先秦聖學, 즉 십익十翼을 포함한 주역에 두었으나, 그 논리적 연원은 도리어 정역원리에서 주역사상이 연원하였다고 봄으로써 정역은 한국사상으로서의 주체성을 강조한다.

뿐만 아니라 정역의 근본 사상이 재래의 유학과는 달리 미래를 예견하려는 사고방식에 입각하여 선천·후천의 개념을 새로 규정하고 후천개벽 사상을 역리적으로 체계화하였다.

이로써 천도의 일월개벽 사상으로는 윤변위정의 원리를 주장하였고, 인도人道의 신명개벽사상으로는 도덕적 교화의 윤리를 내세워 공자도 감히 말하지 않았던 우주사적 원리를 천명하였다.

이와 같이, 한 말의 상황 속에서 형성된 정역 사상은 「주역」의 원리를 독자적으로 이해하여 독특한 세계관을 만들어냈고, 한민족 중심적인 종교사상의 기반을 마련하였다는 점에 그 중요성이 있다고 여겨진다.

정역正易

정역正易의 내용은 「正易과 天文曆」 상생출판의 三正 權寧遠 님 著에서 발췌하였다.

「정역正易」의 상기 목차의 내용에 대하여는 지면관계상 상술하지 못하였다. 본 책의 5편인 살아보니 도개걸윷모 윷판일세의 살아가는 과정과 8편 신났다. 윷한 판 더 놀아보세의 일적십거의 숫자를 풀어보다에서 정역의 내용을 풀어보았다.

권영원 저 「正易과 天文曆」를 참고하기 바란다.

정역팔괘도(正易八卦圖)

그림19 정역팔괘도

○.도전道典

　도전道典에 대한 위키백과의 글이다.

　「도전道典 은 도의 법전이라는 뜻이다. 증산도의 경전으로 증산 상제님과 태모 고수부님의 생애와 행적, 말씀을 수록하고 있다. 종정 안경전 님은 20년 이상의 기간 동안 증산님의 행적을 답사하고, 증산을 모신 성도들과 그 후손들의 증언을 채록하여 기록의 오류를 바로잡았다.

　전체 11편으로 구성되어 있다. 1992년에 도전 초판이 간행되고, 2003년에 개정 판이 출간되었다. 현재 세계 주요 7개국 언어로 번역되어 있다. 최근에는 30여 년 간 수집하여 집필한「환단고기 역주본」을 출간했다. 동북아 국제관계 속에 왜곡 조 작된 채 잊혀 버린 한민족과 인류의 뿌리며 원형문화를 찾기 위함이다.

　증산도의 종지는 원시반본原始返本, 보은報恩, 해원解冤, 상생相生이다. 교리 에서 특히 상씨름, 지축정립, 병겁이라는 3대 관문을 거친 후 참된 구원과 영생 이 가능하다고 하였다. 어려운 세상을 바로잡아 인류를 구원할 사명이 있음을 강 조한다.

　높은 산에서 천제天祭를 드렸다는 제천의식으로 고산숭배 문화를 낳았는데 하늘을 숭배하고 제사를 지내는 종교의식을 고구려의 동맹東盟, 부여의 영고迎鼓, 예濊의 무천舞天 등 천제를 부족 전체의 행사로서 올리면서 농공農功의 소원을 기원하고 그 수확에 감사하며 천신天神(옥황상제)께 올린 것이라 해석하고 있다.」11편으로 구성되 어있는 도전은 어쩌면「정역」의 십일일언十一一言의 실현이라 볼 수 있겠다.

증산甑山은 누구인가?

강일순姜一淳님 증산甑山은 1871년 11월 1일(음력 9월 19일) 진주강晉州姜씨로 전라북도 고부군(현재 정읍시)에서 태어났다. 돌아가신 날은 39세인 1909년 8월 9일(음력 6월 24일)로 죽음을 미리 예고하고 세상에 모든 병을 대속하고 젊은 나이로 어천하였다.

가난한 농가의 2남 1녀 중 장남으로 몰락한 양반집에서 태어나셨다. 훈장이 천자문을 가르키자 하늘천天 땅지地에서 하늘의 이치와 땅의 이치를 다 알았다고 한다. 집이 빈곤하여 14, 15세때 남의 집 생활과 나무꾼 생활도 하였다. 1894년 동학혁명 때 교분이 있던 전봉준에게 "때가 아니니 나서지 말라." 하였으며 그 후 동학농민들을 구제하였다.

그 후 1897년까지 전국을 유랑하며 유, 불, 선 등의 기성종교의 교리와 음양 풍수, 복서, 의술 등과 신명神明을 부리는 도술과 과거, 미래를 알 수 있는 공부를 하여 세상을 구제하는 천지공사天地公事를 1909년까지 하였다.

연산連山의 김일부金一夫 님과 만나 정역正易 세계를 공감하였다. 1901년에 모악산 대원사에서 하늘과 땅의 원리를 깨닫고 만고萬古에 없는 무극대도無極大道를 성도成道하게 되었다.
민족항일기에는 독립운동을 하는 한때 600만 신도의 보천교로 계승하기도 하였다.

「도전道典」의 내용에 대하여는 증산도 도전 편찬위원회가 편찬한 생활도전보본판에서 발췌하였다.

도전道典 2편 150장 가을문명, 유불선 통일의 관왕도수에서

1 하루는 상제님께서 공사를 보시며 글을 쓰시니 이러하니라.

2 불도는 형체를 주장하고
　　선도는 조화를 주장하고
　　유도는 범절을 주장하느니라.
　　佛之形體요 仙之造化요 儒之凡節이니라.

3 수천지지허무　　선지포태
　　受天地之虛無하여　仙之胞胎하고
　　수천지지적멸　　불지양생
　　受天地之寂滅하여　佛之養生하고
　　수천지지이조　　유지욕대
　　受天地之以詔하여　儒之浴帶하니
　　관왕　　도솔　허무적멸이조
　　冠旺은　兜率　虛無寂滅以詔니라.

천지의 허무(無極)한 기운을 받아 선도가 포태하고
천지의 적멸(太極의 空)한 기운을 받아 불도가 양생하고
천지의 이조(皇極)하는 기운을 받아 유도가 욕대하니 이제
(인류사가 맞이한) 성숙의 관왕(冠旺) 도수는 도솔천의 천주가 허무(仙) 적멸(佛)
이조(儒)를 모두 통솔하느니라.

우주의 변화원리

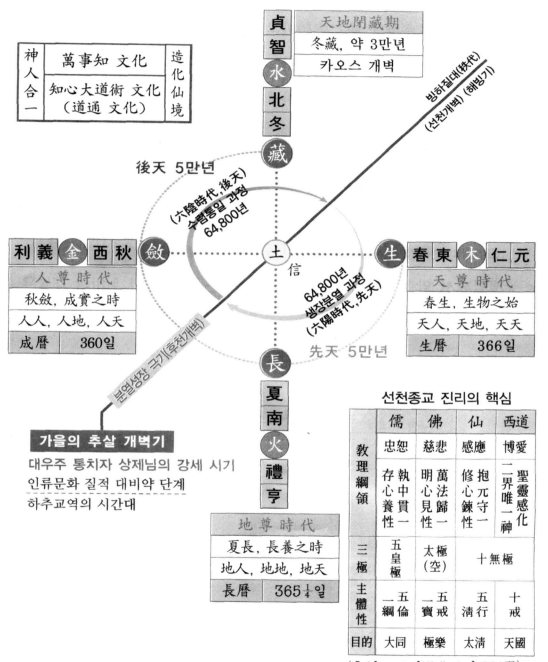

神人合一	萬事知 文化	造化仙境
	知心大道術 文化 (道通 文化)	

貞智水北冬藏

天地閉藏期
冬藏, 약 3만년
카오스 개벽

後天 5만년

(六陰時代, 後天)
수렴통일 과정
64,800년

빙하질대(拔代)
(선천개벽) (해방기)

利義金西秋斂

人尊時代
秋斂, 成實之時
人人, 人地, 人天

成曆	360일

분열성장 극기(후천개벽)

土信

64,800년 과정
생장분열 과정
(六陽時代, 先天)

先天 5만년

生春東木仁元

天尊時代
春生, 生物之始
天人, 天地, 天天

生曆	366일

가을의 추살 개벽기
대우주 통치자 상제님의 강세 시기
인류문화 질적 대비약 단계
하추교역의 시간대

長夏南火禮亨

地尊時代
夏長, 長養之時
地人, 地地, 地天

長曆	365¼일

선천종교 진리의 핵심

	儒	佛	仙	西道
教理綱領	忠恕 存心養性 執中貫一	慈悲 明心見性 萬法歸一	感應 抱元守一 修心鍊性	博愛 二界唯一神 聖靈感化
三極	五皇極	太極 (空)	十無極	
主體性	一五綱倫	一五寶戒	五淸行	十戒
目的	大同	極樂	太淸	天國

(출처 : 도전道典 2편 221쪽)

도전道典 3편 89장 상제님 등의 북두칠성에서

3 하루는 필성이 상제님과 목욕을 하는데 상제님께서 "필성아, 내 등 좀 밀어라." 하시는지라.
4 필성이 등을 밀려고 보니 붉은 점으로 북두칠성北斗七星(2-2)이 선명하게 박혀 있거늘
6 하루는 상제님께서 말씀하시기를 "북두칠성이 내 별이니라." 하시니라.

도전道典 3편 221장 천지의 진액주에서

2 성도들에게 요堯의 역상일월성신경수인시曆像日月星辰敬授人時를 해설하시며
3 말씀하시기를 "당요唐堯가 비로소 일월이 운행하는 법을 알아내어 백성들로 하여금 모든 일에 때를 알게 하였나니 천지의 큰 공덕이 이로부터 열렸느니라." 하시니라.

6 천지진액주
天地津液呪
신천지가가장세 일월일월만사지
新天地家家長世 日月日月萬事知
시천주조화정 영세불망만사지(2-10)
侍天主造化定 永世不忘萬事知
복록성경신 수명성경신
福祿誠敬信 壽命誠敬信
지기금지원위대강

至氣今至願爲大降

명덕 관음 팔음팔양 지기금지원위대강

明德 觀音 八陰八陽 至氣今至願爲大降

삼계해마대제신위 원진천존관성제군

三界解魔大帝神位 願趁天尊關聖帝君

도전道典 5편 241장에 28수宿 공사에 있어서

1 하루는 류찬명柳贊明으로 하여금 두루마리에 28수宿(2-3)를 왼쪽으로부터 가로로 쓰게 하시니 이러하니라.

2 각항저방심미기

　角亢氐房心尾箕

　두우녀허위실벽

　斗牛女虛危室壁

　규루위묘필자삼

　奎婁胃昴畢觜參

　정귀유성장익진

　井鬼柳星張翼軫

3 이에 그 종이를 끊어서 자로 재니 한 자가 되거늘 이를 불사르시니라.

도전道典 5편 292장 칠성경 공사에서

5 상제님께서 말씀하시기를 "칠성경은 재액災厄을 물리치고 복을 구하는 큰 경문經文이요, 개벽주에는 천하의 큰 권능이 갊아 있느니라." 하시니라.

7 칠성경

七星經

칠성여래　대제군 북두구진중천대신

七星如來　大帝君 北斗九辰中天大神

상조금궐　하부곤륜 조리강기 통제건곤

上朝金闕　下覆崑崙 調理綱紀 統制乾坤

대괴탐랑 문곡거문 녹존염정 무곡파군(2-2)

大魁貪狼 文曲巨門 祿存廉貞 武曲破軍

고상옥황 자미제군 대주천제 세입미진

高上玉皇 紫微帝君 大周天際 細入微塵

하재불멸 하복부진 원황정기 래합아신

何災不滅 何福不臻 元皇正氣 來合我身

천강소지 주야상륜

天罡所指 晝夜相輪

속거소인 〇〇생 〇〇〇 호도구령

俗居小人 〇〇生 〇〇〇 好道求靈

원견존의 영보장생 삼태허정 육순곡생

願見尊儀 永保長生 三台虛精 六淳曲生

생아 양아 호아 형아 허신형

生我 養我 護我 形我 許身形

괴작관행 화보표 존제급급 여율령

魁作管行 화보표 尊帝急急 如律令

170

도전道典 5편 348장
제 뿌리를 못찾고 환부역조하는 조선인을 경계하심에서

16 조선국 상계신 중계신 하계신

　　朝鮮國 上計神 中計神 下計神하니

　　불가불 문자계어인

　　不可不 文字戒於人이니라.

　　조선국 상계신(환인) 중계신(환웅)

　　하계신(단군)이 몸 붙여 의탁할 곳이

　　없나니 환부역조하지 말고 잘 받들 것을

　　글로써 너희들에게 경계하지 않을 수 없노라.

천지의 이치는 삼원三元(1-1)이니, 곧 무극無極과 태극太極과 황극皇極이라.

2 무극은 도의 본원本原이니 십토十土요, 태극은 도의 본체로 일수一水니라.

3 황극은 만물을 낳아 기르는 생장生長 운동의 본체니 오토五土를 체體로 삼고 칠화七火를 용用으로 삼느니라.

4 우주는 일태극수一太極水가 동동動하여 오황극五皇極의 생장 운동을 거쳐 십무극十無極에서 가을개벽의 성숙운을 맞이하니라.

5 상제님께서 "나는 천지일월天地日月이니라." 하시고 건곤감리 사체四體를 바탕으로 도체道體를 바로잡으시니

6 건곤乾坤:天地은 도의 체로 무극이요, 감리坎離:日月는 도의 용이 되매 태극水을 체로 하고 황극火을 용으로 삼나니 이로써 삼원이 합일하니라.

7 그러므로 도통道統은 삼원합일三元合一(1-1)의 이치에 따라 인사화人事化되니라.

도전道典 6편 56장 상씨름은 상두쟁이가에서

상제님께서 공우를 데리고 김제 봉황산鳳凰山을

지나시다가 말씀하시기를

2 "저기 저 산이 황우산黃牛山이니라. 애기씨름, 총각씨름 다 지내고 비교씨름 상씨름에는 황우를 거는데

3 봉황산 와우臥牛로 씨름판 소를 걸어 놓았느니라.

4 상씨름 하는 자는 콩밭 이슬을 맞으며 판밖에서 술고기 많이 먹고 있다가 '아우' 소리 한 번에 똑 한 사람 지우고 황우를 몰아가느니라." 하시니라.

5 상제님께서 또 말씀하시기를 "상씨름은 상두쟁이가 하네." 하시거늘

6 공우가 상두의 뜻을 여쭈니 "상두上斗는 북두北斗니 칠성七星(2-2)이니라." 하시니라.

57장 칠성이 응했느니라에서

하루는 자현의 아들 태준泰俊에게 일러 말씀하시기를 "상두가 무엇인 줄 아느냐?

2 앞으로 네 번 돌리고 뒤로 세 번 돌리니 칠성이 응했느니라.

3 또 사람마다 칠성(2-2)을 얼굴에 붙이고 다니느니라. 눈 둘, 콧구멍 둘, 귓구멍 둘, 입 하나, 칠성 아니냐!

4 그리고 두 구멍은 감추고 다니느니라. 그러고도 이용을 잘 못하는구나.

道典 1편 9장에 상제님 강세를 예고한 김일부 대성사에 대하여

2 조선 말의 대철인 김일부金—夫가 선후천先後天이 바뀌는 우주 대변혁의 원리와 간艮 동방에 상제님이 오시는 이치를 처음으로 밝히니라.

3 일부는 충청도 연산連山 사람으로 어려서부터 배우기를 즐겨하여 성리性理를 깊이 연구하더니, 36세에 연담 이운규의 가르침을 받으니라.

4 하루는 연담이 "영동천심월影動天心月"이란 글을 전하며 이르기를 "그대는 쇠잔해 가는 공자의 도를 이어 장차 크게 천시天時를 받들 것이라." 하매

5 이에 분발하여 「서전書傳」과 「주역周易」(2-13)을 많이 읽고 영가무도의 법으로 공부하면서

6 아침저녁으로 반야산 기슭에 있는 관촉사를 찾아가 은진 미륵을 우러러 간절히 기도 하니라.

7 54세 되는 기묘(己卯:1879년)에 이르러 눈을 뜨나 감으나 앞이 환하여지고 알 수 없는 괘획卦劃이 끊임없이 눈앞에 나타나기 시작하더니

......

9 그 후 어느 날 주역 설괘전說卦傳의 신야자神也者 묘만물이위언자야妙萬物而爲言者也라는 구절을 읽다가 문득 모든 것이 공자의 예시임을 확연히 깨닫고

10 이에 새로이 정역팔괘正易八卦를 그리니, 이는 억음존양의 선천복희 팔괘와 문왕팔괘에 이은 정음정양正陰正陽의 후천 팔괘도라. (그림19)

道典 1편 43장에 동학東學혁명에 대하여

1 갑오(1894年)에 태인 동골 사람 전명숙全明淑이 보국안민輔國安民이라는 기치를 내걸고 동학 신도들을 모아 고부에서 난을 일으키니 온 세상이 들끓으니라.

2 일찍이 전명숙은 신묘(辛卯:1891년)부터 3년간 서울을 오르내리며 흥선대원군

을 만난 일이 있더니

3 대원군이 명숙의 뜻을 물은즉 "제 흉중胸中에 품은 뜻은 나라와 백성을 위하여 한 번 죽고자 하는 마음뿐이오." 하고 대답하니라.

……

9 혁명이란 깊은 한恨을 안고 일어나는 역사의 대지진인즉, 동방 조선 민중의 만고의 원한이 불거져 터져 나온 동학혁명(4-21, 4-22, 4-24, 4-28)으로부터 천하의 대란이 동하게 되니라.

10 증산께서 후천개벽을 알리는 이 큰 난의 대세를 지켜보고 계셨으니, 이 때 증산은 성수 스물넷이요 명숙은 마흔 살의 백의한사白衣寒士더라.

11 개벽의 새 시대를 알린 이 혁명은 갑오년 정월과 3월, 9월 세 차례에 걸쳐 일어나니라.

道典 2편 26장에 이때는 원시반본시대原始返本로
부모를 하늘같이 섬김에대하여

1 상제님께서 말씀하시기를 "이때는 원시반본原始返本하는 시대라.

2 혈통 줄이 바로잡히는 때는 환부역조換父易祖하는 자와 환골換骨하는 자는 다 죽으리라." 하시고

3 이어 말씀하시기를 "나도 단군의 자손이니라." 하시니라.

4 하루는 말씀하시기를 "부모를 경애하지 않으면 천지를 섬기기 어려우니라.

5 천지는 억조창생의 부모요, 부모는 자녀의 천지니라.

6 자손이 선령先靈을 박대하면 선령도 자손을 박대하느니라.

7 예수는 선령신들이 반대하므로 천지공정에 참여치 못하리라.

8 이제 인종 씨를 추리는 후천 가을 운수를 맞아 선령신을 박대하는 자들은 모두 살아남기 어려우리라." 하시고

9 또 말씀하시기를 "조상은 아니 위하고 나를 위한다 함은 부당하나니 조상의

제사를 극진히 받들라.

10 사람이 조상에게서 몸을 받은 은혜로 조상 제사를 지내는 것은 천지의 덕에 합하느니라." 하시느라.

道典 7편 73장에 태을주太乙呪(2-10)는
새 생명을 구하는 녹표祿票에 대하여

1 하루는 공사를 행하실 때 태을주를 써놓으시고 성도들에게 "이 형상이 무엇 같으냐?" 하시니 갑칠이 "밥숟가락 같습니다." 하거늘

2 말씀하시기를 "내가 동서양을 밥 비비듯 할 터이니 너희들은 이 숟가락으로 먹으라.

3 태을주는 후천 밥숟가락이니라.

4 태을주는 오만년 운수 탄 사람이나 읽느니라." 하시니라.

5 이어서 말씀하시기를 "이 모양이 숟가락 같으니 이것이 곧 녹표祿票니라.

6 이 녹을 붙이면 괴질신명이 도가道家임을 알고 들어오지 않느니라." 하시니라.

7 하루는 성도들에게 태을주를 읽히시고 말씀하시기를 "태을주는 천지 어머니 젖줄이니 천지 젖줄을 놓지 말아라." 하시고

8 "나무가 땅에다 뿌리를 박지 않으면 하늘이 우로雨露를 내린들 그 나무가 어찌 기름지게 자라며

9 그 어미의 젖을 마다하고 먹지 아니하면 그 자식이 어찌 삶을 구하리오."

道典 2편 140장에 태을주太乙呪(2-10)로 천하 사람을 살림에 대하여

1 장차 세상을 병으로 쓸어 버리리라.

2 마음 불량한 놈은 다 죽으리니 천하 인종을 병으로 솎으리라.

3 태을주太乙呪로 천하 사람을 살리느니라.

4 병은 태을주라야 막아내느니라.

5 태을주는 만병을 물리치는 구축병마驅逐病魔의 조화주라.

6 만병통치萬病通治 태을주요, 태을주는 여의주니라.

7 광제창생廣濟蒼生, 포덕천하布德天下하니 태을주를 많이 읽으라.

8 태을주는 수기水氣 저장 주문이니라.

9 태을주는 천지 어머니 젖줄이니 태을주를 읽지 않으면 다 죽으리라.

10 태을주는 우주 율려律呂니라.

「도전道典」에 말씀인 유불선 통합, 우주변화의 원리, 북두칠성, 천지진액주, 28 수별, 칠성경, 환부역조, 건곤감리의 4체, 상두쟁이, 칠성, 김일부 대성사, 동학혁 명, 원시반본, 새 생명을 구하는 녹표인 숟가락으로서 광제창생廣濟蒼生의 우주 율려律呂인 태을주를 정리하여 보았다.

4편

땅에 펼쳐진
한밭 윷판
(지도地道)

○. 쇠북종鍾이 울릴 안북실 종곡리鍾谷里

안북실 종곡리鍾谷里는 보은읍의 동북쪽에 위치하고 있다

종곡리에서 동쪽은 속리산이 있는 내속리면, 서쪽은 학림 신함리, 남쪽은 강신리와 동학공원이 있는 성족리, 종곡리 북쪽은 산외면에 접하고 있다. 본래 보은군 산내면 지역으로서 북처럼 생긴 산이 있는데, 마을을 개척하고 대대로 살고 있는 경주 김씨慶州金氏문중에서 과거급제를 하면 은은하게 북소리가 들리므로 북실 또는 종곡이라 하였는데 1914년 행정구역 폐합에 따라 종남, 종서, 종동, 월안리를 병합하여 종곡리鍾谷里라 하고, 보은報恩읍에 편입되었다. 경주 김씨 집성촌으로 대표적인 마을이다. 주로 산 가뭄이 없어 논농사를 짓고 밭농사가 일부 있다.

600여 년 전 고려말 때 판도판서공 김장유공(4-17)이 이곳에 낙향하여 살던 마을로 조선 중종 때 조광조와 더불어 개혁정치를 이끌었던 충암 김정의 고향이며 대곡 성운 등 거유가 은거하였으며, 서화담, 조남명, 이효정, 성동주 같은 당대의 거유들이 대곡 성운을 찾아와 담론을 하며 머물렀다고 한다. 충암 김정(4-17)같은 지조 높은 선비와 충신열사가 배출되어 우리의 역사를 빛내고 고령신씨, 김기서, 김민태, 의령 남씨 등 효자, 열부가 나온 고장이다.

현재 종곡 마을에는 많은 유적지가 곳곳에 있다. 전통의 경주 김씨 세거지로 많은 무형의 전통문화를 갖고 있다. 명절이나 제사 때면 모든 집이 집안이니만큼 온 동네 사람과 외지에서 오는 집안 수백 명이 집집마다 다니며 제사를 지내는 진풍경이 연출되기도 하며 수백 년 내려오는 대동계 등이 지금까지도 이어오고 있다.
다수의 효자문, 열녀문과 조선조중종 때 대곡 성운 선생께서 강학하던 모현암과 우암 송시열이 찬을 한 성운 선생의 묘갈은 매우 뜻깊은 문화재이다. 모현암은 일본 강점기와 해방 후까지도 서당으로서 젊은이들을 깨우쳐 준 서당이었다. 영농으로는 대추 농사와 양잠 누에고치가 유명하다. 해발 290m의 아담한 종산과 518m 삿갓봉, 억수골의 맑은 물, 1969년 완공된 구룡저수지에 철새들이 날아들고 있으며 저수지 주변 경관이 빼어나다.

병풍처럼 산으로 둘러싸인 마을은 오래된 느티나무와 고즈넉한 전통한옥과 계절마다 풍성한 산나물과 송이버섯 등이 생산되고 있고, 주변의 동학공원과 신라 최고의 삼년산성이 인접해 있어 옛 전통과 문화가 함께하는 녹색농촌체험 마을로 선정되어 동네 입구에는 천하대장군과 천하여장군의 장승(4-16)이 우뚝 서서 마을을 지키고 있다.

종곡을 지나서 속리산으로 소풍을 가다

초등학교 저학년 때인 것 같다. 속리산 법주사로 소풍을 갔는데 처음으로 종곡 초등학교를 출발하여 외뿔 강신리 뒷골을 지나서 뒷골 산모퉁이 논길을 한참 돌아 걸어서 가마실 고개에 도착하니 비각과 비석이 반겨준다. 가마실 고개는 좌·우측으로 술잔을 거꾸로 엎어놓은 모양으로 봉긋 솟아있다. 선생님이나 친구들이 설명을 해줄만도 한데 전혀 얘기가 없고 우측 쪽 구릉지에 많은 사람이 죽어서 묻혀있다고 어느 친구가 얘기를 한다. 등골이 섬뜩한 느낌이다. 줄을 서서 앞서거니 뒤서거니 종곡리에 들어서니 산 밑으로 코 흘리는 박재호와 말이 없는 박광식이네 집이 있고, 찌께 벌레와 풍뎅이 곤충을 잡는 곳이 집 뒤에 큰 뽕나무라고 하고, 큰 밤나무에서 밤을 많이 딴다고 자랑을 한다. 큰 느티나무가 있는 동구 밖에서 쉬어갔는데 밭을 건너 첫째 집이 축구 잘하고 공부 잘하는 은식이네 집과 뒷집은 달리기 잘하는 홍빈네 집이라고 한다. 개울 쪽으로 올라가서 좌측 모종골에는 외아들인 만식이와 뒷집에는 공부 잘하는 형구네 집이라 한다. 오른쪽 큰 기와집과 비각집이 있는 곳은 키가 작은 홍인네 집이라 한다.

밭에는 고목이 되어있는 대추나무가 많았으며 큰 뽕나무가 눈에 들어온다. 말이 어눌한 교환이와 밤 감을 많이 가져오는 홍칠네 집은 오른쪽으로 한참 올라가면 다라니 동네가 나오는데 소라리 동네와 경계에 산다고 한다.

그때만 해도 학교에서 남녀 통합 반이었으나 남녀칠세부동석 양반 동네로 여자친구네는 관심을 가질 때가 아니다. 개울을 따라 산길을 한참 올라가니 산속 깊은 나무가 울창한 곳에 기와집이 나타난다. 평행봉과 철봉 잘하고 뚝심 있는 이봉국이네 집이라고 한다. 어떻게 저런 산속에서 살을 수 있을까? 봉국이가 참 가엽다고 생각도 해봤다.

삿갓봉 정상에 올라서 종곡마을을 내려다보니 가물가물하게 멀리 보인다. 속리산 쪽 북암 마을에서는 보은 오일장에 장 보러 갈 때는 걸어서 나무지게 한 짐 지고 이 산을 넘어 종곡리를 지나서 안양을 거쳐 풍취를 지나 보은장을 보러 다니니 십 리 길 우리 동네보다 3배는 더 멀다고 생각되었다. 북암 마을은 깊은 산속 나무속에 묻혀 있다. 띄엄띄엄 오두막집이 보였고 옥수수와 콩밭이 많다는 생각이 든다.
북암리에서 오른쪽으로 산길을 따라가면 상판리 내속리면사무소가 나타나는데 그곳에는 천연기념물 제103호인 정이품송이 속리산을 가는 길목 입구를 굳건히 600여 년을 자리하고 있다. 상판리 장터에는 신발가게 하시는 큰 누님이 살고 계신다.

꼬불꼬불 밭길과 산길을 따라 앞서거니 뒤서거니 조잘대며 가다 보니 하판리 속리산 입구 오리숲이 나타난다. 그때만 해도 오리숲 나무 밑에는 기존 움막집이 옹기종기 지어져 있었다. 쭉쭉 뻗은 소나무와 집 지붕을 뚫고 꾸불꾸불 큰 참나무가 서로 어울려 서 있는데 참 멋있다고 생각했다. 김이 모락모락 나며 빈대떡 굽는 냄새가 허기진 배를 요동치게 한다.

그 긴 오리숲을 지나 '호서제일가람'이라는 편액이 걸려있는 일주문을 통하여 법주사에 도착하였다. 눈을 부라리고 칼을 들은 사천왕이 무섭게 천왕문을 지키고 있다. 5층 팔상전과 엄청 키가 큰 돌부처님이 우뚝 서 계신다. 더 자라서 법주사 구경을 하겠다고 생각했다.

돌아오는 길은 전혀 기억이 없으니 어쩐 일일까? 오십 년 전의 법주사까지 간 처음 소풍날의 기억이다.

초등학교 다닐 때는 종곡리에 놀러 간 기억이 나지 않는다. 초등학교를 졸업하고 중학교에 입학을 하고 1년 후에 13회 동기 동창회를 새말에서 개최하였다. 졸업 때 동창회장상을 탔으니 13회 동기회장은 김홍석이 해야 된다고 한다. 친구들의 의견을 받아들여 회장을 수락했는데 그때 결정된 것이 "우리 동기들은 어떠한 일이 있더라도 죽을 때까지 친구들의 의義와 리理를 지켜야 된다. 고등학교도 가야 되고 군대도 가고, 장가가고 그리고 사회생활, 죽을 때까지 72명은 한 가족이다. 그래서 어렵지만 먼 미래를 위하여 각자 쌀 2되씩을 각출해서 장래쌀을 마련하기로 하였다."

제일 큰 동네가 종곡이고 두 번째 큰 동네가 길상이다. 우리 친구들은 동네를 돌면서 재미있게 놀면서 우정을 다졌고 윤식(은식)이네 집에 들렀을 때 어머니께서 인자하신 모습으로 반겨주시며 맛있는 밤과 떡을 주신다. 그 후 쌀 2되씩 모아서 모인 장래쌀은 2가마니까지 늘려서 어려운 친구들이 쓰고 늘려갔다. 친구들을 결속시키고 잘 모였으나 고등학교를 졸업하고 두식이가 장래쌀 두 가마니를 다 자기가 사용하고 돌려준다고 한다. 나이를 먹어 군대를 가면서 우리들은 흩어졌으며 하나둘씩 자기 길로 가게 되었다. 친구들의 결속 바탕이 됐던 쌀 2가마니는 아직 돌아오지 않고 굳게 약속했던 우리들의 우정은 깨져버렸다. 만약 어린 시절의 2가마니 쌀이 무럭무럭 불려 커왔다면 우리 친구들의 우정은 더욱 커졌을 것이며 엄청난 동창회비로 확보되었을 것이다. 만날 때마다 쌀2가마니가 어디로 가 있느냐고 시비가 일어난다. 없어진 쌀 때문에 다툼을 하고 있으니 참 아쉬운 일이 되었다.

종곡 구룡저수지 공사판에서 돌을 나르다

종곡을 찾은 것이 고등학교 2학년 겨울방학 때이다. 대전서 시골집으로 오니 집 사정이 너무 어렵다. 종곡 저수지 댐 축조를 하는 곳에 가서 돌을 날라주면 밀가루를 준다고 하니 춘궁기에 도움이 될까 하여, 어머님께 말씀드리고, 종곡친구들을 만나지 않기를 바라며 공사판을 나갔다. 한 달을 목표로 하였으나 겨우 1주일도 못 채우고 중단하였다. 큰 깬돌을 등에 지고서 제방 쌓는 곳으로 운반하는데 등이 다 벗겨지고 다리가 휘청거린다. 등에 돌지고 나르는 노동이 얼마나 힘든 것인가를 알게 되었고, 농사지으시는 아버님의 노고를 실감하고, 더욱 공부를 열심히 하겠다고 다짐을 하였다.

지금은 옛날 봉국이네 집의 흔적을 볼 수가 없고, 물이 잠겨있고 물이 잠겨 있는 큰 구룡저수지로 탄생하였다. 철새들이 많이 찾아오고 안북실과 바깥북실까지 가뭄을 해결해주고 있으며, 경주김씨 판도판서공 할아버님의 선영(4-17)을 지켜주고 있다.

90년도에 사무관으로 진급하고 아버님께 인사를 드리니, 그래도 조상님 선영을 직접 찾아가 절 드리라고 말씀하시어, 복기 아내와 둘이서 발령장을 갖고 어머님 산소에 가서 인사를 드리고, 600여 년을 지켜 오신 경주김씨 판도판서공 장유 할아버님의 선영을 처음으로 찾아 인사드렸다. 20여 년 전 내가 등짐을 지고 돌을 날랐던 구룡저수지 우측으로, 봉긋 솟은 봉황이 내려 앉은 자리에 1대 판도판서공 장유將有 2대 중남仲南 3대 을식乙湜까지 할아버님과 할머님 내외 6분이 편안히 모셔져 있다.

추석 명절과 신년새해 설에는 차례를 지내러 시골에 온다(4-17). 마음의 영원한 고향 보은 종곡은 항시 편안하다. 옛날 기억을 더듬어 종곡 친구들이 살고 있는 종곡 동네를 둘러 보고 싶으나 동네에 들어가지 않고, 마을 입구에 서서 천하대장군, 천하여장군 장승(4-16)과 반갑게 인사를 나눈다. 옛 친구들은 다 어디로 갔는가? 종곡 북실의 의미를 살펴보겠다.

鍾谷의 뜻을 살펴보면 술잔 종과 쇠북 종이 울리는 산골이라는 뜻이다. 기개 높은 충신열사 선비들이 삶을 유유낙낙하며 술을 마시는 술잔종이 울리는 산골 마을이다.

유난히도 현재 살고있는 경주 김씨의 후손들이 막걸리를 통째로 퍼마시는 술꾼들이 많은 것이 이 까닭도 있다.

북실은 베 짜는 직녀이다

북실은 마을 뒤편 북산에서 북소리가 들린다 하여 북실로 불리었지만, 북실은 오두의 신화 이야기를 빌리면 베 짜는 織女의 견우직녀의 뜻도 있다. 織女는 玉女로서 玉자는 천지에 가장 귀한 옥황상제의 옥수, 임금의 얼굴을 옥안, 임금의 도장을 옥새, 신선이 마시는 술은 옥로주, 가장 신성한 직업이다.

玉자는 王자에서 파생된 글자인데 王자는 天地人을 잇는 삼계를 의미하는 지배자로서, 玉자의 점은 베틀에서 씨줄(위도)을 날줄(경도)을 하나씩 가로 실을 엮어가는 북실을 담은 베틀북이다. 玉자는 베 짜는 베틀에서 가로 실을 집어넣는 북실을 담은 베틀북으로 씨줄 날줄 사이를 오가는 베 짜는 모양이다.

玉자가 남성적인 王이 나오기 전에 여신의 신격인 옥녀로서 옥황상제였다는 면에서 王자는 玉자에서 점을 제외한 후발적인 문자로 보아야 한다.

북실이 없으면 씨줄과 날줄은 아무 소용이 없고 북실이 좌우로 하나씩 쌓아가야 옷을 만들 수 있는 원단 천이 만들어진다.

여기서 북실의 역할은 무엇인가?

지구의 위도 씨줄과 경도 날줄은 어떻게 만들어졌는가?

북실 종곡이 없으면 지구의 위도 씨줄과 경도 날줄은 아무 소용이 없고 북실 종곡의 뜻이 좌우로 하나씩 쌓아갈 때 세상을 경영할 수 있는 하늘의 뜻이 펼쳐질 수 있다고 볼 수 있다.

지구의 씨줄인 위도는 가로줄 북실이다

지구의 위치를 표시하는 위도와 경도를 살펴보면

가로 씨줄 위도는

위도는 지구의나 지도에서 적도를 기준으로 하여 남쪽과 북쪽을 나타내는 것이다. 종류로는 지리위도, 천문위도, 지심위도가 있다. 위도를 표시하는 단위는 도·분·초이다. 이값들은 지구 중심에서 지표면을 이은 호의 각도에 따라 결정된다. 서로 다른 위도상의 위치를 표현하기 위하여 등거리 원들이 표시되어있으며, 이때 표시된 위도선을 표준위선이라고 한다.

가로줄을 위도緯度라한다. 씨위(緯)로 그물이나 베옷의 씨줄(緯)은 북실 가로줄이다.

세로 날줄 경도는

경도는 그리니치 천문대를 본초자오선으로 하여 서쪽과 동쪽의 위치를 측정하는 것이다. 본초자오선은 양극과 런던의 그리니치를 지나는 선을 그은 것이다. 위도와 마찬가지로 경도도 도·분·초로 표시된다. 경선은 지구의 중심으로부터 적도가 만나는 지점을 이은 선으로, 본초자오선과 지구의 중심에서부터 적도 상의 한 점으로 연결된 선 사이의 각으로 표시된다.

세로줄은 경도經度라한다. 날경經으로 그물이나 베옷의 세로줄이고 날줄(經)이다. 그물은 굵은 실(糸)로 짜고, 베는 가는 실로 짜는 차이가 있지만 둘 다 실을 가로 세로로 교차해서 완성된다. 세계지도를 보면 가로 세로줄이 그물처럼 그어져 있는 것을 볼 수 있다. 먼저 눈에 들어오는 것은 지구 중앙을 가로로 그어져 잇는 빨간 줄이 보인다. 붉은 태양이 이글거리며 지나가는 붉은 길을 적도赤道라고 한

다. (사실은 지구가 자전自轉하는 것)

　적도를 중심(0度)으로 가로줄을 위도緯度라고 하는데, 북극 쪽으로 90°, 남극 쪽으로 90° 합(合)이 180°가 된다. 한限 많은 38선이 북위北緯 38도度 선선이다.

　「독도獨島는 우리 땅」노래 가사에 보면 (경상북도 울릉군 남면 도동 1번지 동경東經 132° 북위北緯 37°) 동경東經이란 말이 나온다. 동경東經은 세로줄인 경도經度를 표시하는 말이다. 경도는 영국 런던에 있는 그리니치 천문대를 기준점(0度)으로 서쪽으로 180도, 동쪽으로 180도로 합이 360도가 된다.

　360 ÷ 15 = 24시간, 그래서 15도가 1시간이 되며 우리나라 시간이 영국보다 9시간 빠르니까 15 × 9 = 135도가 되어야 하나 동경東經 135도는 일본을 지나가고 있다. 그래서 日本과 우리는 같은 시간을 쓰고 있다. 우리는 日本보다 대략 30분 정도 해가 늦게 뜨지만 「그렇게 하자」고 한 국제 규약에 의해서 같은 시간을 사용하고 있다.

　여기서 자오선子午線의 뜻을 살펴보면 지정된 위치의 남북좌표로서 경선經線과 같다고 생각하면 된다. 자오선은 북극성北極星을 기준으로 한 진북으로서 지구 내부의 특성과 지구의 형상과 지구 표면상 제점간의 상호위치를 산정하는 측지제원測地諸員의 기준이 된다. 그리니치 천문대 기준으로 0度 지점을 특별히 기준이 된다고 해서 본초자오선本初子午線이라고 부른다. 10干12支의 子의 방향은 北이고 午의 방향은 南이다. 子時는 23시~01시가 되며 정중앙이 되는 밤 12시를 子正이라고 하고, 午時는 11시~1시인데 중앙인 낮 12시를 正午라고 부른다.

　경위經緯의 경經자는 성경聖經, 불경佛經, 사서오경四書五經, 천부경天符經 등 경서經書의 의미가 있고, 경제經濟, 경영經營, 경험經驗, 경리經理 등 다스린다의 의미도 있다.

　경세제민經世濟民 세상을 다스리고 백성을 구제救濟한다는 의미가 있다.

누에고치는 북실을 만든다

누에고치가 지은 집(명주)에서 명주실을 뽑아 베틀에 날줄(경도)을 걸고 북실로 좌우로 씨줄(위도)을 한가락씩 엮어가면 사람이 입고 생활할 수 있는 천紬이 만들어지게 된다.

이러한 과정을 王자로 나타냈으며, 북실을 하나의 점으로 하여 玉자가 옥황상제가 됨을 설명하였다.

우리가 살고 있는 아름답고 경이로운 지구의 모양을 짜고 있는 위도緯度와 경도經度와 붉은 해가 다니는 길 적도赤道, 10干12支의 北南의 기준인 자오선子午線을 살펴보았다.

사람이 하늘의 뜻대로 살아가야 하는 가르침을 적은 성경聖經, 불경佛經, 사서5경四書五經, 천부경天符經 등의 의미가 누에고치에서 펼쳐지는 씨줄과 날줄로 짜여지는 북실에서 출발한 것이 아닐까?

인간 세상에 사람이 옷을 입고 살아야 하는 근본의 뜻이 북실이라면 북실의 원래 씨앗은 무엇일까?

누에고치가 있기에 씨줄, 날줄이 있고, 옷이 있고, 경도, 위도가 있고, 땅이 있으며, 성인의 말씀이 있다. 원시반본하여 보면 누에고치는 하늘이 주신 하늘 벌레이다. 북실 종곡은 안북실로서 누에고치의 뜻이 펼쳐질 하늘이 주신 땅이다.

○. 동학東學이 살아있는 바깥 북실 동네가 있다

바깥 북실 동네가 있다

우리 동네 이름은 바깥 북실 새마을이다. 소재지 주소는 忠北 報恩郡 報恩邑 江新里7(새말)이다. 바깥 북실동네 가운데中心에 鍾谷초등학교(4-11)가 있고 병상이, 홍천이, 홍진이, 응훈이, 홍문이친구들이 살고있는 강신리 와평(외뻘)에 위치하고 있다. 학교 서쪽으로는 금강니산이 서산 해를 짊어지고 있고 능선을 따라 북쪽으로는 우식이와 홍태가 살고있는 안양安養이 있다. 동쪽에는 천식이, 기운이, 병철이, 병권이, 응오가 살고 있는 강청이가 있다. 남쪽으로는 동그레방이 있으며 시골 산골이지만 강신리는 산밑 부락이 아닌 왼쪽에 성족천(장바우천)이 흐르는 논밭 중앙에 있다.

바깥북실의 풍수지리風水地理를 살펴보니, 좌청룡(4-12)에 아침 해가 떠오르는 오봉산과 안산과 강청江淸이 동네가 있고, 외갓집 헌춘이가 살고있는 수리넘어로 구인리求仁里(긴 다리)와 상주 화령장(和用場)으로 이어진다.

우백호(4-13)에 참옷샘으로 소문난 금강니산과 노을을 안고 해가 지는 금강니산 너머에는 학림리(今玉里)가 미원을 지나 청주로 이어진다. 남주작으로는 소나무가 울창하게 우거진 동그레방과 사적 제235인 신라 시대에 축조된 대야리의 삼년산성이 있으며 창신이와 봉홍이, 정관이가 살고 있는 바람불이(풍취風吹)와 옹기점이 이 남쪽 금강니산 끝자락에 자리하고 있고 보은장(報恩場)과 대전으로 이어진다.

북현무(4-15)로는 안북실 종곡鍾谷과 소라리(聲足)가 있으며, 초등학교 철렵 소풍 때 가재 잡았던 장바우산과 사구정 누밑(樓)을 이어가는 서당재와 오봉산이 성구와 용구가 살고 있는 오심이(梧心里) 마을까지 이 병풍이 펼쳐지고, 말티고개를 넘어

정이품송을 지나 속세를 떠난 속리산으로 이어진다. 바깥북실은 장바우천을 경계로 동쪽 좌측에 소라리, 누밑, 사구정, 강청이, 오심이가 있고, 서쪽 우측에 새말, 외뿔, 동그레방, 안양, 배니가 있다.

성족천(장바우천)은 자갈 모래가 많은 건천으로 항시 물이 흐르지 않고 장마 때는 장바우산에서 노도와 같이 쏟아지는 물이 무섭다. 마을 뒤편은 밭농사를 짓고 산 밑으로는 논농사를 지으나 척박하여 기름진 땅은 아니다. 남쪽에 있는 풍취는 바람이 많이 분다하여 바람불이라 하였고, 북실동네로 들어오기 위한 관문이다. 대추는 비바람이 몰아치는 산비탈에서 잘 자라고 열매를 많이 맺는다. 어릴 적 오래된 고목 대추나무가 많았으나 다 뽑아내고 밭농사를 지었고, 지금은 다시 신종 대추나무가 보은의 대표 과일로 자리를 잡고 있다.

"바람아 바람아 불어라 대추야 대추야 떨어져라.
애들아 애들아 주워라 어른아 어른아 뺏어라 애들아 애들아 웃어라."
하는 노래도 있다.
"새야새야 파랑새야 녹두밭에 앉지 마라.
녹두꽃이 떨어지면 청포장수 울고 간다.
새야새야 파랑새야 우리 논에 앉지 마라.
새야새야 파랑새야 우리 밭에 앉지 마라.
아래녘 새는 아래를 가고 윗녘 새는 위로 가고
우리 논에 앉지 마라 우리 밭에 앉지 마라.
우리 아버지 우리 어머니 손톱 발톱 다 닳는다."

누밑 입구에는 사구정(사괴정)동산(4-17)이 있는데 경주 김씨와 전의 이씨가 함께 세운 정자가 있다. 임진왜란 때 성자 원자 11대 할아버지께서 의병 조헌장군과 같이 금산전투에서 산화하여 시신을 못 찾았다는 글과 전의 이씨 가문의 비석이 세워져 있고, 500여 년을 우렁우렁 소리를 내며 서 있는 은행나무가 굳건히 사구정

중앙에 자리하고 있다.

배니 동네에는 어릴 적 큰 강당으로 잘 지어진 서당 기와집이 있었다. 현재에는 철거되어 빈 땅만 남아있다. 종곡초등학교는 1946년 9월 13일 해방과 더불어 70년 전 개교하였으나 학교 건물을 세우기 전에는 서당 기와집과 외뿔 느티나무가 있는 동각(4-20)에서 수업을 하였으며, 북실주민들의 성금과 종곡리 누종골 산에서 거목을 발매하여 학교를 세우고, 교명을 종곡鍾谷초등학교라 부르게 되었다.

학교의 주소는 강신리 54번지로서 지명을 따랐으면 江新초등학교가 되었을 텐데, 바깥북실 江新이 아닌, 안북실 鍾谷의 이름으로 학교 이름을 정하였다.

동그레방(4-18)은 바람불이에서 몰아쳐 오는 바람을 막아주는 소나무 동산이다. 난국정蘭菊亭 정자가 있고 비석이 있다. 1945년에 선조들이 난국계를 조직하여 시를 읊었다 하여 후손들이 정자를 지었다. 동그레방 좌측에는 바깥북실 4동네를 지켜주는 성황당이 있었다. 큰 고목 나무에서 찌게 벌레가 잡히고 금줄이 처져있는 돌탑이 있어 접근하기가 두려운 곳이나, 매년 정초에 바깥북실 동네별로 동네 어르신이 순번을 정하여 하늘에 절을 드리고, 흰 백설기 떡을 나누어 맛있게 먹었던 기억이 있지만, 장바우천을 직강 공사하면서 철거하고, 지금은 돌 깎는 석재공장으로 남아 동그레방을 무심히 지키고 있다.

동학東學이 살아있다

북현무를 살펴보면, 소라리 동네를 조금 지나 장바우산 입구에는 동학공원이 조성되어 있다. 2600여 명의 동학군이 일본군에게 무참히 사살, 집단으로 매장되어 있는 가마실산(4-21)에는 구국을 위하여 억울하게 돌아가신 선령님들이 계신 곳이다. 위치적으로 바깥북실 소라리에서 안북실 종곡으로 넘어가는 안북실과 바깥북실이 함께 공유하고 있는 가마실 땅은 우리나라 태극기의 음양의 경계선에 해당한다.

소라리 동학공원에서 장바우산을 시작으로 하여, 서당재(4-23)를 주봉으로 하고 오심이까지 펼쳐진 오봉의 능선은 꾸밈이 없는 소탈하고 따뜻한 어머니의 모습이다. 해와 달이 막내 오봉에서 떠오르고, 오봉은 五行으로 木火土金水가 하늘의 음양오행이 지상에 차례대로 병풍처럼 펼쳐진 형상이다. 해와 달은 동쪽 오봉에서 떠오르고 서산 금강니산으로 넘어간다.

동학공원이 장바우쪽 소라리에 왜 조성되었을까?

동학혁명을 기리기 위해서라면 동학의 싸움터였던 가마실과 다라니가 더 적합한 장소가 아니었을까? 속리산으로 이어지는 소라리 장바우골에 속리산 터널이 건설되면서 꼭 막혔던 생명의 씨앗인 북현무 수水가 터져 나오게 되었다. 500여 년 전 도학 정치와 실사구시를 외쳤던 충암이 태어나신 소라리에 동학공원이 자리 잡은 것은 어떤 이유가 있을까?

충암이 동학東學의 씨앗인가?

충암冲庵 김정金淨은 1486(성종17)-1521(중종16) 조선 중기의 문신, 학자이자 문인화가이다. 호는 충암冲菴, 고봉孤峯이며 시호는 처음에는 문정文貞이었다가 문간文簡으로 고쳐졌다.

본관은 경주慶州로서 호조정랑戶曹正郎을 지낸 효정孝貞의 아들이다. 충북 보은報恩 출신이다. 동학공원이 있는 소라리(성족리)에서 태어났다. 3세에 할머니 황씨에게 공부를 배웠다.

두뇌가 명석하여 9세 때 서당에서 9세 때에 「좌전」을 읽어 가는데 한번 눈이 간

곳은 한 글자도 틀리지 않고 외웠다고 한다.

18세 때 은진송씨와 결혼을 하였다. 연산군 10년(1504) 18세에 사마시司馬試에 합격하고, 중종 2년(1507) 21세에 광문과에 장원급제하여 성균관 전적에 임명되었다. 이어 홍문관수찬, 병조좌랑을 거쳐 정언正言에 전임되고, 다시 홍문관교리, 이조정랑을 거쳐 중종 9년(1514년) 28세에 순창군수淳昌郡守에 제수되었다.

순창군수로 재직 중 왕의 구언求言에 응하여 담양부사 박상과 함께 죽음을 무릅쓰고 중종의 왕후 신씨 폐출에서 복위 주장의 소를 올렸다가 보은 함림역含琳驛으로 유배되었다.

그 후 중종 11년(1516) 30세에 재등용되어 사예, 부제학, 동부승지, 좌승지, 이조참판, 도승지, 대사헌을 거쳐 형조판서에 임명되었다. 1519년 기묘사화 때 영의정 정광필의 옹호로 극형을 면하고 금산을 거쳐 진도를 거쳐 33세에 제주도로 귀향을 갔다. 그 뒤 신사무옥 때 사림파 6명과 함께 제주도에서 36세에 사사賜死되었다. 1646년(인조24)에 영의정에 추증되었다.

보은의 상현서원象賢書院, 청주의 신항서원莘巷書院, 제주의 귤림서원橘林書院, 금산의 성곡서원星谷書院에 제향 되었다.

시문은 물론 그림의 화조를 잘 그려 조선 중기의 소경수묵사의 전통을 형성했다. 제자로는 김봉상, 김고, 최여주외에 조카 천부天富, 천우天宇가 있다. 저서로는「충암집」,「제주풍토록」등이 있다. 김정은 유배 기간 많은 제자를 길러내는 교육과 계몽 활동을 통해 죄인이라기보다는 교육자와 문학가로 존경을 받았다. 조광조와 함께 향약鄕約을 시행하고 도학 정치道學 政治의 이상理想 실현과 지치주의至治主義와 실사구시實事求是를 구현하고자 하였던 분이다. 김정선생 부인인 은진송씨는 남편이 사사했다는 소식을 접하고는 목숨을 거두려고 했으나, 시부모가 계시니 그러지도 못하다가 시부모가 돌아가시자 8일간 식음을 전폐하니 슬하에 자식도 두지 못하고, 사랑하는 남편을 따라 결국 숨을 거두게 되었다. 갸륵한 뜻을 기리기 위해 1803년(순조3)에 정려각을 세우게 되었다.

동학공원이 자리 잡고 있는 장바우는 보은報恩의 성족리이다. 음양오행의 하늘 법도가 땅에 그대로 펼쳐진 서당재 오봉산의 머리이다. 왕도정치의 개혁과 日本 침략을 몰아내기 위하여 분연히 일어선 동학군인 민초들의 한이 묻혀있는 가마실 고개가 건너편에 있다. 동학군이 고이 잠들고 계신 가마실 고개의 동학 민족혼이 동학공원에서 다소나마 위로가 된다면, 종곡 북실의 쇠북 종鐘은 머지않아 울리게 될 것이다.

보은 동학농민혁명기념공원안내도에는

「1894년 동학농민혁명 당시 충청도와 전라도는 동학농민운동의 역사적 주 무대였다. 이중 충청도 보은지역이 차지하고 있는 동학농민운동의 자취는 역사적인 커다란 분수령이 되고 있다. 현재 보은읍에서 상주 방면으로 자동차로 10여 분 달리다 보면 장안면 장내리가 나온다. 보습산 골짜기의 줄기가 수풀림(林)자 모양새로 굽이쳐 흘러 마을을 끌어안고 있는 형세인 이곳 장내리는 1893년 3월 수만 명의 동학 농민군이 반봉건, 반외세를 외치며 창의하여 보국안민의 깃발을 높이 들었던 곳으로 유명하다. 동학의 2세 교주인 해월 최시형 선사가 산간벽지로 쫓겨 다니면서 포교 활동을 할 때부터 동학의 중심지였으며 1892년 대도소가 장내리에 설치되면서 동학의 중심지가 되었다. 1893년 3월 적게는 2만 명, 많게는 7만여 명의 동학교도가 이 마을 앞 천변에 모여 교조 신원과 척왜양창의를 내걸고 시위를 하여 이듬해 동학혁명의 단초가 되었다. 그해 3월 동학 보은집회 때에는 많은 인파가 모여 '서울 장안이 장안인가, 보은 장안이 장안이지'라는 동요가 생길 정도로 많은 동학교도가 모였다고 한다. 당시 장안에 집결한 대규모의 교도를 관리하기 위하여 포 단위의 조직을 제도화하여 정해진 포명과 대접주 50명에 이르렀으나 이날 모인 동학교도의 수를 다 알 수 있는 기록은 없다고 한다. 이에 따라「취어」에는 각처에서 보은집회에 오는 사람을 날짜별로 지역을 밝힌 채 기록해 두었다고 한다. 이러한 엄청난 동학교도의 집결에 당시 고종은 어윤중 양호도어사를 보내 해산을 종용하게 되었다. 이러한 조선왕조의 해산 의지에 동학 교단은 '아직은 때가 아니다' 라는 판단에 자진 해산하게 된다. 이런 상황에서 교주 최시형은 노약자를 먼저 물러가게 하고 젊은 교도는 남아서 정부에 본연의 뜻을 항변하였으나, 결국 4월 2일부터 20여 일간 남아 있던 교도들도 장안 마을을 떠나 고향으로 출발하였고 교주 최시형도 상주방면으로 떠나게 되었다고 한다. 이렇게 장안마을의 집회가 해산되었고 교주 및 고위 간부들은 청산 갯밭과 보은 장안을 오가며 각지의 동학교도들과 연락하여 활동을 해 나갔던 것이다.

보은 동학농민혁명공원(4-22)이 조성된 북실마을에는 1894년 12월 17일, 18일 양일간 일본군이 동학군 2600여 명을 사살한 역사의 현장이다. 북실전투와 관련해 가장 뚜렷한 유적은 동학의 지도부가 집결했던 김소천가와 종곡리 다라니 마을 뒷산에 있는 석축 유적이 있으며 최후를 마감한 집단매장지가 북실마을 곳곳에 산재해 있다. 다라니 뒷산의 석축 보루는 동학군의 최후의 보루였음을 짐작할 수 있으며 정확한 규모와 성격을 밝히고 복원 안을 마련하여 안내판을 설치해 역사의 흔적을 되새겨야 할 것이다. 이러한 역사적 현장에 1998년부터 2003년까지 조성된 동학농민혁명기념공원은 보은 지역의 대표적인 동학농민혁명의 유적지이다」라고 기록되어 있다.

동학농민혁명을 좀 더 살펴보면 공주성 전투와 그 후 벌어졌던 순창 충주 등지에서의 패배 후 동학 농민군은 북접의 본거지였던 보은 장안으로 돌아와 관군과 일본군과 싸웠으나 오랜 시간 배고픔과 추위에 지칠 대로 지쳐있던 농민군은 일본군과 상주 소모영 유격대에 공격을 받아 집단 살육당한다. 이 전투에서 2600여 명의 농민군이 불과 8시간 만에 떼죽음을 당한다. 그 장소가 현재 동학공원이 자리하고 있는 건너편 다라니산에서 가마실 고개라 한다. 가마실 골에는 떼죽음 당한 한을 남기신 민족의 원혼이 살아 계신다. 북실전투의 패배 후 동학 농민군의 지도자였던 손병희는 충주로 피신하였고, 그 후 살아남아 동학 교단을 재정비 후 후일 3·1운동의 기반을 마련한다.

수운은 왜 동학東學을 창시하였는가?

　동학東學의 창시자인 용담龍潭 최제우(4-24)의 고향은 경북 경주시 현곡면 가정리 315이다. 본관은 경주慶州, 호는 수운水雲으로 1824년(순조 24) 출생하여 1864년(고종1)에 세상을 떠난 경주 출신의 몰락한 양반이다. 태어난 시대적 배경이 세도정치의 여파로 정치 경제적으로 어려운 힘든 시기였으며, 17세에 아버지를 여의고 유랑생활을 하면서 장사를 하고 의술醫術과 점복술占卜術 등을 접하였다.

　30대에 유랑생활을 청산하였으며 혼란한 대내외의 정세를 극복하는 길은 천주天主라고 믿었다. 1860년(철종 11) 4월 5일 득도하는데, 유교, 불교, 도교의 동양교리에 바탕을 두고 누구나 평등할 수 있다고 가르치는 동학사상은 많은 백성들에게 큰 호응을 얻었다. 동학의 교세가 점차 확산되자, 조정에서는 두려움을 느끼고 교주 최제우의 체포에 나섰다.

　조정의 탄압으로 1862년(철종 13) 3월 경주로 되돌아갈 때까지 최제우는 전라도 남원의 은적암(4-26, 4-27)에서 피신생활을 하며 동학사상을 체계적으로 이론화하였다. 논학문論學文, 안심가安心歌, 교훈가敎訓歌, 도수사道修詞를 지었고, 천주天主가 사람과 별개로 있는 것이 아니고 모든 사람의 마음속에 모시고 있다는 시천주侍天主사상을 주창하였다.

　1863년(철종14년) 11월 20일 최제우는 경주(4-25)에서 체포되었고, 서울로 압송되는 도중 심문을 받다가 3월 10일 사도邪道로서 정학을 어지럽혔다는 죄목으로 처형되었다.

　최제우의 시천주 사상은 2대 교주인 최시형崔時亨(1827-1898)에 의해 '사람을 하늘처럼 섬긴다'는 사인여천事人如天으로 3대 교주인 손병희孫秉熙(1861~1922)에 의해 '사람이 곧 하늘이다.'는 의미로 인내천人乃天 사상으로 발전하였다.

　최시형을 중심으로 1890년대에 교조신원운동을 전개하였으며, 1894년(고종 31

년)에 일어난 고부古阜의 농민 봉기에는 동학사상으로 동학농민혁명이 일어났다.

녹두장군 전봉준은 왜 동학혁명東學革命을 일으켰는가?

전봉준全琫準(4-28, 4-29)은 1855(철종 6)～1895(고종 32). 조선 말기 동학농민운동 지도자이다. 본관은 천안天安 호는 해몽海夢이다. 몸이 왜소하기 때문에 흔히 녹두綠豆 장군이라 불렸으며, 전북 고창군 죽림리 당촌이 출생지이다.

1890년(고종 27)경인 35세 전후에 동학에 입교하여 최시형으로부터 고부 지방의 동학 접주로 임명되었다. 동학은 경천수심敬天守心의 도道로, 보국안민輔國安民으로 1892년 고부군수(전북 정읍) 조병갑의 탐학과 비행을 타도하기 위하여 봉기하였다. 日本군과 청국군이 들어오고, 나라는 바람 앞에 등불로서 위태로워지고, 항일 구국의 기치 아래 전봉준 휘하의 10만 명 남접 농민군과 손병희 휘하의 10만 북접 농민군이 집결하여 공주전투를 거쳐, 우금치牛金峙전투에서 일본군과 정부군에게 진압되었다. 전봉준은 순창에서 지난날의 부하였던 김경천의 밀고로 체포되어 일본군에게 넘겨지고 서울로 압송되어 교수형에 처해졌다.

충암, 수운, 녹두장군은 왜 동학東學공원에서 만났을까?

동학공원이 있는 장바우골은 報恩의 소라리(성족리)로서 1486년에 불의에 맞서 道學정치와 실사구시를 주창한 충암沖庵 김정金淨 어르신께서 태어난 곳이다. 동학공원은 동학의 창시자인 경주용담慶州龍潭(4-25)에서 태어난 경주최씨慶州崔 수운水雲 최제우(1824년)의 창시로 시천주侍天主 사상의 동학이 시작되어, 전북 고창 죽림리에서 태어난 전봉준(1855년) 녹두綠豆 장군이 보국안민輔國安民 기치로 동학농민혁명을 일으켰으나, 북실전투에서 무참하게 몰살된 2,600명의 동학군(1893년)이 매장된 가마실 고개 건너편 길목에 자리 잡고 있다.

수운水雲(1824년)이 태어난 경주慶州는 충암冲庵 김정金淨의 경주 김씨 본향이다. 구국안민의 왕이 나라를 지키지 못하고 한을 안고 눈을 감은 신라 56대 마지막 왕(935년) 신라말 경순왕의 비통함은 얼마나 컸을까?

경주용담慶州龍潭(4-25)은 수운水雲이 하늘을 마음속에 항상 모시고 있다는 시천주侍天主 사상을 세운 곳이다.

전북 순창군(정읍)은 충암 김정이 1514년(중종 9년) 28세 젊은 나이에 부임하여 중종의 왕후 신씨 폐출에서 복위주장과 실사구시實事求是를 외쳤던 곳이다.

전북 남원(정읍)(4-26)은 수운水雲 최제우가 1862년(철종13년) 은적암에서 피신하여 동학사상을 이론화시킨 곳이다.

전북 고창은 1892년 고부군수(정읍)의 탐학 비행에 분개하여 경천수심敬天守心과 보국안민輔國安民을 기치로 동학농민혁명을 일으킨 녹두장군 전봉준이 태어난 곳이다.

살펴본 내용을 요약해보면

경주慶州는 경주김씨慶州金氏(4-25) 시조 경순왕(935년)이 신라를 지키지 못하고 망국의 한을 안고 눈을 감은 곳이다. 또한, 천부경天符經을 한자로 해석한 경주慶州 최씨崔氏 시조인 고운孤雲 최치원崔致遠(857년)의 후손인 수운水雲 최제우(1824년)가 나라와 백성을 구하기 위하여 시천주侍天主 동학사상을 세운 곳이다.

순창淳昌(4-28)은 경주김씨慶州金氏 충암冲庵 김정金淨(1514년)이 순창군수로 부임하여 불의를 거절하고 도학道學 정치와 실사구시實事求是를 펼쳤던 곳이다. 또한, 경주 최씨 수운 최제우(1862년)가 은둔하여 하늘을 모시는 시천주侍天主(4-26, 4-28) 뜻을 정립한 곳이다. 또한, 이곳은 녹두장군 전봉준全琫準(1892년)이 탐학과 비행을 타파하고 경천수심과 보국안민의 씨앗을 뿌린 곳이다.

보은報恩 동학공원(4-15)은 경주김씨慶州金氏 충암冲庵 김정金淨(1486년)이 태어나고 자란 곳이다. 경주 최씨 수운 최제우가 경주 용담에서 태어나서 순창에서 시천주 뜻을 주창하였고, 이곳에서 경천수심과 보국안민을 위한 전봉준의 동학혁명이 일어났으나, 일본군에게 2600여 명의 동학 농민군이 무참히 떼죽음 당한 곳이 이곳 북실전투장인 가마실 고개이다. 건너편 장바우 길목에 동학농민혁명기념공원(4-15)이 자리 잡고 있다.(현재)

흘러온 사실을 순서대로 나열해 보면

경순왕(935년)　　충암(1486년)　　충암(1514년)　　충암(1521년)

경주　　→　　보은　　→　　순창　　→　　보은

수운(1824년)　수운(1862년)　　동학북실전투(1893년)

경주　　→　　순창　　→　　보은

전봉준(1892년)　　동학공원(2017년 현재)

보은報恩의 한자 뜻은 갚을보報와 은혜은恩자이다. 報恩의 뜻은 은혜를 갚는 땅이 보은이다. 한과 원을 해원하고 은혜를 갚아야 하는 땅에 동학공원이 조성된 것은 필연이라 하겠다.

신라 마지막 왕 경순왕(935년)이 망국의 한을 남긴 경주에서 수운(1824년)은 시천주 동학을 시작하였다. 경순왕의 뜻을 받들어 충암은 은혜를 갚는 땅 보은에서 경순왕 이후 551년 후에 태어나고 자랐다. (1486~1521년) 충암이 불의를 물리치고 도학 정치와 실사구시의 뜻을 펼쳤던 순창에서(1514년) 수운은 시천주 동학(1862년)의 씨앗을 심었다. 그곳에서 전봉준은 보국안민과 시천주 동학으로 새 시대 새 광명의 농민혁명을 일으켰다. 동학 농민군은 뜻을 이루지 못하고 은혜를 갚아야 할 땅 보은 북실전투에서 무참히 참패하여 새 시대 새 광명의 한을 안고 가마실 고개에 2600여 명이 고이 잠들어 있다.

북실동네는 북두칠성(4-1, 4-2)이다

만법과 만행의 근본인 하늘이 있고 그 하늘에는 자미원 북극성이 있으며 온 우주는 북극성을 중심으로 돌고 있다.

북두칠성이 돌고, 28수 별이 동서남북에 일정하게 자리 잡고 있다. 태양계의 별들은 태양을 중심으로 돌면서 태양계는 자미원의 북극성을 돌고 있다. 음양오행으로 세상이 펼쳐진다. 이러한 모습을 대우주라고 한다. 대우주를 닮은 모습이 지구이다. 지구의 중심좌표는 하늘의 북극성을 정점으로 하여 경선을 기준하고 있다. 10간干 12지支로 하늘과 땅이 운행되고 있으며 이는 하늘의 옷이라 할 수 있다.

땅에는 동서남북을 정하는 경도와 위도가 있어 오대양·육대주 산이나 바다 어느 곳이고 위치를 정할 수 있다. 사람이 살고 있는 곳은 어느 곳이고 동서남북으로 도로가 뚫려있어 소통이 되고 있다. 지구의 틀을 짜고 있는 경도·위도와 도로는 인간

생활을 하늘의 뜻대로 살아갈 수 있도록 펼쳐진 하늘의 옷이다.

종곡 북실은 종곡초등학교를 중심으로 하여 7개 동네가 산과 들과 개울에 어우러져 대대손손 살고 있다. 하늘의 북극성과 북두칠성이 펼쳐진 하늘의 땅인지 살펴보았다.

종곡리(천추)는 '안북실'이라 불려지고 '바깥북실'에는 종곡초등학교(북극성)를 둘러싸고 장바우산쪽으로 성족리(천선), 오봉산 쪽으로 오창리(천기), 누저리(천권), 학교와 동그레방(보성)을 끌어안은 강신리(옥형,) 서당재와 사구정(필성) 삼년산성을 등에 지고 있는 대야리(개양), 금강니산의 끝자락에 있는 풍취리(요광)까지 7개의 마을 (4-1, 4-2)이 있다.

하늘의 북극성과 북두칠성의 모습이 그대로 종곡 북실마을에 펼쳐져 있음을 알 수 있다. 북실은 누에고치가 시작된 곳이다. 술잔 종의 종곡이 쇠북 종이 울려 퍼질 새로운 시대가 열리길 기대해 본다.

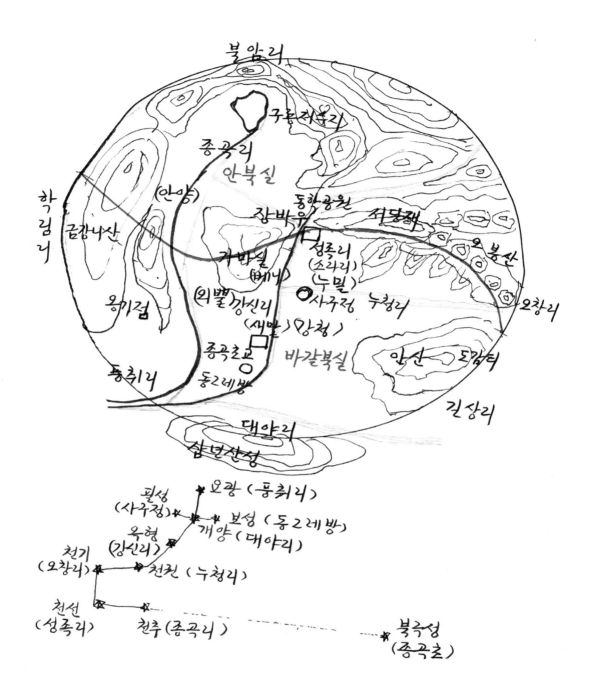

불암리

구룡저수리

종곡리
안북실

(안양)

학림리

금강나산

장바우

동학공원

쇠당재

오봉산

가마실
(배니)

성족리
(소라리)
(누밀)

(외뿔)
강신리
(새말)

사주정

누청리

오창리

(강청)

옹기점

종곡초교

동2레방

바갈복실

안산

도감터

동취리

길상리

대야리

삼년산성

오광 (동취리)

필성
(사주정)

보성 (동2레방)

옥형
(강신리)

개양 (대야리)

천기
(오창리)

천천 (누청리)

천선
(성족리)

천추 (종곡리)

북극성
(종곡초)

그림20. 북극성과 북두칠성이 펼쳐진 하늘의 땅(북실)

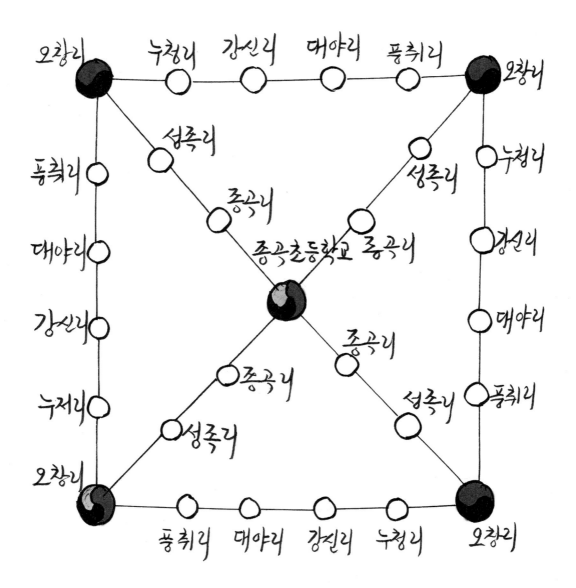

그림21. 북두칠성의 윷판(북실)

북실은 28수 별이 동서남북(4-3, 4-4)으로 펼쳐져 있다

　종곡 북실은 28수 별이 동서남북으로 펼쳐진 하늘의 땅인지 살펴보았다. 종곡 초등학교를 중심으로 강신리와 새말은 위치상으로 중앙으로 믿음의 土신 信의 의미가 있으며,

　좌청룡 태양이 떠오르는 동쪽에는 안산과 강청이 동네가 넓은 들판 뜰을 지나 오봉산까지 이어져 있어 인자한 木인 仁의 의미가 있으며,

　우백호 태양이 넘어가는 서쪽에는 금강니산이 안양安養과 함께 지키고 있으니 항시 평화를 사랑하는 옳은 의미의 金의 義를 의미하고,

　남주작은 남쪽으로 거센 바람을 막아주는 풍취리와 삼년산성이 있으며, 다시 한번 서로 둥글게 어우러져 살아가라는 동그레방이 있어 예의를 지키는 예禮의 의미가 있으며,

　북현무는 북쪽으로 세상이 열리고 결실의 쇠북 종이 울린 종곡 안북실이 있으며, 구국을 위하여 무참히 억울하게 돌아가신 동학군이 잠자고 있는 동학정의 소라리와 장바우산을 지나 서당재산으로, 그리고 음양오행을 실제로 실행하는 오봉산까지 병풍처럼 굳게 펼쳐진 지혜의 水인 智를 의미한다.

　종곡초등학교를 중심으로 산과 들과 마을이 동서남북으로 하늘 땅 사람이 어우러져 오대덕목인 인의예지신仁義禮智信이 펼쳐질 종곡 북실의 땅이다.

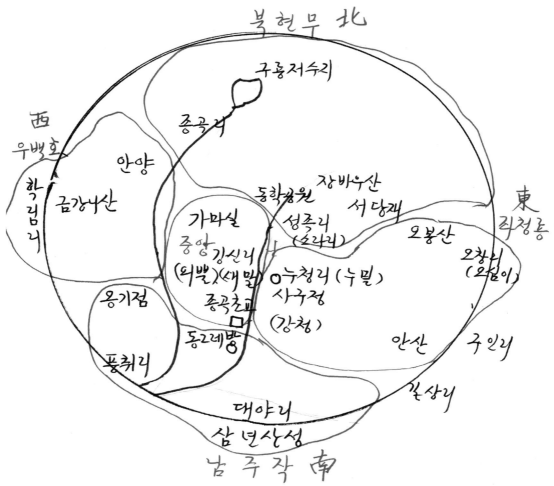

북현무 北

구룡저수지

종곡리

西
우백호
학림리
금강니산
안양

동학농원
장바우산
서당재
성족리
(소라리)
오봉산

東
죄청동

가마실
중앙
강신니
(외뱉)(새말)
종곡초교

누청리 (누밑)
사구정
(강청)

오창리
(오십이)

옹기점

안산

구인리

동그레방

풍취리

길상리

대야리
삼년산성

남주작 南

좌청동 (東 仁) : 안산. 강청, 누밑, 사구정, 오창리

우백호 (西, 義) : 금강니산, 안양, 학림니,

남주작 (南, 禮) : 동그레방 옹기점 풍취리, 대야리, 삼년산성

북현무 (北, 智) : 종곡리 소라리, 동학농원 장바우산, 서당재산, 구룡저수지

중앙 (信) : 종곡 초교, 외뱉, 새말, 가마실

그림22. 28수 별이 동서남북으로 펼쳐진 하늘의 땅(북실)

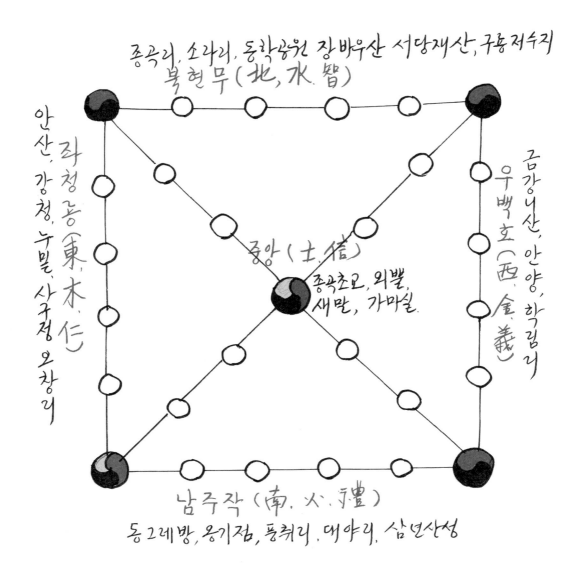

종곡리, 소라리, 동학공원 장바우산 서당재산, 구룡저수지
북현무 (北, 水, 智)

금강니산, 안양, 학림리
우백호 (西, 金, 義)

안산, 강청, 누빌, 사구정 오창리
좌청룡 (東, 木, 仁)

중앙 (土, 信)
종곡초교, 외빨,
새막, 가마실.

남주작 (南, 火, 禮)
동그레방, 옹기점, 풍취리, 대야리, 삼년산성

그림23. 28수 별의 동서남북 윷판(북실)

204

북실은 음양과 오행 오덕이 살고있는 땅(4-5)이다

종곡 북실은 하늘의 음양오행이 땅에 내려와 있는 땅이다. 종곡리는 안북실만의 공식적 명칭이다. 그러나 종곡초등학교가 바깥북실에 자리하고 있다. 그래서 종곡이라하면 음인 안북실과 양인 바깥북실을 구분하지 않고 태극 1인 종곡이라 부른다. 마찬가지로 태극 1인 북실은 음인 안북실과 양인 바깥북실을 따로 하지 않고 태극 1인 종곡을 부르는 명칭이다. 참으로 기이한 형상이다.

우리나라 태극기의 음양의 경계 선상인 가마실 골에는 이화세계를 선포한 동학운동의 희생자 2,600여 명이 집단으로 묻혀있는 중앙토土로서 정역正易의 십일일언十一一言이 이루어지도록 되어있으며 오봉산으로 이어지는 장바우산 소라리 길목에 동학공원이 조성되어 있다.

찬란한 아침에 떠오르는 태양은 동쪽의 오봉산 막내봉에서 떠오르며, 중천에 뜬 태양은 5황극皇極 가마실 골을 중심으로 안북실과 바깥북실이 음양 조화를 이루도록 경영하고, 안양 安養을 지나 붉게 물든 노을을 만들며 서쪽의 금강니산으로 넘어간다.

양의 해와 음의 달은 변함없이 우리 고향의 오봉산에서 뜨고, 양의 바깥북실을 지나서 중앙토土 5황극皇極이 잠자고 있는 가마실 골을 지나서, 안양에서 안양을 이루고 새로운 세상의 금강니산으로 넘어간다.

오봉산 五峰山(4-12)은 서당재(태양)를 주봉으로 하여 1봉(水, 智) 2봉(금 金, 義) 3봉(지구 土, 信) 4봉(화 火, 禮) 5봉(목木, 仁)이 북쪽에서 동쪽으로 병풍처럼 펼쳐져 있다.
오봉의 끝자락에는 인간 세상을 떠나 이상세계가 있는 속리산 입구 말티고개가 이어져 있다.

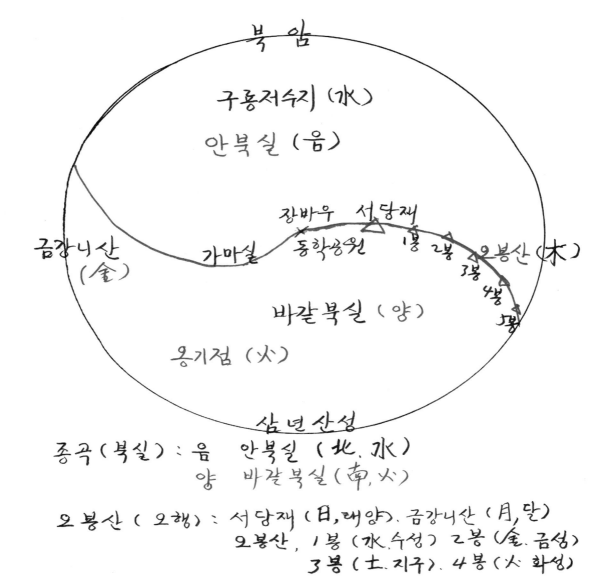

북 암

구룡저수지 (水)

안북실 (음)

금강니산
(金)

가마실   동학공원   장바우   서당재

1봉 2봉   오봉산 (木)

3봉

4봉

5봉

바갈북실 (양)

옹기점 (火)

삼 년 산 성

종곡 (북실) : 음   안북실 (北. 水)
　　　　　　 양   바갈북실 (南. 火)

오봉산 (오행) : 서당재 (日. 태양). 금강니산 (月. 달)
　　　　　　　 오봉산, 1봉 (水. 수성) 2봉 (金. 금성)
　　　　　　　 3봉 (土. 지구). 4봉 (火 화성)
　　　　　　　 5봉 (木 목성)

그림24. 음양오행 오덕으로 이루어진 하늘의 땅(북실)

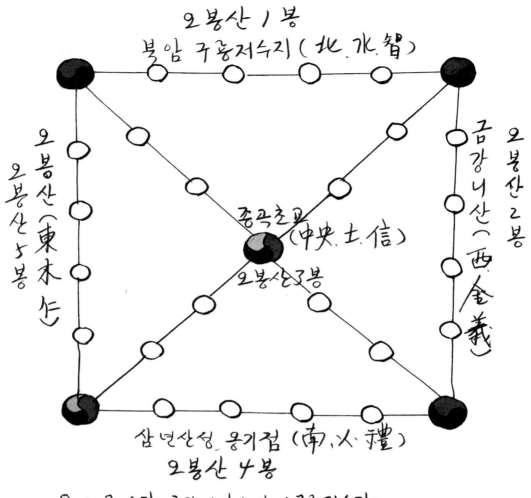

오봉산 1봉
북암 구룡저수지 (北. 水. 智)

오봉산 (東 木 仁)
오봉산 5봉

금강니산 (西 金 義)
오봉산 2봉

종곡초교 (中央. 土. 信)
오봉산 3봉

삼년산성. 옹기점 (南. 火. 禮)
오봉산 4봉

음 : 月 (달. 금강니산) 水 (구룡저수지)
양 : 日 (해. 서당재) 火 (옹기점)
오행 오덕 : 오봉산 1봉 (北. 水. 智) 2봉 (西 金 義)
3봉 (土 信) 4봉 (南. 火. 禮)
5봉 (東 木 仁)

그림25. 음양 오행 오덕의 윷판(북실)

ㅇ. 과천果川에 용龍과 말馬이 살고 있다

살기 좋은 과천에 터를 잡다

果川에서 집을 짓고 터를 잡은 지도 꼭 30년(4-30, 4-31)이 되었다. 집을 짓고 한 번도 이사를 해보지 못하였으니 과천 토박이인 셈이다. 힘들게 집을 짓고 바쁘게 살다 보니 가장 살기 좋고 쾌적한 과천에 사는 고마움을 모르고 세월을 보냈나 보다. 좌청룡에 청계산(4-34)이 있고, 우백호에 관악산(4-32)이 버티고 있고, 남주작에 안양(安養)으로 내달리고 북현무에 서울로 넘어가는 남태령 고개가 있다.

양재천의 발원지는 과천이다

양재천良才川은 관악산에서 발원해 청계산, 구룡산에서 흘러내려 탄천에 합류하는 길이 18.5km의 하천으로 果川市에서는 막계천이라고 불린다. 강남구 대치동 미도아파트 부근에는 포구가 있었다. 개포동開浦洞이라는 지역 명칭이 남아 있다. 열 마리의 용이 하늘로 승천하는 것을 임신한 여인이 보고 크게 놀라 소리를 지르는 바람에 그중 용 한 마리가 떨어져 죽고 아홉 마리는 승천하였다. 승천한 용의 자리는 구룡산九龍山이 되었고, 죽은 용이 있는 자리는 좋은 재복, 좋은 재산인 물이 되었고, 양재천良才川이라 불린다.

하늘의 28首인 좌청룡, 우백호, 남주작, 북현무의 하늘법(4-7, 4-8)이 땅에 펼쳐진 果川이 風水地理와 맞는지 살펴보겠다. 어느 날 내가 살고있는 果川 우리 집에 대하여 지도상으로 方位를 살펴보니 앞에서 설명한 바 같으며, 서울서 넘어온 남 태령 도로와 文原洞을 쭉 북쪽에서 남으로 이어가니 淸溪山 매봉이 곧게 이어진 다. 매봉은 어떠한 역할을 하고 있는가?

좌청룡 청계산에 옥녀봉이 있다

좌청룡인 청계산淸溪山(4-7, 4-34)은 높이가 618m로서 대표적인 흙산으로서 여 자 산이다. 주봉인 망경대望景臺주위로 옥녀봉玉女峰 청계봉(582m)과 이수봉二秀 峰이 있으며 남북으로 흐르는 능선이 산세가 울창하고 계곡이 깊고 수려하다. 백 두대간의 마지막 단전인 계룡산에서 치고 올라와 생명의 근원인 배곱지점으로서 이수봉은 무오사화戊午士禍때 정여창이 두 번의 위기를 면하여 지어진 이름이다. 정상에서 보면 북서쪽으로 펼쳐진 계곡 아래 동물원, 식물원이 있는 서울 대공원, 각종 놀이기구가 있는 서울랜드, 국립현대미술관, 과천경마장이 한눈에 내려다 보 인다. 과천의 서울대공원에서 바라보면 대공원 뒤에 병풍처럼 산세가 이어지고 정 상인 망경대가 우뚝 솟아 보인다.

산 중턱에 경기도 문화재 제6호인 청계사 절이 있다. 고려 말 이색의 시에 청 룡산靑龍山으로 부른 기록이 있으며「신증동국여지승람新增東國輿地勝覽」에는 청룡산으로 높이가 618m이다. 청계산은 양재천良才川의 발원지이다.

그러면 양재천良才川의 발원지인 과천果川은 어떻게 탄생되었을까? 청계산(여 자)과 관악산(남자)은 오랜 세월의 그리움을 달래며 사랑의 결실로서 동쪽과 서쪽에 굳건히 자리 잡고 있다. 이제 성인 중년이 되어 모든 생명을 품에 안고 키워가고 있다. 청계산 어머님 품 자락에는 호랑이를 비롯한 모든 동물들이 자라고 있는 동물원이 있으며, 또한 갖가지 식물들이 자라고 꽃피고 열매 맺고 하는 식물원이 있다. 새 생명을 낳고 키우고 지게 하는 대자연을 함축한 서울대공원이 자리하고 있다. 국립현대 미술관을 머리에 둔 서울대공원은 대한민국 국민들의 휴식공간으로서 많은 사랑을 받고 있다. 과천 경마장은 때를 기다리고 있는 청룡이 있기에 탄생되게 되었다. 청계산의 별칭인 청룡산에 용이 승천하기 위하여는 물(水)이 있어야 하고 땅에서의 活力을 얻기 위하여는 힘차게 달리는 말(馬)의 推進力이 필요하다. 옛 시절인 하도河圖시대의 용마龍馬가 원시반본原始反本으로 다시 돌아오기를 기대해본다.

붉은 태양을 떠오르게 하고 뭇 생명을 낳게 하는 좌청룡 목木의 청계산淸溪山, 청룡산靑龍山의 넓고 인자한 어머님의 품(仁)이다. 과천의 좌청룡인 청계산은 새 생명을 낳고 키우고 지게 하는 대자연의 그대로를 우리 모두에게 베풀고 있다.

우백호 관악산은 대한민국의 머리이다

우백호右白虎인 관악산冠岳山(4-7)은 높이가 629m로서 청계산보다 11m가 더 높은 바위산으로 남자 산이다. 한남정맥이 수원 광교산에서 북서쪽으로 갈라져 한강 남쪽으로 이르러 마지막으로 우뚝 솟아 있다. 관악冠岳의 이름은 산의 모양이 마치 삿갓(冠)처럼 생겼기 때문이며 관악산은 바위 봉우리가 많고 계곡이 깊다. 최고정상에 경기도기념물 제20호 연주대戀主帶가 있다. 동생 충녕대군인 세종대왕이 정치를 잘하도록 佛敎에 귀의한 효령대군(태종11년)이 세운 것이라 한다. 산봉우리 모양이 불과 같아 화산火山이라 불리게 되었고 남북으로 뻗어내린 빼어난 수십 개의 봉우리와 바위들이 많아 온갖 나무와 풀이 철 따라 변하는 모습이 마치 금강산 같다 하여 서쪽에 있는 금강산, 서금강이라고 불린다.

관악산冠岳山은 견고한 바위산으로 이름 그대로 관冠을 쓰고 있기 때문에 대한민국의 정부를 총괄하는 과천정부종합청사가 있어 큰 머리 역할을 하고 있으며, 국가가 하늘의 뜻을 받아 홍익인간, 이화세계 할 수 있도록 국사편찬위원회가 관악산 등 위에 우뚝 서 있다. 하늘 우주의 머리는 자미원 북극성을 중심으로 북두칠성이 항시 다스리고 있고. 사람의 머리는 인간의 오장육부와 모든 인체의 기능을 다스리고 있다. 과천의 서쪽에 있는 산으로서 붉은 태양을 지게 하며 뭇 생명들의 결실을 맺게 하는 과천의 우백호인 금金의 관악산冠岳山은 어머님의 품인 청계산의 새 생명 모두와 대한민국 국민 모두가 옳고 그름의 잣대로서(羲) 만백성을 다스려 자유롭고 평화롭고 사랑스런 삶을 가꾸도록 하는 아버지의 의지(羲)가 굳건한 바위의 기상을 보여주고 있다.

북현무는 우면산이다

北현무(4-7)는 북쪽으로 남태령南泰嶺 고개가 있으며 ○번 도로가 사당동으로 곧고 힘차게 뚫려있다. 오른쪽으로는 우면산牛眠山이 꽈리를 틀고 음매 소리를 기다리고 있다. 우면산牛眠山은 서울시 서초구와 과천시 주암동 하동에 동쪽에서 서쪽으로 길게 누워있는 소가 잠자는 모습의 산이라 한다. 높이는 293m이며, 우면산 일대에서는 선사시대 유적인 지석묘가 발견되었으며 예술의 전당 뒤편에는 백제 시대에 창건된 대성사가 있으며 일제강점기 때 독립운동을 전개하였던 곳이었다. 예로부터 충청도, 전라도, 경상도로 내려가는 큰길인 삼남대로三南大路로 이어지는 곳이다. 서쪽으로 관악산과 연결되고 그 골짜기를 여우고개라 불렀다. 현재는 남태령南泰嶺 고개이다. 남태령의 우측에 있는 마음 이름이 공교롭게도 용마龍馬 마을(4-36)이다. 북현무는 수水로서 하도河圖의 용마龍馬를 지으신 복희伏羲의 원시반본原始返本이다. 동쪽에는 말죽거리가 있다.

상계와 오이도를 계속 오가는 地下鐵 4호선이 땅속에서 쉼 없이 달리고 있다. 멈추지 않고 남(안양 쪽)과 북(서울 쪽)을 연결하는 지상의 도로와 땅속의 지하철의 통과 교통량이 전국 제일 많은 곳이다. 또한, 서울 대공원과 경마장으로 와서 여가를 즐기고 가는 유동인구가 제일 많은 또한 제일의 명소이다.

청계산 매봉에서 문원동을 바라보니 남태령 고개를 넘어 북한산을 지나 북한의 개성 국사봉과 평안남도 개천지역을 지나 중국의 桓仁지역, 몽골의 지역, 북극을 관통하여 아득히 멀고 먼 태양을 중심으로 한 오행성, 28수 별, 북두칠성 우주의 근본 자리인 조상님들이 계시는 자미원 북극성이 비롯하여 자리하고 있다.

우면산은 서초구 우면동과 서초동 양재동 도심지에서 쉽게 올라 주말이나 새벽에 오르기 좋은 산이다.

남태령南泰嶺은 서울시와 경기도의 경계가 되는 고개로서 여우고개라고 한 것은 수목이 울창하고 후미진 곳이 많아 관악산을 넘나드는 여우가 많아 천 년 묵은 여우가 사람으로 변신하여 소의 탈을 만들어 사람에게 씌워서 소로 만들어 부리다가 무를 먹고 탈을 벗게 하였다는 설화가 전해진다.

우면산牛眠山은 북현무 수水로서 남태령 고개가 지혜智를 열어줄 것이다.

남주작은 은혜의 땅으로 연결된다

남주작(4-7)은 남쪽으로 인덕원仁德院과 안양安養과 수원水原으로 도로道路길이 시원하게 뚫려있고 47번 도로가 남북으로 뚫려있다. 더 남쪽으로 내려가면 은혜를 갚는 땅 보은報恩과 한밭인 대전大田이 있다.

내가 태어난 報恩은 忠淸北道로서 대한민국 남한 땅의 청정지역으로 속세를 떠난 속리산이 있는 가장 중심지에 자리 잡고 있다. 한자 풀이로는 은혜를 갚는다는 뜻이 있는 은혜의 땅이다. 신체적으로는 오장육부중 밥통인 土의 성격인 위에 해당한다. 혈기왕성한 젊은 날의 꿈을 키운 大田은 한밭으로서 우리나라의 모든 물류, 산업, 교통의 중심지로서 正易시대를 예언한 계룡산이 있으며 신체적으로는 오장육부가 아닌 단전에 해당한다.

인덕원仁德院은 경기도 안양시 동안구 관양2동에 위치한 옛 인덕원 자리로 조선 시대부터 의왕시, 안양시, 과천시의 분기점으로 교통망이 사방으로 통하는 교통의 요지이다. 조선 중기까지 원院이 설치되어 여행자들의 숙소로 이용되었으며 안양시安養市는 북쪽 끝에 관악산, 동쪽 끝에는 청계산, 남서쪽 끝에는 수리산(修理山 475m) 등이 솟아 있고, 중앙은 낮고 평탄하여 타원형의 분지 지형을 이룬다. 청계산 계곡에서 흘러내리는 안양천은 안양시의 중앙을 동서방향으로 흐르고 있으며 토양이 비옥하여 포도가 잘 자란다. 안양安養은 우리 고향 보은報恩의 강신리 안양安養과 한자가 같다.

인덕원과 안양으로 연결되는 남주작 화火로서 은혜의 예禮를 지켜줄 것이다.

과천果川을 다시 되새겨 본다

2016년 12월 11일 일요일 추사秋史 金正喜(1786~1856) 박물관을 福起 님과 다녀왔다. 과천은 추사 김정희가 말년에 4년간 과지초당에서 지내면서 학문과 예술에 몰두하며 마지막 예술혼을 불태운 곳이다. 이에 추사가 꽃피웠던 학문과 예술의 정수를 널리 알리기 위하여 과천시가 추사박물관을 개관하였다.

추사박물관은 추사를 종합적으로 연구, 전시, 체험할 수 있도록 추사의 생애실, 하계실, 후지츠카 기증실, 기획전시실과 체험실, 휴게공간, 뮤지엄숍, 교육실을 갖추고 있으며 박물관 야외에는 과지초당이 있다.

추사는 한 말 글씨의 명인이다. 청나라의 고증학을 기반으로 한 금석학자이며, 실사구시를 제창한 경제학자이기도 하며 불교학에도 조예가 깊었다.

막힘이 없이 항상 흘러가는 양재천良才川과 같이 끊임없는 무한대의 물(水)이 흘러가는 계획된 신도시로서 청계산과 관악산의 천연 자연과 함께 어우러져 살아가는 서울대공원이 있는 지상낙원 果川이다. 사람의 열매를 맺어야 할 곳이 과천이다. 과천 경마장에서는 토, 일요 날에는 경주마들이 힘차게 내일을 향해 달리고 있다.

과천은 음양오행(4-8)이 확실하게 펼쳐진 땅이다. 음으로는 여자산인 청계산과 양으로는 남자산인 관악산이 있다. 오행으로는 木火土金水로서 木에는 동쪽 좌청룡 청계산, 火에는 남쪽 남주작 안양, 土에는 중앙의 양재천이 흐르는 과천단지, 金에는 서쪽 우백호인 관악산, 水에는 북쪽의 소가 누워있고 용마龍馬마을이 있는 우면산과 남태령 고개가 있다.

地名은 그 지역의 상징이다. 果川은 청계산과 관악산으로 둘러싸여 있고 한강江 개포開浦로 유입하는 양재천良才川의 상류로서 河川이 없으나, 맺을과(果)자와 내천(川)자를 쓰는 것으로 짐작하건대 양재천良才川에서 승천하지 못한 十번째 龍이 말(馬)을 만나 때를 기다리고 있으며, 북현무 수(水)인 관악산 남태령의 용마龍馬(4-36)골의 뜻을 받들어 양재천의 용과 서울경마장의 말이 열심히 정진精進하고 있으니 장차 가을 결실의 때에 큰 역할이 이루어질 땅이라 생각된다.

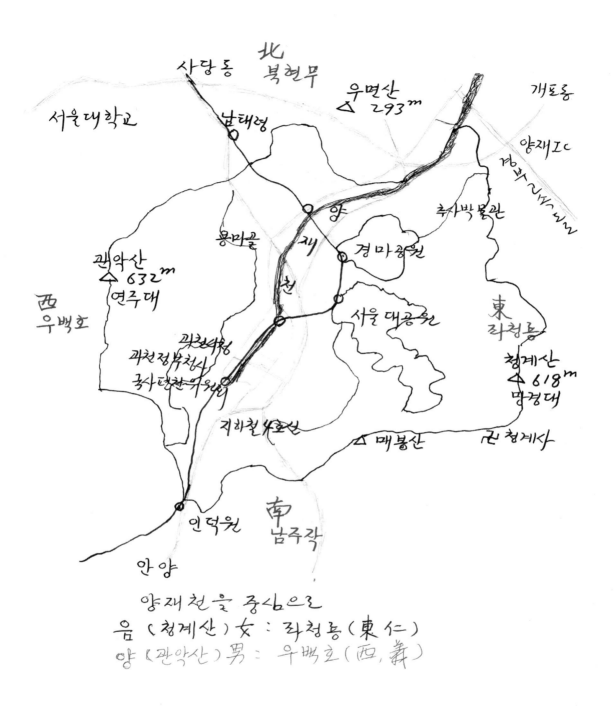

그림26. 28수 별이 동서남북으로 펼쳐진 하늘의 땅(과천)

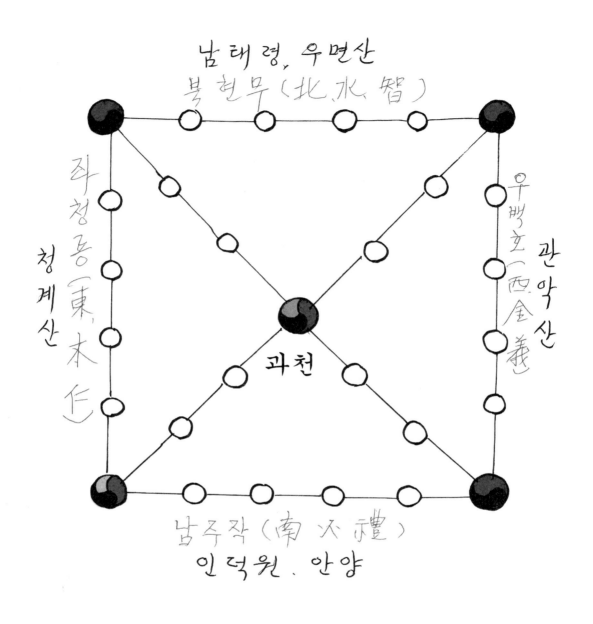

그림27. 28수의 별의 동서남북 윷판(과천)

○. 서울은 하늘, 땅, 사람이 함께 살고 있다

아! 세계는 서울로 서울은 세계로 활짝 열렸다

1988년 서울 올림픽을 개최함으로서 동과 서의 이념이 무너지고 서울은 온 세상으로 열리게 되었다. 또한, 2002년 월드컵을 일본과 공동으로 개최함으로서 상생의 길을 열게 되었다.

서울의 옛 이름은 한성漢城이다. 조선이 개국하면서 조선 태조는 풍수도참설에 따라 1394년 조선의 수도를 이곳으로 정하였다. 당시 한성부의 영역은 성곽의 4대문(四大門, 東西南北방향)과 성곽 외부의 일부 지역을 포함한 현재의 서울시 강북지역을 포함하고 있다.

성곽은 사람이 마땅히 지켜야 할 도리인 유교의 음양 오행을 준수하여 東(仁) 西(義) 南(禮) 北(智) 中央(信) 이념을 구체화하여 성문을 건축하였다. 木에 해당하는 東쪽에는 흥인지문興仁之門(보물 1호), 金에 해당하는 西쪽에는 돈의문敦義門, 火에 해당하는 南쪽에는 숭례문崇禮門(국보 1호), 水에 해당하는 北쪽에는 숙청문肅淸門을 세웠다. 현재는 숙정문이다. 중앙에는 土에 해당하며 시간을 알려주는 보신각普信閣을 세웠다.

한성부의 장은 정2품인 한성판윤이 최고의 책임자이다. 행정구역은 東西南北中 오부와 방坊과 계契·동洞으로 구성되어 있고, 당시 인구는 10만 명 정도이었다. 1592년 선조 때 임진왜란과 1624년 인조 때의 병자호란으로 한성은 많은 피해를 입었으나 흥선대원군 때에 많이 복구되었다.

1876년 개항 이래 외국에 문호를 개방하여 서울은 동아시아에서 최초로 전기, 수도, 전차, 전화, 전신 체계를 갖춘 도시로 현대화하기 시작했다. 근대적인 병원·학교·교회·신문사 등이 세워졌고, 1898년에 서대문과 홍릉 간 전차가 부설되고, 1899년에 경인선 건설과 전화 가설, 1900년에는 한강 가교가 준공되었다.

1895년 5월 26일 고종이 전국을 23부로 나누면서 한성부를 하나의 지방 행정구역으로 개편하였으나 1년 후에 13도제가 시행되었다. 1910년에는 총독부령에 따라 경성부로 개칭되고 경기도에 편입되었다.

조선 시대의 한성부 구역은 오늘날의 서울보다 협소한 동쪽의 낙산, 서쪽의 인왕산, 남쪽의 목멱산, 북쪽의 북악산으로 둘러싸인 분지가 그 터전으로 원칙적으로 성안의 구역만을 한양이라 하였다.

木火土金水 五行을 따라 세워진 東西南北中(4-9, 4-10)의 상징물을 좀 더 자세히 살펴보겠다

동대문 (흥인지문興仁之門)

흥인지문興仁之門(4-40)은 조선의 수도인 한양의 4대문 중의 하나로 동쪽의 대문이다. 속칭은 동대문東大門으로 이는 조선 초기부터 불리어왔다.

1963년 1월 21일 보물 제1호로 지정되었고 현지에 있는 안내문을 소개하면 흥인지문은 1398년(태조 7)에 세운 당시 서울 도성의 동쪽 문이다. 지금의 문은 1869년(고종 6)에 다시 지은 것이다. 당시 서울 성곽에 4개의 대문과 4개의 소문을 세웠다.

동서남북의 4대문에는 각각 인·의·예·지의 글자를 넣어 이름을 지었는데, 그중 동쪽의 대문을 흥인문이라 하였다. 현판에 특별히 지之자를 넣은 것은 동대문 앞의 평평한 땅의 기운을 보강하기 위한 의미라고 한다.

흥인지문은 서울의 숭례문과 더불어 가장 규모가 큰 성문이다. 성벽과 이어진 축대에 아치형의 통로를 내고, 그 위로 문루를 세워 성문을 만들었다. 서울의 성문 가운데 문루를 2층으로 만든 것은 숭례문과 흥인지문밖에 없다. 문루는 문을 지키는 장수가 머무는 곳으로 유사시는 군사를 지휘하는 지휘소의 역할도 한다.

오행의 오덕(4-9)으로는 서울의 동쪽에 있는 낙산駱山과 같이 동쪽의 목木 인仁이다.

서대문 (돈의문敦義門)

서울 성곽의 4대문 가운데 서쪽 큰 문으로 일명 '서대문西大門'이라고 한다. 일제강점기인 1915년에 일제의 도시 계획에 따른 도로 확장을 핑계로 철거되어 지금은 그 흔적조차 찾을 길이 없다.

조선 시대 서울 서북쪽의 관문關門으로 사용된 중요한 도성의 출입문인데 일본인들에 의해 함부로 철거된 것은 애석한 일이다. 다만 원래 자리가 경희궁 터에서 독립문 쪽으로 넘어가는 고갯길쯤에 있었을 것으로 짐작된다.

오행의 오덕(4-9)으로는 서울의 서쪽에 있는 인왕산仁王山과 같이 서쪽의 금金 의義이다.

남대문 (숭례문崇禮門)

숭례문崇禮門(4-41)은 조선의 수도인 한양의 4대문 중의 하나로 남쪽의 대문이다. 남대문南大門이라고도 부르는데 이는 일제 강점기 시절에 일본이 붙인 명칭이 아니라 조선 초기부터 불린 이름이다.

서울의 4대문과 보신각普信閣의 이름은 오행 사상을 따라지어 졌는데, 이런 명칭은 인仁(동), 의義(서), 례禮(남), 지智(북), 신信(중앙)의 5덕五德을 표현한 것이었으며, 숭례문의 '례'는 여기서 유래한 것이다.

1962년 12월 20일에 국보 제1호로 지정되었다. 흥인지문과 숭례문은 임진왜란 당시 일본군이 통과하여 철수한 문으로 일제강점기 때 보존되었다는 설도 있다.

서울 성곽의 다른 문과 일반적인 문들의 현판은 대부분 가로로 달려 있지만 숭례문의 현판은 특이하게 세로로 만들어져 있다. 관악산의 화(火)氣에 대응하기 위하여 세로로 달았다고 전해진다.

오행의 오덕(4-9)으로는 서울의 남쪽에 있는 남산南山과 같이 남쪽의 목木 례禮이다.

북대문 (숙정문肅靖門)

북대문으로 불렸던 숙정문肅靖門은 사적 10호다. 1396년(태조 5년) 9월 축조된 이 문은 18년에 폐쇄되었다. 당시 풍수학자 최양선은 "숙정문은 지리학상 경복궁의 양팔과 다리 같으니 길을 내어 지맥을 손상해서는 안 된다"라고 주장했다.

북쪽은 음陰 물(水)로 인식되어 가뭄이 심하게 들면 비를 오게 하기 위하여 숙정 문을 열었고, 반대로 양陽이라 불(火)인 숭례문을 닫기도 했다. 동소문에서 숙정문으로 이어지는 길은 험준하다. 첩첩산중 높은 산악지대에 세워진 문이다.

北은 물(水)이요, 겨울이며 그 성질이 음이니 형체 없는 기운이 왕래하는 문이다. 숙정문은 한때 물이 맑은 동네 삼청동 위라 하여 숙청문肅淸門이라고 부르기도 했다.

오행의 오덕(4-9)으로는 서울의 북쪽에 있는 북악산北岳山과 북한산北漢山과 같이 북쪽의 수水 지智이다.

제야의 종 (보신각普信閣)

제야의 종除夜(4-42)의 鐘은 매년 12월 31일 자정에 서울 종로2가의 보신각종을 33번 치는 것을 말한다. 1997년 11월 10일 서울시 기념물 제10호로 지정되었다.

1953년부터 매년 새해맞이 행사로 종을 치고 있다. 태조 때 도성의 8문이 열리고 닫힘을 알리기 위해 종을 친 것과 섣달그믐 밤에 사찰에서 종을 치는 것에서 유래했다.

음력으로 한 해의 마지막 날인 섣달그믐 밤에 사찰에서 제야의 종을 108번 울리는 전통이 있다. 제야란 "어둠을 걷어낸다"는 뜻으로 섣달그믐의 밤에 어둠을 걷어내고 새로운 해를 맞이한다는 의미이다. 세제歲除 또는 제석除夕이라고도 한다. 종을 108번 울리는 것은 백팔번뇌를 지운다는 뜻이다.
보신각普信閣은 보신각종을 걸어 놓기 위해 만든 누각으로 조선 태조 때 종각鐘

閣이란 이름으로 세웠으며, 도성의 4대문과 4소문四小門이 열리고 닫힘을 알리기 위해 보신각종을 치기 시작했다.

당시 보신각에서는 오경삼점五更三點 (새벽 4시경)에 33번 이경二更 (밤 10시경)에 28번 종을 쳐서 통행금지가 시작되거나 끝났음을 알렸다. 오경이 치는 종은 파루罷漏라 하였는데 종을 33번 친 것은 불교의 수호신인 제석천을 이끄는 33천에 고하여 그날하루 '국가의 태평과 민의 안정'을 기원하는 뜻이 있다.

이경에 치는 종은 인정人定이라 하고 우주의 일월성신日月星辰인 28수宿(별자리)에 안녕을 기원하는 의미이다. 오행의 오덕으로는 중앙 토土 믿음의 신信이다.

아리수 한강

서울시에는 화火의 강남(양)과 수水의 강북지역(음)으로 나누는 태극 모양의 아름다운 선형 한강이 있다.

한강을 옛날과 같이 깨끗한 강으로 되살리자는 목표로 1982년부터 현재까지 서울지역 41.5km의 구간(강일동-개화동)을 살아있는 강으로 변화시킨 시민공원을 만들었다. 강변에 시민 휴식공원과 축구장·배구장 등 각종 체육시설과 시민들이 오락 휴양지로 이용할 수 있게 되었다. 또한, 서울에서 한강의 북쪽과 남쪽에는 각각 강변북로와 올림픽대로가 건설되었다. 지하철은 1·2·3·4·7호선과 인천국제공항철도는 철교를 통하여 지상으로 한강 강북과 강남을 관통하게 되었으며 한강하저를 관통하는 지하철 5호선(여의도, 천호동)과 분당선은 한강 지하로 건설되었다.

따라서 한강은 단순한 물리적 개발에 앞서 자연은 사람을 위하여 존재한다는 개발철학을 버리고 자연과 인간은 공존, 즉 인간-환경관계의 인식에서 개발과 보존을 생각해야 한다. 또한, 사회 변동 추세에 따라 국제관광, 국민관광 등 활동 공간은 다양한 사회집단이 고루 접할 수 있어야 한다. 풍부한 문화유산을 보호하며 전통적 문화 경관의 보전이 우선적으로 고려되어야 한다. 각종 기반 시설과 이용 시설 개발을 위한 투자는 해당 지역 개발 사업과 연계하여 서울시민의 생활 편익 향상과 삶의 질 향상시키도록 하여야 한다.

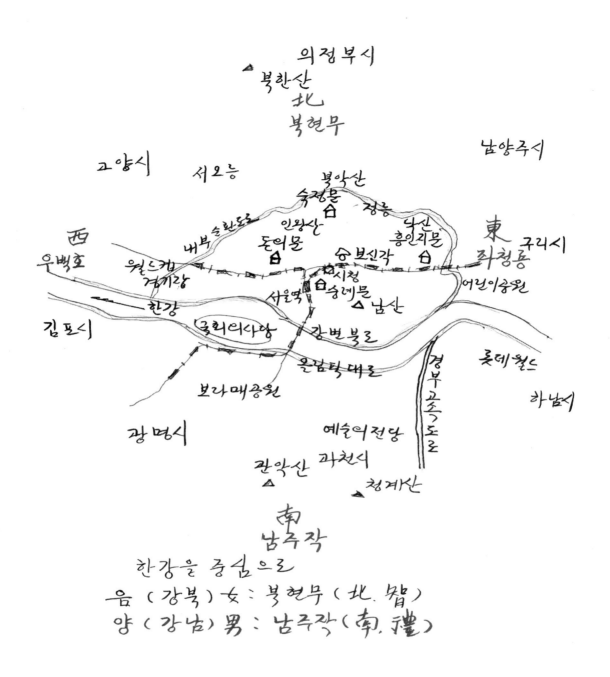

의정부시
북한산
北
북현무

남양주시

고양시   서오릉   북악산
숙정문   정릉
내부순환로   인왕산   낙산
西   돈의문   흥인지문   東
우백호   월드컵   보신각   구리시
경기장   시청   좌청룡
한강   사울역   숭례문   어린이공원
김포시   국회의사당   남산
강변북로
올림픽대로   경부고속도로   롯데월드
보라매공원   하남시

광명시   예술의전당
관악산   과천시   경부고속도로
청계산

南
남주작

한강을 중심으로
음 (강북) 女 : 북현무 (北. 智)
양 (강남) 男 : 남주작 (南. 禮)

그림28 28수별의 동서남북으로 펼쳐진 하늘의 땅(서울)

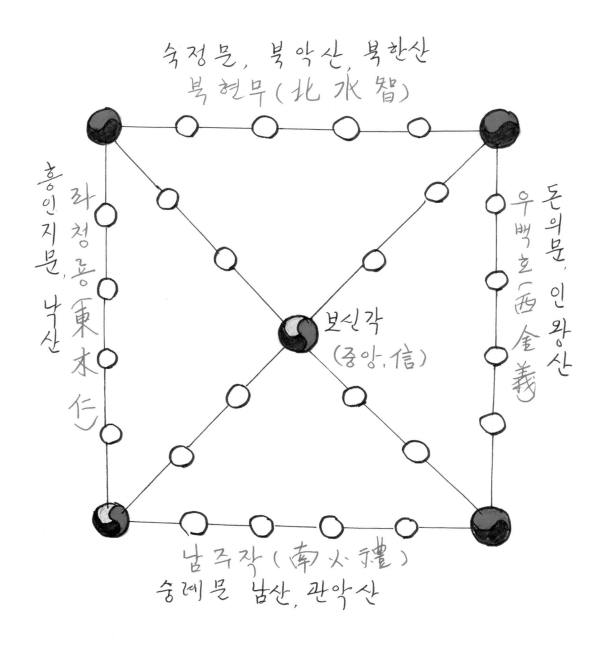

숙정문, 북악산, 북한산
북현무 (北 水 智)

흥인지문, 낙산

좌청룡 東 木 仁

돈의문, 인왕산

우백호 西 金 義

보신각
(중앙, 信)

남주작 (南 火 禮)
숭례문 남산, 관악산

그림29. 28수별의 동서남북 윷판(서울)

225

5편

살아보니
도개걸윷모
윷판일세
(인도人道)

대우주 하늘에 대한 **천부경天符經 말씀**과 태을주太乙呪 말씀은 인간 세상을 펼쳐 가는 **만법의 근원인 체體**이다. 사람의 나이에 따라 분류하였다.

소우주인 사람이 인간세상에서 펼쳐 지켜야 할 참전계경, 오행, 정역, 주역, 인생행로의 말씀은 **만행의 근본인 용用**으로 하여 사람의 나이에 따라 분류하였다.

윷판(연령)에 배치된 경전의 말씀 체(體)

구분	앞밭 0-21세	뒷밭 21세-37세	쨀밭 37세-48세	날밭 48세-64세
천부경(2-9) 天符經	一始無始一 析三極 無盡本 天一	一地一二 人一三一積 十鉅無匱化 生七八九 運三四	化三天二三 地二三 人二三大三 合六 成環五七 一妙衍 萬往萬來 用變不動本 本心本太	人二三大三合六 成環五七 一妙衍 太陽昻明 人中天中一 一終無終一
태을주(2-10) 太乙呪	吽哆吽哆	太乙天 上元君	吽哩哆㖿 都來	吽哩喊哩 娑婆啊

윷판(연령)에 배치된 경전의 말씀 용(用)

구분	앞밭 0-21세	뒷밭 21세-37세	쨀밭 37세-48세	날밭 48세-64세
참전계경(2-11) 參佺戒經 8강령	誠(정성)	信(믿음) 愛(사랑)	禍(재앙) 濟(구제) 福(행복)	應(응함) 報(갚음)
오행五行 (2-12)	仁(木)	禮(火)	義(金) 信(土)	智(水)
정역正易 (2-14)	金火一頌	金火二頌	金火三頌 金火五頌	金火四頌
주역(2-13) 周易64괘	1重天乾 ↓ 21火雷噬嗑	22山火賁 ↓ 37風火家人	38火澤睽 ↓ 48水風井	49澤火革 ↓ 64火水未濟
人生행로 (2-15)	志學 (15세)	而立 (30세)	不惑 (40세)	知天命 (50대) 耳順 (60세)

윷판의 중심은 하늘과 땅으로 짜여 있으며 외곽은 하늘과 땅을 근간으로 하여 사람이 살아가는 길이다.

우리는 늘 어릴 때부터 가위, 바위, 보 놀이를 즐겁게 한다. 의미를 살펴보면 **하늘은 보이며, 땅은 바위이며, 사람은 가위로서 가위, 바위, 보 놀이가 된다.**

윷판 그림에서 가위, 바위, 보가 사람, 땅, 하늘로 나이를 먹으면서 조화롭게 진행될 때 하늘과 땅의 역할이 크고 사람의 역할이 가장 적을수록 가장 빨리 출발한 참먹이방으로 다시 돌아갈 수 있다.

땅과 하늘의 역할이 줄어들고 사람의 역할이 길어지면 참먹이방으로 다시 돌아가는 길이 다소 길어진다.

땅과 하늘의 역할이 전혀 없는 사람의 역할만으로는 윷판의 외곽을 돌아가므로 참먹이방으로 다시 돌아가는 길이 길어진다.

가위(사람), 바위(땅), 보(하늘) 놀이를 재미있게 할 수 있다. 조화롭게 이기고 지고 서로 상생하여야 한다.

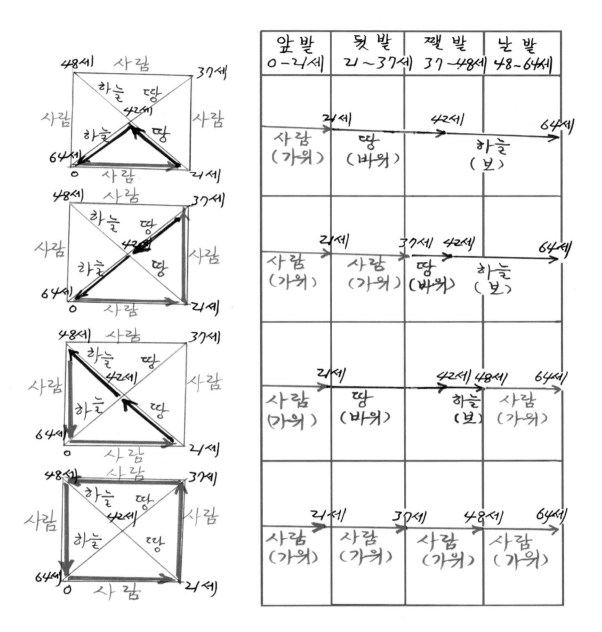

5-1 윷판에 배치된 사람(가위), 땅(바위), 하늘(보)(體)

5-2 외뿔 태어난 곳 여섯 살까지 살았다

5-3 새말동네, 떡갈나무 나무자리

5-3 외뿔서 새말로 이사 온 감나무 밭길

5-4 서당재산 밑 누밑동네

5-5 1학년 때 교실자리, 외뿔 동각

5-6 6학년 때 이성일 선생님이 주신 교훈

5-7 종곡초에서 본 서당재산

5-8 종곡초 6학년 때 모습 1963년

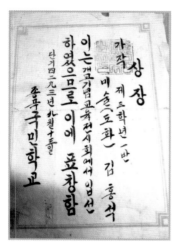

5-8 종곡초 3학년 때
미술상장 1960년

5-8 종곡초 3학년 때
우등상장 1960년

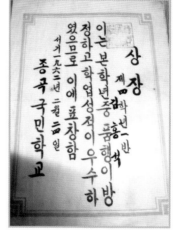

5-8 종곡초 4학년 때
우등상장 1961년

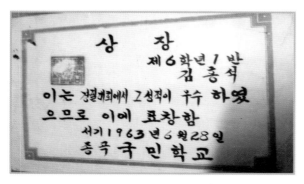

5-8 종곡초 6학년 때 경필대회 상장 1963년

5-8 종곡초 6학년 때
방학과제 상장 1963년

5-8 종곡초 6학년 때
우등상장 1963년

5-8 종곡초 6학년 때
이성일 동창회장님
표창장 1963년

5-9 보은중학교 전경

5-10 보은중학교 3학년 2반 수업 1966년

5-11 중학교 3년 때 모습 1966년

5-12 중학교 3학년
자치회공로상장 1966년

5-12 중학교 3학년
3개년 개근상 1966년

5-12 중학교 3학년
우등상장 1966년

5-13 한밭대학교 덕명동 전경

5-14 대전공전 1년 때, 새벽에 살던 정,
자취시절 1967년

5-15 대전공전 2학년, 숯골 소풍 때 1968년

5-16 대전공전 2학년 때,
유도초단증 1968년

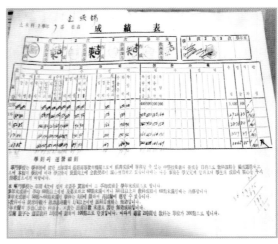

5-17 대전공전 2학년 때, 성적표 1등 1968년

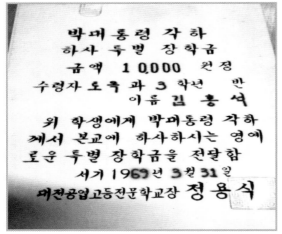

5-18 대전공전 3학년 때,
박정희 대통령 장학금 1969년

5-19 대전공전 4학년 때, 학회장 현암제
우승 1970년

5-20 대전공전 5학년 졸업 때, 박춘수 교수
님, 어머님, 호근친구 1972년 02월

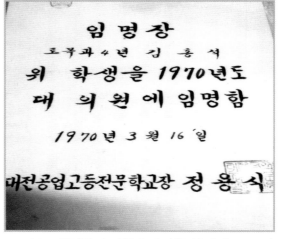

5-22 대전공전 4학년 대의원 임명장 1970년

5-23 대전공전 5년 졸업상장 1972년

5-24 대전공전 1학년 때 모습 1967년

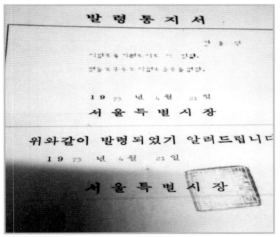

5-25 서울시토목기원보시보 발령장
1973년 04월 21일

5-26 강원도 인제 현리 3공병여단 정문

5-26 3공병여단 부대 앞 소나무

5-27 3공병여단 부대 앞 1975년

5-28 3공병여단 일등병 때,
가리산 유격훈련 입교시 1974년

5-29 식당취사장 뒤 벙카에서 1976년

5-30 1507수송중대 행정실에서 1976년

5-31 3공병여단 일등병 때,
5분 대기조 출동후에 1974년

5-32 강건너 순희네집,
진땡이 술을 담가주셨다. 1976년

5-33 다리 건너에서 본 3공병여단 전경

5-34 현리 3군단 정문,
연락병 때 매일 아침 출입했다.

5-35 영등포구청, 오목교 현장감독 1977년

5-36 영등포구청, 오목교 상판
콘크리트 타설 1977년

5-36 동국대 4년 졸업사진 1981년 02월

5-37 영등포구청 현재 모습

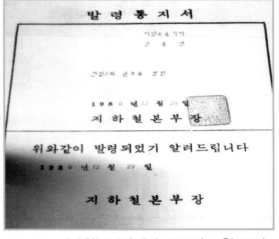

5-38 지하철본부발령장 1980년 12월 29일

5-38 洪錫, 福起 행복예식장 결혼식, 큰어머니, 아버님, 장인, 장모님과 함께 80년 01월 12일

5-39 2호선 사당네거리 봉천동측 출입구

5-39 2호선 사당역 승강장 엘리베이터 편의시설

5-40 2호선 사당역 자동개폐기

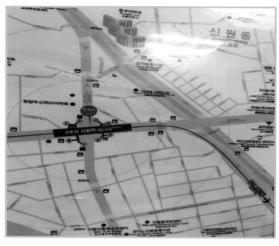

5-42 2호선 신림역 안내도

5-44 2호선 신림역 지상 엘리베이터 출입구

5-45 2호선 서울대 입구역 출입구

5-46 2호선 서울대입구역
승강장 엘리베이터

5-47 2호선 신촌오거리 전경

5-48 2호선 신촌역 승강장 전경

5-49 2호선 신촌오거리
현장 사무실 자리

5-50 백담사 오대천 계곡,
형훈 동서, 미자 처제

5-51 설악산 신흥사

5-52 설악산 신흥사에서 본 설악동 운무

5-53 신흥사 가장 높은 곳에
자리 잡은 삼성각

5-54 오대산 상원사

5-55 오대산 상원사 입구의 다람쥐

중앙일보

영동 5교 "폭삭"

[중앙일보]입력 1985.10.28. 00:00

27일 하오 3시 10분쯤 서울 대치동 597 개포 토지구 4공구 영동 5교 건설 현장에서 폭 35m, 길이 상판이 무너져 내리는 바람에 다리 위에서 콘크리 김도현씨(38·충남 부여군 부여읍 정동리 277) 등는 등 인부 16명이 부상했다.
사고는 교각 3개 사이의 다리 상판에 서울 15-5

5-56 영동 5교 "폭삭" 1985년 10월 28일

5-56 개포동쪽으로 본 양재천

5-56 과천 새집 건축,
전세 이사 7번 후 1984년 12월

5-56 지리산 백무동 계곡에서 천왕봉으로 오
를 때 만난 어머님 품에 안긴 옥동자 1985년

5-56 마당에 열린 감은 새들이 먹는다.

5-57 양재천에서 한가롭게 노는 물오리

5-58 탄천하수처리장 1987년 12월 09일

5-59 탄천하수처리장, 박창진 장장님, 오한수 주임님 1988년

5-59 88올림픽 전, 중앙부름회 수료증

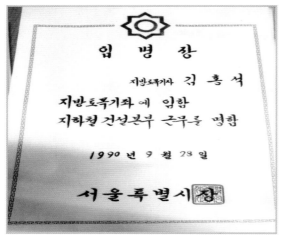

5-60 토목사무관 임명장 1990년 09월 28일

5-60 고려대학교 토목공학석사 1993년 09월

5-61 정역대역서, 김효수 님 증 2003년

5-62 5호선 여의도 한강구간 터널 1992년

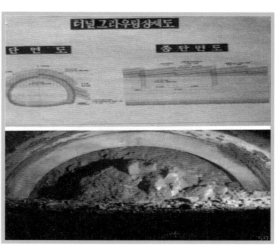

5-63 5호선 천호동 한강구간 터널 1993년

5-64 5호선 천호동 한강구간 개착 1993년

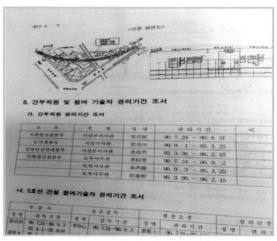

5-65 5호선 길동네거리
건물하부통과구간 1994년

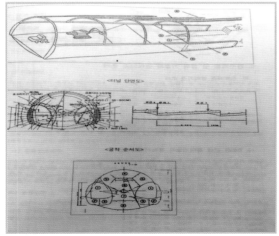

5-66 5호선 길동네거리 건물하부통과
터널공법 1994년

5-66 미국뉴욕지하철 건물통과공법견학 이평
제 차장님, 임근수, 송경섭 과장님과 함께 1993년

5-66 미국 자유의 여신 상앞에서 1993년

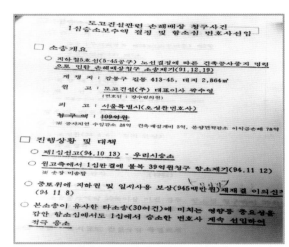

5-67 5호선 도고소송 변호사 선임 1995년

5-68 5호선 길동네거리 건물하부구간
관통식 1994년 11월

5-69 송파구청도시정비과장발령
1996년 01월

5-70 송파구청, 문정장지개발 건의 1998년

5-70 송파구청, 문정자동차학원패소 1998년

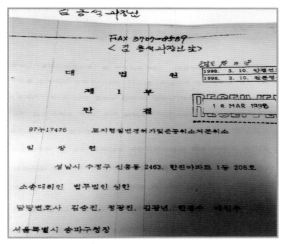

5-71 송파구청, 문정자동차학원 패소
판결문 1998년 01월 10일

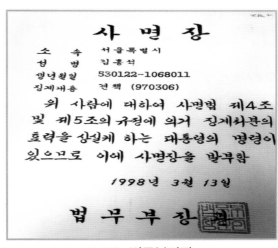

5-72 법무부장관,
징계처분사면장 1998년 03월 13일

5-73 7호선 구로동 지하철 피해 분쟁
1999년 12월 20일

5-74 7호선 지하 발파작업 인근 주택 균열
1999년 10월

5-75 7-24공구 안전기원제 후 건배 1999년

5-76 7호선 가리봉국철통과
1999년 02월 26일

5-76 노르웨이 유지관리계측 견학
김두주님, 이진옥님 함께 2000년

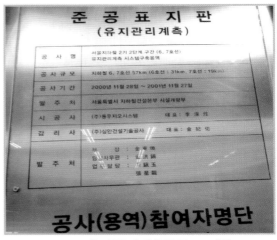

5-76 유지관리계측준공 표지판
2001년 11월 27일

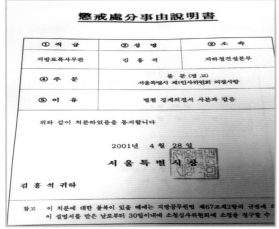

5-77 7호선 화재사고 징계처분
2001년 04월 28일

5-78 7호선 편의시설 용마산역
상량식 2001년 12월 04일

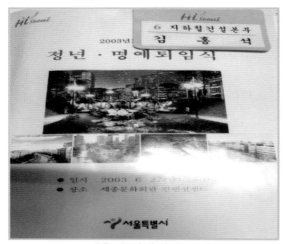

5-79 서울시 명예퇴직 31년 근무
2003년 02월 28일

5-79 토질 및 기초 기술사패
2002년 09월

5-80 공학박사 학위취득,
호량계회 2005년 02월 18일

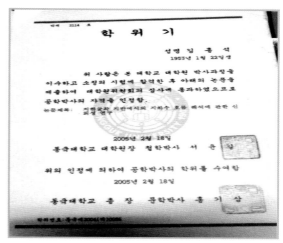

5-80 동국대학교공학박사 학위기
2005년 02월 18일

5-80 박사학위수여식
2005년 02월 18일

5-81 세계의 대심도터널 2010년

5-82 지수열원 냉난방시스템 2012년

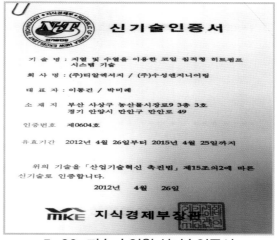

5-82 지수 수열원 신기술인증서
2012년 04월 26일

5-83 의암 선생님 용담 김홍석
작호 2014년 05월

5-83 석촌지하차도 싱크홀 2014년 08월

5-83 석촌지하차도 싱크홀 2014년 08월

5-84 일체유심조, 모든 것은 마음먹기에 달려있다
2016년 09월

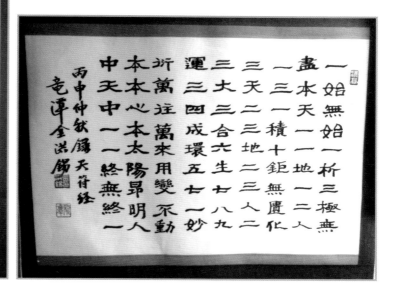

5-85 운곡선생 시, 성현의 만남도 하늘의 뜻이 있어야 통하지만 시골의 농사꾼도 밭두렁에서 국가의 안위를 염려한다
2016년 09월

5-86 천부경81자, 송파서예한중교류전 2016년 09월

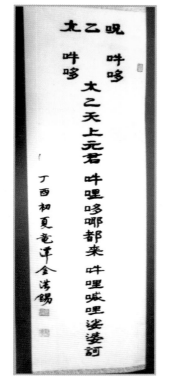

5-86 태을주23자
2017년 10월

5-87 세덕장상, 덕을 베풀면 좋은 일이 오래간다 2017년 05월

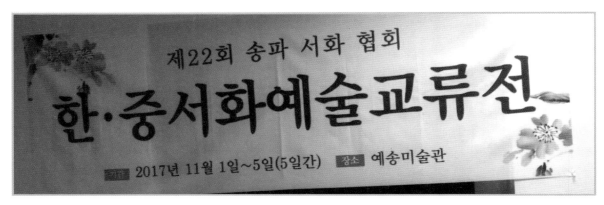

5-88 한중서화예술교류전 2017년 11월

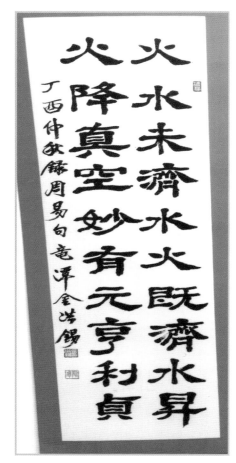

5-90 소나무 2017년 09월

5-89 주역구, 불이 물이 되는 것은
미제이나, 물이 불이 되는 것은 기제
이다. 수승화강이면 하늘의 자리로서
원형이정이 이루어진다 2017년 05월

5-91 매화 2017년 09월

5-92 청포도 2017년 10월

5-93 천자문초서 2018년 01월

5-94 천일주식회사 2015년

5-94 천일집무실에서 2015년

5-97 윤식아들 결혼식 때 2014년 09월 27일

5-95 서울시 토목상 대상
2015년 09월 10일

5-96 서울시 토목상 대상 시상식 2015년 09월 10일

태어나서 어린 시절과 초등학교와 중학교는 보은 고향에서 자랐고 17세부터는 대전으로 유학을 갔다.

윷판(연령)에 배치된 21세까지 경전 말씀 체(體)의 내용을 살펴보겠다

천부경天符經(2-9)에서는

「일시무시일석삼극무진본천일一始無始一析三極無盡本天一」 한은 비롯이니 한의 비롯은 없다. 한은 나투어 세 극을 이루나 다함이 없는 근본이니라. 하늘은 한의 첫 번째 나툼이요.

태을주太乙呪(2-10)에서는

「훔치훔치吽哆吽哆」 모든 생명을 머금고 있으며, 모든 생명이 성숙하여 하나 되는 생명의 근원 소리가 훔이다. 치는 대우주의 신성과 하나가 된다. 즉 훔치훔치 는 천지조화의 근원, 생명력, 신성과 하나가 된다.

윷판(연령)에 배치된 경전의 말씀 용(用)의 내용을 살펴보겠다

참전계경參佺戒經 8강령(2-11)에서는

정성誠으로는 「성자충심지소발혈성지소수유육체사십칠용誠者衷心之所發血誠之所守有六體四十七用」 정성은 속마음에서 우러나오는 것으로서 본성을 지키는 것이니 여섯 가지 본체와 마흔일곱 가지 작용이 있느니라.

경신敬神은 하느님을 공경해야 하고
정심正心은 하느님의 마음같이 바른 마음을 가져야 하며
불망不忘은 한시라도 마음에서 잊어서는 안 되며
불식不息은 지극한 정성으로 잠시도 쉬지 않아야 하며
지감至感은 지극한 정성으로 감은을 주어야 하며
대효大孝은 효도를 해야 하는 것이다.
위 여섯 가지 본체의 작용이 온전히 일어났을 때 비로소 정성을 다하는 것이다.

오행五行(2-12)에서는

東좌청룡의 동쪽으로 계절로는 **봄 목木**이요, 사람의 덕목으로는 **어질 인仁**이요,
느낌으로는 기쁨이다.

정역正易(2-14)에서는

금화일송金火一頌이다.

「성인수도하시니 금화명이로다.
 장군이 운수하니 수토가 평이로다.
 농부가 세서하니 세공성이로다.
 화공각필하니 뇌풍생이로다.
 덕부천황하니 불능명이로다.

희호일곡서봉명이로다.

서봉명혜율려성이로다.

聖人垂道金火明將軍運籌

水土平農夫洗鋤歲功成

畵工却筆雷風生

德符天皇不能名

喜好一曲瑞鳳鳴

瑞鳳鳴兮律呂聲」

성인께서 도를 드리우시니 금화가 밝아짐이요, 장군이 여러 방책을 내니 수토가 평정되도다. 농부가 호미를 씻으니 한 해의 공이 이루어짐이요, 화공이 붓을 놓으니 뇌풍이 생겨 나는도다. 덕이 천황에 부합하니 이를 지울 수 없으며 기쁘고 좋아서 노래 부르니 상서로운 봉황이 우는구나. 상서로운 봉황의 울음이여 율려성이로다.

주역周易(2-13) 64괘에서

나이	괘명	괘의 의미
1세	중건천 重乾天	자강불식自强不息 천지의 운행이 쉬지 않는 것과 같이 끊임없이 노력한다.
2세	중지곤 重地坤	후덕재물厚德載物 대지가 모든 만물을 싣고 있듯이 두터운 덕으로 만물을 포용한다.
3세	수뢰둔 水雷屯	창세경륜創世經綸 천지가 열리니 만물을 창조하고 세상을 일으켜 천하를 다스린다.
4세	산수몽 山水蒙	과행육덕果行育德 바름을 기르기 위하여 과감히 행하고 덕을 기른다.
5세	수천수 水天需	음식연락飮食宴樂 밖에 험한 상황이 있으니 안으로 힘을 기르고 여유로운 마음으로 기다린다.

258

6세	천수송 天水訟	작사모시作事謀始 상황이 어긋나 분쟁의 기미가 있을 때 전체의 정세를 잘 판단하고 일을 도모한다
7세	지수사 地水師	용민축중容民畜衆 전쟁 등 큰일을 수행하기에 앞서 백성을 용납하고 각자의 역할에 맞는 기량을 습득하도록 교육한다.
8세	수지비 水地比	건국친후建國親候 전쟁이라는 고통을 딛고 천하를 평정하여 나라를 세우니 올바른 재상을 등용하고 지방 제후를 친히 한다.
9세	풍천소축 風天小畜	의문축덕懿文畜德 문명과 문화를 아름답게 하고 덕을 기르다.
10세	천택리 天澤履	변정민지辯定民志 밟아 온 이력과 역사를 보아 백성의 뜻을 잘 분별하여 정한다.
11세	지천태 地天泰	보상천지輔相天地 천기와 지기가 잘 교류하여 천하가 태평하듯이 사회 각계각층의 이해관계를 잘 조율하여 국가 사회의 평화와 안전을 도모한다.

12세	천지비 天地否	검덕피난儉德避難 태평한 시대가 지나가고 어렵고 비색한 때가 오면 어지러운 세태에 영합하여 부를 누리지 말고 어려움을 피한다.
13세	천화동인 天火同人	유족변물類族辨物 하늘 아래에 태양이 만물을 비추듯이 천하가 문명하여 함께 하면서도 각각 저마다의 성질과 특성을 헤아리고 상황을 잘 판단한다.
14세	화천대유 火天大有	순천휴명順天休命 태양이 하늘 위로 솟아 천하를 비추듯이 악함을 막고 선함을 드날려 하늘의 아름다운 명을 따른다.
15세	지산겸 地山謙	칭물평시稱物平施 후덕한 신이 땅 아래에 있듯이 부유함을 덜어서 가난함에 보태어 사회의 형평을 유지하고 상황을 잘 판단하여 공평하게 베푼다.
16세	뇌지예 雷地豫	작악숭덕作樂崇德 인생을 겸손하게 살면서도 예악을 즐기고 덕을 숭상하면서 하느님과 조상에 대한 경배를 잊지 않는다.
17세	택뢰수 澤雷隨	향회연식嚮晦宴息 즐거운 마음으로 목표달성을 위해 열심히 일한뒤에는 그동안의 과정을 돌이키면서 편안한 휴식을 취한다.

18세	산풍고 山風蠱	진민육덕振民育德 집안에서나 사회에서나 모든 일은 앞서 행한 사람 (조상, 선배, 선임자)들의 일이 이어지고 있는 것이 니 백성을 진작시키고 덕을 길러 일의 마침과 비롯 함을 신중하게 한다.
19세	지택림 地澤臨	용민무강容民無疆 사회를 이끌어가는 군자는 항상 백성을 올 바로 가르치고 끝없이 포용하여야 한다.
20세	풍지관 風地觀	관민설교觀民設敎 하늘에서 바람이 불면서 천하를 고무시키듯 이 민생民生을 잘 살펴 올바른 길을 가르친다.
21세	화뢰서함 火雷噬嗑	명벌칙법明罰勅法 하늘에는 하늘의 법칙이 있고 땅에는 땅의 법칙이 있고 악함에 대한 징벌을 밝히고 사회의 올바른 법 칙을 세운다.

인생人生 행로(2-15)에서는

「자왈오십유오이지우학하고 子曰吾十有五而志于學 하고」공자님께서 나는 **15세에 학문에 뜻**을 두셨다고 하였다.

○. 봄날에 윷판의 앞밭을 달린다

0~21세(1952년~1973년)

□. 종곡 고향의 이른 봄

큰집 이야기 (여섯 살 전 외뿔 살던 시절)

나는 충북 보은군 강신리 와평(외뿔)(5-2)에서 80여 호가 사는 큰 동네에서 태어났다. 외뿔 아랫동네에 큰아버님댁(큰집)이 있고 연로하신 할머님을 모시고 큰아버님, 큰어머님, 사촌 형님과 형수님, 사촌 조카들이 7명이나 되는 대가족이다. 사촌 형님이 한문 글씨가 좋으셔서 보은면사무소에 자전거로 출근하시면서 경주김씨 장암파의 양반 자손으로 큰집에 사시면서 농사를 지으셨다.

어릴 때 기억은 큰집에는 할머니가 편찮으시어 사랑방에 누워 계시고 큰 밤나무가 담벼락에 걸쳐 서 있고, 감나무도 뒤쪽으로 서 있고 마당도 참 넓었다. 항시 큰집에 가면 큰어머니와 큰 아주머니가 먹을 것을 주시었다. 우리 집은 윗마을 길가 옆에 오두막집으로 옆 담 쪽으로 비가 오면 물이 흐르는 쬐그만 개울이 있었다.

마당에서 어머니가 베틀 베실을 엮는 일도 있었고, 방에서 베 짜는 작업도 하시었다. 어느 날 갑자기 뒷방에 쌀가마니가 가득 들어온 날도 있었고 연자방아 돌이 있는 앞 밭에서 힘이 쎄신 작은 형님이 동네 들어온 머슴의 머리를 돌로 때려 피를 흘리는 것을 어머니가 광목천으로 머리를 감아주시던 기억이 있다. 하루는 우리 집에서 큰집으로 가는 길 담벼락에 엿장수 아저씨가 지게를 바치고 있는데, 문둥병을 고치려면 사람 간을 먹어야 살기 때문에 어린아이를 잡으러 왔다고 생각되어 많이 무서워 큰집을 못 가고 떨고 있었던 때도 있었다. 속리산 여적암에 계시는 중 할머니가 오시면 꼭 우리 집에서 주무시고 가시었다. 안 오시어 물어보니 돌아가셨다 하여 한참 울기도 했다.

새말로 이사하고 (여섯살 이후)

할머니가 돌아가시었다.

어머니, 큰어머니, 가족들이 '아고 아고' 땅을 치며 크게 우시었다.

만장 깃대 앞세우고 고개 넘어 길 상여 뒤에 따라가며 어린마음에 인생의 삶에 대하여 죽음을 알았다. 새말로 이사를 와서 다음 해에 초등학교를 들어갔으니 여섯 살 때에 새말로 이사(5-3)를 하였다고 생각된다. 이사를 와서 친구가 없으니 큰 댁에 많이 가서 놀은 것 같다.

겨울철 스케이트 썰매도 외뿔동네에서 만든 가마실 고개에 물 담아 얼린 논에 가서 놀았다. 넘어져도 재미있게 잘 탄 것 같다.

힘자랑을 좋아하시는 작은형님께서 외뿔 동네에 가서 내 또래 애들과 싸움을 많이 시키신다. 내가 싸울 맘이 없어 주춤거리면 형님이 화를 내신다. 비 오는 여름 장마 뒤에 외뿔 뒤 논으로 가면 물 넘는 논둑에서 붕어, 미꾸라지가 그냥 퍼덕거리며 반긴다. 금강리산 약수터에 논길을 따라 작은 소개울에 가 손을 들이밀면 가재가 손을 물고 나온다. 가재를 잡아 와 아침에 된장국에 넣어 먹으면 그렇게 맛있을 수 없도록 너무 맛있다.

새말에는 어릴 적에 기열이도 있었고, 순길이도 있었고, 종열이도 있었다. 기열이네 집에는 감나무가 있고, 어릴 때도 뚱뚱하고, 형이 서울에 계시고 복싱선수 하여 힘이 세다고 자랑하며 권투 폼을 잡고 으시댄다. 순길네는 종곡초등학교와 우리 새말 동네 사이 밭 옆에 있는 주막집이다. 점심시간 때나 학교공부 마치고 집으로 갈 때 학교길 오가며 보면 많은 술손님으로 마당이 시끌벅적하고 어르신들 술 드시는 모습이 보기가 좋다. 걸쭉한 솥가마에서 끓고 있는 술국 냄새가 좋았다.

1학년 때인 것 같다.

우리 동네는 하천 개울 옆으로 비가 오면 하천물이 마당까지 들어왔다가 빠지고, 비가 많이 오면 장바우 큰 산에서 내려오는 물이 마을을 덮쳐 위험할 때가 많았다.

굵은 장대비가 쏟아지고 장바우산 쪽에서 엄청 큰물이 덮쳐온다. 어르신들이 톱과 낫을 들고 각 집에 우뚝 서 있는 큰 감나무, 살구나무들을 보이는 대로 베어서 끌고 가신다. 결사적으로 윗말 홍배네 집 쪽으로 들어오는 물을 막는다. 우리 집 옆 담벼락에는 봄이면 달콤한 맛있는 살구를 주는 살구나무가 있었다. 순식간에 베어져 물막는 곳으로 끌려가 물속에 처박혔다. 그 이후 맛있는 살구는 먹을 수가 없었다. 살구나무 그루터를 바라보며 어제까지 우리 집을 지켰던 살구나무가 사라지고 나무터만 남아있으니 '있다가 없는 것'에 대한 아쉬운 아련함을 알았다.

푹푹 찌는 여름철에 뇌염 병이 돌았다. 의료시설이 빈약하므로 병에 걸리면 그냥 죽는다. 옆집 홍성이 형님과 영식이 형님이 뇌염에 걸려 고열로 어린 나이에 죽었다 한다. 어머니와 아버님은 뒷방에 나를 가둬놓고 모기에 물리면 안 되니 푹푹 찌는 여름에 일체 외부출입을 못 하게 하신다. 그렇게 무서운 뇌염은 우리 마을에 어린 나이에 2명의 고귀한 생명을 거두어 앗아갔다.

종열이는 우리 집 뒷집에 살았다. 한 살 많은 형인데 큰집 형님의 작은 아주머니 가족으로 나하고는 참 친하게 의지하며 지냈다.

그런데 종열이 형이 서울로 이사를 갔다. 재미있게 의지했던 형이 떠나서 텅 빈 가슴을 채울 수가 없었다.

일학년 때는 학교 교실이 없어 동구나무가 있는 외뿔 동각(마을회관)(5-5) 마룻바닥에서 잠시 학교 수업을 하였고 담임선생님은 송재호 선생님이시다. 또한, 학교 교실은 고학년은 시멘트+나무로 지은 신축교사에서 수업했으며 우리 일학년 저학년은 흙, 벽돌로 지은 볏짚 지붕 교실에서 수업을 받았다.

2학년 때인 것 같다.

초가지붕 흙집 교실에서 수업하였다. 겨울철 난로는 나무와 조개탄 난로를 피웠으며 멀리 사는 길상이나 종곡 친구들이 점심때 도시락을 난로에 차곡차곡 쌓아서 따뜻하게 먹는 것이 참 부러웠다. 집이 학교와 200m 정도이니 집에 가서 점심을 먹었는데 주로 보리밥에 고구마가 전부이고, 어머니가 계시면 챙겨 주셨는데 안 계시면 혼자서 뒤 장독대 옆 찬물을 퍼서 밥을 말아 먹었다.

이때는 학교에 도시락을 쌓아가지고 가는 것은 그래도 농사를 많이 짓는 부잣집 애들이나 가능했었다.

3학년 때인 것 같다.

'캉캉모부랄' 등 만화가 인기가 있을 때이다.

큰집 조카 권식(장손)이가 학교 도서실 관리반장으로 있을 때인데, 이순신 장군 만화를 도서실서 보았는데 어찌나 재미있던지 (어린 장군께서 말에서 떨어져 버드나무 가지로 다리를 묶고 무술을 연마하고, 악독한 일본인들을 통쾌하게 무찌르는 바다의 무법자 거북선의 주인공이시며, 풍화등잔으로 꺼져가는 나라를 구하셨고, 부모님께 효도하신 임진왜란의 영웅 이순신 장군) 조카에게 허락도 받지 않고, 슬그머니 책보에 싸서 집으로 가져와 몇 번을 읽고 원래 장소에 갖다 놓았다. 조카가 알고 나이 적은 아저씨를 혼내었으나 나는 변명도 못하였다. 그 이후로 조카와 사이가 그리 좋지 못했다.

잘생기시고 예쁜 김문숙 선생님이 담임하시었다.

음악 시간에 이순신 장군 노래자랑이 있었는데, 제일 잘 부른 학생으로 이병상과 김홍석 두 명이 뽑히었다.

'이 강산 침노하는 왜적무리를 거북선 앞세우고 무찌르'시'니 이 나라 구원하신 이순신 장군, 오늘도 씩씩하게 자라납니다.'

노래 중 '시'를 크고 세게 높이도록 말씀 하신 것이 지금도 기억에 생생하다.

공부는 3, 4학년(5-8) 때는 1등은 못했지만, 그냥 그런대로 공부는 잘하여 모범 표창장도 타고, 글씨와 그림에서도 입선을 하였으니 공부 잘하고 예의 바른 학생으로 자라고 있었다. 노란 머플러의 멋있는 복장, 절도있는 훈련, 남을 도와주는 소년단 입단을 막무가내로 조르니 어머니께서 가난한 살림에 소년단 입단도 시켜주셨고, 그때는 대체로 검정 고무신을 신었고 검정 운동화는 부유한 집 애들만 신었는데 축구선수 한다고 졸라 운동화 신고 신나게 달리는 축구선수가 되었다.

그 당시 어머니는 막내아들에겐 모든 것을 다 해주신 것 같다.
큰 형님은 군대 가시고 작은 형님은 정식학교 수업이 아닌 중앙 통신 강의를 들으시며 직장 다니신다고 서울을 많이 오르락거리고, 작은 누님도 양재기술학원 다니시며 학교 못 다니신 원망을 부모님에게 하실 때이다. 어머니는 동네에서 온통 최고로 일 잘하시고 정 많고 모든 일을 다 맡아서 하신 것 같다.

아버지는 집안 생활이 어려우니 작은 형님에게 공부하지 말고 남의 집(머슴) 생활 3년 하면 빚을 다 갚을 수 있다고 하실 때인데, 작은형님께서 아버님의 말씀을 안 들으시고 서울로 올라가시었다. 경주김씨 양반 아버님이 가마실 산 넘어 안양 우식이네 집 (내자구자 아버님과 한동갑이시며 경주김씨 친척)에서 남의 집 머슴 생활을 하시었다.

우식이네 집에서 나무지게와 풀짐 지시고 땀 흘리시는 아버님 모습을 보면서 그냥 그때는 어린 나이에 우식이네 집에 가면 우식 어머님이 맛있는 빵과 참외, 수박도 주시니 그냥 좋았다.
제사 때에는 깜깜한 밤중에도 가마실 고개 넘어 집에 오신다. 조상님께 절을 드리시고 음복하셔야 한다며 큰집에 나를 깨워 함께 가신다. 외뿔로 가는 팽나무 밑에 가면 귀신이 따라온다는데 아버지는 태연하시다. 아버지 손을 꼭 잡고 따라간다.

하늘천 따지를 아버님께서 가르쳐 주셨다

어릴 적부터 막내아들에게 '하늘천 따지 천자문' 공부를 하라고 하시면서 본인께서 어깨 넘어 배우신 천자문을 외우시다가 '어질어질 휴' 자가 제일 어려운 글자라고 알려주셨다. 아침에 일어나 이불을 개어 윗목에 놓을 때는 가장자리가 바깥으로 나와야 복이 들어온다고 하신다. 큰 새까만 광목천의 솜이불 속에 내가 가운데 어머니와 아버지가 양쪽에 함께 주무신다. 주무시기 전에 아버님께서 '청산아 말 물어보자' 시조를 크게 외우시고, 나는 아버님께 '오백 년 도읍지를 필마로 돌아드니 산천은 의구한데 인걸은 간 곳 없네' 이불속 시조 한마당이 열린다.

아버님은 하얀 눈이 많이 쌓이고 펑펑 쏟아지는 6학년 졸업식 때 제일 앞서서 상을 받지 못하고 동창회장상을 받았다고 무척 서운해하셨는데 어머님은 훌륭하고 잘했다고 쓰다듬어 주신다.

우리 집은 새말 동네(20여 호) 입구에 있는 방앗간 다음에 두부 장사 집이다. 사랑채 방은 오고가는 외지인도 오면 잠자고 밥도 먹는 방이었고, 안채 안방에는 항상 마실꾼들이 가득 차게 오셨고, 두부맷돌을 갈아 새벽녘에 순두부 한 그릇씩 드시고 가는 동네 아주머니들의 모이는 장소였다. '장화홍련전'을 젊은 아주머니가 낭랑히 읽으시고 들으시면서 눈물을 흘리시는 아주머니가 있었고, 특히 아랫집 아주머니는 나를 참 많이 사랑해주셨고 가마 3개인 머리를 쓰다듬으시며 훌륭한 장군감이라고 하셨다.

어머니는 참 정이 많으셨다.

온통 동네에 어려운 일이나 애소사에 앞장서시고 부모 없는 머슴, 떠돌이 아주머니, 우리보다 못사는 이웃에게 살림이 어려우면서도 주시길 자주하시고 해결사 노릇을 하시었다. 자식에게는 엄격하시어 농촌이지만 땅 한 마지기 없이 종종땅 도감티 밭 하나에서 고구마, 보리, 밀, 콩, 고추, 청궁, 뽕나무 농사를 지으시며 사셨고 또 보은장에 나가시어 곡식과 청궁약초를 파시기도 하셨다.

우리 집의 밥 먹고 사는 방법은 가끔 담배농사도 병작으로 하고 고구마, 감자가 주식농사이며 보리와 밀 농사도 하였으나 도감티밭이 작으니 조금만 지었고 콩, 깨 농사도 조금은 하였다. 논은 없으니 쌀 벼농사는 큰집 일만 도우셨다. 주로 누에고치를 치고, 청궁약초 짓고, 두부 장사하고 아버지께서 병작 소 키우시고 소시장에서 거간꾼 하시면서 큰집일 도와주시면서 5남매를 다 키우셨으니 참 대단하신 부모님이시다.

고구마와 두부를 많이 먹어서 그런지 초등학교 땐 덩치가 큰 편으로 5, 6학년 때는 축구선수였다. 삼산초등학교와 결승에서 져 준우승하였지만 배상규 선생님의 불호령 아래 공격포드 5명중, 7, 8번 인너를 맡아 제법 잘 뛰었다. 우리 축구선수는 keeper 김호근, back에 박종범, half center에 이두식, ford left wing에 김은식, 10번 인나에 권병각, right wing에 조양제로서 보은중학교 들어가서도 다 같이 축구부에 갔으나 나는 협동조합 매점근무 하며 대전공전 들어가기 위한 공부 때문에 축구부를 조금 나가다가 나가지 못했다.

우리 동네 향우반이 퇴비장려대회에서 1등을 했다

우리 종곡초등학교 동네별 향우반은 나름대로 서로 돕고 협력하며 지내지만 동네별로 축구시합, 돌부리(정월대보름날 불놀이), 퇴비증산 장려대회 등 치열한 경쟁을 하며 단합을 과시하였다. 6학년 때 새말 향우 반장을 맡았는데 새말 동네는 큰 동네인 종곡과 길상과 외뿔과 누밑 동네(5-4)에 비하면 작은 동네로 인원이 적었다. 동네의 대표자로서 1학년부터 후배들을 이끌고 지도하여 큰 동네에 절대로 질 수가 없도록 앞장서서 배짱을 과시하였다.

각 동네 8개 향우반 별로 퇴비증산 장려대회에 1, 2, 3등의 상이 상금으로 있다고 발표가 되었다.

　우리는 1등을 하기로 하여 상금을 타면 배가 고프니 옥수수 튀밥과 빵을 사서 실컷 먹기로 하였다. 방학 때 풀을 베어 각 동네별로 쌓아 놓으면 방학 끝나고 동네별로 퇴비량을 측정하여 가장 많은 동네에게 교장 선생님께서 상금을 주신다고 한다. 처음에는 땀을 뻘뻘 흘리며 긁히고 손을 베면서 지게에 풀을 짊어지고 동네 애들 다 같이 열심히 풀을 베어 차곡차곡 쌓아 놓았다.

　생풀은 부피가 많게 보이나, 시간이 지날수록 다른 동네 퇴비보다 우리 동네 퇴비가 비 맞고, 햇볕에 마르고 부피가 줄어들었다. 최종심사하기 하루 전 칠흑같이 까만 밤에 동네 애들 총출동하여 낫으로 풀을 베고 생풀을 지게에 영차영차 하며 교대로 지고 날랐다. 그간 쌓아놓았던 마른풀을 걷어내고 생풀을 바닥서부터 갈아 넣고 양을 불리고 다시 마른 풀로 덮어놓으니 우리 새말 동네 퇴비가 제일 많게 보였다.

　당연히 이튿날 심사에서 우리가 1등을 하고 표창도 받고 상금을 받아 동네 친구들과 다 함께 모여서 맛있는 빵과 옥수수 튀밥을 입천장이 까지도록 먹었다

　남은 돈은 다음에 옥수수 튀밥 먹기 위하여 우리는 빨래비누, 당원, 사탕, 과자 등 생활용품을 보은시장에 있는 왕씨 도매상에서 사다가 장사를 시작했다.

배고픈 시절 우리들은 참 개구쟁이 노릇을 많이 했다

　엿장수 아저씨가 지게를 받쳐놓고 '엿 사시오.' 하며 다니신다. 배가 고프고 단것을 먹고 싶으니 엿판을 들고 도망가자고 상의를 한다. 한 친구는 아저씨를 집으로 유인하고 나는 엿판을 통째로 들고 튀어 맛있는 엿을 친구들과 함께 먹기도 하였다.

강청이 포수아저씨 참외밭에 참외수박 서리도 한번 갔었는데 서리꾼을 막으려고 미리 아저씨가 망을 보고 계셨는데 참외밭에 살금살금 들어가 자루 속에 넣자마자 '이놈들, 꼼짝 마라.' 소리치시니 깜짝 놀라 걸음아 날 살려라 달렸는데 주인한테 붙잡혀서 이튿날 다 물어주고 부모님들이 모여서 아저씨한테 싹싹 잘못했다고 사과도 했다.

정월 대보름날 우리는 닭서리를 하기로 모의하였다.

부지깽이 나무를 가마솥 불에 달구어 따뜻하게 하고 추운 엄동설한에 잠자는 닭에게 받쳐주면 닭이 횃대에서 따뜻한 부지깽이 나무로 옮겨 앉는다. 닭서리는 잘못하면 도둑으로 몰리니 안 하기로 하고 태식이네 광속에 있는 정성드린 시루떡을 가져다가 실컷 배불리 먹자고 계획을 바꾸었다. 대문에서 그렇게 컹컹 잘 짖던 진돗개가 우리가 살금살금 접근하니 꼬리를 내리고 짖지를 않는다. 어두운 광속에서 시루떡 시루를 통째로 들고 나왔다. 개가 눈만 번득이고 짖지를 못한다. 시루떡으로 실컷 배를 채웠다. 우리는 열심히 재미있게 놀고먹기 위하여 합심으로 집단행동을 많이 하였다.

장바우산에서 큰 나무를 자르다

탁구치는 것이 하도 재미있어서 탁자 마루를 우리 집 뒤 장독대 사이에 설치하고 시합을 많이 했다.

반들반들한 탁구대를 만들기로 계획을 세웠다. 그때만 해도 나무 벌목은 상감이 있어 들키면 큰일 난다는 생각을 하였지만 속리산 쪽 장바우 산으로 우리는 큰 소나무 벌목을 하기로 하여 야밤에 톱과 낫 지게를 지고 출발하였다. 영차영차 큰 소나무를 굴리고 지고 내려와 우리 집 소외양간 천장에 감춰두었다. 그 큰 산에서 나무를 해서 보관해두었지만 탁구대는 만들지 못하고 목재소에 팔아서 향우반 동네 가게 장사 비용으로 보태게 되었다. 우리 친구들은 6학년, 김응이, 김응근, 조양제, 김홍석이가 주동자이고 밑에 후배들에게 배고프지 않도록 특별히 배려하고 어른들에게 돈을 받지 않고도 공동 경비를 스스로 마련하는 공동체 마을로서 끈끈한 단합이 잘되는 동네로서 자부심을 가졌다.

어느 날 1년 선배인 ○○○의 심술과 폭행이 동네후배들에게 심하고 서울집으로 돈이 많다고 으스대니, 우리 네 명은 우리 동네에서 ○○○이네 집을 아예 쫓아내자고 결의를 하였다. 매일 응이와 응근이를 두들겨 패니 힘으로는 안 되고 합동으로 아예 응징하기로 하여, 흰 종이에 그간의 잘못과 억울함을 적고 우리 동네에 살 자격이 없음을 상세히 적고, 연판장으로 이름을 적고, ○○○이네 집으로 편지를 전달하였다. 계란으로 바위를 치는 격으로 서울 부잣집 돈을 안 빌려 쓴 집이 없는데 어느 부모가 감히 애들의 주장에 손을 들어주겠는가? 어머니가 ○○○이네 집에 가시어 ○○○이 아버님께 고개 숙여 사과하고 애들 교육 잘 시키겠다 하고 오셨다. 어린 나이에 돈유세를 부리며, 무력으로 약한 사람을 때리고 괴롭히는 불의에 이겨보자 하였으나 굴복하였다. 분한 마음에 눈물이 펑펑 쏟아진다. 옳고 그름에 진실은 무엇인가?

우리 어머니는 막내아들이 공부도 잘하여야 되고 아버지가 남의 집 생활을 하시니 아버지를 생각해서 '너는 밭일, 소 풀베기, 나무하기 등 일을 열심히 해야 한다'고 누누이 얘기하신다.

서당재 넘어 장바우 산으로 나무를 하러 간다.

응이와 응근이는 삵가지 나무를 한 짐씩 다해 묶고 잘 내려오는데 나는 뻗정다리로 다리가 휘청거려 나무지게 중심을 잡지 못한다. 축구를 해서 다리심이 셀 텐데 지게 지는 일은 참으로 나에게 맞지 않는다. 나는 휘청거리며 버티다가 나뭇짐이 돌아 몇 바퀴 구르고 나면 지고 올 나무가 별로 없다. 몇 개 달랑 지고 빈 지게로 집에 들어간다. 참 창피하다. 어머니께서는 "아구 우리아들 장하다." 고생했다며 뜨거운 보리밥에 고구마 한 상 차려 주신다. 왜 나는 나무를 못할까? 왜 나는 서당재 내려올 때 나무지게 중심을 못 잡고 뒹굴까? 나무 잘하는 응이와 응근이가 그렇게 부러울 수가 없다.

　어느 날 서당재 정상(5-7)에 나무지게를 받쳐놓고 나무 못하는 내가 한심스러워 털썩 주저앉았다. 우리 동네와 읍내 쪽을 바라보니 너울너울 산들이 파도를 치며 아득히 구름 속으로 끝없이 밀려가고 있다. 퍼뜩 왼쪽 고개 너머 돌아가신 할머니 산소가 있는 안산이 크게 보이고, 오른쪽 창꽃(따먹는 진달래꽃) 금강니 산이 저녁 노을에 물들어 참 편안하게 자리잡고 지키고 있다. 읍내 쪽으로 보물굴이 있는 삼년 산성이 다가오고, 매년 대보름에 동네 어르신들이 절하고 소지 올리는 동그레방도 있고, 내가 다니고 있는 종곡 학교와 우리 동네도 보이는데 다 내 발아래 있지 않은가?

오십이학역學易을 세우다

　부처님은 무슨 생각을 하시고 '천상천하유아독존'을 말씀하시었을까? 땀을 씻고 시원한 바람을 맞으며 서당재산 정상에 있는 경지가 부처님의 경지와 같다고 생각해 보았다.

　삶? 할머니도 돌아가시어 안산에 묻히셨고, 동네 형님도 갑자기 뇌염 돌림병으로 죽었고 왜 이렇게 살아야 되는가? 왜 우리 집은 그렇게 가난하여 빚에 쪼들리고 아버지는 머슴살이를 하실까?

　어린 나이임에도 내가 가야 할 길을 정하고 살아야 함을 알았다. 부처님도 돌아가시고 예수님도 돌아가시고 할머니도 돌아가시었다. 앞으로 어머님도 아버님도 돌아가실 수밖에 없다. 나 또한 그 길을 갈 수밖에 없다. 어차피 그 길을 가더라도 나를 낳아주신 어머님에 대한 은혜는 갚아야 될 것이고, 우선 가난한 우리 집의 빚을 갚아야 될 것이고, 그러면 지금 내가 할 수 있는 일은 무엇인가? 우선 먼저 고생하시는 아버지 일을 도우려면 남의 집 머슴살이를 하여야 하는데 머슴살이는 할 수 없고, 학교공부를 열심히 하여 공부를 잘하여 어머님의 걱정을 덜어드리고 칭찬을 받아야 하며, 나무도 잘하고, 소 풀 베고, 모심고, 콩밭 매고 일을 잘해야 한다.

굽이굽이 파도치며 넘고 있는 저 산 끝에는 무엇이 있을까?

아버지께서 말씀하시는 "남아이십미평국이면 후세수칭대장부랴" 50살까지는 나의 生業을 열심히 하여 가난한 우리 집을 살리고, 못 먹고 헐벗고 사는 못사는 분들을 도와주어야 한다.

50살 이후는 할머니의 돌아가심과 동네 형들의 죽음과 6·25동란으로 억울하게 돌아가신 고귀한 생명 오고감이 무엇인가를 알 수 있을까? 부처님의 유아독존의 깨달음이면 될까? 대장부의 길을 가겠다는 마음다짐을 굳게 하였다.

바르게 살자를 가르쳐주셨다

6학년(5-8)을 오르면서 우리 1반은 담임 선생님이 이성일 선생님이시다.

2반은 축구 잘하시는 배상규 선생님이시다.

이성일 선생님(5-6)께서는 종곡초등학교 선배님이시며(3회, 나는 13회) 그때 학교 동창회장을 하셨고, 그림, 글씨(명조체)도 잘하셨고, 특히 "바르게 살자"는 가르침을 확고하게 심어 주셨다. 동창회장님이시기 때문에 중곡초등학교 명예를 걸고 보은중학교 수석합격을 하여야 한다는 목표 아래 나를 특별과외 지도를 하셨다. 매일 저녁에 외뿔 선생님(병상이네) 집으로 가서 공부하고 밤늦게 작은형님(홍칠 형님)이 외뿔까지 와서 새말로 데려가고 하셨다. 형님이 옆에 없을 때는 겁이 많아, 팽나무밭 길은 피하고 감나무 밭길로 해서 그냥 막 뛰어가다 보면 뒤에서 달걀귀신이 불 들고 따라온다.

'바르게 살자'(5-6)가 우리 6학년 1반 반훈이다. 바르게 사는 대장부가 되어야 한다고 생각했다. 코 흘리며 말 더듬고 공부 못하는 교환이가 측은하다.

어느 날 선생님께서 '침묵은 금이고 말은 은'이라고 하신다.

사내대장부는 남아일언 중천금이라는 말씀에 그간 잘 놀고 까불던 성격이 대장부의 침묵으로 말을 무겁게 하도록 바뀌게 되었다.

국경일 날은 전교 학생이 운동장에 학년별로 줄을 서고 태극기에 경례하고 애국가를 부른다. 가사 내용을 다 기억은 못 하지만 3·1절 날은 '대한 독립 만세'로 6·25동란 날은 '맨주먹 붉은 피로 원수를 막아내며' 8·15 광복절날은 '반가운 피 엉긴 자취니 길이길이 지키세'로 가슴에 울분을 삼키었다고 생각 된다. 10월 3일 개천절 노래는 '우리가 물이라면 새암이 있고 우리가 나무라면 뿌리가 있다'는 기억이 있다. 10월 9일 한글날 노래는 전혀 기억이 없으니 한글날 국경일은 없었는가 보다.

개천절 노래는(10월 3일) 초등학교 때 배웠는데 금년에도 잊지 않고 복기福起 아내와 함께 불러 보았다.

우리가 물이라면 새암이있고 우리가 나무라면 뿌리가 있다
이 나라 한아버님은 단군이시니 이 나라 한아버님은 단군이시니
백두산 높은 터에 부자요 부부 성인의 자취 따라 하늘이 텄다
이날이 시월상달에 초사흘이니 이날이 시월 상달에 초사흘이니
오래다 멀다 해도 줄기는 하나 다시 필 단목잎에 삼천리 곱다
잘 받아 빛내오리다 맹세하노니 잘 받아 빛내오리다 맹세하노니

報恩중학교를 다니면서 어머니 사진을 찍어드리다

중학교(5-9)에 입학하니 수석합격은 아니지만 365명 중 10등 안에는 들어 9등이라 한다.

1학년 4반 때 담임선생님이 안경 쓰신 강기중 수학 선생님이시다.

어느 날 수업시간에 "보은 중학교에서 가장 아이큐가 높은 머리 좋은 학생이 김홍석이다" 라고 말씀하시며 가정형편이 어려우니 학용품, 운동기구 등을 파는 협동조합 일을 맡게 되면 육성회비가 면제된다고 말씀하신다. 흔쾌히 승낙한 것 같다. 아침에 일찍 학교에 나가 수업 시작 전 1시간 학용품 팔고 2교시에 열고 4교시 점심시간에 열어야 하니 점심은 아예 3시간 끝나고 먹고 점심시간에 학용품을 파는 장사를 해야 했다.

배를 많이 굶었다.

배가 아파 중학교 양호실에서 누워있는데, 죽을 것 같은 공포감이 휩싸여 오는데 기왕 죽을 것 같으면 전쟁터에 나가 이순신 장군처럼 명예롭게 죽어야 된다고 생각도 했다.

협동조합(5-12)은 매 6개월마다 들어온 물건 재고와 들어온 현금이 맞아야 하는데 잘 맞지 않는다. 교대로 2명이 보는데 1명은 1년 선배 육동혁 선배님이시다. 2년간 협동조합일 보면서 연필 한 자루, 학용품, 현금에 개인적으로 사용해 본 적이 없었다.

협동조합 일을 하면서 하고 싶은 축구도 해야 되고, 외뿔 살던 동곽에서 공수도도 배워야 되고, 우리 동네 친구들과 튀밥 먹기, 토끼사냥, 소 풀베기, 나무하기 등 중학교 1, 2년 시절은 그냥 그대로 놀면서 일하고 학교를 다녔다. 성적이 50등까지 내려가도록 공부는 건성으로 하였다.

보은중학교는 우리 집에서 10리 정도(4km) 떨어진 3년 산성 남쪽 자락에 있는데, 종곡 깡촌에서 읍내에 있는 학교에 다니는 것은 그래도 운이 억수로 좋은 것이다.

시험을 봐서 떨어지면 농사를 지어야 하고 등록금이 없어 중학교 진학을 포기하는 친구도 있었다.

가방을 들고 하천을 따라 종곡 초등학교를 지나 동그레방을 지나면 영근 형네 옹기점이 나타나고, 연기가 꾸역꾸역 나는 삼거리 주막집에서 안양, 종곡친구들과 만나서 가면 우식이형(광식)이 이광재 아나운서의 축구 중계를 흉내를 낸다. 돌부리 찻길에서 차가 지나갈 때면 먼지를 뒤집어쓰고 코를 막고 한참 피했다가 간다. 배뜰 어귀에 들어서면 오두막집 부엌에서 맛있는 찐빵 찌는 냄새가 코를 자극한다. 침을 삼키며 마을을 지나 중학교 후문을 들어선다.

후문 쪽에는 나이 드신 아주머니가 운영하는 학용품 가게가 있고 찐빵도 함께 파신다. 후문 바로 양호실 옆 모퉁이에는 내가 물건을 파는 학교서 운영하는 협동조합(학용품 가게)이 있다.

맛있는 찐빵을 아주머니 가겟집에서 파는데, 태순이가 학용품 사고 남은 돈으로 찐빵을 사다가 나에게 주면 그 맛은 천하에 제일 맛있는 일품이다.

협동조합 일을 하니 읍내 사진관에서 값싸게 사진을 찍어준다고 사진표를 받았다. 밭일도 많으시고 입을 옷도 없으시다는 어머님을 졸라서 난생처음 어머님 사진을 찍어 드렸다. 그 사진이 지금 시골 큰형님 안방에 모셔져 있는 어머님의 유일한 사진이다.

어머니와 가징 친하신 동갑네 칠성 아주머니가 계신다. 다른 동네 분들도 명절 때나 애경사 때 많이 찾아오신다. 어려운 일을 해결하시는 훌륭하신 기도하시는 분이시다. 어머니는 친구이신 칠성 아주머니의 말씀을 믿고 정한수 떠 놓으시고 정월이나 생일날에 가족의 건강을 기원하며 절 올리신다. 목욕재계하시고 새벽에 우물가에서 소지 올리시는 어머니의 모습이 무척 경건하시었다. 소지불이 잘 올라가도록 뜨거운 불을 두 손을 모아 높이 들어 올리신다. 소지불이 높이 멀리 올라가시면 무척 좋아하신다. 나도 함께 기분이 좋다.

떡갈나무와 공수도 대련을 하다

큰 형님은 군제대하시고 경찰공무원 시험을 보셨고, 작은 형님은 학교 진학을 못하시고 중앙강의록으로 중학교 공부를 하시면서 서울 객지 생활을 하셨지만, 항상 큰 형에 대한 불만으로 많이 다투시었다. 큰 형님은 장남이니 그래도 고등학교까지 나왔고, 작은 형님은 부모님이나 큰형이 해준 게 없다고 불만이 많으셨다. 어떤 때는 폭력군으로 어떤 때는 열심히 자기 일을 찾는 젊은이지만 아버님께서는 "내가 머슴살이 중인데 네놈은 뭐하는 놈이냐!" "너도 아비같이 머슴이나 살아라"고 말씀하시곤 하였다. 큰 형님과 작은 형님을 사랑방에 불러 앉히시고 어머니께서 부엌칼을 앞에 놓으셨다. "너희 형제가 사이좋게 콩 반쪽이라도 나눠 먹어야 하는데, 왜 형 말을 안 듣고 내 맘대로냐? 왜 너는 동생 하나를 제대로 가르치지 못하느냐? 서로 잘하겠다고 내 앞에서 얘기해라." 어머니는 노발대발 자기가 어미 노릇 못하셨으니 칼을 목으로 가져가시어 죽는다 하신다. 두 분 형님은 끝까지 사과를 안 하고 서로 버티고 있다. 어머니가 입에 거품을 내시고 기절을 하시었다. 한참 후에 깨어나시었다. 두 분 형님은 끝까지 어머니 말씀에 순종을 안으셨다. 어머니의 한은 가슴에 못이 박히시었다. 어린 나는 옆에서 절규하시는 어머님의 모습과 두 분을 지켜보며 나는 두 분 형과 같이 살지는 절대 않겠다고 생각했다.

중2 때부터 협동조합 볼 때 1년 선배들이 어느 고등학교 진학해야 되는지? 고등학교 진학에 대한 준비를 하는 것을 눈여겨보았다.
마음속으로 가정 형편상 대학을 못 가니 고등학교 진학(5-10, 5-11, 5-12)보다는 졸업을 하고 취직이 100% 보장되는 대전공업고등학교를 가야 한다는 각오를 하게 되었다.

중3이 되면서는 칼을 입에 무는 자세로 무섭게 공부를 시작하였다. 3학년 1학기까지는 협동조합에서 일을 했다. 정말 필살의 자세로 동네 친구들과 노는 것도 다 끊고, 축구 끊고, 공수도도 끊고, 새벽 아침이면 일찍 일어나 집 앞 떡갈나무(5-3)

와 공수도 대련을 하며 옆차기 돌려차기를 한다.

우리 집 앞집 웅이네 집에서 친구들이 토끼 사냥하여 토끼탕 먹고 노는 소리가 귓가를 쟁쟁 때린다. 침이 꼴깍꼴깍 넘어간다. 바로 달려가 친구들과 놀고 싶으나 내 마음과 약속을 지키기로 하였다. 이마에 바지 대님 두르고 잠 쫓기 위하여 불안 땐 냉방에서 눈 부릅뜨고 참고 참으며 공부하였다.

과외수업은 읍내 친구들이나 하는 것이고 나는 오로지 혼자 파는 공부이다. 아무리 해도 반에서 1등은 과외 받는 조광만이다.

나는 2등이다. 마음속에 간직했던 대전공업고등학교 토목과에 응시하였다. 과 선택은 그때만 해도 기계과, 전기과는 취직 잘되고 컷트라인 점수가 대전고보다 높다고 하니 시골 촌 학교에서 건축보다는 토목과가 전망이 좋을 것 같아 토목과에 응시하였다.

중학교 때는 음악 시간이 있었는데 음악 선생님께서 바이올린 연주를 보여주셨는데 참 멋있게 보였고, 중국노래 「왕샹뚱시유라야」를 가르쳐주셨다. 「물레나 바퀴」「장안사」노래가 기억이 난다. 학교 노래는 크게 관심이 없었고 각 집마다 걸려 있는 스피커에서 흘러나오는 연속극 주제곡인 「강화도령님」「하숙생」을 따라서 즐겨 불렀고, 남진의 「님과 함께」와 나훈아의 「고향 역」과 「머나먼 고향」, 박건의 「그 사람 이름은 잊었지만」 그리고 장동휘 주연이신 독립운동 영화 주제곡인 「지평선은 말이 없다.」를 따라 불렀다. 또한, 공수도를 하는 동네 형님들이 부르시는 최희준의 「오인의 건달」을 따라 불렀다.

□. 화창한 봄날인 대전 한밭의 즐거운 학창시절 늦은 봄

청춘을 불사르고

治자 九자 아버님은 유복자로서 할아버님은 일제 합병시대에 38세의 젊은 나이에 돌아가시었고, 할머니는 뱃속에 자식을 두고 가신 지아비의 한을 품고 사셨으며, 아버님은 36년 일제의 만행, 6·25동란, 경제개발, 현대화 과학 문명을 다 알고 90수를 하셨으니 이름대로 천수를 다하시었다.

나는 5남매 3남 2녀의 막내아들로 태어났다.

떨어졌다. 국립대전공업고등학교 토목과(5-13)에 응시하였는데 나의 이름이 합격자 발표 명단에 없다고 함께 시험 보고 대전 다녀온 친구의 말을 들으시고 사촌 형님이 전해주신다.

청천벽력이다 땅이 꺼지는 느낌이다. 수험번호 2200번 김홍석 정말 열심히 최선을 다하여 시험을 보았는데 아 어쩌란 말인가!

시골 보은중학교에서 대전고와 청주고 응시 전 전교 1등에서 20등까지 전원 응시한 결과가 다 불합격이다. 그렇게 들어가기 어려운 수준이 높은 학교란 말인가? 떨어졌다고 하니 아버님과 아랫집 정훈 형님이 좋아하시면서 보은 농고 장학생으로 가라고 하신다. 어차피 집안 형편상 대학진학은 안 되니 농고 장학생 마치고 육군사관학교 가고자 마음을 정리하였다. 그래 나의 인생은 구국일념 군인의 길이다.

그런데 어인 일인가 친구로부터 잘못 전달된 불합격 소식은 며칠 후 합격통지를 받았으니 세상 천하가 다 내 것이고 젊은 날의 혈기왕성한 꿈을 국립대전 공업고등학교에서 시작을 하게 되었다.

국립 대전공업고등 전문학교 1학년 시작하면서

대전의 시작은 우리 가정으로선 감당키 어려운 때이다. 큰 형님께서 옥천 경찰서 근무하셨지만, 박봉에 시골집 살림 도우랴, 작은형님, 작은누나도 학교 진학을 못 했는데 막냇동생 학비 지원은 어림도 없었다.

아버지께서 외갓집 할아버지 봉답밭을 부치셨는데 등록금 마련을 위하여 사촌 형님께(보은군청 다니심) 땅을 파셨다가 나중에 다시 되돌려주는 조건으로 등록금을 마련하였다. 보은 농고 장학생이면 다 해결될 것을 스스로 선택한 대전 유학생활은 참으로 암담했다. 처음에는 유성 쪽 농사짓는 가겟집 큰 형수님 친정집에서, 다음에는 이발소 하시는 큰어머니 외가댁 형님의 댁에서 학교를 다녔다. 먹고 자고 입고하는 의식주가 급선무이니 학교 공부에는 전념을 할 수 없었고, 학교 면담을 하여 기계과 송운성(38회)님과 대전고 학생 3명의 자취방(5-14)에 합류하게 되었는데 절친한 토목과 친구인 전기성이네 집과 가까운 대흥동 자취생활을 시작하였다.

버스도 몇 번 못 타본 시골 촌놈이 차멀미하며 大田에 와보니 칙칙폭폭 긴 기차를 난생처음으로 구경했다.

대전은 학생으로서 우선 잠자고 먹고 입는 의식주 해결이 돼야 하는데 친척 집으로 전전긍긍 자취생활은 참으로 어려웠다.

1학년(5-24)을 마치니 40명 중 17등이다. 나이 먹은 친구들과 대전 깍쟁이들 속에서 생소한 전공과목에 좌충우돌 대전 도시생활에 적응하기가 쉽지 않았다. 성적이 좋은 1, 2등은 대통령 장학금, 충무 장학금이 지급되었다.

충무 장학금이 지급되었다.
왜 내 성적이 그리 안 좋을까 반성을 많이 하고 2학년이 되면서 장학금을 받아야 학교를 다닐 수 있다는 독한마음으로 공부 열심히 하기로 작정을 하였다.

國立 大田工業高等 專門學校에 다니는 자부심과 학교생활에 적응하기 위하여(중학교 때는 혼자서 공수도 연습) 태권도부보다는 흰 도복 검은 띠에 상대방을 얻어 메치는 유도부에 들어갔다. 중학교 때는 큰 편이었으나 대전에선 40명 중 7번으로 왜소한 편이었다. 머리를 기르고, 베레모 학교 모자를 쓰고, 시내를 나가면 모든 분들이 우러러본다. 학교 선배님들이 교실에 들어와 대자연을 조각하는 토목과의 기개와 응원가를 불러주시며, 현암제에서 필승을 다짐하고, 집단기합과 사랑의 매 신고도 있었다. 현암제에서 나는 축구 선수로 뽑혀 8번 인너로써 뛰게 되었다. 유도, 마라톤, 농구, 배구, 축구, 달리기 등과의 승리를 위하여 목이 터져라 응원하고 뛰었으나 최종 성적은 기계, 전기, 건축, 토목으로 토목과가 꼴찌다.

학생회장 선거에도 건축과, 토목과에선 후보조차 내지 못하고 기계과와 전기과가 계속 회장을 번갈아 가며 하고 있다.

담임 선생님이시며 국어 교수이신 송영준 교수님께서 토목과에 대한 학교에서의 위치가 학생회장, 현암제, 과별 성적 등에서 최하이지만 너희들 40기 토목과 학생들은 모든 면에서 우수하니 기대가 크다고 하셨다. 어느 날 국어수업시간에 거짓말하는 답변에 화가 나시어 책상 위에서 종아리를 걷게 하여 강신훈 친구(돌아가심)를 기절할 정도로 모질게 매타작을 하시었다. 우리는 은연중에 토목과가 시험성적이 4과 중 가장 우수하도록 전체 40명 친구들이 열심히 공부하도록 분위기가 조성되었다. 쉬는 시간에는 도서관에서 빌려온 문학 서적을 열심히 읽었다. 대학을 가지 않고 국가발전에 가장 크게 이바지할 역군의 젊은 날의 꿈들이 좌절이 아닌 똘똘 뭉치지 아니면 안 되는 그래서 자연적으로 끼리끼리 모여 함께 어울려 헤쳐가야 하는 神나는 생활을 터득하게 되었다. 우리는 각자 生日 때 집으로 초대하여 축하해주고 노가다 기질의 밥상 두드리고 놀면서 우리는 누구 집에 젓가락 숟가락이 몇 개라는 정도로 40명은 끈끈한 우정을 나누었다. 중간에 학교 이상이 맞지 않는 조두형과 남OO은 학교를 그만두고 검정고시를 준비하여 대학을 가기로 방향을 돌렸다.

대전학교 생활의 시작은 매일매일 하루를 다지는 日記를 쓰기로 하였다. 제일 마지막 결론은 나폴레옹의 "하고자 한다면 불가능은 없다." 그래 불가능은 없다. 報恩 고향에 나를 낳아주시고 길러주신 어머님, 아버님이 계시고 대한민국에서 가장 좋은 학교 大田工業高等專門學校 土木과에 다니고 있기 때문이다.

방학 때 보은 고향에 가면 고향 친구들은 빡빡머리 보은 농고 고등학생이지만 머리 기르고 유도를 하여 몸이 단련되고, 동네축구 시합에서 잘 뛰고, 노가다깡 노래를 부르며 大田이야기를 하니, 인기가 하늘 찌르듯이 대단하다.

그 해에 호근이는 건축과에 다시 응시하였으나 실패하였다. 그러나 너는 보은 고향에서 고향을 지키는 농촌지도자로서 나는 대전공업의 남아로서 훌륭한 친구가 될 것을 서로 굳게 다짐하며 막걸리를 주전자째 퍼마시었다.

1학년의 생활은 그럭저럭 마무리되고 있었다. 5년제 공업고등전문학교 폐지에 대한 공문이 학교로 왔다고 한다. 내가 다니고 있는 전공과목 土木科의 현실은 현암제에서 목청을 높여 응원가, 교가 불렀는데 4과 중 꼴찌다. 토목과 출신 학생회장은 엄두도 못 낸다. 그러나 졸업하는 선배님들은 건설부, 서울시, 한전 등 취직은 100%라 한다.

우리 1학년 土木科의 연말 성적은 다 같이 열심히 하여 4과 중 단연 평균점수가 우수하게 1등을 하였다. 보이지 않는 우리 친구들의 자존심과 토목과의 위상을 세우고자 하는 일념으로 일구어낸 결과이다.

나는 최종성적이 40명 중 17등이다.

1년간 대전 객지생활은 처절하게 잠자고 먹고 해결하는 것이 전부였다고 본다. 점심시간이면 도시락을 싸갈 수 없어 아예 운동장 옆 모퉁이 수돗가에가 벌컥벌컥 물로 배를 채웠다. 친구들 도시락 함께 몇 숟가락 얻어먹어도 되련만 자존심 강한 경주김씨 양반 체면에 밥 구걸은 전혀 하지 않았다.

겨울방학이다. 고향 보은에 오니 지난 1년의 고난의 기억이 어머님 품에서 봄눈 녹듯 다 녹아 버렸다.

윷 놀고, 참새 잡고, 빵 쪄먹고, 신나게 술 퍼먹고 고향 친구들과 젊음을 만끽하였다. 2학년이 되면 대전의 생활은 잘 해결될 것이라고 생각하였다.

2학년이 시작되었다

우선 먹고 잠자고 하는 집 해결을 위하여는 아르바이트를 하던지 가정교사 입주를 하여야 한다. 간혹 친구들 중 설계사무실에서 나오는 제도 드로잉으로 자립하는 친구도 있었다. 충남도청 국장님(토목과 선배님 등) 몇 군데 찾아보았지만 학교 다니면서 일할 자리는 없었다. 공부를 1등 하여 장학금을 받으면 의식주와 공부가 모두 해결될 것이라 생각했다. 큰 형수께 한 달에 쌀 2말만 지원해주면 자취해가면서 학교 다닐 수 있다고 사정을 말씀드렸다.

5년제 전문학교 폐지에 대한 학교 데모가 시작되었다. 우리는 수업이 끝나고 대강당에 모여 대한민국은 우리 5년제 전문학교를 1회용 시료로 사용하고 버리는 그러면 우리는 쓰레기란 말인가? 다 함께 친구들 모두는 결사적으로 반대에 동참했다. 학교가 없어지면 우리는 어떻게 되는 것인가?

대학에 가려면 예비고사를 봐야 되고 2명의 친구는 아예 학교를 포기하고 다른 길을 택했다. 남은 우리들은 앞날에 대한 불투명한 장래지만 열심히 공부하는 분위기면서 자학 겸 스스로를 위로하면서 더욱 막걸리 퍼먹으며 젊음을 노래하게 되었다.

자취하는 대흥동에서 걸어오면서 단어 외우고, 다른 형들 잠잘 때 새벽 시간에 일어나 시험준비를 하고 나름대로 배수진을 치고 공부를 하였다.

체력단련을 위한 유도(5-16)는 공수도를 하여 다리가 가벼우니 번번이 한 판을 지기가 다반사이다. 엎어치기에 넘어갈 때 왼손을 짚어 뚝 하고 팔목이 부러졌다. 그러나 친구들에게 얘기도 못 하고 부러진 팔을 숨기고 충남 유도관에 가서 맞추고 다시 운동을 하게 되었다. 역시 어린 자존심이 강해서일까?

가을 현암제 때 토목과 축구 선수로 뛰었다.

3, 4학년 선배님들 속에서 깡다구 좋게 뛰었지만, 건축과와 시합에서 상대방에 부딪혀 넘어졌는데 하늘이 노랗게 빙빙 돈다. 허기진 배에 아마 영양실조였나보다. 내가 뛴 축구는 예선전 탈락이다. 친구들에게 너무 미안하다. 다른 종목 농구, 유도, 마라톤 등에서 열심히 우리는 노가다 콘크리트 후보생을 외쳤지만 역시 종합성적 꼴찌이다. 참담하다. 왜 내가 공부하는 토목과는 대자연을 정복하는 기개와 남자다운 패기가 넘치는데 운동시합 경기에서 번번이 질까?

학생회장 선거에서 토목과 4학년 강태길 선배님이 나왔는데 기계과 후보에게 참패하였다. 참으로 절망이다. 기계과는 호랑이 마크로서 당당하고 전기과는 독수리 마크로서 과를 상징하고 토목학과와 건축과는 과를 상징하는 심벌마크가 없었다. 토목과의 무력함으로 울분이 치솟는다.

학교 heaven이라는 창공 모임이 결성되었다. 토목과 선후배가 의리를 최우선으로 하는 모임이 있다. 계룡산으로 1박 2일 야영을 갔다. 동학사 뒤편 개울가에 텐트를 치고 젊은 혈기에 가운데 횃불을 밝히고 목청 터지게 우리는 노가다콘크리트 후보생을 시작으로 보은 고향의 무법자, 오인의 건달 등 항상 끝 노래는 우리의 소원은 통일과 식장산 교가를 부르며 밤새도록 생나무 태우고 물속에서 목욕하며 하룻밤을 지새우니, 이튿날 일어나 주변을 살피니 주변의 나무가 초토화가 되었다.

동네 이장님께서 앞 개천 건너는 다리 설계를 해달라고 하신다. 우리 고향 새마을에는 새마을 운동이 한참 벌어질 때이고 방앗간 앞에 강청이와 잇는 다리 교량(길이 15m 정도)을 놓는데 대전 공전에서 토목과를 다녔으니 설계를 해달라고 요청하시어 다행히 철근콘크리트 슬라브 교량설계를 학교에서 배웠으니 모눈종이에 설계도를 그리고 응력계산을 하여 드리고 그다음 해에 새마을 사업 교량이 건설되었다.

고향에서 대단한 경주김씨 치자 구자의 막내아들이라는 평가가 자자했다. 방학은 치열했던 대전생활(5-15)에서 고향의 정을 만끽할 수 있는 에너지를 충전하는 좋은 기회였다. 막걸리 자리가 나면 자이언트와 우리는 노가다를 부르면 고향 친구들은 신나게 함께 따라 한다. 대전에서 머리 기르고 제일 좋은 국립대학에 다니는 예의 바르고, 운동 잘하고, 공부 잘하는 유학생이니 말이다.

종곡초등학교 운동회날은 각자 덩치가 커지고 어깨가 벌어진 고등학교 혈기 왕성한 젊음을 거칠 것이 없이 힘자랑하는 무법자가 많았다. 키가 190cm 크고 주먹자랑을 자주하는 봉식이와 씨름을 하게 되었다. 유도 1년의 실력을 가지고 힘센 거구를 이길 수 없다고 생각했으나 친구들의 응원에 힘입어 바짝 당겨 업어치기 한 판으로 거꾸로 트리니 역시 작은 고추가 매운 것을 확인하였다.

겨울방학이 끝날 무렵 성적표(5-17)가 집으로 왔다. 토목과 1/42로 석차가 1등이다. 내심 큰 걱정을 했었는데 지성이면 감천이라 몇 점 차이로 내가 수석을 하였다. 고대했던 박정희 대통령 장학금(5-18)을 받게 되었다. 참으로 엄청난 일을 해냈다. 1년간 등록금은 해결되었으니 개학하면 잠자고 먹는 집이 가장 문제다. 집에서 양재학원 다니시며 어머니일 도우시는 작은 누님을 설득하여 작은 누님도 대전에서 직장을 다니시고 나도 공부에 전념하여 아르바이트하여 돈을 벌 수 있도록 전세를 얻게 되었다. 보은중 후배인 유재철과 함께 자취하게 되었다.
재철이도 가정형편이 어려우니 아침에 신문 배달하고 공부하니 왕성한 혈기에 허기진 배 채우기가 참으로 어려웠다.

김치 넣고 끓인 멀건한 우동국수가 그렇게 맛있을 수가 없고 배고픔을 지켜보는 누님은 자기 먹을 것을 드시지 않을 때도 있었다. 누님은 양장점 쪽 자리를 못 잡으시고, 옷 만드는 공장 쪽에 취직을 하셨는데 얼마나 고된 일을 하시는지 늦게 퇴근하시고 주무실 때는 누가 업어가도 모를 정도로 힘들게 주무신다.

학교에서 우리가 자취하는 소재동 언덕 집을 가는 길에는 철길도 있고, 하천제방 흙길을 따라가다 보면, 강신훈네 집이 왼쪽에 있고 또 조금 가면 문웅수 작은아버지 집이 있고, 기와집 돌담길 큰길을 돌면 토담집으로 된 할머니 집이 있다. 할머니 집에서 한 300m 언덕 집에 오성균네 집이 있고 그 옆에 박찬종, 방명수가 하는 하숙집이 있다. 우리 자취집은 성균네 집 왼쪽으로 100m 떨어져 있다. 성균네 집을 중심으로 자기 집에서 사는 사람, 하숙하고, 자취하는 친구들의 숫자가 10여 명이 되니 시험 때가 아니면 의례히 들려가는 참새 방앗간이 할먼네 막걸리 집이다. 젊은 날의 현실의 울분과 갈등을 해소하기 위하여 막걸리 밥상을 젓가락 장단 맞춰 노래 부르며 두드렸다. 참으로 고마운 할머니이시다.

젊은 사내들의 짓궂은 장난도 많이 했으나, 참 좋은 추억의 작은 미소가 지어진다.

3학년으로 오르다

2학년을 마치니 3학년은 입학하여 5년 졸업까지 학교의 가장 중심적 역할을 해야 하는 때가 되었다. 자연스럽게 대의원을 누구를 뽑아야 할 것인가에 대한 고민을 하게 되었다. 대의원을 하라는 친구들의 추천에 처음에는 극구 사양하였으나 친구들이 보은 촌놈이 그간에 유도 운동하지, 축구 잘하지, 술 잘 먹고, 잘 놀지, 공부 1등 하지 하니 내가 대의원 해서 우리 토목과도 현암제 1등하고 학생회장 한번 당선시켜 보자고 한다. 물러서서 내 공부만 할 때는 아니라고 생각하고 흔쾌히 수락하여 토목과의 위상 본때를 보여주기로 작정하였다.

송영준 국어 교수님 댁에서 따님(중2)에 대하여 공부를 가르쳐 주고 입주하여 생활하면 어떠냐고 말씀하신다. 학교 옆 양옥집에 내 방도 따로 있고 밥걱정 안 해도 되나 숫기 없는 성격이라 교수님이 많이 어렵게 생각되었다.

교수님따님 성적이 오르지 않으니 어쩌겠는가?

3학년 2학기가 되니 나름대로 끼리끼리 모이는 그룹이 형성되었다. 대학을 안 가니 아예 술로 놀자는 쪽도 있었으나 우리는 학교공부에 충실하면서 전공실습도 나가고, 대체적으로 문학 서적을 읽으며 젊음을 즐기는 한편 춤, 기타, 당구, 바둑 등 취미 활동도 활발히 하였다. 나는 가정교사, 유도, 학교 대의원 등 하니 취미생활은 아예 생각도 할 수 없었다.

경륜이 부족한 교수님 전공과목 시간에는 아예 수업시간을 할애하여 첫 시간부터 마지막 시간까지 홀수, 짝수 축구시합을 하여 진편은 삼성동에 있는 삼성 면옥이나 대전 면옥에서 짜장면 곱빼기 내기를 하고 피 터지는 혈전을 벌리고 막걸리를 퍼마시었다. 배고픈 배를 채우기 위하여 가방을 맡기고 짜장면을 먹는 친구도 많았다. 축구할 때는 육탄공격으로 돌진하니 다른 친구들이 촌놈의 뼈다귀가 억세니 나와 부딪치면 많이 넘어지기도 한다.

여름방학 때 우리도 무전여행을 다녀왔다. 그때 당시는 일체 돈 경비 한 푼 없이 출발하여, 버스도 공짜, 일 도와주고 밥 얻어먹기 등으로 속리산, 천안, 수덕사, 광천, 안면도, 대천 해수욕장 등 충북 남 일대를 휩쓸었다.

김일엽 스님 입적하여 기일 중에 있는 수덕사에 가서는 서까래에 매달린 절밥을 훔쳐먹었고, 광천에서 안면도 가는 배를 탔는데 안면도 이장 아저씨가 자기 동생도 대전에 나가 있다면서 훌륭하고 공부 잘하는 대전공전 학생을 만나 영광이라고 자기 집에 데리고 가 동네 청년들을 부르고 돼지 삼겹살과 담근 술을 주신다. 허기진 배에 기름기 있는 돼지 삼겹살에 배탈이나 밤새도록 설사하였으나 고마운 아저씨로 남아있다.

버스에 타면 아예 눈을 감고 바닥에 눕는다. 차장 아가씨가 버스비 달라고 악을 쓰다 내릴 때 총각 윙크하고 고맙다고 인사하면 공짜로 버스비가 면제된다.

중태 친구로부터 대동 부잣집에서 가정교사 입주하고 월급도 준다고 하여, 그간의 감사함과 사정을 말씀드리고 송 교수님 댁에서 대동 ○○네 집으로 거처를 옮겼다.

학생이지만 객지생활에서 돈의 위력은 천군만마를 얻은 장군과 같이 대단했다. 아드님은 대전문화방송국 국장님이시다. 할머니는 피난민으로서 재력가이시고, 입주하니 선생님 대접을 극진하시고 사내대장부 입장을 호소하며 열심히 지도하여 충남중학교 ○○○는 한 달 만에 반안에 상위권으로 뛰어오르니 할머니께서 너무 좋아하신다.

4학년이 되었다

대학 입학하여 한참 젊음을 만끽하여야 할 때 마른 하천에서 용이 승천하였다. 4학년이 되니 충남대학교 수학과 입학한 고향 친구 김응조가 대전으로 오게 되었고 나는 친구에게 가정교사를 할 수 있도록 마련을 해주었다. 초등학교부터 축구를 같이 했던 권병각이가 대동 시장 막걸리 도매상으로 취직하게 되었다. 고향 불알친구 두 놈이 내 곁에 와 있으니 보문산도 올라가고 내장산 단풍구경도 갔었다. 나는 학교를 끝나고 대동 집에 들어가기 전 병각이 가게 들리면 술통에서 막걸리 한 주전자 퍼오면 김치 안주에 그냥 퍼마시고 하루 피로를 푼다. 술장사만 하면 앞날이 불투명하니 사진관 다니며 기술을 배운다 한다. 친구의 의지가 대단하다.

4학년이 되면서 학교공부보다는 학교 토목과 일에 우선하게 되었다. 토목과 학회장 선거에 우리 heaven 클럽에서 4명이 출마하게 되었다. 그래도 학교와 학과에 대한 열정이 모두 대단해서 서로 양보하기로 했으나 양보가 안 되고 다 같이 출마해서 선의의 경쟁으로 페어플레이하자고 다짐했다.

작년 대의원 때는 떠밀려서 대의원(5-22)을 맡았고 이번 학회장은 공약을 걸고 꼭 실천 실행하여 토목과의 위상을 확고히 하고자, 나는 현암제 우승과 학생회장 토목과 당선과 토목과 학회지 발간, 토목과 심볼마크 제정 등 그간의 마음속에 응어리 진 것을 발표했는데 그다음에 아무 생각이 나지 않을 정도로 긴장했었나보다. 도서관에서 공부 많이 하는 선배님, 유도부, 축구부 선배님, 술꾼 선배님 지원으로 당선이 되었다. 약속대로 현암제 우승을 위하여 다른 과 모르게 농구, 배구, 축구, 마라톤, 육상 등 선수를 차출하여 1km 떨어진 한밭중학교에서 수업을 마치고 다른 과 모르게 연습을 시작했다. 반대의견도 많고 비아냥도 있었지만 이번만은 꼭 승리하자는 각오와 과 공식 경비 이외에 운동 연습 후 삼성 면옥 짜장면 값은 내가 탄 장학금으로 선불하였으니 마음껏 먹으라 공표하고, 대폿잔 건배를 하고 우렁차게 식장산 교가를 부르니 후배들이 믿고 따라오게 되었다. 정말 기적이었다.

불가능한 꿈이 이루어졌으니 말이다. 각 종목에서 선전하고 마라톤에서 우리 후배선수가 손을 흔들며 당당히 1등으로 들어온다. 한밭중학교에서 사전 연습한 대로 우리는 이루어내고 있었다.

토목과가 현암제 종합우승(5-19)이다. 최종시상식을 토목과 종합우승, 기계과 2등으로 교장 선생님께서 발표하시었다. 기계과에서 토목과 부정선수를 문제 제기하여 우승이 기계과라고 우겼다. 매년 꼴찌의 토목과에게 우승을 넘길 수가 없는 기계과였다. 그날 우리 토목과 깃발은 밀림의 왕자인 사자로 상징하였다

사자의 포효를 토하였으며, 미리 제작하여 만든 자연을 짓뭉개고 조각하는 도저를 어깨에 짊어지고, 교가인 식장산에 동트는 서광을 목이 터져라 부르며 우승의 기쁨을 발산하였다. 삼성동 교문을 출발하여 삼성교 다리를 건너 우체국을 지나 배고픔을 해결한 삼성면옥을 지나 대전역까지 어깨동무하여 도저를 둘러메고 행진을 하였다.

"라라라 라라라 라라 공전에 전통 세울 우리 토목과. 이 보아라. 늠름하고 용감한 용사 기계 선수, 전기 선수, 건축과 선수 이길 용사 없네.

올해도 승리, 토목과 토목과!"

"우리는 노가다 콘크리트 후보생 즐거운 일요일이 돌아오며는 T자 팔아 30원 제도기 팔아 50원, 80원을 가지고 중동에 간다. 영자를 부를까, 순자를 부를까" – 생략.

"식장산에 동트는 서광, 온 누리가 다 웃는다.

들어라 자주 평등의 종을, 건설의 종을 구원한 이 겨레의 솟아나는 대 이상 건국의 거룩한 사명, 빛나는 저 태양을, 길이 배우자, 선구자가 될 우리들 자유의 탑을 쌓자. 자유의 탑을 쌓자. 이 나라 영원히 빛내일 우리 대전 공전".

현암제가 끝나고 학교에선 정용식 교장 선생님께서 기계과의 의견을 받아들여 기계과 우승으로 번복하시겠다고 하신다.

기계과 학회장인 최충하를 설득하였으나 학우들이 용납하지 못하니 기계과 우승이라 주장한다.

한 달여를 학교공부는 못하고 교장 선생님과 싸운 것 같다. 토목과 우승은 정당하다고 계속 주장했다. 총학생회장 선거가 얼마 남지 않았다. 충하에게 제안을 했다. 잘 가는 막걸리 집에 가서 너희는 현암제 우승도 많이 했고, 현재 학생회장도 너희과 아니냐? 너희는 잘하는데 우리 노가다 토목과는 한 번도 너희를 이겨본 적이 없다. 기계과 우승으로 내가 양보하면 너희는 우리 과에 무엇을 해 줄 수 있느냐? 학생회장 선거 때 우리 토목과에 표를 줄 수 있겠느냐? 너나 나나 어려울 때 학회장 맡아 이지경이니 둘 다 사는 방법은 공동우승이다. 교장 선생님께서 토목과와 기계과 공동우승으로 정정발표 하시어 토목과 기계과의 화합과 상생의 길을 가게 되었다.

4학년 여름방학에 주택공사 서울 개봉동 택지조성공사 30만 평 현장에 15일간

실습을 다녀왔다. 땅을 깎고 메우고 측량하고 이것이 토목이구나 감을 잡았다. 그때 서울 구경을 처음 했으니, 젊은 혈기의 열정으로 헤르만헤세의 데미안에서 "새는 알을 깨고 세상에 나온다." 새 세상을 알기 위하여는 알껍질을 깰 수밖에 없다는 진리를 용산에 와서 기성이와 함께 하룻밤을 새우며 알게 되었다. 산에서 사는 龍이 있는 龍山역에서 젊은 혈기의 한밭의 사나이는 현실 앞에 무릎을 꿇고 찐한 눈물을 흘리었다. 기차를 타고 인천 주안에서 두부 공장 하시는 작은 형님댁에서 1박을 하게 되었다. 토목과 학회지 발간을 하게 되었다. 제목은 '파도'이다. 세찬 바람과 비에 넘고 넘는 '파도'의 기세가 잔잔한 물결로 가는 고요가 있는 '파도'이다. 토목과 심벌마크는 '사자'로 하였다. 토목 학회지와 토목과 심벌기가 어딘가에 남아있을 것이라 생각되지만, 살펴보고 돌아볼 시간도 없이 지나온 40여 년이다.

상기네 대동 집에서의 가정교사 생활은 무의미하였다. 상기의 성적이 더 이상 오르지 않고, "형님 저는 공부를 더 이상 할 수 없다"고 얘기하니 취직을 위한 공부도 하여야 되니 포기하고, 새로운 먹고 자는 곳을 찾을 수밖에 없었다. 학교 옆에 삼성동 임홍빈 친구네 집에 한종환이가 혼자 자취하고 있었는데 함께 생활하도록 종환이 친구가 배려해줬다.

연탄불에 밥 짓고 콩나물국 끓이고 설거지하는 것보다는 옆집 선술집에 가서 막걸리 한잔시켜놓고 술국에 밥 말아 먹는 것을 자주 하였다. 학교가 가까우니 절친한 친구들이 모이게 되니 공부에 집중이 안 되었다.

어느 날 축구시합 후 주변 건달패(일명 깡패)와 패싸움이 벌어졌으나, 친구들이 술이 만땅이 되어 퍽퍽 쓰러지고, 우리 자취집에 차곡차곡 업어다 재우니 대공 토목과 어깨들 체면이 말이 아니다. 다른 친구들은 좋은 명문 대학에 진학했는데 우리 대공 친구들은 거의가 장래희망이 없는 젊음의 꿈이 꺾이어 방황을 할 때이다. 현실적으로 이제 취직이라는 관문을 뚫고 근무하다 군입대를 할 것이냐? 아니면 대학 3학년 편입을 하여 대학을 마치고 군입대 2개월 단축을 받고 고시공부를 할 것이냐?

가정 형편이 좋은 몇몇 친구들은 졸업 후에 건국대, 한양대로 편입하였다.

그래도 우리는 우선 취직이라는 대명제가 앞에 서 있고 앞에 나가신 선배님들이 건설부, 서울시청 등 100% 취직이 되어 활동하고 계시니 4학년이 되면서 서로서로 무슨 책을 봐야 하느니 어느 선배가 수석으로 합격하였는지 준비를 하게 되었다.

기다리던 서울시 토목직 9급 시험이 공고되었다.

모집인원이 5명이다. 건설경기가 없어 서울대, 한양대 등 전국대학에서 응시하고 우리 40명도 다 응시하니 가히 100대 1이 넘는 것 같다. 학생회장 선거전에 합격발표가 날 것이고, 합격이 안 되면 토목과 학생회장 당선은 물 건너간 것이고, 또한 박정희 대통령 장학생의 자존심과 고향에서 고생하시는 어머님, 아버님, 폭행사고를 낸 불명예 등을 불식시키기 위하여 절대절명인 필살의 각오로 꼭 합격하여야 했다. 식사는 큰 누님 가겟집에서 해결하였고, 아예 독서실에서 거주하기로 하였다.

다른 친구들도 함께 독서실에서 공부를 시작했다.

연탄난로에 라면 끓여 먹는 낭만도 있었다. 측량, 역학, 국어, 상식 과목을 줄줄 외우고 서로 질문하고 또 외웠다. 서울 단국대학교에서 시험을 보았는데 뭐가 뭔지 잘 기억이 나지 않는다. 합격자 발표에 대전공전 2명, 경기공전 1명, 기타 타 대학에서 2명이다. 첫 시험에 합격을 하였으니 온통 다 내 세상이다. 이후 서울시 9급 시험을 연차적으로 30여 명 뽑아 우리 학교 친구들은 10명이 합격을 하였고 전국에서 가장 많은 합격자를 낸 명문 학교로서 자리를 잡게 되었다.

5학년이 되었다

학생회장 선거가 시작되었다. 다행히도 현암제(5-19) 때 기계과 최충하 친구와 약속한 대로 기계과는 이번 학생회장에 불출마키로 하였으니 전기과, 토목과, 건축과끼리 싸움인데, 기계과 표가 어디로 가느냐에 따라 회장은 당선되게 되어 있다. 기계과 친구들을 각개, 각파로 만나 나의 입장을 호소하였다. "나는 서울시 공무원에 합격했다. 너희들 덕분에 현암제 토목과 우승도 했다. 우리는 여지껏 토목과 학생회장이 나오지 않았다." 나의 확고하고 깡다구 있는 설득에 충하의 약속대로 기계과 친구들은 토목과에 표를 던졌다. 드디어 토목과 출신인 1년 후배 학생회장 이석문이 당선되었다.

엄청난 대변혁이 일어났다. 개천에서 용이 났듯이 현암제 우승, 총학생회장 토목과 당선을 현실로 이루었다. 학교 5년 동안 국민안전을 지키시며 박봉에 학비와 생활비를 지원하신 홍영 큰형님과 형수님, 자취 시절에 공부 잘 하라고 우동국수 국물 남겨주셨던 명순 작은 누님, 경주김씨의 기개를 살려 주셨던 홍칠 작은형님, 호떡가게 하시면서 배고픔을 해결해주셨던 큰 누님, 우리 가족 5남매의 형님과 누님들의 지원과 도움 덕으로 졸업은 72년 2월(5-20)에 하였다.

젊은 청춘의 노래

국립대전공업 고등전문학교는 5년제로서 박정희 대통령님께서 국가경제개발의 기치 아래 만들어진 학교이다. 학교의 발전은 우리나라 근대화 발전과 같이 우여곡절이 많았지만 90살이 된 현재는 국립한밭대학교로서 우뚝 서 있게 되었다.

고등학교와 대학과정을 통합하여 5년 동안에 과학 기술을 배워야 하므로 인문과목과 예체능 과목 시간은 거의 없는 편이다. 음악 시간은 아예 없으니 한참 혈기왕성한 젊은이들의 음악적 정서는 황폐할 수밖에 없으므로, 유행하는 유행가를 부르면서 황량한 심사를 달랠 수밖에 없었다고 하겠다.

즐겨 불렀던 유행가를 살펴보겠다.

연속극 주제곡이었던 최희준의 「종점」 노래, 대전노래인 「대전부르스」, 「신라의 달밤」, 「오동동 타령」 배호의 「돌아가는 삼각지」, 송창식의 「고래사냥」, 쟈니리의 「뜨거운 안녕」, 윤일로의 「월남의 달밤」, 은희의 「꽃반지 끼고」를 술밥상에 숟가락 두드리며 장단 맞추어 신나게 노래를 불렀다. 가정 사정이 어려우니 기타배우고 기타치기는 어렵고 전축 틀고 디스코 추는 춤은 몇몇 친구들이나 할 수 있었다. 토목과 결속 단결을 위한 「자이언트」의 "라라라 ……공전의 전통세울 우리 토목과 ……올해도 승리, 토목과" 무서울 게 없는 젊은 청춘의 한밭의 노래가 울려 퍼졌다.

○. 뜨거운 여름날에 윷판의 뒷밭을 달린다

21세~37세(1973년~1989년)

서울로 가는 뜨거운 여름을 맞이한다

서울시 영등포수도사업소에서 근무하고, 군 생활을 강원도 인제에서 마치고, 다시 서울시에 복직하여 영등포구청, 서울시지하철건설본부, 학교, 결혼, 집 신축, 진급, 서울시종합건설본부를 근무하면서, 윷판의 뒷밭을 달리며 갈등과 절망과 희망을 갖고 서울의 뜨거운 여름을 보냈다.

윷판(연령)에 배치된 21세에서 37세까지의 경전 말씀의 체(体)의 내용을 살펴보겠다

천부경天符經(2-9)에서는

「일지일이인일삼일적십거무궤 …… 생칠팔구 운삼사 一地一二人一三一積十
鉅無匱化 …… 生七八九 運三四」

한은 열 곱으로 불어나면서 모자람이 없이 세 극으로 화하느니라………일곱, 여덟, 아홉수로 생성하며, 셋넷수로 운행한다.

태을주太乙呪(2-10)에서는

「태을천상원군太乙天上元君」

천지 만물이 생겨난 바탕 자리, 우주 생명의 본체, 우주정신을 찾고 율려수를 회복하게 해주는 만유 생명의 근원자리에 계신 태을천 상원군이다.

윷판(연령)에 배치된 경전의 말씀의 용(用)의 내용을 살펴보겠다

참전계경8강령(2-11)에서는

믿음 신信과 사랑 애愛로서

믿음의 신信은

「신자 천리지필합 인사지필성 유오천단삼십오부 信者 天理之必合 人事之必成 有五團三十五部」

믿음은 하느님의 섭리와 합하는 것으로서 인간만사를 반드시 이루게 하는 것이니 다섯 가지 무리와 서른다섯 가지 부분이 있느니라.

의義는 의로움을 가져야 하고
약約은 약속을 지켜야 되며
충忠은 충성이 따라야 하며
열烈은 절개를 지켜야 하며
순循은 순리를 따라야 하며

위 다섯 가지 무리의 작용이 온전히 이루어졌을 때 비로소 믿음을 가지게 된다.

296

사랑 애愛는

「애자 자심지자연 인성지본질 유육범사십삼위

　愛者 慈心之自然 仁性之本質 有六範四十三圍」

　사랑은 자비로운 마음에서 자연스럽게 우러나오는 것으로서 어진 성품의 근본 바탕이니 여섯 가지 본보기와 마흔세 가지 둘림이 있느니라.

　서恕는 용서하는 것이며
　용容은 포용하는 것이고
　시施는 베풀어야 하며
　육育은 보호육성해야 하고
　교敎는 가르쳐야하며
　대待는 참고 기다리는 것이다.

　위 여섯 가지 작용이 온전히 이루어졌을 때 비로서 사랑하는 마음이다.

오행五行(2-12)에서는

남주작 남쪽으로 계절로는 **화火 여름**이요, 사람의 덕목으로는 **예의 예禮**이요, 느낌으로는 즐거움이다.

정역正易(2-14)에서는

금화이송金火二頌이다.

「오황대도 당천심하니 기동북이고수하고 이서남이교통이라 경금구이기영이요

정화칠이수허리로다. 이금화지호위하야 경천지지화권이라. 풍운동어수상이요 가
악장어무문이라, 희황하지일청이여, 호일부지장관이라, 풍삼산이 일학이요 화삼
벽이 일관이라, 관어차이 대장하니 예삼천이의일이라.

「吾皇大道當天心하니　氣東北而固守하고　理西南而交通이라　庚金九而氣
盈이요 丁火七而數虛理이로다. 金火之互位하야 經天地之化權이라. 風雲動
於數象이요 歌樂章於武文이라. 喜黃河之一淸이여 一夫之壯觀이라. 風三山
而一鶴이요 化三碧而一觀이라. 觀於此而大壯하니 禮三千而義一이라.」

우리 오황극의 대도가 천심에 당하니 기는 동북에서 굳게 지키고 이는 서남에
서 교통이 되는구나. 경금은 9이니 기가 차있음이요, 정화는 7로서 수가 비어 있
도다. 금화가 서로 자리를 바꾸게 다스려지니 천지의 화권을 경영하는 것이라. 풍
운은 수와 상에 의하여 움직이고 가락은 문무에 빛나는 도다. 기쁘나 황하가 한
번 맑아짐이여, 기쁘게 일부가 장관하노라. 삼산에 바람이 부니 한 마리의 학이요
삼 벽은 조화하니 한 마리의 황새이라. 이에서 대장을 바라보니 예禮는 삼천이나
의義로는 하나로다.

주역周易 64괘(2-13)에서

22 산화비山火賁 괘卦에서 37 풍화가인風火家人 괘卦까지이다

나이	괘명	괘의 의미
22세	산화비 山火賁	무감절옥无敢折獄 산 아래에 붙어 있어 환히 비추고 단풍이 물들면서 아름답게 꾸미듯이, 나라를 밝게 다스리고 사회를 아름답게 꾸미며 형벌을 판단함에는 신중하게 한다.

23세	산지박 山地剝	후하안택厚下安宅 산이 땅 위에서 천하를 내려 보듯이 소인이 득세한 세상에서도 군자는 인생을 두텁게하고 사회를 안정시키는 노력을 한다.
24세	지뢰복 地雷復	지일폐관至日閉關 암울하고 어두운 상황에서 상서로운 새로운 기운이 들어올 때에는 그 기운을 잘 보전하고 굳게 지킨다.
25세	천뢰무망 天雷无妄	대시육물對時育物 하늘이 부여한 성품을 바르게 지켜나가고 천도의 변화에 응하여 만물을 기른다.
26세	산천대축 山川大畜	다식축덕多識畜德 망령됨이 없는 상태에서 하늘이 산속에서 들어가듯이 성인의 언행을 익히고 덕을 크게쌓아 도를이룬다.
27세	산뢰이 山雷頤	신언절식愼言節食 만물을 기르고 성인을 기르고 수양을 하는데는 언어를 삼가고 음식을 조절해야 한다.

28세	택풍대과 澤風大過	독립불구獨立不懼 천도가 큰 변화를 일으키고 크게 지나쳐서 정상적이지 못한 상황이 올 때 홀로 있어도 두려워하지 않고 세상을 멀리해도 번민하지 않을수 있는 도와 심법을 갖춘다.
29세	중수감 重水坎	상덕습교常德習敎 천도의 운행에 큰 변화가 일고 사회의 변화에 큰 어려움이 닥칠 때 군자는 덕행을 떳떳하게 하고 가르치는 일을 익혀야한다.
30세	중화리 重火離	명조사방明照四方 태양같이 밝은 지혜로 재앙을 극복하고 밝음을 이어 사방을 비추어 천하 백성을 구제한다.
31세	택산함 澤山咸	이허수인以虛受人 연못과 산이 아무 사사로움이 없이 기운을 통하여 천기와 지기를 교류하듯이 남녀관계를비롯한 인간의 사회적 관계에서도 마음을 비우고 서로의 기운을 교감하여 뜻을 통한다.
32세	뇌풍항 雷風恒	입부역방立不易方 사랑은 서로가 만들어 나가야 할 책임이다. 신중하게 목표를 설정하고 목표를 세웠으면 함부로 바꾸지 말고 뜻을 이룬다.

33세	천산둔 天山遯	불악이엄不惡而嚴 소인이 득세하여 군자의 뜻이 행해지지 않을때에 군자는 몸의 사사로움을 이겨 예에 회복하고 소인을 대하기를 악하게 하지 말고 엄하게 하여 소인이 망동함을 경계한다.
34세	뇌천대장 雷天大壯	비례불리非禮弗履 아무리 앞길에 막힘이 없어 승승장구하게 나갈지라도 항상 예가 아니면 행하지 않는다.
35세	화지진 火地晉	자소명덕自昭明德 땅 위로 태양이 솟아오르듯이 일이 잘 풀려나갈 때 일수록 스스로의 밝은 덕을 더욱 잘 밝힌다.
36세	지화명이 地火明夷	용회이명用晦而明 밝음이 땅속에 들어가 있듯이 소인이 세를 얻어 폭정을 하는 암울한 시기에는 스스로를 그믐같이 어둡게 하여 무리를 화합시키고 세상을 서서히 밝혀 나간다.
37세	풍화가인 風火家人	언행유항言行有恒 직장에서나 가정에서나 원만한 조화를 이루기 위해서는 저마다의 본분을 지키고 맡은바 역할을 충실이 수행하여야 한다.

인생人生 행로(2-15)에서는

「자왈 오삼십이립하고 子曰 吾三十而立하고」

공자님께서 나는 **30세에 뜻을 세웠다**고 하셨다.

□. 서울의 문을 두드리며

대전공업고등전문학교를 1972년 2월에 졸업하였으나 기다리던 서울시 발령은 나지 않고 자리가 없으니 무작정 기다리라고 한다. 군대 입대 전에는 어떻게 해서라도 우리 집 빚을 다 갚아야 하는데 참으로 막막하다. 졸업을 하면 바로 취직이 되어 부모님에 걱정을 다 해결할 수 있을 것이라 생각했는데 앞일이 암담하다.

서울시 발령 나기 전까지의 생활을 위하여 서울로 무작정 상경을 하였다. 어머니께 안심하도록 말씀드리고, 겨우 차비만 마련하고 고향 집을 나섰다. 대전의 친구들도 군대 입대한 친구도 있고 대학 3학년 편입도 하고 다들 바쁘니 꿈 키웠던 대전 한밭도 반겨주는 이 없는 황량한 벌판이다.

큰집 춘자 큰조카가 있는 안국동 2층 다락방 양장점에 잠시 거주하며 일자리를 알아보았다. 춘자 조카, 옥희 조카, 복희 조카, 양식이 조카에 나까지 침식하니 비좁고 불편하지만 그래도 아저씨라고 따뜻한 밥 주고 힘을 주신 조카님들에게 너무 고맙지만, 아직 어떻게 고마움의 표시를 못 하고 있으니 참으로 안타깝다.

첫 서울은 대전과 마찬가지로 잠자고 먹고가 첫째이고, 그다음 일을 해야 되는데 참으로 막막하다.

'한국 발달심리 연구원'이라는 교육기관에서 일주일간 특별교육을 받고 각 가정을 방문하여 적성검사, 인성검사 등을 하고 자녀의 진로선택과 교육을 지도하는 과정인데, 서울대 영문학과에 다니는 김우식 친구와 함께 다니면 쉽게 계약도 하고 성과를 올릴 수 있다고 생각했는데. 벨을 누르고 설명 안내까지는 하지만 돈으로 계약 때는 말문이 막힌다. 첫 스타트를 끊기 위하여 응이 친구 형님(삼청동에서 연탄가게로 기반을 잡고 계신)응문형님께 열심히 설명하였으나 역시 돈 계약에서는 성사가 안 된다.

광화문 세종문화회관 뒷골목에 있는 가칭 '한국제포공업 협회'라는 곳에 응시하여 「한국수출증대 대책에 대해서 논하라」 논술시험을 봐서 합격하였다. 출근하고 보니 사장님하고 직원 한 분이 계셨고, 사업을 하시는 분, 정치 쪽 이야기하시는 분, 서너 명이 매일 모이셨고 점심을 짜장면으로 해결하였다.

가방을 파는 남대문 시장과 동대문 시장을 방문하여 한국제포공업 협회에 가입하도록 하여 협회를 만드는 작업이 시작됐다. 그러나 시장에서 가방을 만들어 파는 업주 쪽에서 기존 업체가 아닌 유령 단체라 하여 성사가 안 되었다.

배운 것이 토목인데 무슨 발달심리 교육 세일즈가 될 것이고, 제포공업협회가 될 것인가? 직원을 뽑는 주체가 허구인데도 수많은 젊은 대학졸업생들이 응시하러 모여들었다. 40여 년 전 그때도 취업난은 현재와 마찬가지로 험난했다.

미아리 쪽 삼양동 산꼭대기에 있는 재건학교를 찾아가서 수학, 물상 선생님으로 취직을 하였다. 낮에는 일하고 밤에 공부하는 야학으로 학생들이 배우고자 하는 의욕이 넘치고 있었다. 소정의 월급 지급 조건에 서울시 발령 전까지만 야학 선생님 하기로 교장 선생님과 약속을 하였다.

처음 대하는 야학 학생들은 나를 무척 따랐고 희망에 부풀었다.

"새는 양쪽 날개로 힘차게 날갯짓을 하여야 날 수 있는데, 머리에 있는 눈으로 정확한 목표를 정하여 가야지만 가고자 하는 지점에 도착할 수가 있다. 기왕이면 높게 올라 보아야 잘 보이지 낮게 날면 앞이 잘 보이지 않는다. 젊음은 가난을 극복할 수 있고 높게 날갯짓하여 새 희망의 나라로 선생님과 함께 날아보자."

이때는 서울시 발령을 먼저 받은 황의석 친구와 미아동에 자취방을 얻어서 함께 생활하였다.

북현무 물 수水로 시작을 하다

한 달 후에 기다리던 서울시 토목직 8급으로 영등포 수도사업소로 정식발령이 아닌 군대 가서 빈자리에 조건부 발령을 받았다.

졸업하고 서울에 올라와 먹고 자고 살고 정착하고자 한 7개월은 힘들고 어려웠지만, 눈감으면 코 베어 간다는 서울이라는 곳의 삶의 현실을 뼈저리게 실감한 큰 경험이 되었다.

72년 9월에 발령을 받았으니, 군대 입대 전 1년 기간은 앞으로 나의 앞날에 참으로 소중한 때이다. 모든 것을 준비하여야 할 시기이다.

영등포구는 그때 당시 현재의 강남, 송파, 서초, 강서, 양천, 구로구 등 한강 이남의 구청을 다 관장하는 넓은 지역이다.

영등포 수도사업소에 보직은 처음에는 공무1계의 서류정리, 직원들 지원 등 서무역할을 하는 것으로 보직이 없었으나 김정봉 계장님, 조광치 주임님께서 군대 입대 전 그래도 일을 해보아야 된다고, 가장 민원이 많은 불출수 고지대인 가리봉동과 구로동 일대를 맡겨주신다. 직원화합 축구시합 때 월등히 잘 뛰고 회식 때 술 잘 먹고 잘 노니 그대로 능력을 인정을 받았다.

도시기반 시설이 건설되기 전, 나대지에 업자들이 자기 상수도선을 깔아놓고 건축허가가 들어오면, 그것이 자기의 일로 만드는 상수도 행정절차가 정립되지 않았을 때이므로, 사무실에 출입하는 불량한 업자도 몇몇 있었는데, 어느 날 우리 직원에게 술 먹고 고함지르고 폭력 행사하는 덩치 큰 상습 불량업자가 있어 설득했으나,

듣지 않으므로 업어치기로 내동댕이치니 쭉 뻗어 조용해졌다. 그 이후는 우리 사무실에는 불량업자들의 난동이 없어졌다. 그 후 내 의자 뒤엔 조수형 직공장님이 '대장군 김홍석'을 크게 써 놓게 되었다.

73년 4월에 정식으로 토목직 9급 발령을 받았다

수도사업소(5-25)엔 경기공전을 졸업한 유기운이 함께 발령받았고, 영등포구청 토목과에는 서울시 부시장도 하시고 현재 중구청장인 최창식이 발령을 받았다.

다들 원하는 부서는 토목과이고, 수돗물 쪽은 힘없는 사람이 가는 곳으로서 시작은 토목과가 아니고 물에서 시작하였다.

군입대 전 서울에서 공부한 경기공업 출신인 두 친구는 대학편입을 하여 학교를 다녔고, 나는 도저히 학교 편입은 생각도 못 하고 공부는 군대 가서 하고, 제대해서 대학편입을 하는 것으로 하였다.

우리 대전 친구들은 문재길교수님이 계신 건국대학교로 편입하여 나름대로 제 갈 길로 가고 있었다.

어느 정도 서울 생활이 익숙해져갔다.

의석이와 상의하여 미아리에서 영등포까지 거리가 멀어 출퇴근이 어려우니 영등포에서 가까운 서울대교 건너편 마포동으로 자취방을 옮겼다.

막내아들이 서울시에 다닌다고 시골에서 많이 자랑하셨는데, 어머니를 서울 구경시켜 드리기로 하고 마포 집으로 모셨다. 문간방 총각들이 사니 어머니가 불편해하셨지만 그래도 어머님께 서울객지에서 따뜻한 막내아들의 정을 처음으로 드리게 되었다.

푼푼이 모은 돈으로 어머님께 금반지도 사드리고, 군입대 전 작은 형님과 작은 누님이 얻으신 장례쌀과 빚은 꼭 갚아드릴 수 있다고 말씀드리니 참 대견해 하신다.

영등포시장 앞 버스정류장에서 가방 들고 계신 아주머니를 가운데 두고 키 큰 두 사람이 앞뒤로 서서 가리고 작은 사람이 가방을 칼로 자르고 물건을 꺼낸다. 옆에서 "아주머니 조심하세요." 알려드리니 그대로 서너 명이 나에게 달려든다. 버스 정류장 전문 쓰리꾼이니 나를 그냥 보낼 리 없다. 한참 뛰고 달리다 보니 쫓아오지 않는다. 한동안 그 버스정류장에 가지 않았다.

호탕하신 김정봉 계장님은 나를 많이 아끼시었다.
"김 기사 군대 갈 날이 다가오네."
"일은 재미있는가?"
"예! 계장님 덕분에 많이 배우고 있습니다."
"그러면 관급 공사도 맡아서 해봐."
"예 감사합니다."
단골 한식집에선 제일 좋은 술이 맥주이고 그 다음 술이 정종대포이다. 혈기왕성한 청년이 배고플 때이니 왜 그렇게 맛이 있는지.
영등포 시장통에는 욕쟁이 아주머니 푸줏간이 있다.
현장을 다녀와 선배님들과 함께 가면 코가 삐뚤어지게 소고기 안주로 소주를 먹는다. 엄청 맛있다.
선배님들께서 군대 가기 전 영등포에서 제일 멋있는 술집으로 2차를 데리고 간다.

"정말 예쁜 아가씨들 여기다 와 있네. 야 별천지가 따로 없구나."

현장 출장 시에는 가리봉동 상수도 업자인 조 부장님이 현장설명 안내를 해주시고 가리봉동 구로시장 돼지갈빗집으로 간다.
돼지갈비가 그렇게 맛있을 수 없다.
차츰 군대 입대할 시간이 다가오고 있다.
다른 대전 친구들과 경기공업 친구들은 나름대로 대학편입을 하였는데 편입을 못 하였으니 기술고시에 응시할 자격도 안 되고, 한참 공부에 전념할 시기에 놀고 있으니 한심하다. 군대 가서 3년을 어떻게 해서라도 내 시간을 만들어 공부해야겠다는 생각이 떠나지 않았다.

　대전학교 선배인 공군 특무상사님을 상수도설치허가관계로 만나게 되었다. 소개해주신 상수도 신대방동 김 사장님께 수고비 드리니, 군입대후 미군 부대나 보안부대직으로 보내주신다고 책임진다 하신다. 계장님과 직원들이 전별금을 마련해주셨고 그간 알뜰하게 모은 돈으로 어머니께서 수년간 지고 계신 시골 빚을 군대 입대 전 다 갚게 되었다. 또한, 대전 큰 누님께도 학교 다닐 수 있도록 밥 주시고 뒷바라지에 고생하셨다고 있는 돈 다 털어서 드렸다.

□. 인제 가면 언제 오나 군 입대를 하다

　논산훈련소 30연대로 군 입대 하였다.
　훈련소 훈련 중 취침시간에 기상시켜 관물분실을 이유로 침상에 정렬하여 무자비하게 발바닥 매타작을 시작한다.
　매타작에 견디기 어려워 장기 하사에 지원하는 훈련병이 많았다.
　숟가락, 반합 등 지급 관물이 잠자고 나면 없어진다.
　집단으로 중대원 전체가 기합을 받는다.
　남의 물건에 손을 대본 적이 없는데, 군대 와선 자기뿐이 아닌 중대원 전체가 공동책임으로 기합을 받으니, 야간 잠잘 시간에 타 중대에 가서 관물을 훔쳐 올 수밖에 없다. 각오하고 군입대를 했지만, 양심과 비양심 경계선에서 그래도 살고자 하는 현실을 택할 수밖에 없다. "감사히 먹겠습니다." 하면서 식사 끝이 되니 짬밥 버리면서 식사를 할 수밖에 없다.

　훈련소 퇴소 때 동기 친구 백운용과 함께 5개들이 1봉지 빵을 70개 정도를 먹어 치웠는데 그래도 배가 고프다. 훈련말미에 카츄샤, 보안부대 차출이 있었으나 내 이름 호명이 없다. 나에겐 해당 사항이 없는가 보다. 내심 군대 전 부탁드린 것이 통하리라 생각했는데, 전혀 소식이 없다. 후반기 교육을 김해 공병학교로 가게 됐다. 훈련이야 함께 받으니 따라갈 수 있는데, 김해의 물로 바뀌니 여름에 배탈 설사가 1주일 이상 간다. 역시 공병학교에도 장기 하사지원 관계로 매타작을 하니 몇몇 훈련생들이 자의든 타의든 간에 그 고비를 못 넘고 지원을 한다.

자대배치는 따블백 메고 트럭 뒤에 타고 103연대(아마 원주)로 가서 대기하다 3군단(5-26)(강원도 인제 현리)으로 명받아 꼬불꼬불 트럭 타고 야밤에 한없이 산속으로 들어간다.

기간병 얘기가 앞산 능선 보이는 까만 나무들이 최전방 휴전선 철책선이라 하니 다들 한숨 소리가 크다.

3군단에 하루 대기하고 다시 3 공병여단(5-26)(인제 하남)으로 배치되어 3 공병여단 행정처로 전입이 되었다.

선임병들이 능력 있는 후임병을 차출하기 위하여 병사 기록카드를 보고 이력서를 쓰게 하여 행정처, 작전처, 군수처, 시설처 순으로 배치가 되었다. 나는 글씨를 잘 쓴다 하여 행정처 장교계 보직을 맡게 되었다. 나머지 함께 훈련받은 친구들은 다시 예하 각 대대와 중대로 배치되었다.

행정처(5-27)에서 나를 뽑아준 사수님이 조수를 아껴주셨는데 오태석 병장님, 최영철 병장님, 한원일 병장님, 김종휘 병장님 등 사수님들이 다 고참이라서 3개월 정도 지나니 다 제대를 하시고 중간고참 김수익 상병님, 이근호 일병님이 사수가 되었다.

이등병 졸병 때야 훈련 잘 받고 아예 마음먹고 고참님들 빨래와 관물정리 다 맡아서 하고, 야간 보초 대리로 근무하니 인기가 좋다. 복잡했던 서울생활을 다 잊고 먹을 것 배불리 먹고 보초 서며 잠 잘 자니 몸무게가 58kg에서 62kg으로 뚱보가 되었다.

인사권이 있는 행정처의 위력으로 4.24일 입대한 박건호(1년 후배)와 함께 1월 군번까지 동기 먹기로 하고, 함께 전입한 5월 군번은 8월 군번까지 후임 동기가 되었다.

내무반 생활은 처절한 동기별 군기 싸움이며 각 처별 파워 싸움이다.

'강원도 인제는 인제 가면 언제 오나 원통해서 못 살겠네'의 첩첩산중 겨울은 길다. 가을에는 겨울나기 난방 화목을 준비하여야 되는데 행정처 졸병으로 뽑혀 나갔다.

산속 오두막집은 전기도 들어오지 않고 밤이면 별만 보이고 온통 깜깜한 어둠이다. 호롱불 밑의 젊은 낭만의 저녁이 익어간다. 젊은 군발이 빡빡머리 총각들이 낮에는 큰 고사목 자르고 땀 흘려 둘러메고 굴리어 화목을 차곡차곡 쌓아놓는다. 저녁에는 토종닭 백숙, 고구마, 감자에, 개구리탕에, 진땡이(5-32) 막걸리를 퍼마신다. 아! 이것이 아무 걱정 없는 천국인 것 같다.

큰 고목나무가 넘어질 때의 '우작작쿵' 소리는 시원 통쾌하다.

자기 소속처에서 힘 있고 능력 있는 고참이 있느냐에 따라 졸병들의 내무반 생활은 하늘과 땅 차이다.

1월 군번 군수처 박창수 일병이 사회 있을 때 대학원 석사 출신인데 건방지다 하여 시설처 병장이 야전삽을 들으니 옆에서 동기 병장들이 MI 소총들고 합세하여 무자비하게 때리고 굴려 밟으니 거품 물고 기절을 한다. 의무실에 입원시킨다.

야간취침 후 매타작은 다반사로 고참병들이 짜고 박일병을 103 병원으로 후송을 보냈다. 나 또한 시설처 병장님에게 찍히어 취침 후 창고로 불려가 매 맞았으나 우리는 노가다 토목쟁이로서 서울시에 근무하다가 입대하였다고 얘기하고 깨끗이 맞아주니, 다음날 서울시 다니다 입대한 김남식 병장님이 부른다. 그 후 시설처 병장님과 우호적 관계가 되었다.

윗동기 쪽에서의 아랫동기 군기 잡는 빳다는 취침 후 화장실 뒤편에서 일어난다. 많이 맞았다. 아예 맞으려니 생각하고 맞으니 난 그렇게 억울한 것 같지 않고, 함께 훈련, 보초, 축구시합 등 하다 보니 서로 관계가 이해가 되어 짬밥 수가 쌓여가면서 요령이 생기어 재미있는 군대생활이 되었다.

5분대기조 차량이 굴렀다

　군대 5분대기조(5-28, 5-31)는 유사시 긴급 출동하여 적군을 섬멸해야 하는 의무 대기조이다. 강원도 산악도로는 비포장도로에 정비가 잘 되어 있지 않아 사고가 많이 난다. 의대 다니다 장가가고 군대온 이 일병, 사법고시패스하고 들어온 서울대 법대 강병장님, 사회 전과가 있어 취사병으로 온 인간성 좋은 식당 반장, 각기 자기 인생을 꽃피우다 국가의 부름을 받아 온 젊은이들에게 불시에 사고가 발생했다. 공비출현 비상으로 5분 대기조가 출동했다.

　소대원 15명 정도가 트럭 타고 출동하여 산비탈도로에서 차량이 굴렀는데, 고참 병들은 다 뛰어내렸는데, 이병, 일등병들은 야간에 보초 근무하여 수면이 부족하여 보초 설 때, 차 탈 때, 도보 훈련 중에는 무조건 눈 감고 자는 바람에 7명이 그대로 사망하였다. 군인이 적과 싸우다 죽은 것이 아니고 개죽음이다.

　젊고 젊은 꽃다운 청춘이 너무 서럽다.

　함께 울어본들 살아날 일이 없다.

　행정처에는 대구에서 온 최병도 일병님, 후임으로 들어온 충청도의 강구식, 김충언 이병, 서울의 김종호 산악인, 경상도의 허효근이가 들어왔다. 나의 군대 보직은 행정처 사병(5-29)으로 공병여단과 5개 대대와 2개 특수중대의 전체를 관장하는 장교계 보면서 군단 연락병 업무를 보게 되었다. 매일 외출하여 버스 타고 군단(5-34)에가 문서 수발하고, 여단 대대 우편물 수발하여 주는 연락병이다.

　나름대로 억압된 군 울타리가 아닌, 사재 밥도 먹을 수 있고 병들에겐 선망의 보직이다. 선임하사님께 부탁하여 장교 BOQ 숙소에서 생활하면서 영어 공부를 집중적으로 하기로 하였다.

　공부할 욕심으로 기본 업무인 장교계와 연락병 업무(5-30) 외에 BOQ 숙소 당번을 하니 더욱 나의 일만 많아졌다.

　행정처 연락병 업무 수행하고 오면 식당 최병장님께서 김치와 라면을 끓여 주시는데 세상에서 제일 맛있다. 제대할 때 처제도 소개 시켜주셨다. 오후엔 장교님들 방 청소하고 심부름하고 BOQ 근무하니 파김치가 되어 책 보는 것은 엄두도 못 냈다.

중대대항 축구를 하면 사무를 보는 선비들로 우리 중대본부가 꼴찌다. 졸병 때 는 수비를 보면서 똥볼을 센터로 띄어주는 위치였는데, 고참 때는 각 위치도 지정 해주고 작전을 짜 공격선봉에 섰는데 군대 축구로서 내 작전대로 수비에서 센터링 하면 공격인 내가 패스받아 슛 골인! 성공할 때도 많았다.

908 부교 중대는 유사시에 소양강을 건널 수 있게 교량을 가설하는 부대이다. 소양강의 쏘가리는 군인들에게 배고픔을 해결할 맛있는 먹거리이다. 연락병에게 부탁하여 두 바께스 쏘가리를 지원받아, 본부 중대원 전체가 진땡이 막걸리에 쏘 가리 매운탕으로 거하게 회식도 가끔 한다. 회식 끝나면 군기 잡느라 매타작을 의 례히 하는 게 군대이다.

동계 산악훈련에 분대장이 되다

제대 말년 왕고참때 행정처 회식 후에 탄약고 보초를 섰는데 (전에는 고참 명령 나면 조수 후임병이 대리근무) 술 먹고 자는 바람에 총을 행정처 강희정 주임 상사님이 뺏어 갔다. 군기 행정을 담당하는 우리처 상사님인데 열외 없이 3군단 헌병대로 1주간 영창을 보냈다.

제대 말년에 고참 사수를 영창에 보낼 수 없으니 영창 입소 처리하고 후임 졸병 들이 1주간 영창생활을 3군단 절에서 인물 좋은 군종 사병, 군종 스님과 생활하도 록 후임 졸병들이 배려해주었다.
"인생이란 무엇이냐?"
"스님 삶은 무엇입니까?"

밤새워가며 묻고 답을 나눈 것 같다.

군대이니만큼 고참 병장에 대한 후임들의 예우는 극진하다.

후임들이 보내준 통닭, 라면, 소주 파티가 매일 밤 벌어진다. 3군단 영창은 소주 마시며 스님의 좋은 말씀과 관세음보살님도 만나고 잠도 맛있게 잔다.

새벽에 일어나면 인물 좋은 관세음보살 군종 사병 스님은 안 보인다.

인근에 바람난 처녀들이 스님을 불러낸다.

젊고 혈기왕성한 인물 좋은 스님은 평상시는 관세음보살인데,

별이 뜨고 달이 뜨면 육보시에서 헤어나지 못한다. 나는 여지껏 스님 중에서 겉으로 그렇게 멋있고 잘생긴 젊은 스님을 본 적이 없다. 아마 지금 어디에선가 世上道 깨친 유명스님이 되셨으리라 기대해본다.

어느덧 군대 3년은 세월이 흘렀다.

제대가 한 달 정도 남았는데 열외 일명 없이 동계 산악훈련에 참여하였고 분대장으로 분대원을 통솔 지휘하여야 한다.

분대별로 얼어붙은 땅을 파고 참호를 설치하고 취침 텐트 바닥을 1m 정도 흙을 파내어 난로 설치하고, 화목을 하고 불을 때는 등 각자 훈련 전 담당하여야 하는 임무가 주어진다.

말년 병장 분대장의 눈에 시설처 김상병이 영 거슬린다.

졸병들은 손이 터지고 추워서 발을 동동 구르고 있는데, 이리 피하고 저리 피하고 궂은일을 안 한다. 훈련 때도 삐따닥이니 우리 분대가 꼴찌이다.

내일모레 제대 앞둔 병장도 훈련을 열심히 하는데, 직접 김상병에게 얘기는 못하고, 분대원 전체 책임으로 돌려 단체기합을 주었다. 말년 몸조심이라는 군대용어를 새기며 제대 준비를 하고 있었다.

내무반에는 2시간씩 불침번을 선다.

제대 후 사회에 나가서 꼭 만나자는 약속을 철석같이 하면서 행정처 후임들과 회식을 하면서 진땡이 막걸리(5-32) 술을 많이 마셨다.

취침 후 목이 말라 불침번에게 물을 달라고 청을 하였다.

물을 벌컥벌컥 마시고 보니 물맛이 영 찝찔하다.

고참들이 발 씻은 세숫대야 물을 컵에 퍼서 나에게 준 것이다.

우리 중대본부 내무반에서 50m 떨어진 CP 앞에 연못에는 통일봉(5-33) 산삼 썩은 물이 내려오는 겨울에도 얼지 않은 약수가 있다.

"내가 먹은 물이 무엇이냐?" 했더니 끝까지 떠온 약수를 주었다고 우긴다. 며칠 전 산악 동계훈련 때 농땡이 피웠던 시설처 김상병이 또 저러니 제대 말년이고 뭐고 없다.

기합을 심하게 주었다.

제대 후 한 달 후 부대를 방문하니, 그때의 일 얘기하며 김병장님에게 죄송하다고 실토하며 정문까지 배웅한다.

젊은 날의 군대 3년 생활은 참으로 고진감래이다. 무조건 복종해야하는 이등병 졸병생활에서 일병, 상병, 병장으로 올라가며 자기의 위치와 권리를 찾을 수 있는 무소불위의 권한이 있다. 받은 만큼 주고 나오는, 준 만큼 받을 수 있는 전혀 손해가 없는 젊은 날의 소중한 3년 생활이다.

□. 찬란했던 영등포의 밤이여~!

강원도 홍천으로 가는 도로에는 철정 헌병초소가 있다.

원래는 2월 제대이나 교련 2학년 혜택을 받으면 2개월 단축되니 후속처리 명령지를 후임들이 잘 처리해 주었다. 12월에 제대를 하게 되었다. 3 공병여단 인제 현리는 젊은 날에 아슬아슬한 윷판에서 도가 났으면 영창이요 神이나 모가 났으니 제대를 하게 되었다.

2개월의 시간은 오른쪽이냐? 왼쪽이냐? 두 갈래 갈림길에서 오른 길로 가게 되었다.

제대하니 어머니께서 배가 아프시어 소다를 드시고 거동을 못 하시고 누워 계신다. 얼마 못사시고 돌아가실 것 같은 느낌이다.

군 입대 전에도 아프셨는데 아들 제대하는 날을 꼬박꼬박 기다리면서 버티시었나 보다. 막내아들 장가가서 며느리를 보았으면 하신다. 저녁에 아프시어 괴로워하시는 모습에 외뿔 병상이네 집에 찾아갔더니 성숙이(병상 동생 2년 후배)가 얼린 홍시감을 꺼내어 어머님 드리라고 준다.

너무 고맙다.

서울시 토목직 7급 공채 시험이 있다고 발표가 났다.

채 2달도 남지 않았기에 서울 홍제동 독서실에 24시간 입주하여 강행군으로 시험 준비를 하였다.

밥 해결은 큰집 조카네와 염형진 친구 집 등에서 해결하였다.

다 고마운 분들이다.

군대에서 제대를 2달 늦게 하였다면 시험을 못 보았을 것이다.

다행히 합격이다!

기존 9급에서 2단계 뛴 7급은 공무원 계급상 10년 이상을 앞당긴 진급이다. 영등포구청 토목과 7급 주임으로 4월달에 발령을 받았다. 영등포구청의 관할 구역은 전체 25개 구청 중 강남이 개발되기 전이므로 현재 강남의 10개 구청으로 관리 구역이 한강 이남 전체구간이다.

어머니께서 병환이 깊어 위독하시어 고향 집으로 내려갔다.

시험 끝나고 발령받고 찾아뵙지 못한 불효를 어찌 갚을 수 있을까?

눈을 감지 못하시고 흰머리 가르마를 손으로 쓸어올리신다. 그 큰길을 가르쳐 주시며 새벽녘에 모든 식구들 지켜보는 가운데 편안히 눈을 감으셨다.

밤새 임종을 지켜보았다. 어려서부터 보아왔던 어머님 볼에 박혀 있는 참깨를 나의 두 손에 꼭 간직하게 하시고 한 많은 세월의 영욕을 68세로 마감하시었다.

"어머니! 나의 어머니, 어찌 이리 무정하게 가십니까?"

이제 제대하여 장가들고 손주 보아 따뜻한 쌀밥 지어드리고자 하였는데 하늘님은 사정없이 어머님을 모시고 가시었다.

어머니 영전 앞에서 많이 울었나보다. 어머님의 명복을 위하여 밤새도록 잘 모르는 '나무아미타불 관세음보살'만 서럽게 크게 외워드렸다.

다시 서울 생활의 시작이다.

우선 못 다닌 대학 편입을 하기로 하였다.

구청 옆 박찬종 친구와 하숙을 시작하였다.

첫 설계 발주 작품이 '여의도 고수부지 운동장' 설계를 맡았다.

측량은 스타디아 측량을 하고 항측도를 이용하여 종 횡단을 작성하고 도자 작업, 그레이더 땅 고르기, 유형 측구 배수로 등 도면과 수량산출, 단가산출 등을 옆 동료에게 배워서 설계도서를 완료했다. 설계도면대로 준공하고 나니 시공한 업체 임원이 빡빡한 단가로 이익을 보지 못하였다고 한다.

영등포가 물속에 잠기다

영등포구는 개활지 저지대로서 상습침수 지역이 많다.

누구나 맡기 싫어하는 총괄 수방 대책 담당을 하게 되었다.

비가 무수히 퍼붓는다.

2층 현관 옥상에 있는 우량계가 고장이 나서 작동을 안 한다.

라디오 방송에선 350mm 집중호우라 한다.

시흥동 고지대 산사태로 70여 명이 아까운 생명을 잃었다.

영등포구 양평동 일대 공장이 다 침수되었다.

배를 타고 침수공장을 조사하였다.

처음 서울시 복귀 근무치고는 너무도 충격적 사건과 막중한 업무의 연속이다.

총각이고 하숙을 하니 당면한 수해복구에 여념이 없었다.

긴급 수해복구 공사를 하게 되니 낮에는 현장조사, 밤에는 밤새워 설계하여 발주하여야 되니 일도 많고 술자리도 많았다.

수해복구공사 '신정저수로 제방복구 공사'를 주 감독을 맡게 되었다.

'안양천 오목교 확장공사'(5-35, 5-36) 보조 감독을 맡게 되었다.

담당과장님은 서울대 나오신 정태무 과장님이시고 토목계장님은 이강수 계장님이시다.

그때만 해도 수해복구 공사 등 토목사업이 많았으나, 경험이 없거나 능력이 없으면 직급 관계없이 현장 감독을 맡을 수 없는데 이계장님이 나를 잘 평가하신 것 같다.

학교 편입을 위하여 어머님 돌아가실 때 외워드린 관세음보살님의 부처님 학교가 동국대학교이므로 동국대학교 토목과(5-36)에 다니고 있는 박창화 친구의 소개로 남선우 교수님을 찾아뵙고 인사드렸다.

전공과 영어 시험과 면접이 있었는데 영어 실력이 부족하여 고시 합격한 최창식 친구의 도움과 남교수님 덕분에 합격하였다.

최창식 친구는 군대 입대 전 9급으로 있다가 성균관대 편입하여 졸업하고 해군 제대 시 기술고시에 합격한 후 고시 발령 전에 9급으로 발령받았다. 나는 7급 주임으로 함께 1년간을 근무하였다.

아무리 대기만성을 이야기하는 충청도 양반이라도 경기공업을 나온 친구는 대학 졸업을 하고 고시에 합격하였고 대전공업을 나온 김홍석이는 9급에서 7급 공채는 합격하였지만, 대학편입도 못하였다. 대전공업에서 박정희 대통령 장학금을 탄 내 처지가 말이 아니다. 매일 술이며 일에 파묻혀 있으니 참담하다.

3학년 학교 수업을 직장 출장 후 되도록 빠지지 않고 시험을 보니 대전에서 다 배운 철근, 역학, 수리 등으로 우수한 성적이다.

학교를 나가다 보니 직장 업무에 소홀할 수밖에 없고, 총괄 주임으로서 타 직원에게 미움을 받을 수밖에 없으니 담당 계장님은 이해하시는데, 과장님이 단단히 벼르시고 '여의도 국회 의사당 옆 웅덩이 정지공사' 준공서류를 집어 던지신다.

발주 때부터 한강 하천 측량도 어렵고, 수량산출도 어렵고, 공사비 산정도 어려우니 김주임이 맡아서 하라고 해서 맡아서 하는 긴급공사인데 공사추진이 나름대로 잘 되고 있었다. 낮에 못한 일 처리하고자 야근하면서 일을 하니 일로써 잘못한 건 없는 것 같다. 직원들과 화합 단합하여 일 잘하자고 매일 술 퍼마시면서 구청에서 인기가 높으니 옆자리 나이 먹은 8급 직원이 모함을 하였나보다. 그냥 그대로 당할 수밖에 없었고, 어차피 가야 할 기술자라면 구청에서 아웅다웅 보다는 기술자의 위상을 세우고 전문기술자의 길을 걷기 위하여는 지하철 본부로 가고자 마음을 먹었다.

福을 받아 사랑을 세우다

장가들 나이도 되었으니 주변에서 선이 많이 들어온다.

어느 날 윗분 집으로 저녁에 전 직원 초대를 하여 여동생을 소개도 시켜주신다. 여하간 맞선을 10번 정도 보았다.

어느 날 상큼하고 건강한 총무과 여직원이 토목과에 왔다.

가슴이 쿵쾅댄다.

한 달 정도를 아침마다 옆에서 지켜보다가 퇴근 시간 맞춰 따라가 구청 앞 찻집에서 차 한잔하며 나를 소개하였다.

"학교는 대전공업을 나왔고, 보은 촌놈이고, 돈이 없어 공부를 못 하여 늦은 나이에 동국대학 토목과 3학년에 편입하여 다니고 있고, 구청 옆에서 하숙을 하고 있다."

첫 데이트는 영등포 시장통에 있는 「리나」라는 고급 경양식 집에서 맛있는 식사로 하였다.

친구인 영철이는 결혼을 하였고, 함께 하숙하고 있는 찬종이도 장가 날짜 잡혀 있고, 그런데 여태까지는 장가보다는 학교 마치는 것이 중요하였고 별로 마음에 드는 아가씨가 없었다. 때가 되면 돌아가신 어머님이 좋아하시는 배필 정해주시겠지 하는 기대가 있었다.

「리나」에서 여지껏 살면서 여자분과 분위기 있는 칼질 식사는 처음이었는데 그런대로 격식을 갖춰 청춘남녀의 스테이크 칼질과 맥주를 많이 마시었나 보다.

대전의 학교 배고픈 시절의 무에서 유를 창조한 대장부의 무용담과 의를 지키기 위하여 휘두른 왼손 주먹의 영광의 상처로 인한 벌금형 사연을, 그리고 앞으로의 갈 길을, 나는 나의 얘기를 한 번에 다 털어놓았다.

고향에서 고향을 지키기로 한 호근이가 군대도 안 가고 제사도 안모시며 여호와 증인 교인과 덥석 결혼하여 애가 벌써 둘이다.

추석 무렵 서울시에 근무하고 있는 옛 불알친구를 찾아왔다.

항상 그랬듯이 교인이라 술을 안 먹는다고 하는 친구를 다그쳐 우리는 막걸리를 주전자로 퍼마시었다. "야 호근아 임마. 넌 군대도 안가고 장가를 갔고, 조상님 제사도 안 지내는 부모도 모르는 쌍놈이다."

"너의 아버님을 생각해봐라".

친구는 교회 진리를 믿으라고 강변한다.

총을 안 잡으면 전쟁 나면 누가 싸울까?

이미 가는 길은 틀리지만, 친구에 현실을 이해하기로 마음먹었다.

청주 양잠 농장에서 1등을 하여 상을 타고 보은에 가서 고향을 위한 역군이 되고, 난 서울시 훌륭한 대장부가 되자고 굳게 맹세하고 친구는 청주로 내려갔다.

추석 하루 전에 호근이가 교통사고로 죽었다고 연락이 왔다.

무슨 청천에 벼락인가?

서울 와서 함께 좋은 세상 만들어 보자고 굳게 약속하고 청주로 내려갔는데 어찌 된 일인가? 성족리 친구 집에 가니 진짜 호근이가 죽어 영정이 있고 온통 울음 바다이다.

우리 집의 유일한 종토밭이 있는 위쪽 도감티산에 묻히었고 몇 번가서 소주잔을 주었으나 돌아간 친구는 못난 친구인 나를 반겨주지 않는다.

영등포 구청(5-37)의 일들은 민원처리, 교량(5-35, 5-36), 뒷골목 포장, 하수관 설치, 수방 대책 등 고유업무도 있으나 새마을 사업 등 행정처리가 대부분이고 앞으로 확실한 토목엔지니어링의 길을 가려면 서울시 본청으로 가서 한강 교량이나 지하철 건설에 참여하기로 하고 서울시 인사과와 대전 선배님을 찾아가 간청을 하였다.

학교문제, 직장문제, 친구의 죽음, 혼자 덩그러니 벌판에 서 있을 때 홍도 휴가를 다녀와서 맛있는 문어를 사 왔다고 福起가 선물을 준다고 한다.

그간 나도 많은 생각을 해봤지만, 그냥 그대로 내 영원한 짝이라는 느낌이다. 내가 출근할 때 옷차림이 단벌신사고, 점심때 공원에서 배구시합 때 스파이킹을 밀어서 때리고, 웃통을 벗고 발 걷고 뛰는 "파이팅" 소리가 너무 크단다.

나는 福起에게 나이 많고 참으로 부족한 상처투성이인 젊은 청춘을 처음부터 다시 시작하여 서울의 꿈을 이루자고 사랑을 이야기하다.

술 문화가 바뀌어 간다

술을 먹으면 노래가 함께 따라 온다. 대전학교 때는 학생 신분으로 돈이 없기 때문에 막걸리 한잔하고 밥상 두드리며 노래를 불렀다. 군대 가기 전에는 영등포 시장 안에 있는 욕쟁이 아주머니의 정육식당에서 연탄불에 등심을 굽고 파김치에 소주 마시는 게 1차이고 2차는 가수들이 출연하는 대형 맥주 극장에 가서 노래들으며 맥주 마시는 것이 2차이다. 군대 3년을 다녀와서 보니 경양식집에서 맥주를 마시고 노래를 신청하면 무대가 설치되어 있어 밴드 마스터가 기타를 치면서 마이크를 잡고 외운 가사대로 기타 반주에 맞춰서 모든 손님들 앞에서 노래를 부른다. 노래에 자신이 없으면 노래 부르기가 어렵다. 나훈아의「머나먼 고향」「고향역」과 배호의「누가 울어」「안개 낀 장충단공원」을 불렀으며 자주 부른 노래로는「신라의 달밤」과「동키호테」와「오인의 건달」「산장의 여인」을 신나게 불렀다.

□. 서울시 지하철 2호선에 입성하고 運運 3, 4 하다

79년 11월에 서울시 지하철 본부 건설2과(5-38)로 발령을 받았다.

구청에서 본청 지하철 본부 근무 입성은 하늘의 별 따기 보다 어렵다. 맡은 현장은 사당동 네거리 지하철 2호선 사당역에서 방배동까지 개착 정거장과 터널을 건설하는 현장으로 시공사는 삼부토건이다. 6급이 주감독이고 7급은 2명 보조감독으로 제일 꼴찌 보조감독이다.

하얀 눈이 펑펑 내리는 80년 1월 12일 날 12시에 충무로 대한극장 옆에 있는 행복예식장에서 신랑 金洪錫과 신부 金福起가 김상규 교수님 주례로 모시고 결혼식을 가졌다.

어머니가 안 계시니 큰어머니가 어머니 대신 식장에 아버지(5-38)와 함께 참석하시었다.

그렇게도 군대 제대하고 장가들어 며느리를 보고 싶어 하셨는데

안 계신 어머니의 자리는 너무나 크다.

해운대와 불국사로 신혼여행을 다녀왔다.

과천으로 가는 사당동 네거리에서

지하철 2호선은 순환선으로 총연장이 48km이다. 담당 공구는 사당네거리에서 방배동까지 2~7공구(5-39, 5-40)이다. 지하철 건설공사는 설계와 시공, 안전 관리, 품질관리를 철저히 하고 감독, 시공사, 협력 업체가 일심동체가 되어 24시간을 비상체제로 건설하여야 한다. 처음에는 지하철 일을 모르고 현장 일에 도움이 되지 않으니 시공사 소장, 담당자가 아예 나를 찾지도 않는다. 현장감독 체면이 서지 않는다.

결혼 초지만 아침에 일찍 나가고 저녁 늦게까지 일하고 주말에도 쉼 없이 현장 근무를 하고, 일찍 집에 가는 날이면 발주설계서를 집에 싸가지고가 몇 개월간 도면 숙지하고 그려보고 시방서 규정을 찾고 하여 보조감독으로서 하여야 할 일 설계, 검측, 시공 등에 대하여 철저히 준비하였다.

아침 출근이면 무조건 작업화 신고 작업모 쓰고 사당동 네거리 시점부터 종점 방배동까지 걸어서 작업 일보와 현장 일이 일치하는지 확인을 한다.

방배동 쪽 터널 갱구는 산악 터널로서 70° 정도 경사 법면이 형성되어 있고 암반이 절리 편리가 심하여 평상시도 암석이 흘러내리는 적도 있는 안전관리가 취약한 곳이다.

어느 날 현장 터널 점검을 확인하고 바깥으로 나온 후 수십 분 후에 터널 갱구 법면의 붕괴사고로 5명의 작업하시는 분들이 갱구에서 매몰 사망하였다. 사당동 네거리 건물철거정리 도자 정지작업 중 근처 합판 집 가설물에서 쉬는 작업 인부를 보지 못하고 작업하다가 2명이 압사를 하였다. 하나뿐인 안타까운 생명이 그냥 그대로 현장에서 억울하게 돌아가시고 현장에선 많은 돈을 보상한다.

본선 box 바닥 슬라브 철근 검측을 하였다.

설계도면 대로 검측을 하니, 사인장 철근, 받침 철근, 결속 등이 잘못되어 재시공 지시를 하였으나 현장소장이 본부 과장, 계장님에게 김홍석 때문에 일 못 한다고 교체 요청을 했다. 사전에 계장님께 보고하여 잘못하고 있는 현장 일을 바로 잡겠다 하여 끝까지 재시공하여 레미콘 타설을 하였다. 그 이후론 아예 철근 배근이나 안전관리 등에 대하여 감독의 지시 이전에 철저하게 현장에서 이행을 하였고 작업에 지연이 없도록 공정관리가 진행되었다.

터널 여굴량에 대하여는 터널 크라운부에 직접 올라가 측정하여 품셈 규정 15cm이나, 실제 발생 여굴량 50cm 정도까지 인정하여 설계에 반영하였다.

공정추진이 원활하고 설계변경에서 손실이 반영되고 모범 현장이 되니, 김제원 현장 소장님이 7급에서 6급 특진시키도록 시장님과 우명규 본부장님께 추천하겠다 한다. 1년 만에 서로 불편한 감독과 시공사 관계가 서로 도와야하는 상생의 관계가 되었다.

6급 진급을 위하여 현장 가까운 낙성대에 사는 친구 집에 입주하여 20일간 밤새워 공부하였다. 나는 합격하였고 집에서 함께 공부한 집을 내준 친구는 불합격하였다.

시험 끝나고 아내 혼자서 이사한 안양 호계동 집을 못 찾을 정도로 지하철 건설에 전념하였다. 귀여운 첫 딸이 태어날 때도 현장에 있었고 둘째를 가질 때도 잠시 낮에 호계동 집에 들렀으니 현장 근무에 최선을 다하였다고 생각된다.

福起는 항시 술 먹고 늦게 들어오거나 설계변경과 야간작업 시 못 들어올 때는 이해를 못 하여 둘이는 심하게 다툴 때가 있었다.

하루는 처갓집으로 간다 하여 처갓집 대문 앞까지 가서 "대문 들어가면 나하고는 남남이다" 라고 하고 다시 집으로 달래어 데리고 왔다. 그때 당시 지하철 건설을 참여한 감독들이 근무에 소홀히 할 경우 안전사고와 부실시공 등 우려로 의례히 현장에서 24시간 근무하는 것이 상례로 알고 일을 했다.

그러나 고생한 만큼 인정받는 엘리트 토목 기술자의 자부심도 무척 컸다. 현장 사무실이 있던 그 자리는 현재 서울지하철 1기인 지하철 1, 2, 3, 4호선의 운영을 담당하고 있는 서울메트로 사옥이 자리 잡고 있다.

봉천천이 흐르는 신림네거리에서

봉천천 옆 신림네거리 구간 3-5공구는 진흥기업구간으로 6급 진급하여 현장의 모든 책임을 지는 주무감독으로 발령을 받았다. 사당동 삼부토건 구간보다 신림역 굴착구간(5-42, 5-44)은 봉천천에서 물이 다량 유입되는 더 열악한 현장 여건이다.

많은 지장물을 매달고 교통처리를 하면서 공사를 하여야 하는데, 가설 강재 협력업체가 공사대금 지급을 요청하며 감독실을 들었다 놓았다 행패가 심하다. 원청자인 진흥기업에서 강재 가설 작업 지연에 따른 대금 지급을 본사 임원에게 요청하여 지불토록 하고, 최대한 작업이 순조롭게 안전하게 진행되도록 중재 조정하여 공사추진이 원활하게 되었다.

신림천에서 유입되는 물에 대하여는 실제 펌핑량을 설계에 계상하고, 암선 상향 노출에 대하여도 실제대로 검측하여 설계에 반영하였다. 뒤죽박죽 싸우고 말썽 많은 현장이 2호선 전 구간에서 가장 공정이 빠른 모범현장으로 자리 잡게 되었다.

지하철 현장은 보신탕은 금지된 음식이다. 저녁 보신탕 식사 후에 신림동네거리 정거장 복공판 열린 개구부로 오토바이가 추락하였는데 30여m 아래 벽체 철근 사이로 떨어졌으나 살았다.

천만다행이다. 안전사고는 수시로 일어난다.

어느 날 중년 부인이 현장 울타리를 타고 들어가 지하굴착 구간으로 투신자살하였다.

고귀한 생명을 돈으로 바꾸는 처절한 현장의 삶이다.

현장의 안전시공과 원활한 공사추진을 위하여 시공사, 협력업체, 발주처 합동으로 안전기원제를 떠오르는 동쪽의 보름달을 보며 인물 좋은 돼지머리님을 모시고 절을 드린다.

첫째는 안전사고가 없도록, 둘째는 각 분야별 화합 단합하여 공사추진이 원활하도록, 셋째는 본인과 가족의 건강을 위하여 항상 앞장서 발주처의 감독이 시범을 보인다. 기원주 막걸리를 큰 대포로 다 함께 벌컥벌컥 마신다. 절을 드리고 나면 정말로 사고는 발생하지 않는다. 현장이 모범현장으로 올라섰을 때 안전기원제를 드리고 음복주와 시공사, 협력업체 분들이 주는 2차 술을 다 마시었다.

독산동 50m 도로 횡단보도를 건너다 중앙에 있는 중앙분리대가 시원하여 잠깐 누웠다. 잠결에 누가 엉덩이를 걷어찬다.

방범대원이다. 술이 취하였고 통금에 걸렸으니 관악경찰서로 백차 타고 즉각 수감이다. 돌아간 호근 친구가 도와주어서 살았나 보다. 만약 친구같이 자동차 달리는 대로에 누웠다면 즉사요. 그러나 중앙분리대 누워서 살았으니 두고두고 감사한다.

신촌 오거리로 진출하다

현장 경험이 축적되어가고, 사당네거리, 신림네거리, 서울대입구네거리(5-45, 5-46) 교통이 복잡한 어려운 네거리 구간을 거쳐 왔기에 이번에는 강북에서 가장 교통 요충지며 5거리인 신촌 로터리 한양구간(5-47, 5-48)을 맡게 되었다. 주무감독의 역량에 따라 현장의 안전시공과 품질관리, 공정관리 등 우열이 가려지는 역할이 크다고 하겠다.

3명의 감독 중 1명이 나이가 많고 타 현장 근무중 흠이 있어 누구도 함께 근무하길 꺼리는 감독이 함께 근무하게 되었다.

감독업무에 충실하도록 아침 회의 때 강조하지만 역시 상황실서 낮잠 자고 공사과장 데리고 이발소 가고 근무 태도가 엉망이다.

본부에서 과장님이 현장을 순시 할 때면 군대식으로 도열하여 순찰 위치에 미리 나가 현장설명을 하고 안내를 하여야 한다.

또한, 현장 상황실에서는 외빈 VIP에게 현황설명을 정확하게 크게 설명을 하여야 하고, 수시로 구조물 상세도, 가시설 상세도, 시방 규정을 숙지하여야 하는 등 공부를 하지 않으면 현장 배치가 안 되는 시절이다. 갑자기 들이닥친 과장님에게 상황실서 낮잠 자다 발각되니 온통 전 현장이 비상이 걸렸다. 주감독까지 공동 책임으로 본부에서 문제현장으로 낙인이 찍혔다.

신촌 교회 앞 H-말뚝 박기 위하여 줄파기 중 도시가스관을 찍어 대형사고 발생 직전 수습은 되었다.

신촌 오거리에서 이화여대 입구 신촌로 포장 복구 때 상수도 주철관이 상수압으로 터져 물바다가 되고 그간에 쌓아왔던 지하철의 명 주감독의 평가가 바람 앞에 등불로 추락하였다.

지하철 개통이 임박하였기에 다 같이 일심동체가 되어야 하므로 말썽부린 보조감독은 다른 현장으로 보내지 않고 끝까지 함께 근무하도록 하였다. 현장소장 불성실, 감독의 무책임 등으로 이미 기울어진 현장을 타 현장과 같이 모범현장으로 세우기에는 역부족이었다.

서울지하철 2호선 개통은 공사 중 붕괴사고로 차량 전복과 인명사고가 컸던 84. 6월경 서소문동 극동현장에서 전두환 대통령을 모시고 성대하게 거행되었다.

개통 후 공과에 대한 훈포상은 어려운 공사 추진 때 근무하지 않고 뒷마무리 때 현장 투입되었거나, 윗분과 가까운 감독들이 타고 시장상을 가까스로 탔는가 보다. 시장상은 서울시 지하철 건설에 참여한 감독, 소장은 대토목사업으로 국가적 행사로서 참여자는 시장상을 다 받을 때이다. 신촌오거리 현장사무실이 있던 그 자리는 현재 도로공원녹지대로 조성되어 있다. '바르게 살자'(5-49)라는 휘호가 신촌의 흥망성쇠를 지키고 있다.

기起를 세우는 산에 오르다

지하철 감독은 결혼과 동시에 시작하여 가정보다는 직장에 우선하여 30대 초반을 보낸 가장 열심히 일한 시기이었다.

이때만 해도 해외 건설 경기가 좋아서 개인 건설회사에 간 친구들은 나름대로 강남에 아파트를 마련하고 부동산에도 재미를 볼 때이다.

결혼생활 5년 동안 단독주택 작은 옆방에 살면서 7번을 전세살이로 이사를 다녔다. 서울의 전세 단독주택은 큰 쥐와 함께 공동으로 살아야 함이 필수인 것 같다. 시골에서 아버님이 올라오시면 단칸방이니 어쩔 수 없이 함께 주무신다. 신림동 살 때는 대학 다니는 큰조카 남식이를 데리고 있어야 하므로 방 2칸을 얻어 생활하였다.

아파트값도 비쌌지만 돈이 모자라니 융자를 얻어 개발 가능성이 있는 과천에 있는 이주단지 자연부락에 4000만원짜리 단독주택 75평 땅을 구입하였다. 여유가 생기면 그림 같은 집을 짓겠다는 생각을 갖고 시간이 날 때면 집터에 가서 복기와 둘이서 구경을 한다.

먹고살기가 최우선이고 애들 낳고 기르는 것은 아내의 몫이지 전혀 가정생활에 신경을 쓰지 못한 것이 사실이다.

그간에 틈틈이 시간 날 때마다 한라산, 경포대, 지리산, 오대산, 설악산등 큰 산을 많이 오르며 福起와 둘이서 기상을 길렀다.(5-6, 5-7, 5-54, 5-55)

인자한 인仁의 아버지 좌청룡 설악산 대청봉에 오르다

군대 생활을 한 강원도 인제 현리를 지나 원통행 버스를 타고 백담사(5-50) 입구에서 내렸다. 백담사까지는 걷는 거리도 꽤 멀다.

우람한 큰 바위와 펑퍼짐한 돌에 앉아 물소리를 들으니 세상일이 다 묻혀 흘러

간다. 100원짜리 동전 2개를 바위틈에 놓아두고 훗날 왔을 때 보물찾기하자고 약속했다. 백담사에서 중간산장까지 가는 도중에 젊은 학생들을 만나니 산속에서 참 반갑다.

타잔같이 밧줄을 타고 바윗길을 오르니 손발이 다 부르텄다.

산장에서 하룻밤을 칼잠으로 보냈다. 설악산 산장의 밤은 지리산의 마고 할머니 비바람 소리는 들리지 않는다.

아마 점잖으신 아버지 산이라 그럴 것이다.

봉정암에 도착하니 나이 많으신 고운 자태의 할머니께서 반겨주신다.

불심이 깊으시어 전국 산천을 유람하고 절에 가시면 호국영령을 위로하시고 나라 잘되라고 기원하신다 한다.

봉정암의 기운이 좋은 기운이니 많이 받아 가라고 하신다.

생사를 초월한 아주 편한 깨달음을 얻으신 분으로 다음에 또 뵈었으면 좋겠다 생각된다.

대청봉 정상은 많은 사람들이 북적댄다.

1,708m 대청봉이 반기어 주고 준비해간 술과 과일을 차려놓고 큰절을 드렸다. 대청봉에서 내려오며 천불동(5-51, 5-52, 5-53)을 거쳐 신흥사를 둘러보고 하산하니 저녁 8시는 넘은 것 같다. 배가 등에 붙었으니 저녁 밥상은 세상에서 최고로 맛있는 저녁 만찬이다.

우리나라 동쪽의 떠오르는 태양을 맞이하는 인자하신 아버지의 산으로서 오덕으로는 좌청룡 木의 어질인 仁이다.

과천 ○○○에 집을 지었다

지하철 3, 4호선은 지하철 운영자인 지하철공사(서울 메트로)에서 건설하게 되었고 서울시의 지하철 건설본부는 2호선을 건설 개통하고 조직이 해체되었다. 토목, 건축, 전기, 기계, 통신 등 엔지니어링의 종합 기술로 순수한 우리 기술로 이루어낸 작품이다.

차기 근무지는 종합건설본부 토목부로 발령을 받았으나 6개월간을 서울시 안전관리실로 파견 명령을 받았다.

중요정책시정 사업은 한강 개발과 구획정리사업, 지하철 3, 4호선 건설사업으로서 전 현장을 방문하여 잘되고 있는지, 못하고 있는지 조사하여 시장에게 보고하는 업무이다.

남의 잘못을 지적하여 고하는 일은 참으로 못할 일이다.

시립대학교 영어교육을 신청하였으나 시험에서 불합격하였다.

돈은 없지만 내 집 마련의 좋은 기회라 생각하여 집을 짓기로 하여 허가를 받으려 했으나 전 토지주의 허락 없이는 건축허가가 나지 않는다. 재산관리인을 통하여 전 토지주에 허락을 받아 건축허가를 받아오니 우리가 지켜본 땅이 위에서 아래쪽으로 바뀌어 있고 건축주가 전기환씨이다.

건축이 완료되면 명의이전이 가능하나 건축허가 시는 원토지주 명의로 건축허가를 받도록 되어 있었다.

기존 주택에 사는 분들과 마찬가지로 건축비를 충당하기 위하여는 지하실에 방을 드리고 2층 지붕 쪽에 방을 드려 전세금을 빼야 하는 실정이다. 다들 그렇게 하고 있었다.

장인 어르신께서 주도하여 건축이 시작되었다.

그런데 서울시장 비서실에서 오라고 한다.

전기환씨 명의로 건축허가를 받은 것이니 다른 건축물같이 지하실 다락방을 설치하면 불법 건축이 되니 서울시 공무원 신분으로 30평만 지어야 된다고 한다.

다른 집들과 같이 관례관습으로 인정된(4-30, 4-31, 5-56) 건축을 하지 못하였다.

손해를 감수하고 우여곡절 끝에 건축준공을 하여 김홍석 명의로 청계산 자락에 공기 좋고, 물 좋고 인심 좋은 과천시 ㅇㅇ동 자연부락에 새집을 마련하게 되었다.

□. 천부경天符經을 읽다

85년도에 지하철 2호선을 마치고 종합건설본부 토목부 3과로 발령을 받아 서울의 한강 이남 강남지역으로 서울의 관문인 경부고속도로 양재IC를 포함하여 양재천 정비(5-56)와 6개의 교량 건설, 100만 평 단지 조성을 하는 개포구획정리 사업을 담당하게 되었다. 지금은 타워팰리스 등 최고급 주거지가 들어서 있으나 그때는 한보아파트 이외에는 한강에서 인접하여 양재천 주변(5-57)과 대모산, 구룡산까지 저지대 웅덩이가 많은 구릉지로서 가락 구획정리지역 등 타 공사장에서 흙을 반입하여 흙을 쌓아서 단지를 조성할 때이다.

서울시 기반 시설물을 관리하는 동,서,남,북 건설 사업소를 총괄 담당하는 관계로 현장에는 직원이 상주하고 있었으며 책임감독관인 본인은 토, 일요일 휴일에 주로 현장 근무가 가능한 아주 눈코 뜰 새 없이 바쁜 시간의 연속이었다. 주감독인 김홍석의 마음을 사기 위하여 겨울철에 양재천물고기를 먹기 위하여 찾아드는 청둥오리를 총으로 사냥하여 포대에 담아준다. 시골에서 막내 아들 집에 오신 致자 九자 아버님께서는 푹 삶은 천둥 오리 백숙이 참 맛있다고 좋아하신다. 현장 일부에는 땅을 불법 점용한 양아치 깡패가 흙 장사를 한다. 자가용을 타고 다니며 자기의 힘을 과시한다.

여지껏은 국가에서 국토개발과 기간시설물 건설만 하였는데, 감사원에서 처음으로 서울시 한강 교량과 시설물 유지관리에 대한 감사를 나왔다.

교량의 상판 균열 조사를 위하여 한강 교량 슬라브 하부에 고가 사다리를 설치하고 그 위에서 사진 찍고 하여 균열상태, 균열원인, 보수대책 등을 서울시 전체 시설물 153개소에 대하여 3개월 이상을 주말 없이 감사수감에 지원하였다.

감사결과 국가에서 처음 시행한 시설물 유지관리에 획기적 개선이 되었고, 감사 나오신 분들이 훈포장을 다 타시었고, 일약 수감 기간 동안 고생한 김홍석은 성실함과 인간성을 인정받았다.

일요일 대전 직장 선배님 회갑연에 부장님, 과장님 함께 축하식에 참석하였다.

방송에 영동5교가 붕괴(5-56)가 되었다 한다

아침신문에 1면 톱으로 보도가 났다.

다행히 인명사고는 없다고 한다.

3공구 정우개발에서 시공 중으로 3경간 연속슬라브 콘크리트 타설중에 상부편 하중 작용으로 무너진 다리를 현장에 들어가지 못하고 제방 너머에서 보니 엿가락처럼 철근이 휘어있고 처참하였다.

다행히 일요일인데도 한인우 보조감독이 콘크리트를 타설하는 슬라브 상부에 함께 있었고 작업 인부 10여 명도 함께 떨어졌으나 부상자만 있고 천만다행으로 인명사고는 없는 천지신명 하늘님이 돌봐주신 사고였다.

사고가 나기 전 3경간 연속 슬라브의 콘크리트 하중을 설계 계산된 일반 동바리로는 불안하니 지하철 경험을 살려 강재 동바리공으로 설치코자 하였으나 공사비가 많이 드니 그대로 당초 설계대로 시행한 것이 원인이었고, 또한 그 당시 10월까지 비가 많이 온 관계로 기초지반이 연약화된 것이 원인이었다.

염보현 시장님께선 관계자 엄중 처벌이다. 부장, 과장, 담당자 다 파면이란다.

사고원인에 대하여 서울시 한강교량 시설물 감사를 한 감사원에서 현장조사를 하였다. 붕괴원인은 9월 10월 강수량이 많아 지반이 연약화 되어 발생한 천재지변의 사고라고 결론이 났다. 한강상교량 감사 시 고생한 공이 협력업체, 시공사, 발주청 모두와 영동5교를 살려 주었다.

2공구 현장 근무한 지 2달 만에 2공구 흥건사(전북전주소재)에 대하여 서울시에서 불법으로 선정한 업체라고 검찰 조사가 시작되었다. 부과장님께서 당분간 수습될 때까지 여행을 다녀오라고 한다. 불법선정업체라면 공사착공당시가 3년 전이고

330

우리 같은 기술직 업무가 아닌 행정적 계약사항으로서 결정권자인 시장님과 본부장님이 조사받으면 될 텐데 왜 감독관을 피하라고 할까?

근 2달여간을 딸과 아들을 장모님께 맡겨두고 전국 유람을 하였다. 어떻게 생각하면 젊은 날에 지난날을 다시 돌아본 참 좋은 시간이었다.

36살 金洪錫 석 자의 현주소가 무엇인가?

무슨 잘못으로 도망을 다니는가?

아무리 생각해도 2달간 근무한 내가 몇 년 지난 불법계약에 책임을 질 것은 있을 수 없는 일이다. 서울시 조직을 보호하기 위하여 내가 책임을 지면 다 해결된다면 기꺼이 감수하겠다는 생각도 했다. 대한민국에 힘 있는 대통령이면 무소불위에 절대권력을 남용해도 되는가? 대한민국에 힘 있는 국회의원, 시장, 본부장은 법을 무시하고 죄 없는 꿈많은 기술자를 죽여도 되는가?

법은 만인한테 평등인데 검찰은 힘 있는 권력자는 다 빼놓고, 힘없는 충청도 보은 촌놈한테 죄를 묻는다고 한다. 믿지 않는 부처님도 아니고 예수님도 아니다. 돌아가신 어머님을 찾았다. 어머님 막내아들에게 헤쳐나갈 힘을 주십사고.

옳고 그름을 판단해주시는 하늘은 계시는가?

광화문 한복판에 촛불을 밝히다

전두환 대통령이 물러나고 세계는 서울로 서울은 세계로 가는 국운 상승의 88올림픽을 개최하는 때로서 다음 정권이 노태우냐? 김대중이냐? 마음을 다잡기 위하여 한참 유행하던 「단」, 「환단고기」, 「정감록」을 읽고서 한민족의 뿌리를 새삼 알게되었다. 그냥 사람이 태어나는 것이 아니고 조상님들의 은덕으로 대한민국에 현재 태어났고 태어나서 각자 자기의 역할이 있음을 알게 되었다.

정감록에 밝혀진 부사의 방이 있는 개암사로 향하였다. 장맛비인가보다. 비가 억수같이 퍼붓는다. 대웅전 좌측에 창고 같은 빈방에서 아내 福起와 뜬눈으로 밤을 새웠다. 천둥번개가 친다. 아침에 일어나니 비가 그쳤다. 60세 스님께 하직 인사를 할 때 젊은 양반 서울 가면 정다운 스님이 광화문에서 강의를 하니 들어보라고 하신다. 스님께서 개고기를 드신다고 하니 깨달은 고승이신지? 의심스럽다.

하룻밤을 한 많은 빗소리에 보내고 나니 더 이상의 부사의 방 확인은 하고 싶지 않다.

정감록의 지은이 정다운 스님의 광화문 중앙부름회(5-59)를 찾아갔다.

한민족의 뿌리가 하늘이시며 나에게 닥친 지금의 시련은 하늘이 극복할 수 있는 만큼 극복하도록 기회를 주신 것이니 원망하지 말고 기꺼이 행하여 한다는 확신을 가졌다.

광화문 한복판에서 촛불을 밝히고 등불을 밝히며 대한민국의 앞날을 위하여 절드리는 모습에 감동을 받았다. 아! 이런 곳도 있구나!

나에게 종교란 무엇인가?

부처님 하느님, 예수님 하느님께서 나의 마음에 와 닿지 않는다. 정화수 떠놓으시고 북두칠성님 보고 부엌에서 촛불 켜고 자식 잘되고 건강하라고 소지 올리시며 손이 다 닳도록 빌고 비시며 절하시는 어머님의 모습이 보인다.

어머니! 저에게 힘을 주세요, 나의 어머님이 나의 종교이다.

정다운 스님의 열변하는 강의는 금과 같이 소중하게 나의 마음을 용솟음치게 하였다.

정다운 스님께서

「청의자 남래하고, 한민족을 구원하실 정도령이 오신다」고 하신다.

혼탁하고 한으로 점철된 우리 대한민국을 구제하고 끌어갈 구세주인 정도령을 예기하신다. 가장 마지막 종착점에는 자비의 부처님이 아닌 한민족의 뿌리이신 단군으로 가고 계신다. 天符經이라는 제목으로 홍익인간하고 이화세계 하는 우리의 조상祖上이 단군이시다. 여지껏 그러려니 했던 기대감이 우리의 뿌리를 찾으니 젊은 청년의 가슴에는 용솟음치며 꿈틀대는 자아가 있음을 알 것도 같다. 대한민국에 태어난 감사를 하였다. 1988년에 초청 강사로 오신 송원홍 대사님의 천부경天符經 강의를 감명 깊게 들었다.

○. 말이 살찌는 가을날에 윷판의 쨀밭을 달린다

37세~48세(1989년~2000년)

　　윷판에서 금강산인 뒷모에 입궁하면 자연스럽게 뒷모도 뒷모개를 거쳐 사려서 안찌로 내려가 순탄하게 하늘 땅 사람이 어울려 서울 참먹이로 갈 수 있을 텐데, 뒷모에 입궁을 못 하고 저 멀리 만주벌판인 쨀밭으로 넘어가 찌모를 넘어 백두산을 거쳐 날밭 평양을 돌아서 서울 참먹이로 가야 한다. 길이 험난하고 외롭다. 하늘과 땅의 도움 없이 사람의 힘만으로 만주벌판을 헤매어 민족의 영산인 백두산 찌모까지 무사히 입궁하였다. 그다음부터는 하늘의 뜻대로 지천명 知天命이니 날밭은 달려도 힘들지 않는다.

　　참으로 힘들게 금강산으로 향하여 달렸으나 금강산의 문이 닫혔다. 중국땅의 만주벌판을 돌아서 백두산의 입구까지는 윷판이나 현실의 삶이나 다를 바가 없다.

　　처절하게 설움과 억울함을 이겨내고 10년 공부 끝에 5급 사무관에 진급하였다.

　　지하철 5호선을 개통하였다. 송파구청 체비지 81억을 청산하였다. 지하철 7호선을 개통하였다.

윷판(연령)에 배치된 37세에서 48세까지의

경전 말씀 체(體)의 내용을 살펴보겠다

천부경天符經(2-9)에서는

「화삼천이삼지이삼인이삼대삼합육 …… 성환오칠일묘연만왕만래용변부
동본본심본태 化三天二三地二三人二三大三合六 …… 成環五七一 妙衍萬往
萬來用變不動本本心本太」

하늘과 땅과 사람은 각각 맞짝과 세 극을 지니고 있느니라. 다섯과 일곱수로 고
리를 이루어 한은 끊임없이 변화하지만 움직임이 없는 근본이니라. 마음의 근본과
햇빛의 근본은 더없이 밝다.

태을주太乙呪(2-10)에서는

「훔리치야도래 吽哩哆哪都來」

비인격적인 천지조화 생명의 세계와 인격적인 세계의 통합된 하나의 신도 세계
에 대하여 내가 우주 생명의 조화 세계가 하나 되어 생명 세계를 크게 노래한다.

윷판(연령)에 배치된 경전의 말씀 용用의 내용을 살펴보겠다

참전계경參佺戒經 8강령(2-11)에서

구제 제濟 와 재앙 화禍 행복 복福으로
구제 제濟로는
「제자 덕지겸선 도지뢰급 유사규삼십이모
 濟者 德之兼善 道之賴及 有四規三十二模」
구제는 덕성과 참함을 겸하는 것으로써 도리에 힘입어 두루 미치게 되는 것이니

네 가지 규칙과 서른 두 가지 모범이 있느니라.

　시時는 때를 맞게 하는 것이며

　지地는 곳에 맞추어야 하며

　서序는 순서에 맞게 하는 것이고

　지智는 지혜로써 하는 것이다.

　위 네 가지 작용이 온전히 이루어졌을 때 비로소 구제를 할 수 있다.

재앙 화禍로는

「화자 악지소소유 육조사십이목

　禍者 惡之所召有 六條四十二目」

　재앙은 악한 것에서 부르는 바이니 여섯 가지 조목과 마흔 두 가지 항목이 있느니라.

　기欺는 속임으로써 오는 것이며

　탈奪은 빼앗음으로써 오는 것이며

　음淫은 음탕함에서 오는 것이며

　상傷은 상처를 입힘으로써 오는 것이며

　음陰은 몰래 꾀를 씀으로서 오는 것이고

　역逆은 거역하는 데서 받는 것이다.

　위 여섯가지 조목의 작용이 일어날 때 재앙을 받게 된다.

행복 복福으로는

「복자 선지여경 유육문사십오호

　福者 善之餘慶 有六門四十五戶」

　복은 착함으로 받는 경사이니 여섯 가지 문과 마흔 다섯 가지 집이 있느니라.

　인仁은 어질어야 한다.

　선善은 착해야 하며

　순順은 순리를 따라야 하고

화和는 온화해야 하며

관寬은 너그러워야 하며 관용

엄嚴은 엄해야 받는 것이다.

위 여섯가지가 온전히 작용했을 때 비로소 복을 받게 된다.

오행五行에서는

우백호는 서쪽으로 계절로는 **가을 금金**이요, 사람의 덕목으로는 **의로울 의義**이요, 느낌으로는 분노이다.

또한, **중앙의 황색**으로 계절로는 **환절기**요, 사람의 덕목으로는 **믿을 신信**이요, 느낌으로는 욕심이다.

정역正易(2-14)에서는

금화삼송金火三頌과 금화오송金火五頌이다.

금화삼송金火三頌은

「북창청풍에 창화연명무현금하고 동산제일삼팔봉에 차제등림하야 동득오공부자소노의를 탈건궤석벽하고 남망청송가단학하니 서새산전백로비를 나요백우선하고 부감적벽강하니 적적백백호호중에 중유학선여하야취소농명월이로다. 北窓清風에 暢和淵明無絃琴하고 東山第一三八峰을 次第登臨하여 洞得吾孔夫子小魯意를 脫巾掛石壁하고 南望靑松架短壑하니 西塞山前白鷺飛를 懶搖白羽扇하고 俯瞰赤壁江하니 赤赤白白互互中에 中有學仙侶하야 吹篘弄明月이로다.」

북창에 맑은 바람 부니 도연명의 줄 없는 거문고가 화창하도다. 동산의 제일가는 삼팔봉을 차례로 돌아가니 공부자의 노나라가 작다고 하신 뜻을 통득하노라. 두건을 벗어 석벽에 걸어놓고 남쪽을 바라보니 청송이 짧은 계곡에 걸려있고 서쪽 변방의 산 앞에는 백로가 날아드는구나. 느릿느릿 백우선을 흔들며 적벽강을 굽어보니 붉고도 흰 적 백이 서로 섞인 가운데 그중에 신선의 도를 공부하는 벗이 있어 통소 불며 밝은 달을 즐기는 도다.

금화오송金火五頌은

「오호라 금화호역은 불역정역이나

회삭현망진퇴굴신율여도수조화공용이

입이라 성인소불언이시니 기일부감언 시명이시니라.

오호라 일월지덕이여 덕천지지분이니

분적십오하면 각이요 각을 적입하면 시요

시를 적십이하면 일이요 일을 적삼십하면 월이요

월을 적십이하면 기니라.

기는 생월하고 월은 생일하고 일은 생시하고

시는 생각하고 각은 생분하고 분은 생공하니 공은 무위니라.

제요지기는 삼백유륙순유육일이니라.

제순지기는 삼백육십오도사분도지일이니라.

일부지기는 삼백칠십오도니 십오를 존공하면

정오부자지기이 당기삼백육십일이니라.

오도이월혼생신하니 초삼일이요

월현상해하니 초팔일이요 월혼성오하니

십오일이 망이니 선천이니라.

월분우술하니 십육일이요 월현하사하니

이십삼일이요 월굴우진하니 이십팔일이요

월부우자하니 삼십일이 회니 후천이니라.

월합중궁지중위하니 일일이 삭이니라.

육수구금은 회이윤이율이니라.

이화삼목은 분이영이려니라.

嗚呼라 金火互易은 不易正易이니 晦朔弦望進退屈伸律呂度数造化功用이
聖人所不言이시니 豈一夫敢言이리오마는 時요 命이니라.

嗚呼라 日月之德이여 天地之分이니

分을 積十五하면 刻이요 刻을 積八하면 時요

時를 積十二하면日이요 日을 積三十하면 月이요

月을 積十二하면 朞니라.

朞는 生月하고 月은 生日하고 日은 生時하고

時는 生刻하고 刻은 生分하고 分은 生空하니 空은 无位니라.

帝舜之朞는 三百六十五度 四分度之一이니라

一夫之朞는 三百七十五度니 十五尊空하면

正吾夫子之朞야 當朞三百六十日이니라.

五度而月魂生申하니 初三日이오

月弦上亥하니 初八日이요

月魄成午하니 十六日이오 月弦下巳하니

二十三日이요 月窟于辰하니 二十八日이오

月復于子하니 三十日이 晦니 后天이니라.

月合中宮之中位하니 一日朔이니라.

六水九金은 會而潤而律이니라.

二火三木은 分而影而呂니라」.

오호라 금화가 서로 자리를 바꾸나니 불변의 역인 정역이나 회삭현망진퇴굴신
의율려도수와 조화공용이 이에 서는 것이다.

성인께서 말씀하시지 아나한바나 '일부'가 어찌 감히 말하리오마는 이는 천시요,

하늘의 명이 계심이니라.

　오호라 일월의 공덕이여, 천지가 나누어진 것이니 분을 15를 쌓으면 각이요, 각을 8 쌓으면 시이며 시를 12를 쌓으면 일이요, 일을 30 쌓으면 월이요, 월을 12 쌓으면 기이니라.

　기는 월을 생하고 월은 일을 생하고

　일은 시를 생하고 시는 각을 생하고

　각은 분을 생하고 분은 공을 생하고

　공은 위가 없느니라.

　요순지기는 요임금 때의 일 년으로 366일이니라.

　순임금 때의 일 년은 365도사분도의 일이니라.

　일부지기는 375도이나 15를 존공하면

　정히 공부자의 기인 당기지일 360일이니라.

　5도에 월혼이 申에서 생하니 초3일이요

　달이 亥에서 상현이 되니 초팔일이요

　월백이 午에서 이루어지니 15일이 보름이 되고 선천이니라.

　월이 술戌에서 나누어지니 16일이요, 월이 사巳에서

　하현이 되니 23일이요 월이 진辰에서 굴로 들어가니

　28일이요, 달이 자 子에서 회복하여 그믐이 되니 후천이니라.

　월이 중궁의 중위에서 합하나니 1일이 초하루이니라.

　6수 9금은 모아 불려서 율律이 되느니라.

　2화 3목은 나누어진 그림자로 려呂가 되느니라.

주역周易 64괘(2-13)에서

38 화택규火澤睽 괘卦에서 48 수풍정水風井 괘卦까지이다

38세	화택규 火澤睽	동동이이同同異異 모든 만물은 태극에서 나와 하나이지만 현실의 세상사는 이해관계나 가치관에 따라 서로 다르다. 어긋나 있는 상황을 풀어가는 지혜는 길게 할 것은 길게 하고 다르게 할 것은 다르게 한다.
39세	수산건 水山蹇	반신수덕反身脩德 산을 넘고 물을 건너듯이 어려움이 계속되는 상황에서는 몸을 돌이켜 반성하고 덕을 닦으며 때를 기다린다.
40세	뇌수해 雷水解	사과유죄赦過宥罪 천지가 막혔다가 풀리면 우레와 비를 베풀어 만물을 화생하듯이 어려운 상황이 풀리게 되면 그동안의 허물을 용서하고 죄를 너그럽게 다스린다.
41세	산택손 山澤損	징분질욕懲忿窒慾 인생은 항상 이익만 있을 수 없다. 때로는 손해를 보고 또한 베풀어야 할 때도 있다. 인생살이에서 분함을 징계하고 욕심을 막는 것은 수양의 가장 기본적인 것이다.

42세	풍뢰익 風雷益	개과천선改過遷善 복지정책이 잘 이루어져 사회가 안정될수록 잘못된 제도나 정책을 올바르게 바꾸려는 노력이 지속 되어야 하고 인간도 평온한 삶을 계속 유지하기 위해서는 잘못을 고치고 선한 방향으로 실천해 나가야 한다.
43세	택천쾌 澤天夬	시록거덕施祿居德 군자는 의롭지 못한 소인을 결단함에도 모두가 수긍할 수 있는 상태가 되어야 정당하게 결단한다. 그러나 그러한 소인이 나오지 않도록 은혜를 베풀고 덕에 거하여 해서는 안 될 일을 금기하여야 한다.
44세	천풍구 天風姤	명고사방命誥四方 기존의 상황과 다른 새로운 조짐이 있을 때에는 모두가 알도록 공포하고 이러한 흐름을 견제하고 조화롭게 포용할 수 있는 대안을 마련한다.
45세	택지췌 澤地萃	제융불우除戎不虞 큰일을 도모하기 위해 많은 사람들을 모이게 할 때는 지극한 정성으로 순하고 기쁜 마음으로 따르게 하되 미처 생각하지 못하는 위험을 대비하여 만반의 준비를 한다.

46세	지풍승 地風升	적소고대積小高大 하나의 씨앗에서 아름드리나무가 이루어지듯 이모든 현상은 미미한데서 시작되어 크게 이루어진다. 큰 것을 이루려면 항상 작은 것부터 충실하게 한다.
47세	택수곤 澤水困	치명수지致命遂志 국사 사회적으로나 개인적으로나 뜻이 있어도 뜻을 펼수 없고, 정신적으로나 물질적으로나 지극히 곤궁한 때에는 목숨을 다하여 뜻을 이루려는 강한의지가 필요하다.
48세	수풍정 水風井	노민권상勞民勸相 경제를 원활하게 하여 나라를 부유하게 하려면백성을 위로하여 근면하게 하고 서로 돕기를 권장하여야 한다.

인생人生 행로(2-15)에서는

「자왈오 사십이불혹하고 子曰吾四十而不惑하고」
공자님께서 나는 **40세에 의혹 되지 않았다**고 하였다.

□. 사무관 5급 진급을 하면서 지하철 5호선을 시작하다

천부경의 하늘은 극복할 수 있는 시련을 주시는데 슬기롭게 극복하여야 하는 지혜가 필요함을 알려주셨다.

사무실에서는 관련된 모두가 잘 해결되었으니 출근하라고 한다.

불법계약 주관자인 시장, 본부장은 아무런 잘못이 없고 현직감독은 징계가 불가피하다고 한다. 검찰에서 비위 사실 통보가 왔는데 감사과에서 3년간 감독업무를 맡았던 전감독은 일체 불문이고 2개월 근무한 김홍석의 잘못에 대한 징계가 진행되었다.

주변 동료, 선배들이 앞장서서 감사원과 서울시 감사과로 시에서 정책적으로 계약된 사업에 대하여 2개월 된 감독이 전체를 책임지는 것은 억울하고 불합리하다고 청원을 하게 되었고, 나 또한 혼자 책임져야 할 일이 아님을 알게 되었다.

사무관 진급을 할 때도 되었는데 영욕을 겪은 건설본부를 떠나 탄천 하수처리장(5-58, 5-59)으로 근무지를 옮겼다. 징계를 받지 않기 위하여는 변호사가 있어야 되고 어제까지의 동료 선배와 대적하여야 되는 외롭고 힘겨운 싸움을 시작하였다.

결과는 아무 잘못 없는 무죄로 결론이 났다.

사무관 진급을 하기 위하여는 징계가 없어야 되고 대학수험생같이 독서실에서 공부하여야 한다. 동기들이 진급을 하였는데 뒤늦게 사무관시험을 보았으나 첫 시험에 보기 좋게 낙방이다.

두 번째 시험은 하루 3시간만 잠자며 배수진을 쳐 필살의 각오로 6급 근무 10년만에 합격을 하였고 90년에 사무관 승진을 하였다.

옛날 조선 시대에는 과거급제한 당상관이니 늦었지만, 나이로는 39세로서 서울시 입사하여 18년 만에 올라간 것이니 감개가 무량하다

돌아가신 어머님, 조상님 산소에 찾아가 감사 인사 절을 드렸다.

1기 지하철 1,2,3,4호선이 끝나고 다시 지하철 건설본부가 만들어지면서 흩어졌던 옛 동료들이 함께 모여 2기 지하철 5호선 건설이 시작되었다.

지하철 5호선 건설이 시작되었다

건설1부 3과장으로서 5-42(남광) 43(삼환) 44(대림) 45(대우) 46(라이프) 50공구(대주)를 맡게 되었다.

5호선은 김포공항부터 영등포, 한강, 여의도, 마포, 광화문, 왕십리, 장안평, 광장동, 천호동, 한강, 길동, 고덕까지 건설하는 구간으로 한강을 2곳이나 통과하도록 되어 있고 개착이 아닌 기존시설물과 건물 통과하는 터널공법이 50% 정도로서 총연장 58km가 건설되었다.

정부시책에 맞춰 노선만 정하고 전 구간을 발주하니 지장물조사, 사유지 보상, 구간별 공법 결정 등이 미흡한 상태로 공사가 진행되었다.
우선 상수도, 가스관, 한전, 통신선 등을 매달기 위하여 공사추진을 하여야 하나 설계도면이 없다.

굴착한 흙을 사토장에 버려야 하나 사토장이 없다.
사유지 통과 구간은 곳곳이 토지주와 보상비, 민원으로 공사가 중단되었다.
2호선 때 지하철 경험자가 몇 명 있으나 기본설계, 실시설계가 완성되지 않은 상태에서 공사추진은 불가능하다.

지하철 매설물 매달기 공법을 유지관리 부서와 협의하여 표준도를 직원들과 함께 만들어 전 공구에 배포하고 일을 시작하였다.
흙 버릴 사토장은 검단산이 있는 하남시 주택공사 부지 성토장으로 협의하여 우선 각 현장 굴착 작업을 시작하였다.

일이 시작되니 덤프트럭 100여 대가 하남시 도로를 점령하니 곳곳에서 먼지와 교통체증으로 민원이 끊이질 않는다.

우명규 본부장님께서 별도로 부르신다.

광화문과 도심 쪽 굴착한 양호한 마사토는 청와대 운동장 조성용 성토로서 순야간에 철저한 보안 속에 지원토록 했다.

본부장님, 부장님, 윗분들이 2호선 경험자로서 추진력이 있으니 많은 어려운 일들을 나에게 맡기신 것 같다.

내가 맡은 5개 공구의 감독, 감리원, 소장님들에게는 자기 역할을 충실히 하도록 독려와 단합을 항시 강조했다.

검단산(6-16, 6-17)은 높이가 657m로서 서울근교의 한강 팔당댐 근처에 있는 작은 산이지만 한민족의 정기를 지켜온 천제를 지냈던 영험한 산이다.

흙먼지를 마시며 하남시 사토장을 관리하는 직원들과 각 공구별 소장, 단장, 감독들의 화합단결과 체력단련을 위하여 검단산에 올라 안전사고가 없는 원활한 지하철 건설과 본인의 건강과 각 가정의 화목을 위한 기원문을 하늘님께 고하고 큰절 3배를 드리도록 하였다. 이후 본부장님이 주관하는 지하철 건설 전체 행사 시는 안전기원제와 기원문 낭독은 필수사항이 되었다.

하늘께 절드린 막걸리를 나누어 마시고, 보리수 약수터에 자리를 잡고 준비해간 슬레이트 판에 삼겹살(6-18)을 구워서 서울 막걸리를 너도 한잔 나도 한 잔 주거니 받거니 하니, 그간에 쌓였던 피로와 불만이 봄눈 녹듯 다 녹아 버리고, 오로지 우리가 이 역경을 극복하고 정성과 혼이 담긴 지하철 건설을 하고자 다짐을 한다.

젊은 사나이들이 끌어안고 넘어지고 어깨동무하고 산을 떠나라 노래를 부른다.

항상 우리를 반기어주는 9부 능선에 우뚝 서 있는 검단산 소나무(6-16)를 눈이 내린 겨울 산행을 한 고승훈 총무가 사진작품으로 만들어 신년인사로 보내왔다.

검단산은 지하철 5호선의 안전시공과 공정추진을 원활하게 해준 고마운 실사구시實事求是 믿음의 신信을 준 흙산으로 따뜻한 어머니산이다.

초기 5호선 시작 시 고생한 우리들은 天符經의 말씀인 대덕 하늘과, 대력 땅과, 대혜 사람의 뜻 중에 하늘인 대덕을 닮고자 '대덕회'란 모임으로 볼링 경기를 주기적으로 하였고, 20년이 지난 지금도 한동근 님, 이순경 님, 최도영 님, 최부호 님, 김재성 님, 김두주 님, 고승훈 님, 이선우 님, 이종덕 님, 서봉삼 님, 조성태 님, 김익순 님이 함께 '대덕회' 모임을 하고 있다.

서울 지하철의 땅속은 사람의 인체와 똑같다.
사람의 피부, 살, 뼈, 피는 땅에서는 차가 다니는 도로이며, 흙이며 암반이며 땅속에 흐르는 물이다.
부러진 다리를 수술하기 위하여는 환부에 수술 전 X-ray 사진 촬영을 하고, 부러진 상태에 대한 정확한 진단을 한 다음 수술을 하여야 한다.
땅속에 있는 지하매설물을 매달고 보호하기 위하여는 어느 깊이에 있는지? 크기는 얼마인지? 지하수위는 얼마인지? 말뚝은 어디까지 어느 위치에 박을 것인지? 등 사전조사를 철저히 하고 공법과 안전수칙을 준수하여 순서대로 하여야 한다. 안전수칙을 지키고 안전한 공법을 하지 않으면 상수도가 터지거나 물이 누수가 되면(피가 빠짐) 땅이 무너지고 꺼지는 붕괴사고가 난다.

5호선의 단전 길동 네거리 구간

대우건설이 시공하는 길동 네거리 정거장 구간(5-65, 5-66)은 도로 폭 25m 4차선 도로에 다중 다량(상수도 2200mm 외 11종)의 지하매설물을 차량통행도로 하부에 매달아 놓고 지하철을 건설하는 구간이다. 어느 날 야간에 매달아 놓은 상수도관 800mm가 터졌다.

굴착 구간 내에 수영장같이 물이 넘쳐 나오고 매달기 된 상수관과 지장물이 배처럼 물 위에 떠 있다. 무너지면 차량통행 문제뿐 아니라 인접 건물이 함께 붕괴된다. 날이 밝기 전 누수되는 상수관을 복구하고 양수기를 투입하여 담긴 물을 퍼냈다.

2호선 때 사고 경험으로 토류판 대신 토류벽으로 말뚝과 말뚝을 강결시켰기에 물에 잠겼어도 서로 간 힘을 나누어 배면토압을 지켜주었다.

아! 천만다행이다. 아침 차량 통행 전에 복구가 완료되었다.

백제 혼이 살아있는 천호네거리

남광토건이 시공하는 한강통과 구간과 천호동 네거리 구간(5-64)은 한강이 인접하여 물이 많은 연약지반구간으로 지하철 전체현장 중 안전사고가 가장 많이 수시로 발생했던 현장이다.

내가 맡기 전 2년여 동안에 공사 중 11명의 사망자가 있었고, 원인불명에 의한 전선 화재사고로 관리부서와 소송 중에 있었다.

터널 내에서 자재 운반 중 넘어졌는데 작업 인부가 죽었다 한다.

고귀한 하나뿐인 생명이 너무 억울하게 허망하게 가셨으니 그 가족은 어떠할까? 어떻게 하면 안전사고가 안 날 것인가?

옛 백제 토성지역으로 전쟁터로서 수없이 피고 지고 가신 억울한 영령이 많다고 한다.

검단산의 영험한 보살핌이 한 맺힌 천호동 한강 구간에도 펼쳐지도록 한강에 떠오르는 대 보름달을 보며 현장소장, 협력업체, 작업 인부, 감리단, 감독과 함께 경건하게 절 드리고, 안전사고 없는 무사고 현장이 되도록 소원을 드렸다. 보름달이 무척 크게 보인다. 억울하게 불의의 사고로 돌아가시는 안전사고가 없을 것이라는 예감이 든다. 그 이후 거짓말같이 현장관리자 모두가 협력 단합하고, 서로 격려하면서 공사추진을 하여 안전사고 사망자가 없는 현장이 되었다.

북현무 수水와 남주작 화火가 만난 한강통과 구간

기이한 현상이다. 물에서 개헤엄도 잘 못추는데 한강 물속에서 지하철 공사를 하고 있으니 원 없이 헤엄을 친 기분이다.

한강을 통과하는 유심부 구간은 쉬트파일을 박고 제방을 설치하여 한강 물을 막고, 지상에서 지하철 BOX 구조물을 설치하도록 되어 있다. 우기 시에는 물을 담고 공사를 중지하였다가 갈수기 때 물이 들어오지 못하도록 방수하여 비배수 구조물로 설치하도록 설계되어 있다.

한강 고수부지와 인접구간은 지상이 아닌 지하 땅속 30m에서 일본 세이칸 해저터널 개념대로 터널 둘레 연약한 지반을 Jet grouting으로 차수 보강하여 물이 들어오지 않도록 하고, 터널을 NATM(5-63) 공법으로 뚫도록 되어 있다.

최종 설치되는 터널 구조물은 수압을 받지 않고 물이 들어오는 배수 터널로 설치되도록 설계 되어 있다.

무한대의 한강 수원이 상존하는 한강 구간의 터널은 실제로 공사 중에도 설계량보다 10배 이상 물이 유입되고 있고, 공사가 완공되어 열차가 운행 중에도 계속 많은 한강의 물이 지하철 터널로 유입되므로 계속 펌핑을 하여야 하는 실정이다.

터널구간을 한강유심부 BOX 구조물과 같이 비배수 구조물(5-64)로 설치하면 구조물 단면이 커져야 할 뿐만 아니라, 공사비는 몇 배로 더 투입되어야 하고, 기존설계 대로하면 한강수가 다량 유입되어 공사중과 공사 완료 후에 안전을 보장할 수 없다.

국내외 많은 건설 시공사례를 조사해 봤으나 천호동 구간 한강같이 물이 상존하는 구간에 배수를 허용하는 터널공법사례는 없었다.

참으로 난감하다.

이론 정립이 안 되어 있다.

시공사례도 없다

유지관리 경험도 없다.

담당 과장으로서 안전하고 훌륭한 지하철 건설의 책임을 통감하고, 이인모 교수님이 계시는 고려대학교 대학원(5-60)에 진학하여 현장의 여건에 맞는 설계, 안전한 시공을 하고자 했다. 또한 그간 마음에만 두었던 토질 및 기초 기술사준비를 하기로 했다.

석사논문의 제목이 「한강 상존 수압하의 토사터널 안정성 연구」이다.

집수정 용량을 당초설계보다 3배로 키우도록 했다.

한강의 무한대의 상존 수압에 안전하기 위하여는 무근 라이닝 콘크리트 터널 구조를 침투수압과 상존수압에 견디도록 라이닝 두께를 늘리고 교량 슬라브 개념으로 철근을 보강하도록 하였다.

지하철 5호선을 1995년도 개통하고 열차 운행 중 1년 정도 지났는데, 유지관리 부서인 도시철도공사에서 연락이 왔다.

광장동 측 집수정에 모래가 들어와 쌓이고 있으며 물고기까지 들어왔다고 한다.

집수정 준설 모래량이 600m³ 정도이고, 물고기까지 들어왔으면 터널 상부 한강 쪽에서 유로가 형성되어 있고, 터널 인버트 하부에 지지층 모래가 유실되어 지하철 터널구조물이 허공에 떠 있다는 이야기가 된다.

아! 예상했던 일이 실제로 벌어진 것이다.

열차를 중단하고 보수하여 터널 붕괴를 막을 것이냐?

열차운행을 하면서 순야간에 보수를 할 것이냐?

난감하다.

참여했던 기술자, 전문가, 이인모 지도 교수님 등 합동 비상회의 결과는 공사 시

상존수압에 대비하여 토압과 수압에 견디도록 터널라이닝에 철근 배근과 단면을 확대하였기 때문에 바닥이 허공이 되어 교량처럼 매달려 있을지라도 안전하다는 결론을 얻었다.

열차운행중단은 있을 수 없는 현실이다. 열차가 다니지 않는 밤 12시부터 4시까지 한강에서 들어오는 한강 물의 뻗치는 수압을 다스리며, 3개월 이상을 공극 부분을 지반보강 충진을 하였고 유로를 차단하였다.

만약 무한대 한강 수압 현장여건을 고려치 않은 원래 설계대로 무근 라이닝 터널로 공사하였다면 어찌 되었을까?

천만다행이다.

지금 20년이 지났는데 열차는 한강의 남쪽의 화火에서 한강의 북쪽의 수水로 화수火水 미제未濟이나 돌아오는 열차는 한강의 북쪽 수水에서 한강의 남쪽 화火로 수화水火 기제旣濟로 한강 남북을 잘 달리고 있다.

□. 성환오칠成環五七의 천부 윷판을 노래하다

서울 지하철 5호선 건설(5-62)이 숨 가쁘게 추진되는 94년도 6월경(43세)인 것 같다. 서울 지하철 5호선 건설공사가 90년에 착공하였으니 95년 말 전 구간 개통에 대비하여 공사추진이 정거장과 본선구간이 거의 완료되어가고, 환기구나 출입구 부대공사를 집중적으로 독려하여 마무리 단계로 접어들었다. 5호선 한강 통과구간(42공구 남광토건), 천호네거리 몽촌토성 교통혼잡구간(43공구 삼환기업), 강동대로 구간(44공구 대림) 담당과장으로서 낮과 밤과 휴무일 구분 없이 열과 성의를 다하여 지하철 건설에 매진할 때이다. 다른 구간은 그래도 어려운 현장 여건을 잘 극복하여 개통에 차질이 없도록 공사추진이 되고 있었으나, 길동 네거리(45공구, 대우)구간은 고질적, 의도적인 민원소송으로 전 구간 공사가 완료되더라도 이 구간 때문에 지하철 개통을 할 수 없도록 터널 300여m가 공사중단 상태이다. 어떻게 이럴 수도

저럴 수도 없는 상황이었다. 난감하다, 답답하다, 돌파구가 없다.

인접건물밀집통과구간은 터널공사(5-68) 경우 무너질 염려가 있으니 건물을 보상하고 철거한후 개착공법으로 하여야한다는 설계실의 보고가 있었다. 본부장님을 설득하여 대우건설에서 책임 시공하는 조건으로 외국의 안전공법사례와 자문회의를 거쳐 (사이로트언더피닝 받침공법+ 나틈공법(5-66)) 배수가 되면 지상건물이 침하되므로 비배수 공법을 적용하여, 주야간 3교대 돌관작업으로 개통에 차질이 없도록 추진하였다. 그러나 소송구간은 해결 방법이 없었다.

소송구간은 道高건설에서 지하 6층 지상 17층의 건물빌딩 건축허가를 지하철 건설 착수 전에 받아 놓았기 때문에, 지하철 건설(5-66)을 하려면 건축을 할 수 없는 제반 손실손해비용을 서울시에서 부담하여야 된다고 주장한다. 민원인의 주장이 꼭 맞는 말이다. 도고건설 건축허가과정을 살펴보았다. 건축주는 강동구 길동에 살고 있는 서울시 의원 ○○○이다. 지하철 노선이 건축주 자신의 토지를 지나간다는 사실을 인지하고 건축허가를 미리 받아 놓은 것인데, 지하철 건설 위치임을 알면서도 서울시에는(건축담당 부서) 건축허가를 내어준 것이다. 서울시에서 허가를 내준 것이 잘못된 것이다. 4년여 동안 쌍방간에 원활한 협의를 하여 지하철도 건설되고, 지하철 위에 진동방진 시설을 하고 건물을 신축할 수 있도록 추진하였으나 서울시 교통분과 의원의 자격을 가진 건축주로서 시의회 개최 때마다 시장, 본부장께 질의하고, 수시로 영향력 있는 고위간부를 통하여 압력 회유하여 서울시에서 130억 원의 손실손해비용(5-67)을 부담하도록 행사하였다.

소송에 대응하기 위하여, 서울시 자문 변호사에게 특별비용 지급조건으로 수행케 하는 등 4년여 동안 담당과장의 일 추진을 이해하시고 방향설정을 끌어주신 부장님, 본부장님께는 정말 감사를 드린다. 건축주 시의원의 강력한 반발을 감수하고 천만 시민의 발이 될 지하철 건설의 소송구간 공사가 지연되지 않도록 많은 논의와 검토를 하고 법적 절차를 밟아 토지를 수용하였고, 토지사용료를 지급하고 개착공법으로 지하철 구조물을 완료하였다. 상부에 진동과 소음이 차후 신축될 건물에 영향이 없도록 외국의 사례와 전문가 의견을 수렴하여 진동방진 소음차단공사를 하도록 설계에 반영 시공하도록 계획하였다. 본부장, 차장 부장님 윗분들이 바뀐 상태에서 시의원인 건축주는 담당과장을 다른 곳으로 보내거나 모함을 하여 스스로 물러나게 하도록 온갖 술수를 다 동원하였다.

부장님이 어느 날 ○○○ 그러는데, 건축물에 영향이 없도록 하는 방진소음차단 공사비용이 설계된 금액 1/10이면 한다고 한다. 선정된 공법을 바꾸어서 공사를 하도록 추천하신다. 설계 반영된 진동 방진 소음 방음공법은 수차례 외국사례와 전문가 자문을 거쳐 검증되었고 차후 '도고' 건축에 영향이 없도록 하겠다는 시공사가 책임시공 각서까지 받아서 공사해야 하는데, 지금 공법을 바꾸면 검증도 안 되고 시공사가 책임을 질 수 없고, 130억 소송은 서울시가 패할 것이며, 내년 지하철 개통은 할 수 없고 연기가 되어야 함은 불 보듯 뻔한 사실이다. 김홍석이가 졸지에 대우시공사에 편의를 봐준 파렴치한 공무원으로 낙인이 찍혔다. 시의원 건축주가 의도한 대로 서울시 지하철 본부 조직은 건축주 쪽으로 동조하게 되었다.

아침 새벽에 일어나면 天符經을 마음속으로 소리내어 읽고 天符經한님께 절을 드리고 기원을 드린다. 서울시 공직자로서 맡고 있는 지하철 건설현장에서 안전사고가 없도록 하여주시고, 지하철의 현실의 옳고 그름에 정의가 무엇인지를? 어떻게 하여야 되는지를? 기원을 드렸다. 좌정하여 삼법수행 호흡을 한다. 호흡이 길고 숨길의 움직임이 은은하다. 2호선 건설 때도 5년 여간 공들인 노고가 남에게 돌아갔고, 개포구획정리 때는 돈을 주고받은 불법 하도급자간 정치싸움으로 전혀 관련이 없는 책임을 져야 하는 일이 있었고, 작금의 현실로 보아서 우리나라에 국가 정의가 있는 것인지? 사회정의가 있는 것인지? 전국을 두 달가량 유랑할 때 읽은 「天符經」이 나의 가슴속에 불을 붙이고 있었다.

「머릿골에 항시 신령스런 하늘이 함께하고 있고 문만덕 문만선이면 성통공완이다. 삼법수행으로는 조식, 지감, 금촉이 있으니 몸과 마음을 닦아야 하며 만법의 근원은 한이요, 만행의 근본도 한이라. 세상을 홍익인간하고 제세이화한다」절망의 낭떠러지에서 대한민국 보은에서 경주김씨로 태어남의 소중함을 감사함을 알게 되었다. 천부경 법에서 말씀하신 조식법과 그간 선도체험기를 읽으면서 스스로 익혀 깨달음으로 가는 구도의 길을 가고 있었다.

『現實의 生業인 서울시 공무원으로서 地下鐵建設에 충실히 하면서 큰 덕과 큰 슬기와 큰 힘으로 나투신 한님께서 함께하시어 지하철에 갈등, 모함을 없게 하시고, 현장에서 억울하게 사고로 돌아가시는 안전사고가 없도록 할 것이며, 나 본인의 건강과 가족의 화목, 사회의 건강, 서울시 지하철 건설, 억울하고 원통하고 비통하고 처참한 고귀한 생명을 국가에 바치신 6·25동란의 영령분들, 갈라진 민족상쟁의 남북통일, 지구 땅의 지진 천재지변, 죽기 살기로 싸우는 정치가들, 이제는 천부경이 말씀하시는 홍익인간 하여, 이화세계로 가야만 하는 세상을 만드는데 나의 역할이 있을 것이다.』는 다짐을 하였다.

부처님 법이나 예수님 법이나 공자님 법이나 다 사람의 삶에 유익하여 올바르게 살아가는 인간의 지표가 되어야지 맹종하는 삶과 종교를 빙자하여 잘못을 합리화시켜 살아가는 삶은 아니라고 생각했다.
응검하옵신 한배검 한님이시여!
큰 덕과 큰 슬기와 큰 힘으로 하나되어 나투어 주시옵소서

95년 6월 개통 후에 10년 소송 끝에 서울시가 최종 승소를 하였다. 타부서로 이동하지 않고 끝까지 소송업무를 수행한 김두주 계장님의 공이 크다. 그러나 주변에서 지하철 건설개통을 위한 일념으로 추진한 김홍석에 대한 악의적 모함에 체력은 고갈되고 천신만고의 대덕, 대혜, 대력의 공든 탑이 무너져내렸다.
피와 땀을 바쳤던 지하철 건설 쪽은 뒤돌아보지 않겠다 다짐하고 송파구청으로 원하여 도시계획과장으로 발령을 받았다.

6년간 함께 동고동락하였던 정들었던 지하철 동료와 시공사 현장 분들께 면목이 없고, 5호선 개통 시 포상은 나중에 투입된 분들이 공을 차지하였다. 왕십리-고덕 간 5호선 참여자 모임인 '왕고회' 조직에도 김홍석 이름이 없는 추풍낙엽이 되었다.

보이지 않고 알지 못하는 한님이 자성구자 하면 강재이뇌로 항상 함께하시리라 는 믿음을 갖고 天符經 81자를 수시로 외웠다.

□. 누에고치의 잠실에 북실을 걸었다

지금 이 글을 쓰고 있는 수성 엔지니어링 지반사업부는 畲星빌딩 5층에 있다.

송파구청(5-69)으로 와서 처음 청장님을 모시고 새벽기도회 참석을 하였던 새벽 교회가 수성 빌딩 옆 건물이다.

꽉꽉 막힌 지하철 건설에서 새로운 돌파구를 찾아 공직 수행을 위하여 덕망이 있 고 평이 좋은 송파구청장님을 찾아 도시계획과장으로 받아줄 것을 간청하고 청장 님 뜻을 받들어 새로운 송파신도시 건설에 동참하고자 하였다.

민선 구청장 1기의 구청장님의 위력은 대단하였다

감히 상상을 초월한다.

회의 분위기도 마이크 잡고 돌아가며 과장들이 보고한다.

법보다는 민선 청장님의 정책방향이 우선이다.

처음 생각은 관계법 규정을 지켜가며 문정장지지역 도시계획, 광고물 설치, 농 수산물센터 이전개발, 체비지 관리 등의 맡은 업무를 청장님 뜻에 맞도록 하면 되 는 도시계획과장 업무인 줄 알았다.

보임한 날 첫날에 업무 파악도 안 된 상태에서 문정자동차학원 형질변경(5-70, 5-71, 5-72) 건에 대해서 도시계획위원회와 정책회의를 다 거쳤으니 과장 결제를 하여야 된다고 하여 사인을 하였다.

냄새나는 농수산물 센터를 문정장지지구로 이전하고 그 자리엔 악취 냄새 안 나는 농수산물을 직송 판매하는 초현대식 건축개발 계획을 수립하도록 계획을 하였다.

고질적 민원인 송파 구획정리 지역 체비지 미수금 81억 원 청산하고, 사용하지 않고 있는 체비지는 주차장을 설치하여 주민에게 사용하도록 하였다. 긍정적인 업무도 있었으나 청장님의 의중에 따라 집행되는 행정의 연속에 맡겨야 하는 실정이다. 「송파대로 50m 도로에 인접한 문정장지지구는 개발제한 자연녹지 지역이다. 차후 도시개발을 고려하여 서울시에서 행위허가를 제한하도록 유보지로 지정이 되었다」라고 공문이 접수되었다.

대로변 3개 장소에 정책회의를 열고 주유소 허가를 내주었다.

그런데 송파대로 한미 자동차 학원은 구청장께 사전 인지가 안 되었으니 허가 취소하고 형질 변경 불법행위 고발을 하라고 한다.

과장, 계장, 담당은 징계하라고 한다.

처음 와서 과장결제를 하였으니 과장이 잘못이고, 계장, 담당은 잘못이 없다고 주장을 했다.

문정장지지구 넓은 유휴지에 폐기물 처리시설 허가를 못 받은 업체가 총리실, 감사원에 투서를 내서 감사원 감사가 나왔다.

누구는 허가를 내주고 누구는 허가를 왜 안 내주느냐고 묻는다.

원칙이 없다.

하루도 빠짐없이 민원이 줄을 선다. 시의원, 구의원님들이 고질적으로 해결이 안 되는 형질 변경 건을 신청한다. 법 규정, 서울시의 유보지, 청장님의 뜻, 진퇴양난이다. 총체적 난국이다. 정책회의 하루 전 갑자기 감기몸살 기침으로 아침에 일어날 수가 없다.

정책회의 때 도시계획 과장 없이 주유소 허가, 폐기물 처리허가가 다 승인이 되었다. 구의원과 기자들이 벌떼같이 잘못에 대하여 인정하라고 하지만 함구하였다. 옳은 것이 이것인지? 그른 것이 이것인지? 갈림길이다.

대한민국 도시 중 가장 도시계획이 잘된 잠실구획정리지역으로서 88올림픽과 월드컵이 개최된 도로망이 잘 짜여지고 아파트가 많고 공원이 많은 신생도시가 송파구이다. 시민의 입장을 공평하게 집행하는 공복으로서 도저히 감당할 수 없는 현실 앞에 무릎을 꿇을 수밖에 없었다.

퇴근하여 가는 길에 고생하는 직원들과 들리는 포장마차 집이 있다. 마음 터놓고 그래도 이야기하였던 곳이다. 송파 잠실을 일깨워준 고마운 함께 일했던 김주택 님, 이문연 님, 정규방 님, 이정국 님, 성원배 님 등이 있다. 포장마차 자리는 현재 롯데 123층 빌딩(1-2)이 우뚝 서서 옳고 그름을 다 끌어안은 채 잠실을 내려다보고 있다.

홍종민 본부장님을 찾아뵙고 그간의 경황 설명 드리고, 그래도 제가 근무할 곳은 지하철 본부라고 말씀드리니 평소 나를 좋게 인정하셨으니 흔쾌히 허락하시어 주신다. 2년 만에 다시 지하철 건설본부 건설 2부 3과장으로 옮기게 되었다.

□. 지하철 7호선 용마가 태어났다

땅속에서 공사를 하기 위하여 설치한 말뚝과 버팀보에서 버팀보가 엿가락처럼 휘었다.

7호선 24공구 진흥기업과 성지건설 현장으로 남구로역에서 가리봉을 지나 안양천을 횡단하고 구로공단과 철산역을 경유하여 광명역까지 구간이다.

최차장님 말씀을 빌리면 김과장이 지하철로 안 왔으면 했는데 다시 왔으니 가장 어렵고 말썽 많은 7~24공구(5-75)를 맡아서 해결하여, 그간의 잃은 점수를 회복하라고 한다.

전 담당과장님은 김종천 선배님이셨다. (2000년에 작고하심)

안양천을 통과하고 철산까지 본선 완료된 600여m 구간에 구조물 균열과 구조물 누수로 물이 줄줄 흐르고 있으니, 보수 보강으로는 안 되니 구조물을 철거하고 재시공 쪽 방향으로 흘러가고 있었다.

경험이 있는 안전진단 기관의 진단결과와 현장을 확인해보니

구조적 전단 파괴가 우려되는 구조적 결함인 종방향 균열은 없고, 양생 중 발생한 균열과 시공 이음부의 균열이다.

탄소섬유 보강 등 균열 보강을 하면 안전한 구조물임을 확신을 갖고, 또한 누수에 대해서는 부분적 보수가 아닌 전 구간에 대하여 milk grouting으로 충진하도록 시행을 하여 6개월 만에 물이 안 새고 안전한 구조물이 되도록 하였다.

남구로 정거장은 가리봉동으로 넘어가는 고갯마루로서 협소한 도로에 위치하고 있다. 무허가 건물과 노후된 주택이 밀집되어있어서 사실상 개착 정거장 설치가 불가능한 지역이다.

H-형강 말뚝을 박을 수가 없다.

공간도 없고 천공 항타 진동으로 집이 무너지니(5-74) 어떻게 공사를 할 수 있을까?

출근하면 민원인이 사무실에 진을 치고 드러눕는다.

실제로 집 균열 피해에 대하여 순수한 보수, 보상을 원하는 분도 있지만, 일확천금을 노리고 건물신축 보상 등 터무니없는 주장을 언론사와 함께 퍼트린다.

원인자가 지하철이니 지하철 건설을 하여 편리한 교통수단을 시민에게 제공하여야 하는 공인이므로, 시간을 갖고 설명하고 설득하고 이해시킬 수밖에 없다.

정거장 정화조 쪽 버팀보가 휘어있는 형상을 발견하였다. 진행성 변위이다. 소장, 단장에게 철저한 관리를 당부하였다.

다음날 현장에 나가보니 주택 쪽 도로에 상수도가 터져 도로상으로 물이 넘친다. 지하철 현장 구간을 점검해보니 버팀보 가설재가 엿가락처럼 휘어져 있고 토압을 견디지 못하고 무너지기 직전이다.

소장이 낮잠을 자고 눈을 비비며 현장으로 나온다.

단장은 제 잘못이 아니고 소장 놈이 저지른 일이라고 고자질한다.

몇 번의 경고가 있음에도 벌어진 사고에 대하여 안전 조치를 하고 윗분들 반대에 무릅쓰고 소장, 단장 감독을 교체하고, 심기일전하여 새사람 새 조직으로 다시 시작하였다.

가리봉 고개 터널 지상부 주민들이 발파진동(5-73)으로 잠을 못 자고 집이 무너진다고 아우성이다.

현장을 확인해보니 설계상 굴진 발파장이 1.2m인데 작업공정을 빨리하기 위하여 3.0m씩 굴착을 하니 당연히 민원은 생기게 되어있다.

「설계대로 규정대로 터널 굴착을 하여야 한다.」고 소장, 단장, 협력업체의 다짐을 받았지만 그렇게 일하도록 습관되어진 터널 막장 인부님들이 하루아침에 시정하기는 어려운 일이다.

시간이 흘러 드디어 남구로 정거장에서 구로동 고개를 넘어 남부순환도로와 가리봉 고개까지 건물밀집지역 전 구간의 터널을 관통하였다.

어느 날 갑자기 터널을 맡아서 일했던 협력업체 사장님과 지반보강 그라우팅을 하셨던 협력업체 사장님께서 한 달 사이를 두고 큰 병환 없이 두 분이 갑자기 돌아가시었다.

구로동에서 가리봉으로 가는 터널의 관통은 서울에서 경기도 지역인 철산역을 지나 광명역까지 가는 땅속의 길이다. 역명의 뜻대로 땅의 鐵에서 하늘의 大

光明으로 가는 역할이니 하늘은 불의를 용납지 않는다는 안타까운 생각이 든다.

투서가 들어와 성지건설 소장이 검찰 조사를 받았는데, 굴착한 흙을 운반 업체가 지정장소에 사토하지 않고 가까운 거리에 무단 사토하여 불법으로 고발되고, 무단사토업자는 성지건설을 상대로 부당이득금을 돌려 달라고 민원을 제기하였다.
구속된 성지건설 소장님을 살리기 위하여 법정에서 증인으로 섰다.
참으로 어렵게 어렵게 합의가 잘 되었다.

남구로 정거장의 주변 노후건물은 순수한 건물주가 아닌 새집 짓고 보상비를 많이 받기 위하여 불순언론인과 불순 단체기관이 함께 기생하도록 되어있다.
옥석을 어떻게 가릴 것인가?
어느 돈 많은 건물주 아주머니께서는 현장 총각 인부를 자기 집에서 무료 숙식 제공하고 자기의 민원이 해결되도록 조정을 하였다. 온갖 민원 협박과 아침부터 지하철 본부 사무실로 출근하여 집 넘어간다고 하니 최종 건축심의에서 재건축을 지하철 업체가 해주도록 하니 새집을 짓게 되었다.

가리봉 경부선 국철이 관통되다

7-24공구 진흥기업과 성지건설 구간에서 만나는 가리봉 경부선 철도 통과 2-Arch 터널 정거장(5-76)이 관통하게 되었다.
관통하기까지 많은 발주청의 감독관, 시공사의 담당 기술자, 협력업체 참여자, 현장 관리를 총괄하는 감리단이 5년여 동안 다 함께 어려운 일도 많았지만, 피와 땀으로 이제 일을 완수한 것이니 얼마나 보람되고 기쁜 일인가?

지하철 홍종민 본부장님, 성지건설 김홍식 회장님, 삼안 임종일 대표님, 시공사 협력업체, 감리단, 발주처 100여 명이 관통식 행사를 거창하게 하였다. 인물 좋은 돼지머리님, 북어님, 밤, 감, 대추 3실과를 차리고 안전기원 축문을 감독관이 읽었다.

축문에는 지하철 건설현장에 참여하시다 불의에 돌아가신 억울하신 분들의 영령을 위로하고자 하였다

아까운 목숨이 돌아가시고, 무너지고, 터지고, 깨지고, 울고, 웃고 점철된 지하철 현장을 막걸리 대폿잔 한잔으로 건배하여 다 날리어 보낸다. 무리한 기원의 바램이다. 그러나 이렇게라도 하여 원혼들을 위로하여야 된다는 생각은 변함이 없다.

7호선 1단계 구간 개통식이 6개월 정도 남았다.

7-18공구(강남 압구정동)에서 7-26공구(온수동 차량기지 간)까지 전체연장 L= 12km 구간이다.

전체구간 개통을 위하여는 전 현장의 토목공정 관리와 건축, 기계, 설비, 전기, 통신, 궤도, 차량기지 단계별로 공사 추진토록 하고 현장을 점검 확인하고 열차를 투입하여 검증될 때까지 몇 달간 시험 운전을 하여야 한다. 지상의 노면 복구는 지하매설물 복구와 출입구와 환기구 기타 노출된 부분을 고려하여 친환경적으로 미려하게 하여야 한다.

개통 임박에는 누구나 할 것 없이 갱내점검과 노면 복구 등으로 밤낮 없이 주말 근무를 할 수밖에 없다.

나중에 진급하여 오신 부장님께서 지하철 건설 현장을 원칙대로 관리한다고 한다.

현장에는 감리단장이 있으니 발주처 감독은 본부에서 근무하고 현장 근무는 하지 말라고 한다.

전동차가 정거장과 본선 구조물 구간에 실제 운행시연을 하는 시운전이 시작되기 전에 사전 안전성 확보를 위한 유지관리계측시스템을 구조물 전 구간에 구축하여야 하나 일방적으로 계측기 설치를 할 필요가 없다고 한다.

오신지 얼마 안 되신 부장님이 전 교량부서에서 근무했던 관점을 개통이 임박한

지하철 노전선구간에 적용하니 지하철 개통은 요원하다. 총괄하는 주무과장 입장에서 간청해도 자기주장을 고집한다.

24공구 환기구 좁은 공간에서 토목, 건축, 전기, 통신 등 복합 공정 추진 중 화재가 발생되어 소방차가 동원되어 진화하였다.

시장지시사항으로 관련된 토목감독, 단장, 소장이 조사받고 징계(5-77)를 받게 되었다.

감독관이 현장에 상주하여 개통에 대비한 비상근무가 되어야 사고를 방지할 수 있다고 강변을 했다. 시민과 약속한 개통일을 지키고 안전사고 재발 방지를 위하여는 현장에 감독관이 상주하여 서로 합의하여 복합공정을 순서대로 추진하고 열차 시운전 휴식시간인 야간에 구조물 내에 유지관리 계측기 설치(5-76)를 하여야 함은 당연한 일이라고 생각하였다.

우여곡절 끝에 지하철 7호선 1구간이 개통하게 되었다

7호선 전 구간 현장에서 공사추진 중 안전사고로 돌아가신 분들이 너무 많다. 항상 마음이 아프다. 7-19공구 강남터미널 역에서 최본부장님께서 주관하시어 위령제를 지냈다.

얼마만큼의 위로 보답이 되었을까마는 7호선 전 구간 개통 시에는 돌아가신 분들을 위한 위령탑 건설을 하여야 된다고 생각하였다.

개통식이 2000년 7월 1일 성대하게 거행되었고, 7년간 고생했던 7호선 개통 기념패에는 이렇게 적혀있다.

「새천년 새해에 온 누리 밝혀 태어난 서울지하철 7호선이여! 우리 함께 바친 땀과 수고를 싣고 통일의 그 날의 용마가 되어 우렁차게 달리게 하소서」

7호선 개통을 하고 나니 2호선과 5호선 준공 개통하고 공을 인정받아 준공행사에 훈포상을 탔듯이 또 고생하고 땀을 흘렸던 분들보다는 전혀 자격이 없는 나중에 참여한 분들이 훈포상을 탄다.

지하철 건설을 하면서 땅속에서 먼지를 마시고 휴무일 없이 현장근무를 하니 상호격려와 소통을 위하여 술자리가 잦을 수밖에 없다. 어머니가 돌아가시고 어머님의 정이 그리우니 나훈아의 「부모」 「불효자는 웁니다」와 힘든 세월을 달래려고 「한오백년」 「강원도아리랑」 「배신자」 「사랑만은 않겠어요」 노래를 불렀고 결혼한 사랑을 위하여 홍민의 「결혼기념일」과 석지훈의 「당신은 나의 운명」을 불렀다. 십팔번지 노래인 「동키호테」와 「오인의 건달」은 단골 메뉴로 에너지 충전을 하였고 가사 내용이 슬픈 「누가 울어」와 「산장의 여인」은 부르지 않기로 하였다.

○.새봄을 기다리며 윷판의 날밭을 달린다

48세~64세 (2000년~2016년)

서울지하철 1, 2, 3, 4, 5, 6, 7, 8, 9호선의 건설에 감독관과 과장직으로 참여한 것은 참으로 큰 행운이며 영광이다. 안전하게 달릴 수 있도록 유지관리에도 참여했다. 각 호선별로 각 방향으로 운행하는 지하철을 호선별로 만나서 환승하는 환승역에 편의시설(엘리베이터, 에스컬레이터)(5-78)을 전 구간에 걸쳐 착수하였다. 환승역에는 빨강, 파랑, 노랑의 삼태극인 하늘, 땅, 사람의 무늬가 붙어있다. 여의도와 천호동 한강구간을 통과하여 달리고 있는 5호선 철마와 2000년 새천년에 개통한 7호선 철마가 온 누리 밝혀 우렁차게 달리기를 소원하며 31년간 정들었던 서울시를 뒤로하고 오십이학역五十而學易토록 새 출발을 하였다.

윷판(연령) 배치된 48세부터 64세까지
경전의 말씀 체體의 내용을 살펴보겠다

윷판에서 한동이 만주벌판인 쩰밭을 지나서 우여곡절 끝에 민족의 영산인 백두산 찌모에 입궁하였다. 또한, 앞밭의 모자리인 속리산을 출발하여 방을 지나서 두 동도 함께 백두산 찌모에 입궁하였다.

운 좋게도 한동은 앞밭의 모자리인 속리산을 출발하여 태백산의 방을 지나지 않고 그대로 입궁하여 사려의 자리에 대기하고 있다.

하늘의 뜻을 받들어 지천명知天命과 오십이학역五十而學易하도록 넉동의 철마가 참먹이로 가는 날밭에서 지나온 세월을 돌아보며 여기까지 함께 올 수 있도록 도움 주신 모든 분들께 감사를 드리며 달릴 준비를 하고 있다.

천부경天符經에서는

「인이삼대삼합육⋯⋯성환오칠일묘연⋯⋯태양앙명인중천중일일종무종일
　人二三大三合六⋯⋯成環五七一妙衍⋯⋯太陽昂明人中天中一一終無終一」
　하늘과 땅과 사람은 각각 맞짝과 세 극을 지니고 세 극은 여섯 수로 어울리
고⋯⋯다섯과 일곱 수로 고리를 이루고⋯⋯한은 걸림 없이 변화하지만⋯⋯마음
의 근본과 햇빛의 근본은 더없이 밝나니 사람과 하늘 가운데 있는 한이니라. 한은
끝맺음이니 한의 끝맺음은 없느니라.

태을주太乙呪(2-10)에서는

「훔리함리사파하吽哩喊哩娑婆訶」
　함은 한과 하나가 된다는 의미로 도의 근원인 천지조화 생명과 꼭 그렇게 하나
로 내 마음이 정해져 일체가 된다는 것을 노래한 것이다.

경전의 말씀 용用의 내용을 살펴보겠다

참전계경參佺戒經 8강령(2-11)에서

은혜를 갚는 갚을 보報와 응할 응應이다.

갚을 보報에서는

「보자 천보악인이화 보선인이복 유육계 삼십급

  報者 天報惡人以禍 報善人以福 有六階 三十及」

갚음은 하느님께서 악한 사람에게 재앙으로써 갚고, 착한 사람에게 복으로써

갚는 것이니 여섯 가지 계층과 서른 가지 급수가 있느니라.

적積은 덕을 쌓으면 복을 받고 악을 쌓으면 재앙을 받는다.

중重은 소중하게 여기는 것이며

창創은 시작하는 것이며

영盈은 채우는 것이며

대大는 크게 짓는 것이며

소小는 작게 짓는 것이다

위 여섯 가지 행위를 하였을 때 복과 재앙을 받게 된다.

응할 응應에서

「응자 악수화보 선수복보 유육과 삼십구형

  應者 惡受禍報 善受福報 有六果 三十九形」

응함에는 악한 것은 재앙의 갚음을 받고 착한 것은 복의 갚음을 받는 것이니

여섯 가지 결과와 서른 아홉 가지 형상이 있느니라.

적積은 쌓음으로 오는 것이며

중重은 소중히 여김으로 오는 것이며

담淡은 맑음으로 오는 것이며

영盈은 가득함으로 오는 것이며

대大는 큼으로 오는 것이며

소小는 작음으로 오는 것이다

위 여섯 가지 작용이 이루어졌을 때 응함이 오게 된다.

오행五行(2-12)에서는

북현무의 북쪽으로 계절로는 **겨울이며 수水**이다.
사람의 덕목으로는 **지혜로울 지智**이요, 느낌으로는 슬픔이다.

정역正易(2-14)에서는

금화사송金火四頌이다.

「사구이칠금화문은 고인의사불도처라 아위주인차제개하니 일육삼팔좌우분열하
야 고금천지일대장관이요 금고일월제일기관이라 가송칠월장일편하고 경모주공
성덕하니 어호부자지불언시금일이로다

四九二七金火門은 古人意思不到處라

我爲主人次弟開하니 一六三八左右分列하야

古今天地一大壯觀이요 今古日月弟一奇觀이라

歌頌七言是今日이로다」

　4, 9금 2, 7화의 금화문은 고인의 뜻과 생각이 미치지 못했던 곳이나 내가 주인
이 되어 차례로 열어 놓으니 1, 6과 3, 8이 좌우로 나뉘어 벌어져서 고금천지의 일
대장관이요, 금고일월의 일대기관이로다. 빈풍 7월장 한편을 칭송하여 노래하고
주공의 성덕을 크게 사모하나니 어호라 공자께서 말씀하시지 않은 것이 바로 후천
이 되는 오늘날이로구나.

주역周易 64괘(2-13)에서

49 택화혁澤火革 卦괘에서 64 화수미제火水未濟 卦괘까지이다

49세	택화혁 澤火革	치력명시治曆明時 제도를 개혁하고 사회를 변화시킬 때에는 대자연의 섭리에 맞추어 밝게 고쳐야 한다.
50세	화풍정 火風鼎	정위의명正位疑命 새로운 시대에 명을 베풀어 새로운 사회적 기틀을 만들어가는 데는 각자의 자리와 역할을 바르게 하고 맡은 바 임무를 충실히 해야 한다.
51세	중뢰진 重雷震	공구수성恐懼修省 인생의 의미를 바로 알고 천명을 굳게 응집하여 천지의 급격한 변화에도 공경하는 마음으로 근신하고 스스로를 돌이켜 반성하며 수양한다.
52세	중산간 重山艮	무사무위無思無爲 중뢰전체와 같이 세상사의 번잡한 소용돌이 속에서도 존재의 의미를 반추하고 삶의 목적을 구현하기 위한 고요함이 있어야 한다. 세상사를잊고 조용히 그쳐 영혼을 관조한다.

53세	풍산점 風山漸	거덕선속居德善俗 산 위에 바람이 부니 나무가 산들산들 흔들리며 아름다운 풍광을 드러내고 간괘(艮卦)에서 도탑게 그치니 하늘에서 명을 내린다. 큰 산처럼 두터운 덕을 쌓고 세상을 아름답게 한다.
54세	뇌택귀매 雷澤歸妹	영종지폐永終知敝 만상이 변화하여 무상한 현실 세계에서 살고 있으면서도 인간은 진정한 영원성을 추구하기보다는 현실 세계의 영원함 을 추구하는 오류를 범하고 있다. 현실세계는 항상 변하고 있다. 동등한 사회적 관계가 있는 반면에 불평등한 사회적 관계도 있다. 모든 상황에 직면하여 대처해 나가는 군자가 되어야 한다.
55세	뇌화풍 雷火豊	절옥치형折獄致刑 안으로는 공경하는 마음과 밖으로는 의로움이 겸비될 때 진정한 덕으로 세상을 교화할 수 있다. 하늘도 만물을 어진 덕으로 생화하지만 숙살지기로 결실을 거두듯이 국가는 유지하고 사회의 원만한 질서를 위해서는 때로는 엄격한 징벌이 필요하다.
56세	화산여 火山旅	명신용형明慎用刑 인간사회에서 상호 간의 의견차이나 대립 그리고 사소한 범죄는 불가피할 경우가 있다. 때문에 죄인에 대한 형벌이나 상대방에 대한 원망을 밝은 지혜로 삼가 신중해야 한다.

57세	중풍손 重風巽	신명행사申命行事 약한 바람이라도 거듭하여 계속 불게 되면 천하 만물을 움직이게 된다. 겸손하고 겸손한 자세로 명을 펴서 일을 하여야 한다.
58세	중택태 重澤兌	붕우강습朋友講習 안에서 기뻐하고 밖에서도 기뻐하니 모두가 이구 동성으로 기뻐하는 상황이다. 그러나 이렇게 기뻐서 들떠 있는 상황에서는 차분히 모여 함께 강습하는 것이 보다 현명한 일이다.
59세	풍수환 風水渙	향제입묘享帝入廟 너무 기뻐하다 보면 중심을 잃고 흩어진다. 천하 백성을 모으기 위해서는 백성을 모으고 국가의 기강을 확립하여야 한다.
60세	수택절 水澤節	제도의덕制度議德 어떠한 재앙이 닥쳐도 적절한 대비를 하고 준비를 하면 큰탈이 없다. 국가적인 차원에서도 평소에 각종 사회 제도나 재난구호제도를 적절히 마련하고 민생을 위한 덕행을 의논하여야한다.

61세	풍택중부 風澤中孚	의옥완사議獄緩死 어떠한 상황에서도 중정하게 돈독한 마음을 지녀야 한다. 올바르게 중정한 군재정치인이라면 돈독한 마음으로 사회에 해악을 끼치는 자라도 용서하고 덕으로 교화할 수 있는 덕행을 해야 한다.
62세	뇌산소과 雷山小過	행과호공行過乎恭 중부의 마음으로 처신하면 모든 일을 잘 이룰 수 있다. 그러나 때로는 조금 지나친 듯해야할 상황도 있다. 공손함과 절약과 불우한 자에 대한 도움이 그것이다.
63세	수화기제 水火旣濟	사환예방思患豫防 모든 것이 해결되고 완결되어 마무리되었을 때 다음을 생각하는 군자는 항상 근심될 것을 생각하여 미리 예방하여야한다.
64세	화수미제 火水未濟	변물거방辨物居方 모든 것이 제자리를 잃어 정돈되지 않은 상황에서는 냉정하게 상황을 잘 판단하여 올바른 처신을 하도록 하여야 한다. 외괘가 이화(離火) ☲ 내괘가 감수(坎水) ☵ 로 되어 있는 괘를 미제(未濟)라고 한다. 주역은 중천건 괘에서 시작되어 64번째 화수미제괘로 되어있는데 마지막 화수미제괘가 그대로 미제이니 다시 중천건괘로 돌아가서 주역周易의 노라마는 계속 반복 순환한다.

인생人生 행로(2-15)에서

「자왈오오십이지천명하고 육십이이순이라

　子曰吾五十而知天命하고 六十而耳順이라」

공자님께서 나는 **오십에 하늘에 뜻을 알았고 육십에 귀가 순해져 순리대로** 살았다고 하였다.

□. 대삼합육생칠팔구大三合六 生七八九
　서울시 공직 31년을 마감하다

서울지하철 7호선 개통 총괄 주무과장으로서 토목, 건축, 기계, 전기, 통신, 궤도, 차량 전 분야가 참여하는 개통 축하 체육대회를 주관 개최하여 서로의 공을 자축하고 위로하였다.

안전개통 소원문 낭독은 김종득 계장님이 하였다.

7호선이 개통되고 9호선이 발주되면서 지하철 1, 2, 3, 4, 5, 6, 7, 8호선 전 구간에 대하여 장애우편의시설(5-78)(엘리베이터, 에스컬레이터)이 7600억 원으로 계획되어있었다.

이명박 시장님 공약사항으로 청계천 건설에 3600억 원이 필요하니까 지하철 편의시설 예산에서 3,200억 원을 전용하여야 한다고 한다.

최본부장님과 6개월을 머리 맞대고 각 정거장 평면도를 확인하여 우선 급한 곳만 선정하고, 시공사와 계약된 물량도 줄이고, 설계 진행 중 내용을 조정하여 청계천 예산으로 3,200억 원을 전용토록 하였다.

계약된 물량을 조정하여 공사비를 줄이고 설계비를 감액하니 계약한 업체에선 민원항의가 대단하다.

청계천 건설이 원활하게 되면서 최본부장님은 종합건설 본부장으로 영전하셨고 다음 부시장으로 취임하셨다. 업체의 거센 반발을 설득하여 차질없이 공사추진을 하였다. 서울시에서 나의 역할은 다하였다고 생각하고 30년 8개월간 정들었던 서울시를 떠나기로 하였다.

퇴직하는 날 퇴직자 대표로서 김복기 아내와 함께 시장님 다과식에 참석했는데, 이 시장님이 편의시설 3,200억 주인공임을 알아보고 아쉽다 하신다. 만약 지하철 예산 3,200억 원을 1년 늦게 전용하였다면 청계천 건설이 원만히 진행됐을까? 청계천 때문에 차후 대통령이 되신 분이지만 공식적으로 서기관 진급을 못 하고 퇴직한 김홍석에게 막걸리 대포 한잔은 사셔야 되지 않을까?

2003년 02월 28일자로 31년간 정들었던 서울시에 사직서(5-61, 5-79)를 내고 새로운 출발을 하게 되었다.

서기관 진급을 하고자 하였으나 일 핑계로 교육을 못 갔으니 누락되고, 10년 넘게 준비하였던 토질 및 기초 기술사를 11번째 도전(5-79)하여 천만다행으로 합격하니 유신 이수복 부사장님이 함께 근무자하고 간청하신다. 그랜져 차량을 구입하였는데 퇴직날짜와 같은 경기 47라 3228이다.

편의시설 설계비와 공사비를 청계천 예산으로 전용하였으니 업계의 비난에 부담도 되고, 또한 친구인 최본부장 밑에서 진급을 하여야 하는데 잘 모실 자신도 없다.

진급하여 구청 국장도 생각해 보았으나 더 이상 서울시에서 김홍석의 보람된 역할은 없는 것 같다.

어릴 때 보은 고향 서당재 정상에서 나무지게 받쳐놓고 다짐했던 먹고 사는 생업은 50살까지 하고 50살 이후는 남에게 봉사하는 삶을 살자고 했기에 지금이 그때가 아닌가? 전문기술사 자격(5-79)도 갖추었고 박사과정(5-80)도 이수하였으니 50而學易을 할 수 있다고 생각하고 자신만만하게 바깥세상을 선택하였다.

박사학위는 8년여만에 2015년 02월 18일 받았다.

동국대 장연수 교수님의 지도아래 「지하굴착지반에서의 지하수 흐름해석에 관한 신뢰성 연구」이다.

지하철 5호선의 한강의 물과 7호선 건물통과구간의 물이 땅속에서 어떻게 이동하는가? 물水이 땅속에서 흘러도 지상의 도로나 건물은 안전한가에 대한 연구이다.

□. 수성首星의 배에 선승하다

수성首星에서의 일

㈜수성首星 엔지니어링은 소재지가 송파구 송파동 松波區 松波洞 167-1이다. 회사 위치는 1985년도 잠실구획정리지구로서 남한산성과 이어져 있는 구릉지였으며, 잠실 롯데와 잠실 운동장 지역은 한강 하천에 인접하여 고깃배가 드나들던 송파 나루터였다. 서울시의 강남지역개발 당시 잠실구획정리지구와 개포구획정리지구를 동시에 발주하여 구릉지인 잠실의 남는 흙을 물웅덩이가 많은 개포구획정리지구로 운반하여 주택지는 땅을 높이고 양재대로를 만들고, 청계산과 관악산에서 내려오는 물이 한강으로 원활히 흐를 수 있도록 친환경적으로 양재천을 만들었다. 공사시기가 1985년경이니 불과 30여 년 전의 강남개발지역의 모습이다.

현재의 강남지역의 개포지구는 집단아파트 주택가, 경부고속도로, 양재대로, 양재천, 양재천을 통행하는 영동1교에서 영동6교, 양재 인접의 현대자동차, 백화점, 교육문화회관, 삼성 타워팰리스, 삼성 병원, 탄천 하수처리장, 지하철 3호선, 분당선 등 도시가 형성되어있다.

잠실지구에는 집단아파트, 주택가, 농수산유통센터, 올림픽공원, 올림픽 운동장, 석촌호수, 롯데 123층 빌딩, 송파구청, 현대아산병원, 지하철 2호선, 5호선, 8

호선, 9호선등 도시가 발전하고 있다. 불과 30년 전의 옛날의 모습이 계속 변화하면서 현재의 발전 모습이지만 모든 도시시설물을 안고 있는 그 자리는 태곳적부터 30년 전이나 현재나 그 자리 그 위치이다.

송파구청 도시계획과장으로 1997년 6월부터 2년간 근무하고 10년 후인 2008년 01월 01날에 다시 송파구 송파동 167-1 ㈜수성 엔지니어링에서 근무하게 되었다. 10년 만에 다시 송파구(잠실)로 돌아온 것이다.

공무원의 조직은 수직 상하와 수평적 관계가 명확히 구분되고 자기의 업무가 국민의 공복으로서 국민의 공공이익을 위하여 성실히 근무하도록 되어있다. 급여는 많지는 않지만, 급여 걱정은 안 하고 공익을 위하여 자기 맡은 일만 열심히 하면 된다.
기관장의 명(시민)으로 지위와 직책과 업무가 주어지면 그 누구도 이래라저래라 할 수 없는 책임과 의무가 주어진다.

개인회사는 공공이익이 아닌 수익성이 따르는 이윤창출이 우선이다. 경영성과에서 수익성이 없으면 인원은 줄여야 되고 급여를 삭감할 수밖에 없다. 돈을 벌어주는 것이 가장 능력 있는 임원의 자격 조건이다. 공무원 재직 시의 조직은 나라에서 보장하는 온실 속의 화초와 같다고 생각한다. 특히 용역사는 일거리를 많이 수주하여 직원들을 줄이지 않고 급여를 올려주고 복지혜택이 돌아가도록 하여야 하는데, 일거리(돈)를 만들지 못하면 공부를 많이 한 박사이든 경력이 만점인 전문기술사이든 아무 곳에 쓸모가 없도록 되어있는 수직과 수평의 구분이 명확하지 않은 조직이다.

공무원을 명퇴하여 온실 밖으로 뛰쳐나온 벌판은 보호막이 없으니 비바람 태풍 다 맞고 폭염과 엄동설한에도 견딜 수 있는 자생력이 있어야 한다. 사고의 대전환으로 가치관, 인생관 등을 바꾸어야 한다.

나에게 주어진 ㈜首星 엔지니어링의 직책과 직위는 지반부의 부서장으로서 부사장 金洪錫이다. 기존 계약된 프로젝트와 앞으로 계약될 설계와 감리를 총괄 관리하여야 되며 타부서와 업무협조 지원으로 수익성을 창출하여 40여 명의 임직원들이 화합하고 단합하는 부서가 되어야 한다. 서울시 출신이니 지반부 총괄관리 업무 외에 서울시 발주될 수주 업무를 하여 회사수익 창출에 도움을 주어야 한다.

지반부의 자생을 위하여 직원들 각자가 틈틈이 시간을 내어 전문서적을 보고 자료를 모아서 1년 후에 외국선진국의 해저터널과 장대 터널 등을 정리한「세계의 터널」(5-81)을 발간했다. 서울시 수주업무와 지반부일을 병행하면서 직원들의 화합과 단결을 위하여 열과 성의를 다하였다. 회사의 수익창출을 위하고 지원부서인 지반부의 자생을 위하여 서울시 발주 설계와 감리에 적극 참여하였다. 많은 고생과 우여곡절이 있지만 나를 믿고 도와준 분들의 덕분에 예상외로 많은 성과를 올렸다.

박 회장님께서 공을 인정하여 부사장에서 사장으로 명령을 내시고 외국으로 가셨다. 공무원 출신으로 지원부서의 장이 사장 진급을 한 것은 엄청 큰 영광이다.

지반부의 직원들은 으레히 퇴근후 야근을 하는 게 관례가 되어있다. 토·일요일도 출근하여 일을 한다. 프로젝트 일도 많았지만(설계 100여 건, 감리 130여 건) 야근수당과 휴일수당을 받아서 살림에 보탬을 하기 위해서 으레히 습관적으로 근무하는 것이 관례로 되어있다. 회식할 때면 40여 명 직원들에게 소주 한 잔씩을 다 따라서 주고 나도 한 잔씩 받아 마신다. 위아래 소통의 가장 빠른 길이 술을 주고받고 하는 것이다. 각기 하고 싶은 말을 크게 하도록 하고 모두 다 함께 건배 선창을 하도록 한다. 별의별 얘기가 다 나온다. 스스럼없는 지반기술자의 형아우이길 원하나, 공무원 출신에 나이가 먹었으니 아무래도 소원한 면이 있다.

업무에 시달리고 고생이 많으니 스트레스 해소를 위하여 가고 싶은 사람만 2차 노래방으로 간다. 젊은 혈기로 악을 쓰고 노래도 잘한다. 나의 서울시 출입 시간을 제외하고는 되도록 많은 시간을 직원들과 함께하도록 하였다. 어느덧 지반부가 首

星에서 가장 안정되고 앞서가는 부서가 되었다.

어느 날 점심 식사를 하는 중 차장급(38세 정도) 직원 3명이 결혼한 지 6, 7년이 되었는데 애들(자식)을 갖지 못한다고 한다. 왜 아기를 갖지 못하느냐고 물으니 변명의 답으로 매일 늦게 야근하고 들어가니 운동할 시간이 없고 배만 나온다고 한다. 또한 토·일요일에도 일 때문에 출근하니 집에서 아내와 정 나눌 시간이 없다고 한다. 그래서 나는 "내가 아들 낳는 비법을 알려줄 테니 한번 믿고 실천해 볼래? 예, 알려주시면 꼭 이행하겠습니다." 확답을 받아냈다. 무슨 시를 맞춘다거나 특별한 음식과 약을 먹는 다거나 자세 등 특별비법을 기대했는가 보다.

"오늘부터는 토요일과 일요일에는 절대 사무실 나오지 말고 100일 기도하는 입장으로 아내와 둘이서 가까운 함께 오를 수 있는 산(청계산, 관악산, 검단산 등)을 선정하여 토요일, 일요일 산 정상에 올라서 손을 꼭 잡고 마음속으로 간절하게 기원을 해라, 그리고 산을 내려와 땀을 흘렸으니 막걸리를 마셔라. 몇 번 산 정상을 함께 오르다 보면 혈액순환이 왕성해지고 에너지가 넘치게 되어 음양의 기운이 최고가 된다. 가장 좋은 토요일이나 일요일을 택하여 회사 일은 다 잊어버리고, 산 정상에서 세상에서 제일 예쁜 아내가 있음에 하늘에 감사드리고 산을 내려와 흠뻑 젖은 땀을 식히며 허기진 배를 맛있는 밥과 막걸리(소주)를 취하도록 마시면, 사랑하는 님은 무아지경의 누에의 몸짓은 자연스럽게 나올 것이니, 그 때에 합궁(남자는 서 있는 하늘 | + 여자는 누워있는 땅— = +)이다, 그러면 무조건 아들이 탄생한다."

거짓말같이 3개월 안에 차재훈 차장, 박준길 차장, 김인대 차장 셋이서 다 간절하게 바라고 바랐던 아기를 가졌다고 한다. 돌잔치 때에 애들을 안고 나와서 김 사장님 덕분에 아들을 낳았다고 감사를 한다. 훌륭하게 잘 자라도록 기원을 해준다.

용역사는 수주가 생명이다. 서울지하철 9호선 2단계 구간(잠실역에서 올림픽공원) 918공구, 919공구, 920공구 3개 공구의 책임 감리가 발주되었다. 首星의 회사 소재지가 송파구로서 919공구는 석촌 지하차도가 있는 석촌동 로터리 구간으로 꼭 수주를 하여야 했다. 耆星은 경기도 등록업체로서 전국적으로 많은 감리를 수행하고 있는데 특히 건설교통부와 도로공사 등 도로 쪽 감리를 주로 한다. 서울시의 일에는 트럭 터미널 지하차도 감리에 주관사 동일과 공동으로 참여하고 있었다. 919공구에 참여를 하려면 참여 자격이 2개 회사 이상 공동도급이어야만 주관사가 아닌 공동도급사로 참여할 수 있는데, 효율적인 책임 감리를 위하여 토목은 1개 공구만 참여토록 되어있다.

출전하는 ○○○ 단장은 6호선 때 참여 경험이 있는 훌륭한 기술자로 함께 몇 달을 현장 조사하고 연습을 하였다. 耆星이 주관사이며 프로젝트 책임자가 김홍석이다. 누구에게 힘을 빌리거나 동조를 받을 수가 없다. 절대절명의 과업인데 어쩔수 없다. "진인사하면 대천명"이라 최선을 다하였다.

도전의 甑山님의 탄생일이 1871년 09월 19일이다. 돌아가신 날은 39세의 젊은 날인 1909년 08월 09일이다.

서울지하철 9호선 919공구와 무슨 연관이 있을까? 꼭 합격할 것 같은 예감이 든다. 최종평가결과이다. 제안서 내용과 단장발표가 8개 회사 중 월등히 2등보다 3.2이 앞서고 1등이다. 감사드리고 또 감사를 드렸다. 어찌 나 혼자의 힘으로 이루어질 수 있을까?

현장에는 감리단 단장과 분야별 조직이 있으며 본사에는 기술지원 감리원이 분야별로 철도, 시공, 구조, 토질, 안전등을 수시로 지원하게 되어있고 耆星본사 사무실 앞에 있는 현장이니 나름대로 특별 관리를 한 현장이다.

2014년 08월 ○일 서울지하철 919공구에서 도로 싱크홀(5-83) 사고가 났다고 한다. 작업화를 신고 안전모를 쓰고 현장으로 나가보니 교통은 통제되어 있고 서울시 본부장이 침하현장에 현황판을 놓고 언론 기자들에게 싱크홀 상황을 설명하고 있다. 그런데 이상하다. 지하철 919공구 터널 상부구간인데 지하철 본부장이 현장을 설명하지 않고 도로를 관리하는 도로본부장이 현장을 장악하고 대외언론 기자에게 설명을 하고 있다. 그리고 바로 지하철 본부 현장관리 책임자인 부장을 919 공구 현장에 출입하지 말라고 한다.

쉴드터널공사구간 하부 막장을 들어가 보니 기히 시공된 세그멘트 터널 구간은 물도 새지 않고 깨끗하다. 막장도 아무 이상이 없다. 공사 중에 상부와 측벽에 그라우팅을 다 했다고 한다. 그러면 "쉴드터널 굴착 중에 반출된 흙의 양은 설계량과 맞게 굴착관리가 되었느냐? 물의 양과 자갈, 호박돌 반출량은 조사가 되었느냐?" 자동기계장치로 check가 되기 때문에 여하간 설계량과 굴착반출량은 맞다고 한다. 설명하는 감리단의 백이사는 절대 거짓을 말할 분이 아니기 때문에 그냥 믿을 수밖에 없다. 시공사에서 굴착 쉬트지는 이상이 없고 터널 갱도와 막장이 이상이 없다고 보고가 올라오니 감리는 그대로 인정한 것이다.

석촌 지하차도 쉴드터널 공사구간을 수직 보링하여 조사하고 동공 구간을 들어가 보니 쉴드터널상부와 지하차도 하부구간이 80m(폭 7m, 높이 4m 정도) 구간이 텅 비어 있었다. 물과 세립자만 빠져나간 것이 아니고 자갈 호박돌까지 쉴드터널 굴착하면서 반출된 것으로 판단된다. 우리 회사가 맡고 있는 책임감리 현장인 919공구는, 또한 발주 시 직접 뛰어 수주한 919공구 지하철 현장의 침하사고는 시공자인 삼성도 현장을 출입할 수 없고, 감리자도 발주주관부서도 주인이 아닌 객으로 전락되고, 각 신문사 방송사 언론기관에 발가벗겨 보도가 나가고 있었다. 시의원, 국회의원님들까지 싱크홀 현장을 나와 보신다. 현장은 24시간 발주처 주관부서와 서울시 관련 부서 직원들이 교대로 근무를 하고 있었다.

감리를 맡고 있는 책임자로서 지원체제를 편성하여 24시간 근무를 하였다. 세월호와 같이 주인이 없는 총체적 난제인 919공구 감리자로서 정말 발주처인 서울시에 죄송하기 짝이 없다. 교통을 통제하고 원인 규명과 복구에 많은 시간이 흐르고 있다. 구동회 볼링 모임에서 부부동반 백두산(6-20) 등정 일정이 다가왔다. 백두산을 다녀오면 백두산 기운으로 앞으로의 일이 잘 해결될 것이라 생각을 했다.

백두산을 다녀오고 현장은 조금씩 안정이 되어가고 있다. 윤식 아들 결혼식이 다가온다. 광화문의 세종대왕님과 이순신 장군님의 기상으로 세종문화회관에서 (5-97)에서 9월 27일 날 결혼식을 가졌다. 일요일날 많은 축하객이 오셨다.

지하차도 하부에 빈 공간을 그라우팅으로 다 복구하였다. 차량이 무난하게 통행을 하게 되었다. 다행스럽게 인명사고 없이 사전에 복구한 것은 참 잘된 것이지만 아직도 원인 규명 용역 중에 있으니 한심한 현실이다. 이번 침하사고로 발주처인 서울시 지하철도국 부장, 과장, 계장님들이 다 교체가 되었다. 또한, 텅키 시공자인 삼성의 현장소장 담당자도 다 교체가 되었다. 감리자인 眢星의 책임감리자도 교체가 되었고 서울시 출신 임원으로서 도의적 책임을 지고 나는 7년간 정들었던 眢星을 떠나게 되었다.

지하철 공사현장에서는 땅속으로 깊게 굴착을 하고 구조물을 설치하기 때문에 땅속에 있던 지하수(물)이 구조물 안으로 들어올 수밖에 없다. 현재 운행하고 있는 서울 지하철 전구간(1호선→9호선)에는 1km 정도 간격으로 정거장이 설치되어있는데 정거정의 집수정에 들어오는 물을 펌핑하여 하수관으로 보내고 있는 실정이다. 일부는 청소용수나 나무 조경 식수로 사용하고 있으나 물의 잠열 에너지를 그냥 버리는 게 너무 아깝다.

또한, 무한정 흘러가는 한강 물, 식수로 사용하는 상수정수장의 물, 사용하고 오염된 하수처리장의 물에 잠재된 무한정의 에너지 활용이 항시 머릿속에 남아 있었다. 석탄, 기름, 원자력 등 에너지는 환경오염을 초래하고 있으며 극 지역의 빙하가 녹고, 해수면 상승과 기후 온난화로 돌발성 홍수, 가뭄 등 지구가 아프다고 아우성이다. 기후변화에 대처할 수 있는 무공해 에너지는 무엇일까? 자연 그대로를 인류의 삶으로 공유하면 된다. 예를 들어 바람을 이용한 풍력, 바다의 밀물 썰물의 조석간만의 차에 의한 조력, 무한대로 오고 있는 태양의 빛, 현재 세계는 에너지 활용 방안(5-82)으로 그 방향으로 가고 있다.

밀양의 고추농장 비닐하우스에서 실험성과가 나왔다. 겨울 동절기에 기름과 연탄으로 난방하여 고추생산을 하였으나 지하 물탱크를 만들고 물에서 열을 뽑아 난방하니 전체 난방 경비가 80%가 절감된다. 획기적인 결과이다. 농림식품부 산하 농촌진흥청과 공동 과제로 고양시 화예 난 농장 등 몇 곳과 자체 농장에서 설치와 실험, 성과가 검증되어 현재는 농림식품부 정부시책사업으로 선정되어 전국의 원예사업이 획기적으로 바뀌고 있다. 수성에서는 철도시설공단의 신기술로 등록하였다.

신사업의 정착은 참으로 어렵다. 투자 효과가 1, 2년이 아닌 장기간의 고난과 피와 땀이 있어야 이루어지는 사업이다. 공동사업자인 TR과 首星은 많은 노력을 하였다. 에너지사업을 시작한 지 3년 만에 首星을 떠나 나오게 되었으니 사업 성공 여부는 남은 분들의 몫이다. 시작한 사람이 끝까지 다 이룬다면 얼마나 좋으련만 시류와 현실은 그렇지 않다.

주역 64卦중 63卦에 수화기제水火旣濟라고 하였다. 글자 뜻대로면 물水에서 불火로 이루면 모든 세상이 좋게 열린다라고 나는 단순하게 의미를 둔다. 그러나 우리가 가야 할「화수미제 수화기제 수승화강 진공묘유 원형이정 火水未濟 水火旣濟 水昇火降 眞空妙有 元亨利貞」의 길이라 기대해본다.

그간 무수한 악조건 과정속에서 그래도 首星 박회장님이 적극적 지원과 격려가 있었기에 여기까지 와있다고 스스로 위로를 해본다. 땅속의 물속에서 에너지를 만드는 수화기제水火旣濟의 의미가 세상에 펼쳐질 것을 확신한다.

신사업 추진과정에서 에너지 전문가이시며 서예가이신 부경대학교 오휴규 교수님께서 친필로 "상송상청수성霜松常淸首星"의 현판을 써주셨다. 창업자이신 강회장님의 항상 변함없는 푸르름이 수성에 함께 하기를 기원 드린다.

잠실역 버스환승센터 조성사업 책임감리를 首星에서 수주했다.

롯데 123층(1-2) 빌딩의 부속시설로서 지하철과 버스환승 등 대중교통 이용을 용이하게 만들어 지상의 교통량을 분산시키기 위한 방안으로 국내 최초로 지하 버스환승센터를 건설하는 것이다. 잠실네거리는 교통량이 많고 지하매설 지장물이 많으며 한강이 인접하여 열악한 지반조건 하에서 안전하게 시공하는 것이 최우선이다. 나름대로 모든 여건을 고려하여 기술제안을 하였으며 기술지원 기술자로서 경험을 살려서 소신껏 안전한 공법검토를 하였다. 잠실역 버스환승센터 조성사업 공사 내용이다.

롯데 123층 공사로 인하여 지하수 탈수로 지반침하가 되고 있으며, 서울지하철 9호선 공사로 인하여 지반침하 등 원인이 불분명하고 문제점 대책에 대한 언론보도는 본공사 착공 후 1년여 후에 불거진 사안이다.

처음 박회장님을 뵈올 때 峕星의 이름에 대하여 너무 좋은 뜻이 있음을 말씀드렸다. 전반적인 건설경기가 침체되고 수주가 원활치 않을 때니 어느 날 박회장님께서 峕星에 대한 회사 긍지를 갖도록 전 직원 사기진작 교육을 당부하셨다. 바쁜 일정 시간이지만, 그간 고민하고 정리했던 「열정, 순수, 긍지가 함께하는 峕星」을 정말 좋은 회사로서 발전하기를 간절히 기원하며 직원들과 함께 공유하였다.

한밭대학교 재경총동문회회장직(5-97)을 峕星을 떠나면서 임기를 마쳤다. 2년간의 임기 동안 최선을 다하였으나 아쉬움은 많고, 연임을 않겠다던 처음의 약속대로 선배님들의 만류에도 불구하고 이행을 하였다. 峕星근무와 함께한 영광의 자리였으며 峕星을 떠나면서 함께 놓은 끈이다. 한밭대학교 재경동문님들의 애환을 담은 「그리운 학창시절」 책을 발간하였다. 훌륭한 좋은 분이 맡으셔서 더욱 발전된 동문회가 되기를 기원 드린다.

나이가 60을 넘다 보니 그간 꼭 해보고 싶었던 서예 공부(5-83)를 시작하였다. 수주, 직원인원 감원, 연봉삭감, 벌점, 불신, 갈등, 싱크홀 등에 峕星의 사장으로서 적극적으로 극복하여야 되나, 현실은 공자님의 이순 耳順으로 가야 함이 명백하였다. 틈틈이 잠실 장미 상가 3층 잠실의암 서실로 나가면서 마음을 애써 달래고 있었다.

30여 년 전 구동회 볼링모임을 시작한 곳이 장미상가 5층이었으니 어쩌면 초심으로 원시반본한 것이라 생각한다. 이제 시간이 무심하게 흘러가니 서예를 시작한 지 5년이 되었고 예서(5-86), 해서(5-84), 행서(5-85), 초서(5-87) 과정을 지나 대나무 죽치고(5-90) 난치고 매화(5-91), 국화(5-92)로 가고 있다. 작품 전시내용이다.

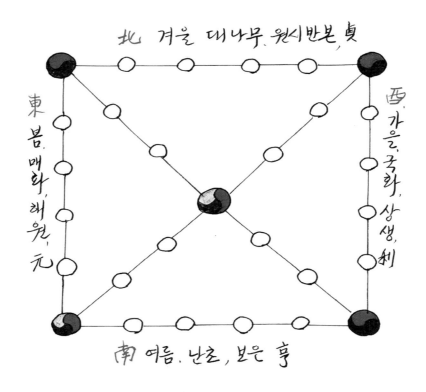

그림33. 원형이정 4덕의 윷판

□ . 천일天一 산으로 오르다

천일天一엔지니어링 주식회사(5-94)에서 다시 시작을 했다. 수성에서 함께 근무했던 김남홍 본부장님이 제일 먼저 반겨주신다. 64괘 화수미제火水未濟를 天一에 심어놓았다. 김석환 회장님과 모든 임직원님들께 깊은 감사를 드린다. 하늘 아래 제일이라는 뜻이다. 하늘의 뜻대로 제세이화하고 홍익인간 하여 성통공완 광명의 길이 열릴 것이다.

주식회사 천일 홈페이지에 들어가 보면 김석환 회장님 인사 말씀에 「역사와 전통, 창조와 발전의 주식회사 천일을 머리에 두셨고, 말미에는 건강한 개인과 건강한 회사가 건강한 선진사회를 이끌어 간다는 평범한 진리를 실천해간다고 말씀하셨습니다.」 요약해 보면 전통, 창조, 발전, 건강이 되겠다.

주식회사 천일天一의 의미를 천부경天符經에서 찾아보도록 하겠다. 한민족의 경전인 천부경天符經 81자는 우주의 근본 이치를 설명하고 있다. 1에서 10까지의 수리역 數理易으로 이루어져 있으며 생성멸의 순환의 원리를 설명하고 있다.

천부경 81자는 「일시무시일 석삼극 무진본 천일일 지일이 인일삼 일적십거 무궤화삼……일묘연 만왕만래 용변부동본 본심본태양앙명 인중천중일 일종무종일 一始無始一 析三極無盡本 天一一 地一二 人一三 一積十鉅無軌化三 …… 一妙衍 萬往萬來 用變不動本 本心本太陽昂明 人中天中一 一終無終一」

한은 비롯이니 한의 비롯은 없느니라. 한은 나투어 세 극을 이루나 다함이 없는 근본이니라. 세 극은 하늘과 땅과 사람이니라. 하늘은 한의 첫 번째 나툼이요, 땅은 한의 두 번째 나툼이요, 사람은 한의 세 번째 나툼이니라. 한은 열 곱으로 불어나면서 모자람이 없이 세 극으로 화하느니라…… 한은 걸림 없이 변화하지만 움직임이 없는 근본이니라. 마음의 근본과 햇빛의 근본은 더없이 밝나니 사람과 하늘 가운데 있는 한이니라. 한은 끝맺음이니 한의 끝맺음은 없느니라.

천부경 81자에서 천일天一이 12번째로 나온다. 현재 천일天一은 그레이스빌딩 12층에 자리 잡고 있다. 우연이 아니고 필연의 12번째라면 천일天一회사는 천부경의 天一一이 된다.

하늘은 한의 첫 번째 나툼이라는 뜻이다. 두 번째 나툼은 땅이요, 세 번째 나툼은 사람이다. 천일天一은 인간 세상을 여는 첫 번째의 창조라는 뜻이다. 한은 열 곱으로 불어나면서 모자람이 없이 세 극으로 화하느니라. 여기서 천일天一은 1976년 창사 이래 사람 나이로는 40세가 된 불혹의 나이가 되었다. 하나에서 시작하여 열 곱으로 불어나는 천부경의 일적십거一積十鉅와 같이 회사가 무궁하게 무럭무럭 발전한다는 뜻이다.

한은 걸림 없이 변화하지만 움직임이 없는 근본이니라에서 개인의 건강과 선진 사회의 건강요건을 천일天一회사(5-94)의 임직원 모두가 서로 협조하고 상생하며 창조와 발전을 하는 건강한 회사가 되어야 한다는 뜻이다.

천부경天符經이 만법의 근본과 만행의 근원이듯이 천일天一은 역사와 전통을 지켜가며, 창조와 발전으로 건강한 개인과 건강한 사회를 위하여 건강한 회사로서 밝은 미래를 열어갈 것을 기대해본다.

□. 서울시 토목상 대상을 수상하다

전혀 생각지 않았던 「서울시 토목상 대상」(5-95)을 수상하게 되었다. 수상 자격 조건이 서울시 소재하는 회사이거나 서울시에 사는 사람이어야만 하고 서울시 건설발전에 기여한 공이 있어야 한다. 首都근무시는 수성회사가 경기도 소재이며 본인의 거주지 주소가 과천시로서 수상자격도 안 되었고, 서울시 건설에 공헌하신 훌륭하신 분들이 많기 때문에 나하고는 인연이 없는 상으로 전혀 관심을 갖지 않고 있었다. 土木 기술人이라면 누구라도 선망의 대상이며 영광스럽고 명예가 있는 서울시 토목상이다.

㈜天一주식회사는 본사가 서울시 강남구에 위치하고 있다. 정년퇴임을 하시는 최진선 과장님이 강력하게 추천을 하였다. ㈜수성은 경기도 업체이고 천일의 소재지가 서울이기 때문에 그간의 서울시 건설사업에 대한 기술심의의원, 자문의원 성과와 서울시 발주 설계와 감리일을 많이 했기 때문에 좋은 평가 결과가 나올 것이라고 한다. 경력과 실적과 상훈 등 자료를 준비하기가 어려웠고 가장 최근에 수행한 롯데 123층 빌딩과 관련하여 지하수 탈수 침하와 지하철 919공구 싱크홀 발생 등의 침하문제점이 해결되도록 잠실 버스환승센터 감리현장의 안전공법을 제시한 것이 가장 큰 공으로 평가되었다.

도와주신 평가위원님, 서울시 동료분들, 모든분 들께 감사를 드린다. 64卦를 다 돌고 전혀 예상치 안 했던 「서울시 土木상 대상」(5-96) 수상은 그래도 잘 살아왔다고 큰 위안이 된다. 보은 고향에서 대추농장을 하면서 기념사진관을 운영하는 권병각 사장이 올라와서 사진촬영을 해주었고, 경찰청을 은퇴한 이병상 친구가 함께하고 보은 신문 송호 서울취재 국장이 축하해주어 나주 곰탕집에 가서 배 채우고 소주 건배를 거나하게 하였다.

윷 한판의 출발점은 참먹이이다. 참먹이를 출발한 넉동의 말은 씨를 뿌리고 싹을 키우고 추수 결실을 하기까지 도랑도 건너고, 강도 건너고, 바다도 건너고, 안산도 오르고, 장바우산도 오르고, 백두산도 오르고하며, 빠지기도 하고, 넘어지기 도하며, 우여곡절을 겪으며 출발점인 참먹이로 다시 돌아간다. 참으로 장하고 자랑스럽다. 사람 개인으로는 초년, 중년, 장년, 노년의 세월을 거치면서 공자님의 말씀처럼 "나이 열다섯에 학문에 뜻을 두고(志於學) 서른에 홀로 일어섰고(而立) 마흔에 유혹에 빠져들지 않았으며(不惑) 쉰에 천명을 알게 되었고(天命) 예순에 귀가 순해졌고(耳順) 일흔에 마음이 하고자 하는 대로 행동해도 법도를 넘지 않는다. (不踰矩)"

어느덧 벌써 회갑을 넘어 순리順理대로 살아가야 할 때가 되었다. 윷판은 하늘 대우주(북극성과 북두칠성, 28수별, 태양 달 오행성)와 소우주(사람)의 그대로의 모습이며 윷판은 하늘의 말씀인 경전(환단고기, 천부경, 주역, 정역, 도전)을 도개걸윷모로 풀어놓은 설계도이며 윷판은 하늘과 땅과 사람이 하나 되어 나투어진 삶의 음양오행으로 생장염장 하는 현실인 것이다.

주역64괘의 화수미제火水未濟를 어떻게 풀어야 할 것인가?

윷 한판을 다 돌아보았으니 63괘 수화기제水火旣濟로서 이 자리에 와있는 것이 얼마나 감사하고 고마운 일인가? 이제 암울했던 갈등과 불신의 시대를 마감하고 희망과 광명의 새로운 시대로 나가야 할 때이다. 실제로 생업生業의 전선에서 물러나 五十而學易하고자 하였으나 五十而天命은 나에게 이루어지지 않았다. 새로운 시대는 64괘로 마감하는 것이 아니고 지나온 64괘를 경험하고 터득한 진리를 바탕으로 새로운 일을 하며 하늘의 명과 함께 하는 삶이 되어야 하겠다.

누에고치 모양은 8자와 비슷하다. 88년 서울 잠실올림픽은 누에고치가 한 쌍으

로 사이좋게 서 있는 모습으로 서울 잠실올림픽개최는 서울은 세계로 나가고 세계
는 서울로 오는 한민족의 새 시대를 여는 출발점이 되었다.

　특정한 사람만 출입하여 누릴 수 있는 룸살롱 노래문화에서 모든 사람이 함께 즐
겁게 즐길 수 있는 노래방 문화가 활짝 열리게 되었다. 슬프고 흥이 나지 않는 노
래는 의식적으로 부르지 않았고 함께 박수치며 신나게 놀 수 있는 나훈아의 「건배」
박상철의 「황진이」와 「자옥아」 노래를 불렀고, 돌아가신 어머니를 그리며 주병선의
「칠갑산」 태진아의 「사모곡」, 나훈아의 「홍시」를 불렀고, 삶의 무게를 달래기 위하
여 강은철의 「삼포 가는 길」, 이문세의 「나는 행복한 사람」, 박정식의 「천 년 바위」,
장사익의 「봄날은 간다」, 남일해의 「안부」 윤수일의 「유랑자」, 조항조의 「남자라는
이유로」, 김성환의 「인생」을 즐겨 부른다. 요즈음은 차를 타면 나이가 들어서인지
김성환의 「묻지 마세요」와 노사연의 「바램」 노래가 가슴에 닿는다. 주말 나 홀로 목
욕탕에서의 마무리 노래는 대전 한밭의 「식장산」과 한민족의 염원인 「우리의 소원
은 통일」 노래를 목청껏 쏟아낸다.

6편

신神나는
윷판 위의 이야기
(천지인도 天地人道)

○.11명이 함께 뛰는 믿음의 축구 이야기

호근이가 골문을 지키면 든든하다

가을 벼를 베어 말리기 위하여 세워둔 볏짚을 방어진으로 하여 병정놀이 때는 볏짚을 뛰어넘고 넘어지는 스릴도 있고, 뛰어노는 데는 일가견이 있었다.

어느 날 어머님께서 외뿔 상표는 형제간에 우애도 깊고 공부도 잘하고 글씨를 잘 써서 큰 상을 받았다고 한다. 1년 선배인 상표형의 한글 붓글씨가 참으로 잘 썼다. 그림대회와 글씨쓰기 대회시 특출하게 잘하지는 못했지만 '가작' 정도는 한 것 같다.

5학년 때 깜장 운동화를 신고 뛰는 축구선수로 뽑혔다. 배상규 선생님께서 호루라기 부시며 지휘봉을 드시고 "앞으로 뛰어 옆으로 뛰어 가운데로 센터링해라" 호령을 하신다. 온몸이 녹초가 되지만 재미있다.

소라리에 사는 김운구 1년 선배가 9번 쎈타포드 주장인데 정말 멋지게 공을 잘 찼다. 삼산초등학교와 결승에서 우리 종곡초등학교가 졌다. 이듬해 우리가 6학년이 되었다. 보은중학교 1등 수석합격을 위하여 이성일 선생님 집에서 저녁에 특별수업을 하며 돌아가신 홍칠 작은 형님께서 밤길이 무섭다고 막내동생을 바래다주고 데려가고 하셨다. 산수 풀이가 어렵지만, 특히 재미있었고 6학년 때는 열심히 공부에 전념하였다. 공부 잘하는 친구들은 축구선수가 없었고 그래도 덩치가 크고 공부 잘하는 축구선수였으니 공도 열심히 찼다.

군대 입대 전 일찍 저 세상으로 먼저 간 2반의 배니 사는 호근이가 골키퍼이고 길상 사는 종범이가 2번 백을 보고 우리 동네 양제가 6번 하프 오른쪽을 맡고, 누밑에 사는 똥볼이 쌘 두식이가 하프센터 5번을 맡았다. 종곡 사는 은식(윤식)이가 레프트윙 11번을 맡았는데 왼쪽으로 치고 들어가 가운데로 센터링 할 때는 참으로 멋있었다. 은식이는 달리기도 1등으로 잘했다. 빨리 뛰어 들어가 꼴로 연결하는 10번 레프트 인너는 광꼴 사는 병각이가 맡고, 나는 롸이트 윙 8번을 주로 맡아서 뛰었다. 오후 수업을 마치고 호랑이 같은 배상규 선생님의 지도아래 혹독한 훈련을 하였고, 꼭 금년에는 종곡국민학교의 명예를 위하여 우승하겠다고 다짐하였다.

결승에서 또 삼산초등학교와 맞붙게 되었다. 연습할 때와는 달리 응원하는 구경꾼도 많고, 보은중학교 운동장도 넓고, 깡촌 종곡초 축구선수가 주눅이 들었나 보다. 잘 뛰어지지 않는다. 1:0으로 졌다. 작년에도 졌는데 또 졌으니 분하기 짝이 없다.

나중에 중학교에 입학하고 보니 삼산초등학교에선 손대현이가 9번으로 뛰었고 박재완이가 8번으로 뛰었는데, 우리 종곡초 축구선수와 삼산초 축구선수들 다 같이 축구부에 들어가게 되었다.

축구선수 핑계도 있었지만, 공부에 엄청 열심히 하였는데 입학시험 성적이 전체 365명 중 9등으로 실망이 컸다. 수업료 면제는 어림도 없었다. 1학년 때 축구부에 나갔으나 1학년 2학기 때는 수업료가 면제되는 협동조합 보는 학생으로 뽑히게 되어 아침 수업전과 2시간 끝나고 쉬는 시간, 점심시간, 수업 끝나고 방과 후 시간에 협동조합 일을 보니, 점심 먹을 시간도 없고, 축구부 연습은 아예 포기하였다.

학교와 군대에서는 공수도 축구가 최고다

초등학교 때 동각 강당에서 잠깐 공수도를 배웠는데 앞발 차기, 옆차기, 돌려차기를 집 앞에 있는 잎이 큰 플라터너스 나무를 상대로 아침 새벽에 연습을 하였다. 중학교 때는 공수도(태권도)가 참 인기가 많았다. 안북실 종곡으로 가는 길옆에 있는 안양 하천가 아카시아 그늘에서 고등학교에 다니는 선배 형님들은 김택현 형님의 기합 소리에 맞춰 차고, 피하고 하면서 체력을 단련하였는데 참 멋있게 보였다. 키가 크고 다리가 일자로 길게 쭉 뻗은 달준이 형님이 제일 멋있었고 선배 형님들을 옆에서 지켜보며, 언젠가는 나도 공수도를 정식으로 배우리라고 다짐을 하였다. 중학교 협동조합 일로 시간을 낼 수가 없고, 대전공업고등 전문학교 합격을 위하여 체력을 단련하는 공수도는 중단하였다.

대전공업고등전문학교 때 과대표 선수로 축구선수로 뽑혔다. 초등학교 때 배운 실력으로 열심히 뛰지만 다른 과에 이겨 우승한 적이 없다. 경험이 좀 부족한 젊은 교수님 시간에 2시간 정도 홀수, 짝수 축구시합을 건의 드리면 본인도 시달리지 않고 우리도 수업이 짜증 나지 않으니 교수님이나 학생 둘 다 일거양득이다. 한 팀이 20명 정도이니 힘으로, 깡으로 넘어지고 일어나서 뛰니 참으로 재미가 있다. 그렇게 뛰어도 다리가 부러진 친구는 없었다. 한참 왕성한 혈기의 고등학교 3년과 대학 2년 과정 동안, 우리 토목과 홀짝 축구는 시합이 끝난 후 곱빼기 짜장면으로 배를 든든히 채우고 막걸리를 퍼마시니 체력 단련뿐 아니라 친구들 간의 끈끈한 단합과 우정을 쌓도록 하였으며, 밖으로 발산할 젊은 울분을 안으로 다스리도록 하였다고 생각한다.

방학 때 고향 보은을 가면 으레 우리친구들은 종곡 초등학교로 옛날 함께 공 찼던 어깨들이 다 모여든다. 우리 동기들과 밑에 후배들이 편을 나누어 시합하면 그렇게 재미있을 수가 없다, "너는 누구를 맡고 나는 볼을 잡으면 차고 들어가다 누구에게 공을 준다." 게임이 작전대로 맞아 들어간다. 우리의 수문장은 단연코 명키퍼 호근이가 전담이다. 우리 기수를 이기는 후배팀이 별로 없었는데 학교를 마치고 20대 젊은 나이에 군대를 갈 즈음하여서는 팀워크가 흐트러져 후배들에게 졌다, 다음에는 우리가 다시 꼭 이기자고 다짐했으나, 그 이후 선후배 팀 나누어 뛸 수 있는 축구시합은 이루어지지 않고 있지만 60이 넘은 지금도 아직도 기다려지는 참 재미있는 축구 시합이었다. 배구 시합도 종종 하였으나 여러 사람이 몸을 부닥치는 경기가 아니므로 그렇게 재미는 없었다.

군대 축구는 완전 육탄공격으로 죽기 살기로 하는 축구이다. 졸병 때는 고참분들이 시키는 대로 자기 자리를 지키지만 지고 나면 밤새도록 기합받고 매 맞는 게 일과이다. 우리 본부행정중대는 타 중장비 중대와 덤프트럭 중대를 이길 수가 없는 조건이다. 내가 고참이 되고 부터는 아예 중대대항 축구는 하지 않았다. 대신 본부처별로 편을 짜서 시합을 하는데 이회택, 박이천 축구가 명성을 날릴 때로 이회택과 박이천이 볼을 주고 뛰어들어가 일본 골문을 여는 통쾌함을 맛볼 때이다. 나도 수비에서 힘껏 공을 차서 공격진에 볼을 패스하고 뛰어 들어가 다시 공을 받아 슛을 하여 골링에 기쁨을 만끽하기도 한다. 군대에서는 고참이 되면 내가 총지휘자로서 키퍼, 수비, 공격진을 정하고 게임을 즐길 수 있는 특권이 주어진다. 군대 생활까지가 그래도 공을 차는 맛을 아는 시기인가보다. 군대 제대를 한 후 40여 년이 지난 지금 나이에 무슨 축구냐고 하겠지만, 동국대 지반모임에서 실내 축구장 게임을 뛰어보니 옛날 실력은 그대로 살아있어 한 골도 넣었다.

외손자가 하늘천 따지 가마솥에 누룽지를 맛있게 먹는다

축구의 재미있었던 꿈! 외손자에게 어릴 때부터 축구공을 주었다. 이리저리 주어보니 잘 뛰어다니고 잘 찬다. 이제 초등학교 1학년인데 또래 중에는 잘 뛰는 선수가 되었다. 어린 나이에 체력을 단련할 수 있고 틈틈이 취미생활로 축구를 즐길 수 있도록 하게 한 공이 나에게 있다고 하겠다. 나중에 외손자는 할아버지와 함께 공을 차고 놀은 기억이 남아 있을 것이다.

어릴 적 우리 집은 큰 안방에서 아버지, 어머니, 누나와 나 다 함께 한방에서 잠자고 생활을 하였다. 큰 이불 속에서 아버지, 어머니, 누나, 나 다 함께 잠잘 적에 아버지는 나에게 천자문인 하늘천, 따지, 검을현, 누루황, 집우, 집주...어질어질휴!까지 외워주시고 따라 하여 어질어질휴까지는 지금도 잘 외우고 있는데 그 이후로는 배우지 않아 알지를 못한다. 그때 아버님께서 천자문을 끝까지 알려주셨다면 얼마나 좋았을까 하는 아쉬움도 있다. 실은 학교 다니지 말고 서당 다니고 남의 집살이 하라고 하셨는데 어머님께서 학교를 끝까지 보내주시었다.

외할아버지로서 외손자에게 알려줄 수 있는 나의 생각은 우리 아버님께서 나에게 알려주신 그 정도가 지금 외손자가 외우고 자랑하는 「하늘천, 따지, 가마솥에 누룽지, 박박 긁어서 나도 한입, 엄마도 한입, 아빠도 한입, 이모할머니도 한입, 이모할아버지 한입, 삼촌도 한입, 외삼촌도 한입, 외숙모도 한입, 외할머니도 한입, 외할아버지도 한입, 모두 모두 맛있게 냠냠먹자」라고 하늘천따지 노래를 부른다. 외손자는 이 순서를 절대로 바꾸는 적이 없다. 어린 본인을 시작으로 해서 제일 연장자이며 집안의 어른인 외할아버지가 끝을 맺는 「一始無始一 ⋯⋯ 一終無終一」의 法則을 준수한다. 어린 외손자에게 할아버지인 내가 무엇을 더 가르칠 수 있는가? 하늘과 땅과 사람을 알고 있으니 더 이상 알려줄 것이 무엇이 있으랴. 더 큰 가르침은 「없다」이다.

내가 어렸을 적에 이불 속에서 아버님께서 가르쳐주신 천자문과 시조를 배운 것도 마찬가지로 그때 그 여건으로는 사랑하는 자식에게 더 무엇을 가르쳐주실 수 있었을까? 나는 아버님의 가르침을 이불 속에서 배웠다고 생각한다. 세상에서 가장 큰 가르침이시다. 더 큰 가르침은 「없다」이다.

축구에서 한 팀이 11명인 것은 11명이어야 하는 이유가 있다. 가장 많은 사람이 일반적으로 즐길 수 있는 운동 축구, 왜 11명일까?

음양오행으로 풀어보기로 한다. 음은 빨간 유니폼 적팀과 양은 파란 유니폼 청팀으로 하고 오행은 木, 火, 土, 金, 水의 오덕이다.

그냥 적어보기로 한다.

11명은

十一一늠이다.

十一이며 十 (+) 一 이다.

11명은

十은

一은

十一 ＝ 土이다.

11명은 음양(日, 月) 오행(木, 火, 土, 金, 水) 중 土이다.

11명은 10과 1을 더한 것으로서 土가 된다.

仁 義 禮 智 信중 十一명은 오행오덕 중 土는 믿을 신信이다.

키퍼에서 수비에서 공격하는 11명의 선수가 서로 믿음을 갖고 자기의 위치에서 서로 주고받고 밀어주고 끌어주고 하여 최종 공을 상대방 골문에 넣어야 한다.

11 ＝ 한글로 '십일'로 읽는다.

　　　'십일'은 영어로 적으면 Civil이다.

　　　Civil의 뜻은 영어로 토목土木공학, 시민 공학, 문화 등의 뜻이다.

11은 10+1 9+2 8+3 7+4 6+5 5+6 4+7 3+8 2+9

11로 되는 조건은 많지만, 화투놀이에서는 38광땡이 최고로 막강하다. 3+8=11 이다. 38선은 3광 8광으로 광땡이다.

축구팀의 인원 11명은 나의 생업生業인 토목土木이다.

정역正易의 십일일언十一一言의 숫자이다.

정역의 십일일언의 이화세계인 새 세상이 삼팔광땡으로 거침없이 펼쳐져 있다.

○.음양오행陰陽五行이 살고 있는 산 이야기

□. 일월오봉도日月五峯圖 내 고향 오봉산

동쪽 오봉산에서 해가 뜨고 서쪽 금강니산으로 해가 진다.

산은 삶의 현실에서는 가깝게는 친구이며, 직접 산에 오르면 어머님이요 아버님이며 멀리서 보면 하늘이다.

제일 처음 올라본 산은 우청룡으로 서쪽 해가 지며 맑고 시원한 옷샘물이 항시 나오는 금강니산(4-13)이다. 어릴 적 문둥병을 앓으시는 아주머니가 진달래꽃을 따 먹으며 산다는 금강니산, 배가 고파 소꿉친구들과 산에 올라 진달래꽃을 따먹다가 기겁하여 내려온 기억이 있다.

두 번째 산은 북현무인 산꼭대기 정상에는 가보지 못했지만, 초등학교 때 철렵을 가서 가재를 잡아 된장국을 끓여서 엄청 맛있게 먹었던 북쪽 북두칠성이 떠오르는 장바우산(6-3)이 있다.

세 번째 산은 북현무로서 가장 높게 솟아있는 서당재산(6-1)은 오봉으로 이어지는 큰 산으로 나무지게 지고 나무했던 곳이다. 산봉우리에 주저앉아 넘실대며 넘어가는 산파도를 보며 큰 꿈을 꾸었던 천상천하유아독존의 산(6-2)이다.

네 번째 산은 우리 집에서 동쪽에 있는 좌청룡 안산이다. 안산 산모퉁이를 돌아가면 도감티 밭이 있다. 도감티는 오곡을 생산하는 땅으로서, 특히 감자와 고구마를 많이 캐냈다. 도감티 고개를 넘어가면 오두목골이 있다. 오두목골은 계단식 논에서 벼농사를 했는데 가물어서, 벼농사는 밭벼를 주로 심었다. 소를 놓아 풀 뜯겼으며, 늑대가 어슬렁거리며 옆으로 지나갔던 안산이 있다. 할머니 상여를 따라갔던 고개 너머 산은 자두 따 먹고 청춘의 불길을 다스렸던 산이다.

다섯 번째로 남주작으로 동그레 방을 뒤로하고, 신라 시대에 두 남매가 내기를 하여 쌓았다는 삼년산성(4-14)이 있는데, 아버님 머슴 사실 때 우식이가 쪄온 찐빵이 입에서 살살 녹았던 소풍 갔던 곳이다.

서당재와 말티고개를 잇는 산줄기로 오봉(4-12)이 있다. 우리 동네 새말에 살던 요식이 아버님께서 오봉 밑 산을 개간해서 농사를 짓기 위하여 기와집을 지어 이사한 곳이다. 나중에는 그 집 식구들이 다 떠나서 충북 청주의 선프라자컨벤션센터를 운영하는 요식이가 있고(요식이는 새말 대표로 힘자랑을 하였다), 요식이네가 떠난 이후 그 집은 대처승의 절로 바뀌었다. 오봉산은 1만원권 돈의 일월 오행도의 해가 뜨고 지는 오봉과 같은 모습이다.

어릴 적 시제 시사를 지낼 때 오심이 장재리 산꼭대기에 오른 적이 있다. 산언덕 꼭대기에 8대조 조상님이 모셔져 있는데, 산지기 집에서 시제 음식을 장만하여 지게로 지고 올라가고 절 드렸는데, 8대조 조상님께서 돌아가셨을 때 이 높은 곳에 산소를 모셨으니 그때의 사정이 짐작이 간다. 그 이후에 대전으로 서울로 객지 생활을 하였고 시제 참석을 안 하였으니, 할아버지 산소는 누가 돌보아 드리는지? 또한, 우리 종종 땅을 부치시면서 산지기 하시던 분들은 돌아가신 아버님 말씀에 자식들이 잘되어서 집이 부유하고 서울로 이사를 갔다고 한다.

피 나는 손가락으로 풀빵을 맛있게 먹다

말티고개는 굽이굽이가 12 고개이다. 큰 누님께서는 말티고개 넘어 상판리 이달 형님께로 시집을 가셨다. 매형은 인물이 좋으시고 훌륭하시어 내속리 면장도 출마하시어 면장도 지내셨지만, 속리산에서 여관을 하시며 누님이 고생을 많이 하시었다. 말티고개는 우리 집에서 오심이를 지나 장재저수지를 거쳐서 꼬불꼬불 오르는 고갯길로 포장이 안 되고 돌로 다져진 도로로 차가 오면 먼지를 뒤집어쓰고 샛길로 올라야 하는 고개이다. 찐빵을 맛있게 만드시어 파시던 보은읍내 찐빵 사장님이 타시고 가셨던 버스가 말티고개에서 굴러 전원이 사망한 한 많은 말티고개이다.

소먹이로 강청이 논두렁에서 풀을 베다가 왼쪽 가운데 손을 낫으로 찍었다. 피가 튀어나온다. 옷을 찢어 피를 멈추게 하고 침으로 소독을 한다. 어머님이 아시면 당장 병원으로 데려갈 것이고 혼날 것이다. 그래도 큰 누님 집으로 가면 맛있는 음식에 혼나지 않을 것 같아 먼지 날리는 말티고개를 넘어 상판 누님 집까지 갔다. 누님은 고무신 가게를 하셨는데 배고픈 동생에게 밥 차려 줄 시간이 없다. 그날이 상판 장날인데 배는 허기져 배고프고 낮에 베인 손은 아프다. 누님을 엄청 구박하시는 할머니가 사랑방에 계셨는데, 어디 방 한 곳에 앉을 자리가 없다. 눈물이 저절로 흘러나온다. 배고픈 배 채우고 위로받고자 누님 집으로 왔는데, 자존심이 강해서인지 말도 못하였다. 가게 앞에서 풀빵을 굽는 할머니가 계셨다. 풀빵 만드시는 할머니 자리와 떨어져 앉아있는데, 빵 굽는 냄새가 그리 좋을 수가 없고, 허기진 배에서 빵을 먹어야 된다는 유혹을 한다. 참을 수가 없다. 할머니께서 빵을 파시고 돈을 받을 때 나는 구워놓은 빵을 훔치어 옷 주머니로 감춘다. 혼자서 먹으니 야! 환장하게 맛있다. 남의 물건에 처음 손을 대었다. 배고픔을 해결해주신 할머니에게 항시 감사를 드린다. 지금 풀 베다가 찍힌 가운데 손은 그날의 잘못으로 튀어나오고 휘어져 그날의 죗값을 지고 가고 있다. 어머니에게 혼이 날지라도 병원에 갔으면 이쁘고 튼실한 손일 텐데 일재주 없는 손은 곳곳이 낫에 베인 자국으로 남아있다.

오봉산은 도감티와 오두목골을 지켜보고 있다

강청이 동네 앞에 있는 안산과 오두목골에 있는 오두목골산은 산임자가 있어도 임자를 피하여 땔감 나무를 할 수밖에 없는 산이었다. 나무뿌리가 있는 고주박을 지게에 지고 집으로 갈 때의 뿌듯함과 생솔가지를 쳐 생솔을 지게에 질 때는 생나무를 자른 미안함도 있지만, 땔감이 없으니 겨울철에는 어쩔 수 없는 노릇이다. 주인이 없는 동네 주변 산은 하도 많이 나무를 땔감으로 베니 거의 발가숭이 산이 되었다. 산에 가면 돌아가신 할머니, 할아버지 조상님들이 모셔져 있고, 소 풀도 뜯길 수 있고, 소 풀을 한 망태 채우고 고개에 털썩 주저앉아 금강니산에 넘어가는 저녁노을을 보며, 그렇게 편안하게 꿈 키웠던 오두목골 산이 있다.

내 고향의 도감티밭과 오두목골은 큰 삶의 터전이었다. 어머님을 도와 집거름덩이에 고구마를 심어 싹을 키우고 싹을 잘라 도감티 밭에다 심고 물주어서 키운 고구마를 가을에 수확할 때, 머리통만 한 고구마도 있고, 껍질 색이 새빨간 밤고구마를 케어 뒷방창고에 가득 채워서 겨우내 고구마로 식사를 해결한다. 우리 땅이 아닌 종종 땅인 도감티 밭과 오두목골 밭은 고구마뿐이 아닌 감자, 콩, 보리, 밀, 오이, 고추를 심어 농사지어서 5남매 식구가 겨우 먹고사는 모든 양식을 해결해주었다. 내 고향의 안산에 있는 도감티와 오두목골은 모든 걸 해결하고 용서하고 힘을 주고 꿈을 주었던 곳이다.

칠갑산 노래를 부를 때 '콩밭 매는 아낙네'는 도감티 밭에서 수건 쓰시고 콩밭 매시는 항시 살아계신 어머님의 모습이시다.

이제 산에 대하여는 사랑하는 아내 福起를 만나 결혼하고부터의 이야기를 하고자 한다.

□. 예를 존중하신 할머니 남주작 한라산

제주도 할머니는 한라산에 철쭉꽃을 활짝 피게 하셨다

1986년도 35세 때에 김포공항에서 비행기를 타고 제주공항으로 출발하였다. 하늘로 날아가는 비행기를 타본 것이 처음이다. 70년도 학교 다닐 때 제주도로 졸업여행을 갈 때 물길인 배를 타본 것도 처음이다.

백록담이 있는 한라산 정상은 높이가 1,954m(6-5)이다. 서울 地下鐵 2호선 건설을 마치고 서울시 종합건설본부 토목1부로 발령받아 개포구획정리사업지구를 담당하며 도로시설물을 관리하는 동,서,남,북 4개 건설사업소를 총괄 담당할 때이다.

지금은 돌아가시어 고인이 되신 洪洛형님(大田工專 2년 선배) 내외와 우리 부부 4명이서 바다 건너 비행기를 처음 타고 철쭉꽃과 진달래꽃이 만발한 5월에 한라산 등정을 하게 되었다. 한라산은 바위산이 아닌 흙산으로 넓고 편안하며 자비로운 모든 걸 용서하고 받아주는 할머니 산이다. 등산복과 등산화 등 사전 산행 준비를 하였기에 산에 오를 때 큰 어려움이 없었다. 우리 둘만 간 것이 아니고 형님 부부와 함께 즐거운 산행을 하기 때문에 처음부터 福起가 산에 오르는 것을 불평하지 않았다. 영실 휴게소를 출발하여 병풍바위를 지나 윗세오름까지 산경사가 완만하여 힘들지 않게 산행을 하였다. 산 8부 능선에 펼쳐진 만발한 철쭉꽃의 향연(6-4)은 장관이다. 사진을 많이 찍었다. 백록담을 오르는 정상은 흙과 돌이 흘러내리고 있었고, 봄 가뭄으로 백록담은 속살 바닥이 보이며 물이 없었다. 백두산이 할아버지 산이라면 백두산 천지의 물을 한라산 할머니산 백록담으로 보낼 수는 없을까? 민족 상쟁의 처절한 전쟁으로 남과 북이 갈라진 우리의 현실은 언제쯤 하나가 될 수 있을까? 헤어짐의 서러움을 잠시 달래고 있는 할머니의 메마른 가슴을 확인할 수 있었다.

하산하여 이승만 대통령이 별장으로 사용하셨던 ㅇㅇ장에 여장을 풀었다. 6·25 동란 후 굶주린 백성들을 살리기 위한 풍화등화의 시국 걱정에 제대로 이대통령님의 휴식이 될 수가 없었음을 알 수 있을 것 같다. '여로' 드라마에 주인공으로 출연한 장욱제 탤런트가 노래하는 술집에 가서 저녁을 맛있게 먹다.

제주도는 「제주풍토록」을 남기신 충암冲庵 김정金淨 할아버지가 조선중종 1519년 기묘사화 때 사사賜死로 돌아가신 곳이다. 제주의 귤림서원에 제향 되셨다. 훗날 별도로 시간을 내어 찾아뵙고자 생각하였다.

백록담白鹿潭이 천지天池가 된다

한라산은 남주작으로서 2013년 ㅇ일 이른 가을에 한라산 등정을 하였다. 영실쪽이 아닌 5·16도로 휴게소가 있는 성판악 쪽에서 오르기로 하였다. 27년 전 봄에 올랐을 때 철쭉꽃이 만발하여 반겨주었는데 이번 산행은 가을 날씨에 한라산 쪽이 구름이 잔뜩 끼어있다. 우리 부부와 미숙이 처제 부부 4명이 산을 오르는데 역시 빗방울이 뚝뚝 떨어진다. 비가 온다고 그냥 하산할 수도 없고, 산길이 바위산이 아니고 흙산으로 완만하니 오르기가 어렵지 않다고 달래고 설득하여, 진달래꽃 활짝 피어 반겨주었던 진달래 휴게소 가보니 꽃은 보이지 않지만, 옹기종기 바윗돌이 옛날 그대로 상큼하고 청량하다. 가파르게 계단으로 정상에 오르니 비는 오지 않고 안개비가 자욱하다. 앞이 보이지 않는다. 백록담이 가뭄으로 물이 없어 메말라 있다고 했는데 비가 많이 와서 백록담을 가득 채웠으면 좋겠다. 안개비가 하늘과 산을 덮으니 백록담의 바닥을 볼 수가 없다. 실제로는 물이 그대로 담겨있으면 물을 볼 수 있으니 기제旣濟라 할 수 있고, 실제로 물이 없어 바닥의 흙을 보이면 물을 볼 수 없으니 미제未濟라고 해야 하는가?

　옛날에는 하늘의 비가 수시로 내려야 백록담(6-5)의 물이 채워질 수 있는데 하늘의 비만 기다리고 계속 기다려야 할까? 백록담의 물을 담고 있는 땅의 구조가 화산폭발 시 형성된 분화구로서 공극이 많아 땅속으로 물이 스며든다고 한다. 떡을 찌는 시루는 그릇 밑에 구멍이 있어 무한대의 물이 밑으로 내려가는 이치와 맞는 것 같다. 그러나 백록담은 담潭이므로 백두산 천지天池와 같이 물이 차 있어야 제격에 맞는다.

　백두산 천지天池의 물은 하늘에서 받은 강수량이 30%정도이며, 주변 집수량이 8%정도이며, 땅속 지하수는 주로 온천수로 62%가 솟아나온다. 자연증발이 되더라도 수위는 어느 정도 일정하게 최대깊이가 384m로서 항상 유지된다. 백두산 천지는 주역 괘의 첫 괘인 중천건重天乾으로서 하늘이 주신 천혜의 화산 화火에서 물 수水가 공존하는 창조주의 걸작품이다. 주역괘의 마지막 64괘 卦인 화수미제火水未濟의 의미는 대한민국의 최남단에 있는 제주도 한라산 백록담의 물이 없으니 당연한 이치라 생각된다. 그러나 공교롭게도 백두산은 화산폭발의 화火에서 천지天池가 만들어진 수水가 현실로 이루어진 세상을 연 중천건重天乾 첫 괘로서 64괘 마지막 괘인 제주도 백록담의 화수미제가 세상이 열릴 때 이미 수화기제를 함께하고 있다. 실제로 이루어진 하늘을 담고 있는 백두산 천지는 깊이가 384m로서 주역 384효爻 세상을 담고 있다. 백두산은 주역 첫 괘인 중천건괘로서 64괘와 384효爻를 마친 한라산 백록담의 수화미제를 기다리고 있다. 백록담에 물이 항상 차서 있으면 다시 중천건重天乾 괘卦로 넘어갈 수 있는 길이 열려있다고 하겠다.

　언제까지 하늘의 도움으로 물이 차는 것을 기다려야 될까?
　참으로 다행스럽게도 이제는 우리 사람의 능력으로 메마른 백록담에 물을 가득 채울 수도 있겠다고 희망을 가져본다. 이정호님은 「제삼의 역학 第三의 易學」에서 한라산에 대하여 다음과 같이 역설하고 있다.
　「복희씨伏羲氏에 의하여 시작된 팔괘八卦는 문왕 주공 공자 文王 周公 孔子에 의하여 주역周易으로 발전하여 왔고, 최근 백 년 전에 김일부金一夫에 의하여 새로운 역이 창조되었으니 바로 정역正易이다. 주역周易에서는 동북위東北位를 간艮이라하고, 소남 少男을 간艮이라하며, 산을 간艮이라 한다.

우리나라는 대륙의 동북東北에 위치하여 있으므로 역리상易理上으로 간艮에 속한다. 간艮은 종만물終萬物과 시만물始萬物하는 자리라하여 진장남震長男에서 출발한 역易이 간소남艮少男에 이르러 그 막을 내리고, 그 자리에 새 질서秩序와 새 생명生命이 시작되는 새 마당이 열린다. 우리나라는 장차 이루어질 인류최고의 복지사회 즉 유리세계 건설에 앞장을 서야하며, 주역시대周易時代의 말단末端에서 미제未濟 속에 허덕이는 목불인견目不忍見의 천하 중생을 대자대비大慈大悲의 인애仁愛의 손길로 濟度하여 줄 사명과 의무가 있다.

주역周易과 정역正易은 건곤乾坤으로 시작하여 기제, 미제 旣濟, 未濟로 끝난다고 되어있다. 주역의 기제, 미제는 다 건널 것이 못다 건넌 것이요, 정역의 기제, 미제는 이미 다 건너서 무궁무량無窮無量하다는 뜻이다.

우리나라의 지형을 살펴보면 백두산白頭山을 천정天頂으로하고, 금강산과 설악산을 등뼈로 한 태백산맥, 지리산과 계룡산을 요추와 단전丹田으로 하고, 한라산漢拏山을 미려尾閭로 한 구형拘形을 이루고 있다. 주역에서 간위구艮爲拘라 하였으니 우연한 일이 아니다. 제주도는 목포에서 배로 7시간정도 서울에서 비행기로 1시간 정도면 도착할 수 있는 우리나라 최대의 섬이며 섬전체가 한라산漢拏山이 치맛자락을 펼쳐놓은 모습이다. 장차 세계적 관광명소로서 세계인의 자유휴양지가 될 것이다.
한라산은 백두산의 상대相對로서 백두산의 천지天池가 한라산의 백록담白鹿潭의 표상表象이라 하겠다.
한라산은 인자한 할머니의 미륵보살이다. 하늘은 무슨 뜻으로 이 간방艮方의 간력艮力인 종만물시만물終萬物始萬物의 땅에 아득한 옛날부터, 한라산이 생기던

날부터 그 정상頂上에 미륵불彌勒佛을 뉘어놓으시고 그가 누워있는 침상인 땅을 제주濟州라 하였던고! 정녕 만중생의 선남과 선녀를 제도濟度하실 미륵세존彌勒世尊이 이 땅에서 출세出世하심을 예고하려 하심인가!」

제주도濟州島는 바닷물(水)을 건너야 갈 수 있다. 기차를 처음 보고 타본 것이 고등학교를 입학했을 때이니 16세이고, 물(水)에서 배를 처음 타본 것은 1970년도인 대전공전 4학년 때인 19세에 졸업여행을 제주도로 갔을 때이다. 우리 토목과 40명과 건축과 40명이 함께 목포에서 페리호배를 타고 제주도 제주항으로 출발하였다. 출발 시는 날씨가 청명하고 맑았으나, 망망대해 바다 한가운데 운행 중에 일기가 갑자기 악화되어 넘실대는 파도가 엄청나다. 바다의 파도가 정말 엄청나다. 무서운 공포로 다가온다. 처음 타는 배이니 배멀미가 일어나고, 파도가 심하니 배의 엔진을 끄고 아예 파도의 물결에 배를 맡겨두고 있다. 지하 객실에서 짐짝이 되어 뒤엉켜서 동서남북으로 왔다 갔다 한다. 뱃속에 음식을 다 토해내고, 일어설 수가 없을 정도로 기진맥진했다. 그냥 이대로 바닷속으로 배가 파선될 것 같다. 배의 무게중심이 안정돼야하니 일체 움직이지 말고 그 자리에 있으라고 방송이 나온다. 그렇게 무섭게 휘몰아쳤던 비바람도 잠잠해지고 아침이 되니 7시간의 긴 바다의 항해를 하고 제주항에 입항하였다. 숙소가 떠나가도록 노래를 부르고 춤을 추며 혈기왕성한 젊음을 발산하였다. 토목과의 대의원인 내가 중심이 되어 일사불란하게 놀고 버스를 타고 제주도 관광을 하였다.

당연히 건축과보다는 노래도 크게 불러야 되고 더 신나게 놀았다. 가이드 안내 누나가 키가 작으며 예쁘다. 누나가 좋다고 술 먹고 사내의 본성을 보여주는 친구도 있다. 절망의 시절을 한탄하며 술을 먹고 버스에 승차를 하지 않고 한 친구가 행방불명이다. 다 같이 흩어져서 계곡에 누워있는 친구를 찾았다. 창창한 바다의 파도노랫소리를 들으며 버티고 있는 용바위, 천지연폭포, 성산일출봉, 만장동굴 등을 돌아보았다. 제주도 여행에서 함께 거센 파도의 어려움을 극복하고 이탈자 없이 서로 격려하고 단합하는 상생相生의 법칙을 우리 친구들은 알게 되었다. 4학년에 올라가서 학교축제인 현암제 체육대회에서 우리 토목과가 우승하고 총학생 회장 선거에서 토목과가 당선되도록 한 밑바탕이 거센 파도를 헤치고 바다를 건너 제주도를 다녀온 우리들의 힘이었다. 토목과학회지의 제목을 「파도」로 하였다. 그 이후 토목과 우리의 모임 이름을 서로 격려하여 함께 살아가도록 측량기의 삼각 다리와 세상의 틀을 짠 「삼각망」이라 하였다.

한라산(6-5)은 오덕으로는 섬 전체가 치맛자락을 펼쳐놓은 큰 흙산으로 인자한 할머니의 미륵보살이다. 수화기제와 화수기제를 넘어 새 광명의 시대를 열어갈 예禮를 존중하는 남주작 할머니의 산이다.

□. 한민족의 뿌리 믿음의 어머니 태백산

태백산 천제단에는 무엇이 있는가?

정상의 높이가 1,567m로서 민족의 영산으로 어린 지영이와 윤식이를 데리고 제일 먼저 가보고 싶은 산이었다. 천제단은 천왕단天王壇이라고도 한다. 산정상의 천왕단을 중심으로 북쪽으로는 장군단이 있고 남쪽 언덕 아래에는 하단下壇이 있다. 이들은 북에서 남으로 일직선 상에 배열되어 있다.

천제단에서는 매년 10월 3일 개천절에 천제를 지내는데, 제관은 지방 장관이 맡으며 단군조선시대 구을丘乙 임금이 쌓았다고 전해지는 이 제단은 상고 시대부터 하늘에 제사하던 제단으로, 단군조선시대에는 남태백산으로 국가에서 치제하였고, 삼한시대에는 천군이 주재하여 천제를 올린 곳이다. 신라 초기에 혁거세 왕이 천제를 올렸고 그 후 일성왕이 친히 북순하여 천제를 올렸으며 「삼국사기」를 비롯한 옛 서적에 "신라에서는 태백산을 삼산오악 중의 하나인 북악으로 하고 제사를 만들었다"는 기록이 있으며, 부족국가시대부터 천제를 지냈고 신라, 고려, 조선을 거쳐 일제 강점기까지 천제를 지내고, 그 의식이 이어져 국가의 안녕과 번영을 기원하는 하늘에 제사를 올리는 신역神域이다.

천제단天祭檀은 강원도 태백산에 있는 제단이다. 대한민국의 중요 민속자료 제228호로 지정되어 있으며 둘레 27.5m 높이 24m, 좌우 폭 7.36m 앞뒤 폭 8.26m의 타원형 계단을 자연석으로 쌓았는데 위쪽은 원형이고 아래쪽은 사각형이다. 이는 천원지방天圓地方의 사상 때문이다. 돌로 만든 단이 9개라 하여 9단탑이라고 불린다. 천제시 중앙에 태극기와 칠성기를 꽂고 주변에 33천기天旗와 28숙기宿旗를 세우며 제관들은 모두 흰 도포를 입었으며 9종류의 제물을 갖춘다.

86년도에 천부경天符經을 접하고 하늘에 제사 지낸 곳이 태백산 천제단임을 알고 시간을 내어 태백산으로 출발하였다. 도착한 곳은 당골쪽(6-8)이다. 단군전을 찾으니 사람의 왕래가 없이 외롭게 향불만 피워져 있는데 정성들여 절 드렸다. 그래도 한민족 고유의 하늘을 모시는 단군전이 있음에 위로와 자부심을 가졌다. 태백산 정상을 산경사가 가팔은 당골(6-9)에서 오르기는 무리하다고 판단되어 오르기 쉬운 유일사 쪽으로 방향을 잡고 출발하였다. 맑았던 날씨가 갑자기 안개가 산으로 덮어온다. 산 정상을 오르지 않고 등산객이 잠깐 쉬어가는 가게에 들리어, 라면 하나로 곡기를 해결한다. 정상에 오르는 길과 시간 등을 물어보고 다음 기회에 준비를 하여 다시 오기로 하였다.

88년에 서울올림픽을 개최하였다. 자랑스런 대한민국을 세계만방에 알리고 국운 상승의 때에 사무관 시험 준비를 할 때이다. 우리 애들도 국민학교 다닐 정도로 컸으니 여름방학에 텐트와 침구류를 준비하고 2박 3일 예정으로 태백산 당골로 출발을 하였다. 어떠한 일이 있더라도 이번에는 꼭 태백산 정상을 올라 천제단에서 하늘께 절 드리자고 다짐을 하였다. 당골에 도착하니 비가 내리기 시작한다. 아이들과 함께 밤을 지새울 텐트를 쳐서 비가 그치기를 기다리기로 하였다. 밤새도록 비가 퍼붓는다. 아내와 애들에게 천부경 81자의 의미와 태백산 천제의 의미를 열심히 설명하였으나 실제로 실감이 나지 않는가 보다. 아침에 비가 그쳤다. 단군전의 출입문이 닫혀 있어서 절 드리지 못하였다. 왜 성인을 모신 신전의 관리가 제대로 되고 있지 않은지? 우리 모두가 자기 조상을 숭배할 줄 모르고 지내는 안타까움에 큰 한숨을 내어 쉰다.

자, 비가 그쳤으니 어제의 약속대로 당골의 개울을 따라 올라가서 태백산 정상까지 오르기로 하고 앞장서서 출발을 하였다. 얼마 가지 않아 큰 암벽 바위 아래 편편한 돌 위에 잘 생긴 돼지머리가 발가벗고 웃고 있다. 어제 온 비가 나무 잎새에 모여 뚝뚝 떨어진다. 어린 애들이 기겁을 하고 놀란다. 오늘 산행의 대장인 아빠가 진두지휘하며 우리나라 민속 신앙의 일부이니 아무렇지 않다고 달래며 500여m를 올라갔다. 맑은 태백산의 개울물 소리에 떠오른 동쪽에 솟은 태양의 햇살은 나뭇잎 사이로 춤을 추며 비치고 후드득대며 떨어지는 물방울이 박자를 잘 맞춘다. 산 오르기 전까지 개울가 좋은 자리에 돼지머리 놓고 정성드린 웃는 모습도 있고, 찡그린 모습도 있고, 아예 형상이 문드러진 것도 있고, 돼지머리가 10여 곳에 모셔져 있다. 아무리 강심장인 아빠이더라도 더 이상의 산행은 안 될 것이라 생각했다. 아내가 "이제 단념하세요, 꼭 오늘만 날이 아니잖아요. 당신이 얘기하는 하늘이 이렇게 무자비한데 어떻게 애들한테 설명할 수 있어요?" 큰 경험을 하였으니 오늘은 철수다. "아픈 사람, 가난한 사람이 많아 이러한 것이니 누군가는 구제하여야 될 것으로 무속 신앙도 삶의 한 부분이니 크면 알게 될 것이다."
더 이상의 아비로서의 해답도 줄 수 없고 빨리 이곳을 벗어나 애들에게 안심을 시키는 것이 상책이라고 생각되었다.

1년 후에 애들은 집에 남겨두고 다시 아내와 태백산 가을 산행을 하기로하고 '유일사'쪽으로 향하였다. 구름이 낀 하늘이 햇볕이 비쳤다 가렸다 한다. 일기예보에 비 소식은 없다고 한다. 도착하니 안개비가 태백산 정상 쪽으로 자욱하다. 오늘 같은 날은 절대 산행을 하지 말라고 가게주인이 말씀하신다. 참 이상하다. 태백산이 문을 열어 주지 않는다. 공부가 덜 되어 자격이 없어서인가? 이참에 태백산 한우를 맛있게 먹는 것도 아내에게 점수 따는 방법이니 한우 집을 고르고 골라 아내와 둘이서 태백산 소로 맛있게 배를 채우고 경월소주로 태백산 제천단을 마음에 가득 담았다. 3번째까지 태백산 산행은 비가 오고 안개가 끼어 입구까지만 가보고 돌아갔지만, 다음에는 비가 오지 않는 겨울에 눈이 왔을 때 하얀 눈이 만곤설할 때 오자고 약속을 하였다.

천제단에 만장의 깃발이 펄럭인다

한겨울 토, 일요일을 끼어 1박 2일로 태백산으로 출발하였다. 온갖 산이 다 하얗다. 속살을 보이지 않은 하얀 옷을 입은 태백산을 드디어 오르게 되었다. 등산화에 아이젠을 묶고 찬바람을 막도록 단단히 내복과 등산복을 입고 유일사 쪽에서 출발하였다. 산경사가 완만하여 걷기가 수월하다. 항시 산 입구에서 투정하던 아내가 눈밭이 좋다고 맞장구친다. 걷고 걸으니 주목 군락지까지 올라오고 수천 년을 거센 비바람과 눈바람을 이겨내고 자란 주목에 새하얀 흰 꽃이 만발해있다. 거센 비바람, 눈바람 풍파에 시달려 이리저리 뒤틀려 있는 모습이 지난 세월에 역경을 이겨 낸 늠름한 자태의 주목이다. 순백색의 태백산은 너무 평화롭다. 태백산 최정상 장군봉(1,567m)에서 땀을 식히고 천제단 쪽을 바라보니 하얀 눈에 덮인 태백산의 등이 펑퍼짐한 우리 소의 등처럼 보인다. 천제단에 도착하니 눈바람이 거세게 얼굴을 때린다. 그렇게도 와보고 싶었던 태백산 천제단! 아내 몰래 감격의 눈물이 쏟아진다. '한배검!' 이 우뚝 서 계신다.

"응검하옵신 한배검 한님이시여. 홍익인간하고 이화세계 할 수 있도록 큰 덕과 큰 슬기와 큰 힘으로 하나되어 나투어 주옵소서.
一始無始一析 三極無盡本 天一一地一二人一三 一積十鉅無匱化三 天二三 地二三 人二三 大三合六 生七八九 運三四成環五七 一妙衍萬往萬來

用變不同本 本心本太陽昂明 人中天中一 一終無終一"

　지리산 어머니께서 보여주셨던 까만 밤에 限 맺힌 절규의 비바람이 아닌 太白山어머니께서는 두루 편안하게 흰 눈이 만곤산할제 독야청청한 따뜻한 햇살을 다 품에 안고 계신다.

　2009년인가보다. 태백산 천제단에서 하늘님께 절드리는 개천절 행사를 참관하기로 하였다. 남는 시간에는 골프 예약을 하고 서울을 출발하였다. 유일사 매표소 쪽 주차장에는 행사에 참석하기 위하여 차량이 가득하고 태백산 천제 위원회가 주최하고 태백시에서 후원하는 개천절을 맞아 태백산 천제(6-10)는 시장이 제주가 되어 매년 10월 3일 낮 12시에 민족의 번영과 화합을 기원하는 천제를 올린다. 젊은 학생들이 그룹을 지어 제기와 제물들을 걸머지고 산을 힘겹게 오른다. 빈손으로 오르기가 미안하지만 어쩔 수 없이 오늘 나의 역할은 그냥 구경꾼일 뿐이다. 장군봉 정상에서 300m 남쪽으로 천제단이 보인다. 천제단에 도착하니 벌써 많은 인파가 모여있고 만장의 깃발이 천제단에서 펄럭이고 있다. 날씨가 구름 한 점 없는 청명한 가을 하늘이다.

　천제 순서는 영신굿, 개의, 번시례, 강신례, 참신례, 전폐례, 진찬례, 고천례, 헌작례, 송신례, 음복례, 망료례, 소지례 등 전통적인 절차로 집례한다. 제수로는 천주, 소머리, 오곡, 고사리, 미역, 대구포, 밤, 곶감, 대추, 백설기, 삼베, 물 등이 올려지며, 깃발은 천제단 내부에 해, 달, 북두칠성 3기와 외곽에는 동서남북 각 7개 별자리 28수기 깃발이 나부끼고 있다. 여자 농악 단원들이 식전행사로 풍물공연을 신나게 하고 있다. 하얀 옷의 칠선녀七仙女의 모습도 보이고 갓을 쓴 흰 두루마기 옷을 입은 참제관參祭官들이 엄숙하게 도열해 있다. 둥둥 북을 울리고 영신굿을 시작으로 소지례까지 제주와 참제관들이 9번 절하는 헌작례를 할 때마다. 참관하는 등산객 모두는 땅에 꿇어 엎드려 제단을 향해 절을 하거나 합장을 하고 예를 표하는 분도 계신다. 소원을 비는 소지례를 마친 후 참관하였던 등산객에게 소지를 올리게 하고, 넉넉하게 준비한 제물 음식과 술을 마시는 음복 뒤풀이가 있었다.

유일사 쪽으로 다시 하산하면서 천부경의 의미와 천제를 올리는 이유를 곰곰이 생각해 보았다. 또한, 오고가는 우리의 삶에 대하여 많은 생각을 하였다. 주차장까지 오니 태백산의 해는 서산에 걸려있고 산 기운이 춥다. 흰 두루마기 입었던 수염이 긴 참제관분들이 평상복으로 갈아입고 아쉬움이 많으신지 북과 징을 치며 춤을 추며 놀고 계신다. 같이 뛰어들어 놀고 싶지만 果川촌객의 용기가 부족하다.

태백산은 단군조선시대부터 삼한, 신라, 고려, 조선, 일제강점기를 거쳐 현재까지 하늘에 제사를 올린 동서남북 모든 것을 끌어안은 한민족의 뿌리 산으로 능선이 평퍼짐한 흙산이다.

오덕으로는 한민족의 뿌리인 중앙土의 어머니 믿음 신信이다.

□. 새 시대를 열 새 광명의 어머니 우백호 모악산

아기를 안고 있는 새 광명의 어머니의 산에 오르다

모악산母岳山은 전라북도 완주군 구이면과 김제시 금산면에 걸쳐 있는 산이다. 높이는 794m이며 노령산맥의 서단부에 위치하며 호남평야와 전라북도 동부 산간지대의 경계가 된다.

금산사지金山寺誌를 보면 '엄 뫼'라는 말이나 '큰 뫼'라는 말은 아주 높은 산을 의미하는데, 한자가 들어오면서 '엄 뫼'는 어머니 산이라는 뜻으로 의역해서 '모악'이라 했고, '큰 뫼'는 '큼'을 음역하고 '뫼'는 의역해서 '금산金山'이라고 적었다고 되어 있다. 구전에 의하면 모악산 꼭대기에서 아기를 안고 있는 어머니의 모습을 닮은 큰 바위가 있어 모악산이라 했다고 한다.

산의 정상부에는 철쭉꽃이 군락을 이루고 있으며 산의 허리에는 소나무가 많고, 계곡부에는 층층나무와 느티나무 군락이 분포하고 있다. 정상에 올라서면 전주 시내가 한눈에 들어오고 남으로는 내장산, 서쪽으로는 변산반도가 바라다보인다. 동학농민운동과 6·25전쟁 등을 거치면서 큰 나무는 거의 베이거나 불에 타 사라졌다.

호남평야에 우뚝 솟은 산으로서 예로부터 미륵신앙의 본거지(6-13)가 되었다. 산의 이름도 '엄 뫼'에서 유래되었으며 이를 한자로 표기하여 모악이 되었다. 서쪽 사면에 있는 금산사金山寺(6-11)는 599년에 창건된 것으로 신라 불교의 5교9산五敎九山의 하나이며, 여러 보물을 소장하고 있다.

보물 제476호였던 대적광전은 28칸의 웅장한 목조건물이었는데 1986년 12월 화재로 소실되었고, 그 안에 있던 비로자나불과 아미타불 불상도 소진되었다. 임진왜란 때는 처영處英이 금산사에서 승병 1,000인을 일으켜 왜병을 물리쳤다.

모악산에는 80여 개소의 암자가 있었는데 현재는 심원암深源庵·청련암靑蓮庵·용천암龍天庵·부도전浮屠殿·대원사大院寺·귀신사歸信寺등이 있고 미륵신앙의 기도처가 곳곳에 있다.

미륵신앙이나 풍수지리설 등의 영향으로 여러 신흥종교의 집회소가 있다. 특히 금산면 청도리의 백운동은 모악산이 후천세계後天世界의 중심지라 믿어서, 1927년 이후 신도들이 집단 이주하였고 증산도甑山道의 의식인 오대치성五大致誠으로 결속되어 종교취락을 이루었다.

1976년 모악산도립공원 개발계획이 수립되어 숙박 시설과 토산품 가게의 집단화, 주변의 신흥 종교집단의 단속철거 등이 이루어졌다. 봄철에는 금산사 입구의 벚꽃이 유명하다.

90년대 말인 것 같다. 전주에 있는 모악산(6-13)에 오르기로 하였다. 넓은 김제평야와 전주와 완주가 둘러싸고 안은 어머니가 어린아이를 안고 있는 모양의 바위가 있어서 모악母岳이라고 하는 산이다. 돌아가신 어머니의 그리움을 달랠 수 있을까 하여 별 의미 없이 오른 산이다. 산입구에 들어서면 오르는 길옆에 작은 절이 있었고 30분 정도를 돌계단과 완만한 경사지를 오르다가 오르막이 심한 흙길이지만 주변에 바위가 많은 것 같다. 산 오르기 초입부터 빗방울이 떨어진다. 큰 산이 아니고 작은 산이니 오르는데 별 무리가 없을 것이라 생각했다. 아내도 잘 따라 오르고 있다. 정상을 보니 큰 송전탑이 우뚝 서 있다. 다른 산과 같이 정상에는 정상봉의 이름과 표지석이 있으려니 기대를 하고 올랐으나 송전탑이 앞을 막는다. "참 멋없는 산이구나. 그런데 왜 모악산일까?" 참 이상하다. 오는 비가 그치고 다행으로 하늘 쪽으로 하얀 햇살길이 뚫려있다. 준비해간 술과 다과를 차려놓고 큰절을 드렸다.

고귀한 생명을 조국에 바치신 영령님이시여!

다시 구름으로 하늘이 닫힌다. 빗방울이 굵게 떨어진다. 산 아래가 전혀 보이질 않는다. 마음이 영 개운치 않다. 표지판에 6·25 동란 때 격전지로서 젊은 아까운 생명이 잠들어 있다고 한다. 하산을 하는데 비는 내리고 슬픈 노래가 중얼거려진다. 아내가 좀 산이 으스스하다고 한다. 비 오는데 뭐하러 산에 올라왔느냐고 핀잔을 준다. 「학교 종이 땡땡땡부터, 오동추야 달이 밝아 오동동이냐, 우리의 소원은 통일」까지 다 불렀다.

"이 강산 침노하는 외적 무리를 거북선 앞세우고 무찌르시니 이 나라 구원하신 이순신 장군 우리도 씩씩하게 자라납니다."

"눈 녹은 38선에 봄은 오누나 철조망은 녹슬고 총칼은 누워 세월을 한탄하랴 38선의 봄 살아서(죽어서) 공을 세운 이등병 목숨 살려(바쳐) 고향 찾으리." "우리의 소원은 통일 꿈에도 소원은 통일 이 목숨 살려서 통일 통일이여 오라 이 겨레 살리는 통일 이 나라 살리는 통일 통일이여 어서 오라 통일이여 오라" 목청을 크게 하여 모악산에 내리는 빗소리와 함께 장단을 맞추도록 하여 산을 내려 왔다. 정말 처음으로 많은 노래를 산속에서 불렀다. 만약 비가오지 않고 청명한 날이었다면 이렇게 혼자서 고즈넉하게 노래를 부를 수 있었을까? 나라를 구하기 위하여 한을 갖고 돌아가신 영령을 다소나마 달래주었을까? 사나이 대장부의 굵은 눈물도 빗물과 같이 흘러내린다. 과천중앙공원 충혼탑(6-14, 6-15)에 적혀있는 헌시문 내용이다.

「날파리는 하루

꽃은 열흘

권세는 십 년

인생은 백 년

예술은 천 년

시간과 공간은 무한無限

사랑은 영원

생명을 조국에 바치신

영령들이시여! 영원히 살으소서」

이 엄청난 한限을 어찌 풀어야 될 것인가 !

그 이후 도전道典을 읽고 화문산과 금산사와 대원사를 다녀왔다.

모악산은 음양오행에서 음양은 흙산으로 중년 여자로서 사내아이인 옥동자를 안고 계신다.

오덕으로는 새 시대를 열고 새 광명을 주실 흙산이다. 새 진리의 의義를 안고 계시는 우백호 어머니 산이다.

□ . 한민족의 영산인 하늘의 북현무 할아버지 백두산

먹구름이 걷히고 천지가 열리다

민족의 영산인 하늘의 북현무 할아버지의 산 백두산白頭山(6-20)의 6개 봉우리는 북한에, 7개는 중국에, 3개는 국경에 걸려있으며 총 봉우리가 16개이며, 제일 높은 봉우리는 장군봉(2,750m2)이다. 전체 둘레길이는 113km이며, 깊이는 384m이다.

백두산은 한민족의 영산이며 뿌리인 할아버지 산이다. 기회가 되면 가봐야 되겠다는 생각은 있었지만 기대가 크니만큼 먼 훗날이어야 된다는 생각은 버릴 수 없었다. 구동회 30주년 기념으로 부부 동반하여 백두산 등정을 하기로 하여 2014년 8월 23일 다녀왔다.

서울 地下鐵 919공구 (시공사: 삼성, 감리사: 旹星)의 쉴드터널상부침하사고로 금방 현장이 다 무너져 모든 도시기능이 마비된 것처럼 온통 신문, 방송 매스컴에서 싱크홀을 집중 보도할 때이다. 만약 사전 함몰사고를 발견하지 못하고 대형 인명 참사가 발생하였어도 태평하게 대처할 수 있을까? 서울시 지하철본부에서 현장수습을 하여야 하는데 도로관리본부장이 현장을 주관하고 있다. 감리를 책임지고 있는 김홍석이도 직접 현장을 출입할 수가 없다. 나 또한 에너지 충전을 위한 참 좋은 기회였다.

구동 회원 20명이 미리 백두산 일정이 잡혀 출발하였다. 백두산 정기를 받고 돌아오면 모든 일이 원만히 해결될 것으로 기대하였다. 인천공항에서 중국 심양 공항까지 3시간 걸려서 도착하였다. 공항에서 백두산에 가까운 백계호텔까지 버스로 이동하였다. 다음 날 아침에 기상하여 백두산까지 버스로 2시간 타고 달렸다. 다시 하차하여 1시간가량을 마이크로 버스로 달렸다. 백두산 주차장에서 내려 지프로 30분간을 또 꼬불꼬불 써커스 하며 달려서 간다. 우리가 선택한 코스는 서코스이다. 백두산 주차장에서 하차하여 1시간가량 나무계단을 걸어서 올라간다. 가파르지는 않지만, 백두산 관광객이 꾸역꾸역 오르는 사람이 많다. 거동이 불편하신 분들을 위하여 인력거가 중간중간 대기하고 있는데 경비가 10만 원 정도라 한다. 가끔 인력거를 타고 오르는 노약자분이 있는데 앞뒤에서 어깨에 걸빵을 메고 양손으로 봉을 잡고 땀을 흘리며 오르고 있다. 여기저기 들꽃들이 바람에 춤을 춘다. 정상이 눈앞에 들어온다. 그러나 바로 구름이 덮여 앞이 안 보인다. 날씨가 나빠서 정상에서 天池를 보기가 10번 오르면 1번 볼까 말까 한다고 한다. 백두산에 다녀가셨던 김영작 회장님께서 먼저 와서는 구름이 끼어 天池 구경을 못하고 하산하셨다고 한다. 안내 간판이 중국 글로 쓰여 있고 구름이 끼고 바람이 세차니 얼굴에 닿는 찬 기운이 혹한 겨울 날씨이다. 오르는 사람이 많아서 줄을 서서 기다렸다. 먼저 오는 사람이 내려온 다음 입장을 시킨다.

드디어 정상이다. 그런데 사람들만 보이고 구름에 가려 天池는 모습을 드러내지 않는다. 송원홍 대사님은 天池바닥까지 내려가 하늘에 절을 드리고 물을 떠 오셨다고 했는데, 우리는 천지天池까지 내려가기는커녕 눈으로 구경도 못 할 판이다. 바람이 세차게 불어오고 추워서 발을 동동 구른다. 얼마나 지났을까 까만 먹구름이 걷히고 밝은 태양이 얼굴을 내민다. 순식간에 구름이 다 걷히고, 天池에 담겨 있던 운무가 사라진다. 사람들의 함성이 터져 나온다. 서서히 天池 본연의 모습이 서쪽부터 동쪽으로 나타나기 시작한다. 감격이다. 역시 장관이다. 파란 물의 광장이 쭉 펼쳐져 반겨준다. 그냥 맑다는 느낌이다. 찬바람이 춥지 않고 상쾌하다. 사람이 많아 헤집고 경계선까지 가지 않으면 자세히 볼 수도 없고, 사진촬영도 안 되니 기를 쓰고 앞쪽에 자리를 잡았다. 그렇게 기다리고 꼭 와봐야겠다는 백두산 天池 청석봉에 우뚝 서 있는 나, 적당한 장소에 자리를 잡고 구동회 회원 모두가 모여 절 드리고 기원하고자 하였으나 사람이 많아 적당한 자리가 없다. 북한경계가 어딘지 확인하고자 찾아서 갔다. 2명의 북한 감시원이 일체 한국땅으로 못 들어가게 한다. 별도로 경비를 뒤로 주면 허락하여 사진촬영도 가능하다고 한다. 한민족으로서 북한 땅을 밟고 이곳 백두산에 당당히 오를 수 있기를 기원해본다.

백두산은 천지를 안고 있는 수화水火가 조화된 간방의 땅이다

청석봉아래 한적한 자리를 찾아 복기님과 둘이서 준비해 간 다과와 술을 차려놓고 응검하옵신 한배검 한님께 큰절 드리고 구동회 기원문을 크게 소리내어 소원 드렸다. 200여m 를 내려오니 넓은 광장이 있고 라면을 파는 휴게실이 있다. 회원들 다 같이 모여 소주잔을 들고 백두산 등정(6-21) 감격을 건배하였다.

갈라진 남북과 역사 속의 비애를 가슴에 담고 원시반본 하여 한민족의 영산(백두산)을 자유롭게 오를 날이 곧 오도록 기원을 드렸다. 하산하여 숙박지인 천사호텔까지 오는 길도 참으로 멀다. 2시간 이상을 버스에 타고, 가도 가도 옥수수밭 평원이 펼쳐진다. 지난날 우리의 선조께서 말달리며 호령했던 이 땅을 편안하게 밟아볼 수 있을까. 백두산까지의 도로를 건설 중이며 비행장도 건설 중이다. 중국 정부는 대대적인 백두산白頭山 개발 계획을 세우고 관광객을 유치하고 있다. 우리 대한민국의 옛 선조님들의 흔적이 손상될까 두려운 마음이 앞선다.

백두산白頭山은 천지天池를 안고 있는 수화水火가 조화된 간艮방의 땅이다. 주역괘의 첫 시작인 중천건重天乾은 하늘이 주신 원형이정元亨利貞의 근본으로서 남주작인 제주도濟州道의 한라산漢拏山 백록담白鹿潭의 화수미제火水未濟를 기제旣濟로 넘겨받아 수화기제水火旣濟의 새 광명光明의 시대를 열게 될 것이다.

음양오행으로는 음양은 돌산으로 북쪽의 북현무 수水로서 하늘이 태초의 생명을 주신 한민족의 영산으로서 남자인 할아버지 산이다. 오덕으로는 북쪽의 수水 지혜의 지智이다.

□. 생명을 주신 인의예지신 믿음의 어머니 속리산

속세를 떠난 피안의 산이라고 불린다

인의예지신 삶을 주신 믿음의 어머니산
속리산俗離山 (천왕봉 1,058m, 문장대 1,054m)에 안기다.

속리산의 뜻은

속리산은 맑고 청량한 산이다. 속세를 떠난 피안彼岸의 세계다. 구름 속에 갈무리되어 마치 하늘처럼 신비스러운 유토피아, 곧 극락의 세계가 속리산이다. 속리산은 최고의 최고봉인 천왕봉을 비롯하여 비로봉, 문장대, 문수봉, 신선대, 관음봉 등 9개의 봉우리로 원래는 구봉산이라 불리다가 신라 때부터 속리산으로 바뀌었다. 백두대간이 태백산을 지나면서 내륙으로 꺾여 흐르는 중앙부에 위치한 속리산은 금북정맥이 분기되는 지점이다.

제2의 금강이라고 불리며 구봉산, 광명산, 미지산, 형제산, 소금강산이라고 불린다. 천왕봉에서 관음봉으로 연결되는 능선의 남쪽에 법주사가 있다. 아름다운 산수와 법주사를 중심으로 깊은 문화 경관이 함께 조화를 이룬 경승지이다.

법주사의 뜻은

신라 진흥왕14년(AD553)에 의신 스님이 천축국에서 경전을 얻어 귀국한 후 창건한 사찰로 법이 편안하게 안주할 수 있는 절이라 하여 법주사法主寺(6-22)라 하였다. 미륵신앙이나 법상종의 유식사상唯識思想은 진표眞表와 그의 제자 영심永深에 의해 혜공왕 때 발현되었고 신라 성덕왕때 증수되었다. 법주사 경내에는 쌍사자석등(국보 제5호), 팔상전(국보 제55호), 마애여래의상(보물 제216호) 등의 문화재가 있고 여적암등 크고 작은 암자가 있다.

여적암의 뜻은

여적암(6-27)은 법주사의 산 내 암자로 숙종 20년(1694년) 여적 경수 汝寂 慶秀 스님이 창건하였다. 근대에 들어 1901년 당시 주지였던 응익應翊 스님이 강문 환姜文煥의 시주로 중창을 하였다. 건물터의 아래쪽 커다란 암석에 대한융희삼 년(1909년)에 법당중창공덕기가 새겨져 있다. 1950년 한국전쟁으로 여적암은 불타 버렸고, 1958년부터 수도승 초암草庵이 법등을 짓고 1964년 행담行潭 스님이 중 창을 하였고, 2004년에 현성玄聖 스님이 요사를 새로 지었다.

말티고개(6-23)는 보은군 장안면 속리산의 끝자락으로 보은읍에서 7km 떨어진 지점의 속리산 입구에 위치한 430m 높이로 고려 태조 왕건이 속리산을 오르기 위 하여 길을 닦았다 한다. 현재의 말티고개는 충청북도지사 박중양이 정비한 것이 다. 조선 세조가 속리산으로 행차할 때 외속리면 장재리에 있던 별궁(현 대궐터)에 서 타고 왔던 가마를 말로 갈아탔다 하여 말티재라 하였고, 말의 어원은 마루로서 높다는 뜻으로 높은 고개 말티재라고 한다. 동국여지승람에 고려 태조 왕건이 속 리산에 왕건의 할아버지인 작제건이 속리산에서 불경 공부하다 죽었기 때문에 속 리산을 오면서 길을 닦도록 하였으며 박석길을 깔았다고 한다. 1967년 도로 폭을 15m 정도 확장시켰다.

여적암에 할머니 노스님은 어디 계실까?

어릴 적 어머니를 따라서 말티고개를 넘어 걸어서 속리산 입구에 있는 여적암절 을 찾아서 간 기억이 어렴풋이 난다. 우리가 강신리 외뿔 살 때(6살경) 여적암 중 할 머니가 밖으로 나오시면 꼭 우리 집에서 주무시고 가시어 어머니가 팽나무까지 나 가시어 배웅하셨던 중 할머니가 계신 여적암(6-27)이다. 여적암은 속리산 법주사 의 말사 절이다. 중학교 때 어머니 친정 아주머니가 사시는 내북 ○○리에 갈 때 처음으로 버스를 한번 탔는데 기름 냄새로 차멀미가 나서 속에 있는 것을 다 토해내고 대전으로 학교 가기 전까지 버스는 타보지 못했다. 어머니가 사셨던 외갓집이 있는 구인리와 큰 누님이 사시는 속리산 상판리(6-24)는 걸어서 왕래를 하였고 외부세계를 몰랐던 그야말로 속세를 떠나 살았던 초등학교, 중학교 시절이었다. 초등학교 6학년 수학여행을 속리산 법주사로 갔는데 형편이 여의치 않아 수학여행을 가지 못했고, 중학교 때도 소풍을 속리산으로 갔는데 아예 포기하였다. 속리산 법주사가 고향 報恩에 있지만, 초등학교 시절에는 3학년 때 북암을 지나서 걸어서 소풍을 한 번 가보았다. 친구들과 법주사를 구경하고 수정봉을 오르고, 속리산 오리숲(6-25)은 참으로 멋지고 아름다웠다. 옹기종기 늘어선 가겟집 지붕으로 큰 소나무가 자라고 있고, 빨간 단풍으로 물든 나뭇가지가 한가로이 손짓하고 빈대떡 지짐이 냄새와 막걸리 맛은 일품이다.

대전 창공 모임에서 문장대를 오르다

보은이 고향이라서 속리산의 문장대(6-26)를 올라보았을 법한데 한 번도 가보지 못하고 대전공전 때 선배 후배 33명의 창공 모임에서 산을 오르게 되었다. 상쾌한 나무 냄새가 물씬 나는 오리숲을 지나 선녀탕까지 걷는 길이 무척 길게 느껴졌고, 한참 젊은 혈기의 나이임으로 문장대까지 별 힘들이지 않고 오른 것 같다. 기억에 문장대 정상에는 민가가 두어 채 살고 있었으며 밑으로 화장실에서 흘러나오는 오물 악취 냄새도 있었다. 그러나 문장대 정상에 오르니 큰 바위가 하늘을 향해 버티고 누워 있으니 내 고향 속리산 문장대가 김홍석이가 태어난 곳이라고 열변을 토한 것 같다. 산을 내려오면서 도토리묵과 파전에 막걸리를 시원하게 마신 기억이 있다.

군대 제대 후 은식 친구와 법주사 수정봉을 오르다

나이가 호적에 1년 늦게 뱀띠 53년생으로 되어 있으니 토끼띠 51년 친구들과는 2년, 용띠 52년 친구들보다는 1년 늦게 군대를 입대하고 군대 제대를 하게 되었다. 1월에 제대하니 집에는 어머니가 사랑채에 계셨고 큰 형님 내외가 안채에 계셨다. 서울시 7급 공채 시험이 3월 초이니 2달 남짓 시간이 남아있고 어머니는 소화가 안 되시어 가슴이 아프시다고 하시는데 소화 잘되라고 소다를 들고 계신다.

군대 제대를 늦게 하니 보은 고향에도 친구들이 객지로 삶의 터로 떠나고 막걸리 한잔할 친구가 없다. 마침 같은 시기에 제대한 은식(현재 윤식)이와 만나 지난날의 시절과 앞으로의 일들을 얘기하였다. 은식이는 나에게는 정말 별다른 소중한 친구이다.

어머니는 편찮으시고 서울시 7급 공채 시험은 봐야 되고 마음이 바쁘다. 서울 가면 밥 먹고 잠잘 곳도 없다. 윤식이와 속리산 법주사 구경 가서 마음을 다잡고 서울로 상경하기로 작정을 하였다. 법주사 팔상전 부처님께 절드리며 우리 어머님 아프신 병환을 낫게 해달라고 친구 몰래 눈물을 훔치며 절 드렸다. 어머니가 다니셨던 여적암을 가보고는 싶지만, 시간이 여의치 않는다. 수정봉 꼭대기에 올라 막막한 심사를 달래었다. 거북바위를 돌며 그 오랜 세월을 지켜온 바위의 굳건함을 부러워하였다. 막걸리를 주전자째 퍼마시었다. 너도 잘되고 나도 잘되고 열심히 하자, 나는 어차피 군대 가기 전 서울시 공무원을 시작했으니 7급 공채를 3월에 봐야 된다. 윤식이는 부산에 있는 광식이 형의 사업을 같이한다고 한다. 사나이 대장부의 굳은 약속을 속리산 법주사에서 확인하고 각기 제 갈 길로 흩어져갔다.

아버님께서 90수로 돌아가시었다

致자 九자 아버님께서 90세로 돌아가시면서 49제를 속리산 여적암(6-27)에 모시게 되었다. 음력 2002년 3월 11일이 기일忌日이시니 양력으로는 4월 초 식목일 정도이니 날씨가 화창한 따뜻한 봄날이지만 찬바람이 옷깃을 여미는 때이기도 하다. 아침 기침이 없으셔서 방문을 열어보니 주무시는 모습으로 운명하셨다고 하신다. 기침을 몇 번 하셨지만, 전혀 아프시다는 말씀도 없으셨고 유언도 없으셨다. 평소대로 식사하시고 저녁 식사하신 후 일찍 주무시는 편이니 주무시기 전 외우시는 "청산리 벽계수야 수위감을 자랑마라 일도창양하면 다시 오기 어려우니 만월이만공산할재 독야청청하리라"도 외우셨다 하니 우리 아버님은 돌아가실 때 고통 없이 참 편하게 돌아가시었다. 돌아가신 후 아버님 유품을 살펴보니 이부자리 밑에 세종대왕님 만원권 5장이 잘 보관되어있다. 서울시 재직 중으로 한참 지하철편의시설 E/V, E/S가 운행중인 지하철 1호선에서 8호선까지 전 구간에 설치될 때이다. 많은 분들께서 조화꽃을 보내주셨고, 새말 동네가 문상 차량과 꽃밭이 되었다. 우리 친구들이 다 모여서 저녁에 아버님 꽃상여를 신神나게 메고 노래 부르며 댓들이를 했다. 어머님께서 66세의 연세로 음력 1977년 4월 3일에 운명하시고 혼자되시어 24년을 더 사셨으니 그 외로움이야 어찌 짐작하리오마는 정말 우리 아버님은 세상世上 사시는 法을 아시는 훌륭한 아버님이시었다. 우리가 결혼을 80년 1월 12일 날 하였으니 어머님 돌아가신 지 3년 만에 아내 福起를 만나 결혼을 하였다.

속리산은 대한민국의 가장 중심지에 있는 은혜를 갚는 땅으로서 報恩에 자리하고 있는 하늘 백두산의 정기가 이어온 신령스러운 영산이다. 우리 인체에 비교하면 머리와 가슴, 배, 다리 중 배에 해당되며 木(간, 담) 火(심장, 소장) 土(위, 비장) 金(폐, 대장) 水(신장, 방광)의 오장육부 중 가운데 土(위, 비장)에 해당된다. 인체에서 위의 역할은 모든 장부의 중앙이다.

속리산은 동쪽에 좌청룡 인의 설악산과 서쪽에 우백호 의의 모악산과 남쪽에 남주작 예의 한라산과 북쪽에 북현무 지의 백두산의 가운데 중심부에 자리 잡고 있다. 속리산은 중앙으로 믿음의 신信으로써 음양오행으로는 음인은 흙산으로 중년 여자의 산이다. 오덕으로는 중앙 토土 인자한 어머니의 산이며 믿음의 신信이다.

백두산
북현무(北,水)

설악산
좌청룡(東,木)

계룡산　　　中央(土)
속리산

우백호　　모악산
(西,金)

한라산
남주작(南,火)

그림34. 동서남북으로 펼쳐진 대한민국 중요한 산

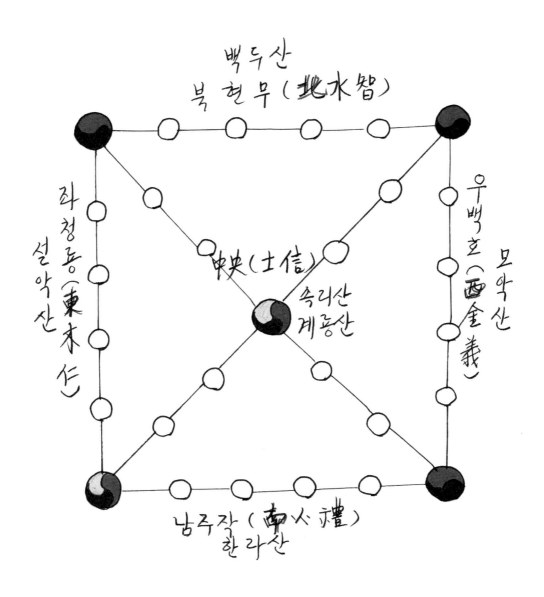

그림35. 대한민국 중요산 동서남북 윷판

○.생生과 사死의 보은報恩 낚시 이야기

탑정저수지에서 손맛을 보다

낚시는 지하철 건설본부에서 2호선 건설에 참여하여 사당역, 신림역, 서울대역, 신촌역 네거리까지 마치고, 종합건설본부의 개포구획정리사업을 담당할 때, 35세인 1986년부터 1990년도까지 근 5년간을 붕어의 짜릿한 손맛과 깊은 수면위로 피어오르는 물안개의 고요에 매료되어 어린애들을 둘러업고 낚시 버스를 타고 틈이 나면 다니었다.

처음 낚시는 돌아가신 홍락 형님(洪洛 대전공업고등 전문학교 2년 선배) 내외와 우리 부부가 여름 휴가 때 논산 탑정 저수지로 2박 3일의 민물낚시를 갔을 때이다. 전혀 낚시의 요령도 없이 낚싯대와 낚시 가방과 낚싯밥(떡밥), 낚싯바늘을 준비하여 설레이는 마음으로 형님을 따라나섰다. 인심 좋은 저수지 옆 민가에 여장을 풀고, 쪽배를 타고 들어가 저수지 안쪽에 설치되어 있는 좌대 (드럼통으로 띄어놓은 사각형 낚싯대)에 한 면씩을 각기 맡아서 멍텅구리 낚시 바늘을 물속에 던져 놓았다. 감자 넣은 라면에 저녁 배를 채우고 한 잔 곁들인 소주 맛은 가히 맛이 최고다. 물에 떠 있는 좌대에서 앞을 보니 저수지가 끝이 안 보이게 넓다. 가슴이 확 트인다.

하루 저녁을 떡밥 밑밥을 준다는 생각으로 계속 낚싯대를 던졌으나 아무한테도 물고기는 입질이 없다. 스물스물 낚싯대 찌가 움직인다. 그러나 붕어가 낚싯밥을 먹지 않는다. 福起가 던져놓은 낚싯대에서 덜컥 찌가 솟아오른다. 당겨 채서 올리니 잘생긴 붕어님이 방긋 웃어준다. 손뼘으로 재어보니 월척은 아니고 26cm는 되는 것 같다. 첫 손맛은 복기가 보았고 다른 세 사람은 각기 제자리로 돌아가 붕어님과 첫인사를 하려고 계속 낚싯대를 던졌으나 일체 꿈적도 않고 미동이다. 그런데 복기 쪽에 선 던져 넣으면 계속 물고 나와 복이 터진 것 같다. "홍석씨 또 물었다." 나는 내 자리를 지키지 못하고 복기 자리 쪽으로 옮겨 내 낚싯대를 던져 놓았으나 역시 물지 않는다. 복기가 건져 올린 붕어가 2바께스가 될 정도로 많이 잡혔다. 씨알이 다 굵다. 그 자리, 그 포인트에서만 붕어가 나온다. 낚시 시범을 보이려고 자신했던 홍락 형님의 체면이 말이 아니지만, 첫 낚시 출조는 그렇게 해서 손맛을 짜릿하게 보았다.

새벽 먼동의 물안개 꽃이 피어오른다

새벽 먼동이 트면서 물 위에 피어오르는 물안개를 보면서 물속의 삶과 물 위의 삶이 둘이 아니고 하나라는 생각을 한다.

어둠에서 걷히는 먼동의 밝은 해는 고요하게 침잠된 깊은 물 속까지 밝혀주는 저녁과 낮의 경계이며 음과 양의 한점이다. 참으로 편안한 느낌이다. 컴컴한 다방 찻집 어항에서 본 금붕어가 어항 물속에서 신나게 위로 아래로 헤엄쳐 노는 모습일 때는 금붕어 자신은 자기가 최고려니 할 것이고, 탑정저수지 이곳에서 잡혀 나온 붕어도 어항 속의 금붕어와 같을 것이고 또 잡혀 나와서는 사람의 입속으로 들어가서 배를 채워주고 다시 밖으로 나온다. 순환순회가 어렴풋이 감이 온다. 그런데 잘 모르겠다. 젊은 청춘의 나이이니 현실에서 낚시의 즐거움을 찾자가 우선이다.

우리는 탑정저수지에서 맛본 손맛을 못 잊고 틈만 나면 낚시가방을 울러메고 애들을 데리고 낚시 버스를 탔다. 송학저수지(6-30), 발안저수지, 삼가저수지……붕어의 손맛은 처음 탑정저수지 이후로는 볼 수가 없고, 고기 잡는 것보다는 바쁜 생활 속에서 휴식을 가져야하는 방법이 그래도 하룻밤을 물가에 텐트를 치고 달과 별을 보며, 라면에 쐬주맛을 보려고, 새벽에 피어오르는 물안개를 보기 위해서인 것 같다. 다녀오면 또 다음엔 붕어 손맛 보고 경치 좋은 곳으로 다시 한번 오자고 한다.

월척이 잘 나온다는 가까운 화성 고잔 저수지로 낚시를 목적으로 3팀 부부동반이 하룻밤을 새우기로 하였다. 떡밥 낚시가 안 되니 지렁이 미끼로 하여야 한다고 한다. 좌대를 돌아보니 붕어, 잉어 월척 하신 분들이 많다. 기어코 오늘만은 인물 좋은 붕어님 월척을 하겠다는 마음을 먹고 꿈틀거리는 지렁이를 무자비하게 낚싯바늘에 끼어서 던졌다. 스멀스멀 찌는 조금씩 움직이는데 물지는 않는다. 옆 좌대에 계신 다른 분은 연신 찌가 솟구치고 신나게 붕어님을 낚고 있다. 밤새도록 지렁이 미끼를 던졌으나 내 낚싯대는 침묵만 지킨다. 한 마리도 물지 않는다. 깊은 물 속에 있는 잉어를 목표로 릴을 멀리 던져 놓았는데 잠깐 조는 사이에 요란하게 종소리가 울리는데 낚싯대는 저만치 물속으로 끌려가고 있다. 대물 잉어가 별놈 다 보겠다고 코웃음 친다. 새벽에 저 멀리서부터 피어오르는 물안개를 깊게 심호흡하며 이제 살생을 전제로 한 낚시는 고만 중단해야겠다는, 나에게 맞지 않는 취미라고 정리를 하였다.

방긋 웃는 붕어의 얼굴이 반겨준다

속초해수욕장으로 아이들을 데리고 모처럼 여름휴가 여행을 출발했다. 일정이 첫날 텐트를 치고 바닷물과 민물이 만나는 송지호에서 낚시를 하여 매운탕을 맛있게 아빠가 끓여주겠다는 약속을 하였다. 한번은 낚시의 실력을 보여줘도 될 것 같은 생각이었다. 혹시 입질이 있을까 했는데 찌가 솟아오른다. "아들아, 빨리 채를 당겨라." 대를 잡아보니 묵직하니 큰놈이 물었다. 밖으로 나온 인물은 30cm가 넘는 숭어님이다. 참으로 몇 년 만에 만나는 손맛으로 반가운 숭어님이다. 몇 번 물속에 시도하였으나 햇볕은 뜨겁고 전혀 입질이 없다. 잡은 숭어를 그냥 물속으로 살려줄까? 아니면 추억거리니 매운탕을 맛있게 하여 점심을 해결할까? 심약하게 자라는 애들보다는 약육강식의 세상에서 강한 모습을 보여줘야겠다는 생각으로 잔인하게 숭어의 목을 치고 다듬어 쑥갓, 파, 마늘, 양념을 넣어 매운탕을 끓였다. 맛있을 리 없지만, 가장의 입장에서 맛있다는 평가를 받도록 애를 썼다. 정말 오늘 이후로는 낚시는 일체 안하기로 다짐을 하고 그렇게 실천을 하였다.

낚시는 생生과 사死의 보은報恩이다. 떡밥(밑밥)을 주어야 고기가 모인다. 붕어의 입질이 있을 곳을 찾아 자리를 잡고 하룻밤을 지새우며 계속 밑밥을 던져주면 새벽녘 물안개가 피어오를 때면 가물거리던 야광찌는 쭉 솟아올랐다가 뒤집힌다.

인내하며 밤새워 기다렸던 입질이 온 것이다. 짜릿한 전율의 손맛으로 채서 당기면 물속에서 잘살고 있던 인물 좋은 붕어님이다. 물위로 올라온다. 조심스럽게 끌어당기어 붕어를 감싸 쥐고 낚싯바늘을 뽑아주니 고맙다고 눈인사하고 꼬리 치며 물 망태로 들어간다. 밤새도록 떡밥을 던져주고 기다린 보람이 있으니 물속에 수많은 고기 중 한 마리 붕어님이 고맙다고 인사하러 한입에 낚싯밥을 물었으니 당연히 은혜를 갚았다고 할 수 있을까?

사람이 사람을 만나는 것이나, 사람이 물속의 붕어님을 낚시하여 만나는 것이나 첫 만남은 하늘이 점지한 것이며, 두 번째 만남은 사람 각자가 하는 것이라고 하는 얘기가 있다.

여자와 남자의 만남이 사랑으로 만날 수도 있는 생生과 악연으로 서로 원수로 만날 수도 있는 사死의 인연도 있는 것이다.

물 망태에서 헤엄치고 있는 붕어의 두 번째 만남은 생生과 사死의 갈림길이다. 대체적으로 그 자리에서 붕어 매운탕을 맛있게 끓여 떠오르는 동쪽의 찬란한 태양을 보며 해장술 소주 한잔은 가히 '카' 가히 일품이다. 붕어 쪽에서 보면 사死이나, 낚시한 사람 쪽에서 보면 생生이다.

물안개 피고 있는 수면 위로 올라온 첫 번째 붕어와의 만남에서, 나는 너를 보고 싶어 기다렸고, 물속에 너는 나를 보고 싶어 수많은 경쟁자를 물리치고 낚싯밥을 물고 물 위로 올라와서 나를 만난 감격의 기쁨을 안고 나는 붕어님을 조심스럽게 알현하고, 물 위와 물속에 있는 그대로의 침묵을 깨지 않고, 붕어가 살던 물속으로 놓아주었다면 붕어님은 생生이요, 나는 더 큰 생生이라고 해도 될까? 너도 살고 나도 살고 하는 상생相生의 법법法과 은혜를 갚을 줄 아는 보은報恩의 법법法도 알 수 있을 것 같은 생각이 든다.

옛날 중국 섬서성의 강태공이 조어대에서 낚시로 세월을 낚으며 천하를 낚은 뜻을 조금은 알 것도 같다.

○. 자생自生과 해원解冤의 볼링 이야기

10개 핀이 와장창 쓰러지면 통쾌하다

볼링은 34세인 1985년부터 시작을 하였다. 개포구획정리사업 담당을 하면서 아무래도 24시간을 땅속에서 위험 부담을 안고 일을 하는 지하철 건설담당보다는 시간이 여유로웠다. 처음 볼링을 배울 때는 국내에 볼링장이 몇 개 없었고 부유층 등 특수층만이 즐기는 고급 운동이었다.

돌아가신 홍락 형님의 주관으로 잠실 장미 상가 5층에 있는 잠실 볼링장에서 신발을 빌려 신고 하우스 볼로 볼을 던지니, 폭탄처럼 굴러가 10개 핀을 사정없이 때리는 소리와 함께 쓰러지는 핀을 보니 스릴만점 통쾌하고 아주 신기하기만 하다. 기초지식 없이 마구잡이로 볼링을 치는 데도 참 재미가 있다. 개포와 가락지구 구획정리사업에 참여하는 감독, 소장님들이 참여하는 친선을 도모하는 '구동회'란 이름으로 회의 이름을 짓고 한 달에 두 번 부부동반 모임을 하게 되었다. 간혹 정규시합이 끝나고 맛있게 저녁 식사와 술 한잔 곁들이고 2차 볼링으로 밤을 지새울 때도 있었다.

구동회는 친목 도모와 의리를 앞세워 현재까지 30년을 부부동반으로 송파 에스원 볼링장(6-31)에서 한 달에 한번 만나 운동을 하고 있다. 그간 회원님 중 운명을 달리하시고 돌아가신 분이 3명이 있으며 연세드신 80살 노인과 60회갑 막내까지 회원들이 주름살 세월을 얼굴에 새기며 스트라이크를 터트리며 파이팅을 외치고 있다. 언제까지 구동회 모임이 유지될지? 한번 의리와 믿음으로 출발한 구동회 모임에 다시 한번 젊은 날의 볼을 겨냥하여 해원解冤의 스트라이크를 터뜨리고자 화이팅을 크게 외친다.

계속 굴러가야 해원이 된다

아내의 볼링 실력은 최상급이다. 아마추어 중에는 자신만만한 실력이다. 나는 한참 잘 맞을 때는 180 정도였는데 요즘은 욕심을 버리고 회전운동의 원리를 터득하여 겨우 150 정도를 지키고 있으나 옛날의 실력을 되찾고자 노력 중이다.

우선 나이 먹은 30년의 구동회 회원님들의 친목 도모와 건강관리가 최우선이다. 누가 도와줄 수도 없는 내가 잘 쳐야 스트라이크가 터지고 남은 핀도 목표를 정하고 천천히 걷고 자연스럽게 시계추처럼 앞뒤로 회전시켜 정확한 위치에 볼을 굴려 쓰러뜨려야 해원할 수 있다.

○. 상생相生하는 테니스 이야기

청계산 달밤에 체조를 한다

늦은 나이인 46세인 1997년부터 청계산자락 문원동 테니스장에서 테니스를 시작하였다. 둘이서 할 수 있는 운동 중 가장 재미있으면서 짧은 시간 내에 땀을 흘릴 수 있는 운동이 테니스라고 생각한다. 지하철 5호선 구간 천호동, 한강과 길동 네거리 구간의 개통 무렵 개통책임, 민원 해결, 누명 등 그간 쌓였던 스트레스가 폭발하여 길길이 뛰어다니고 잠을 잘 수가 없었다. 일에 몰두하여 몸이 많이 허약해졌는가 보다. 福起가 우리 동네 청계산 밑에 있는 문원테니스장 구경을 가자고 한다. 환하게 나이트 불을 밝히고 주고받고 뛰는 모습이 참 부러웠다. 건강 관리상 회원으로 가입하여 레슨도 받고 편을 짜서 시합도 하자고 한다. 3개월 이상을 불 밑에서 시합하는 광경을 구경하다가 용기내어 회원등록을 하였다. 대체적으로 나보다 나이가 적은 젊은이들이 많았고, 40대 중반인 나보다 나이가 많은 분은 몇 분 없었다.

열심히 레슨을 받으며 다른 사람과 시합을 할 수 있겠다는 생각을 하였다. 6개월이 지나도 시합에 참여할 수가 없었다. 나이가 많고 실력이 없으니 누가 동반자로 시합해줄 것이며 또한 A.B 코트 두 개가 있는데 A 코트는 잘 치는 분들의 A조가 점령하여 자기네끼리만 치고, 좀 실력이 부족한 B조는 A코트에서 칠 수가 없도록 되어있고, B 코트의 B조분들도 레슨받는 실력 없는 회원들에게 함께 시합을 해주지 않도록 냉혹하다.

어느 날 B조 코트에 자리가 비어 시합을 참여했는데 도저히 발도 안 떨어지고 볼을 칠 수도 없으니 옆에 파트너한테 미안하니 더 이상 테니스를 하고 싶은 생각이 없다. 福起가 나와 함께 치려고 레슨을 시작하였다. 기존 회원들을 사귀기 위하여 틈만 나면 삼겹살, 닭도리탕 등 맛있는 음식을 제공하였다. 가까스로 파트너에게 피해 주지 않으려고 福起와 편을 먹고 B조 게임에 참여할 수 있게 되었다. 직장을 다니니 테니스(6-32)에 몰입할 수도 없고 젊은 나이가 아닌 40대 중반이니 체면은 지켜야 되고, 자신 있게 스트로크 하면 성공하여야 하는데 아웃될까봐 망설이니 주로 공격보다는 수비형으로 정착이 되었다.

현재는 동네 같은 연배 또래와 공무원 하신 분들과 '듀스'(6-32)라는 회를 만들어 한 달에 한번 일요일날 재미있게 동호회에 참여하고 있다.

땀 흘리고 맥주 한잔은 일품이다

60세의 나이인 2011년경 수성(旨星)회사의 직원들과 저녁 식사를 위하여 송파구청 건너편 박지연 생태집을 찾아갔다. 손님으로 간 우리를 여주인이 반겨주는데 어디서 많이 본 얼굴이다. 여주인께서 먼저 나를 알아본다. "테니스 잘 치고 계시는가요?" "아직 과천에 사시는가요? 아! 우리 옛날 내가 처음 테니스 배울 때 코치 선생님이시네. 참 반갑습니다. 이렇게 뵙게 되다니" 젊은 학생으로서 남자친구와 둘이서 문원 테니스장 코치 선생님을 하다가 둘이서 결혼하여 아들딸 낳고 잘 살았는데 남편 코치님이 불치병으로 회복이 어렵다라는 얘기를 들었는데 듬직한 바깥 사장님이 들어와 덥석 인사를 한다. 건강을 회복하고 생태집이 잘되어 기반을 잡았다고 자랑으로 그간의 무용담을 얘기한다. 15년 전 테니스를 처음 가르쳐 준 나의 선생님이 죽은 줄 알았는데 이렇게 일어서서 맛있는 음식점 사장님이 되었으니 참 대견하고 감격스럽다. 식사 짬이 나면 자주 우리 선생님 집에 가서 맛있는 자연산 골뱅이와 생태탕을 먹고 소주 한잔 거하게 마신다.

테니스는 다른 운동보다 집중적으로 땀을 흘릴 수 있는 좀 과격한 운동이지만 파트너와 서로 화합하면서 조화를 이루어야 이길 수 있는 서로 상생相生의 운동

경기이다. 운동 중에 팔에 엘보가 와서 고생도하지만 땀 흘리고 갈증 해소를 위한 맥주 한잔은 가히 일품이다. 친목 도모와 건강증진을 위하여 과천 ○○○ 테니스장에는 회원이 100여 명이 넘는다. 나보다 나이 많은 분들이 몇 명 없으니 세월이 무수히 흘러감을 실감한다.

듀스테니스모임을 한 달에 한번 첫째 일요날 의왕에서 갖는다. 작년 회장 때는 총무님의 이름이 이공자님이라서 공자님 말씀을 공부하여 공자왈가라사대를 외워서 회원들께 전하였다. 듀스회원님들의 더욱 건강 화목을 기원한다.

○. 골프장에서 찾은 원시반본原始返本의 천부경天符經 81자

떠오르는 태양을 보며 머리를 올리다

골프는 서울시 30년 6개월을 근무하고 52세의 나이인 2003년 02월 28일 명예퇴직한 후 SOC 건설 엔지니어링 사장으로 새로운 출발을 할 때 처음 배우기 시작하였다. 공무원 재직 시는 골프에 대하여 사치스런 운동으로서 전혀 관심이 없었다. 엔지니어 회사의 영업활동의 기본이 골프장에서 상대방을 만나고 소통이 되야하는 운동이라 하니 출근하면서 바로 지하에 있는 골프 연습장에 등록을 하였다. 젊은 코치가 아이온만 가지고 좌우 스윙만 2주간 연습토록하고 드라이버 몇 번, 퍼트 몇 번 연습하고, 창공 모임 골프모임을 천안 상록(6-33)에서 갖게 되었다.

소위 머리를 처음 올리는 때에는 아름다운 신부를 맞이하는 신랑으로서 갖춰야 할 예의범절, 살림살이, 집 가구 등을 준비하여 장가를 가야하는 것이 필수인데 드넓은 들판에서의 18Hole의 첫 만남은 너무도 무지한 채 드라이버 초구, 아이온 세컨샷, 어프로치 아이온, 그린 퍼트, 총 타수가 125개 정도로서 처음치고는 잘 쳤다고 한다. 그다음에는 별도의 전문가의 레슨 없이 혼자서 연습하고 필드를 나가니 재미도 있고 그런대로 90타 중반까지는 들어오고, 조금만 더 연습하면 잘 칠 수 있다는 생각이 들었다. 그런대로 4명 플레이(6-34)하면서 상대방에게 혐오감을 안 주며 내기 게임도 가능해지니 골프가 참 쉽게 생각되었다.

그러나 6개월 정도 지나니 드라이버 길이를 늘려야 되고 OB가 안 나야 되고, 아이온보다는 우드를 쳐서 그린에 붙여야 되고, 그린 가까이서는 어프로치를 잘해서 핀까지 공을 가깝게 올려야 되고, 퍼트는 정확하게 하여 최종 골프공을 Hole 에 넣어야 한다는 생각으로 혼자서 연습으로는 어림도 없고 전문 프로에게서 제대로 원칙에 입각한 레슨을 받고자 지하 연습장을 벗어나서 야외 군부대 골프 연습장을 정하여 새벽에 나가 맹렬히 연습을 하였다. 프로님이 확실한 개념 정립 기초가 없이 그냥 계속 스윙만 하라고 한다. 처음 정확한 좋은 선생님을 만나 레슨을 받았어야 했는데 1년 가까이 됐는데도 뒤죽박죽이다. 잘 맞던 아이온이 힘이 들어가니 쌩크가 잘 난다. 드라이버도 방향성이 좋았는데 힘이 들어가니 좌탄우탄으로 막 나간다. 일이 많으니 골프장에서 만나야 할 분들이 많은데 SBS 골프 프로도 보고 파3 골프장과 아침 연습 등 할 수 있는 연습을 강행하였다. 가까스로 1년이 되어 90타 보기 플레이는 하는 것 같다. 福起님의 지원 아래 5년 가까이 열심히 갈고 닦았는데도 실력향상이 되지 않고 멈추어 버렸고, 드라이버 OB가 자주 발생한다. 아무리 늦게 시작했어도 그래도 운동에는 자신이 있는데 지금의 골프 실력은 너무 형편없다.

어느 날 우연히 "만법(萬法)의 근원이며 만행(萬行)의 근본은 하나이다"라는 천부경 말씀이 가슴에 와 닿는다. 모든 法은 하나로 통한다는 확신이 생긴다. 서점을 가보니「천부경 골프」란 책이 들어온다. 설레이는 마음으로 책을 펴들었다.

책 제목 : 델타골프비전(천부경 골프)
지은이 : 진여眞如

천부경의 원, 방, 각 논리를 골프스윙의 중심과 회전에 응용한 것인데 어드레스 자세가 삼각법이다. 이렇게 천부경의 뜻을 실제로 현실에 적용하는 앞서가는 분에 대하여 궁금한 점이 많았으나 공개 강좌개설과 개인연락처도 폐쇄되어 있어 관심을 두지 않았다. 아, 왜 미처 몰랐을까. 이제부터는 천부경 법을 골프에 적용해 보자는 생각을 하고 잘못 배운 골프 기본동작보다는 천부경 법으로 자세를 고치며 후회하지 않겠다고 다짐을 하고 자세를 바꾸게 되었다. 어드레스를 삼각형으로 하고 앞발의 선이 만나는 꼭짓점이 골프공의 위치가 된다. 스윙은 꼭짓점과 접선 방향으로 백스윙하여 활로우로 던져준다. 연습해보니 참 편하다. 일반적 이론이 드라이버는 왼쪽발 쪽, 아이온은 중앙 쪽으로 어드레스 때 마다 애로가 많았으나 골프채 길이에 관계없이 중앙부(삼각형 꼭짓점)에 볼을 놓고 치니 잘 맞아 나간다. 필드에 나가 라운딩을 하니 거짓말같이 드라이버는 OB는 나지 않고 의도한 방향대로 잘 날아간다. 자신 있게 스윙을 하니 거리도 많이 늘어났고 방향성도 좋아졌다. 10타 이상을 줄여 80대 초로 바로 진입(6-34)을 하였다.

골프의 욕심은 한이 없다. 천부경 81자의 숫자의 의미대로 골프 타수를 맞추려고 힘을 쓰니 또 흔들린다. 또한, 동반자의 福起님도 한마디 한다. "무슨 골프폼이 그러냐?" 나이 들면서 보통 쉬운 자세로 골프를 하여야지 허리 망가지기 쉽다고 조언을 한다. 처음 배웠던 자세로 바꾸어도 잘 칠 것 같다. 다시 처음으로 돌아가서 연습하고 라운딩해보니 드라이버부터 좌탄우탄 걷잡을 수가 없다. 그래도 다시 바꾼 폼이니 2년 이상은 버틴 것 같다. 다시 90타 근처에서 왔다 갔다 한다. 많은 노력을 하였으나 천부경 골프의 타수대로는 오르지 않는다. 슬럼프다. 방황이다. 더 이상 골프를 하지 말아야 된다고 생각도 된다. 다시 천부경 골프로 돌아가도록 자세를 삼각법으로 바꾸고 여기까지 와있다. 규정 타수가 72타인 18 Hole 골프는 18을 거꾸로 적으면 81자 天符經과 같은 논리이다.

초년, 중년, 노년을 18번 산다

골프는 매 홀마다가 초년, 중년, 노년의 과정을 거치는 우리 인생에 있어서 일생一生의 한 과정이라고 생각한다. 1生의 平生을 18번 원시반본原始反本을 겪어야 1게임을 마치게 된다. 한 홀이라도 실수를 하면 큰 경기에서는 이기기가 어렵다. 그러나 人生살이에서 실수를 안 할 수가 있는가. 전 홀의 실수를 다음 홀에서 만회하여 타수를 줄일 수도 있으니 말이다.

티박스에서 드라이버 초구는 일생一生의 초년 첫 출발(6-33)이다.

처음 초구인 드라이버는 젊은 날 부모님 슬하에서 학교(초등학교, 중고등학교, 대학교, 대학원 등)다니고 공부할 때의 시절이라고 생각된다. 부모의 도움과 가르침으로 갈고 닦은 공부 실력을 유감없이 발휘하여 사회에 진출하기 전의 시절(30대)이다. 부모님의 가르침과 학교의 가르침을 잘 배운 젊은이 지학(志學) 이립(而立)의 시절(30살)로서 첫 타석 드라이버에서 페어웨이 중앙으로 장타로 신나게 날릴 것이다. 금속성의 '쨍' 쇳소리와 함께 잘 맞은 공이 허공을 가르며 날아갈 때의 통쾌함은 어디 비길 데가 없다. 그러나 부모님과 학교의 가르침을 무시하고 자가당착의 힘만을 믿고 드라이버샷을 한다면 중앙으로 가지 않고 살아올 수 없는 물과 산으로 들어갈 것이다.

훼어웨이에서 두 번째 샷은 일생一生의 중년 세월이다.

두 번째 우드나 아이온을 쳐서 그린까지 가는 것은 부모님 슬하에서 젊은 날에 자기가 배운 역량에 따라 직업을 갖는 중년(30대-50대) 시절로서 사막을 만나던, 물을 만나던, 산을 만나던, 스스로 헤쳐가야 하는 고난의 세월이다. 열심히 일하고 순리대로 살아온 사람은 어려운 여건을 개의치 않고 그린까지 한 번에 올라갈 것이고 성실치 못하고 남의 힘을 빌어 살아온 사람은 험난한 장애를 이기지 못하고 벙커에도 들어가고 물에도 들어가고 산에도 들어가고 하여 3-4타 만에 그린까지 올라갈 것이다.

그린에서 홀컵에서 '땡그렁' 소리는 일생一生의 노년 마무리(6-34)이다. 그린에 올라온 공을 홀컵에 넣는 것은 젊은 날의 드라이버와 중년 시절의 우드나 아이온의 결과이므로 지난날을 원망치 말고 온고지신하여 지천명知天命, 이순耳順, 종심從心의 마음으로 홀에 공을 넣도록 집중하고, 경건하게 감사하는 마음을 가져야 할 것이다. 노욕을 부려 힘을 과시하면 좌충우돌 홀에 공을 넣기가 힘들어진다.

그다음 첫 홀을 마치고 두 번째 홀에 도착했다. 첫 홀에서 정규타인 파를 하거나, 1타 더친 보기를 하거나, 정규타보다 1타 적은 버디를 하거나, 많은 경우의 결과가 나타날 수 있다. 버디 하여 잘 친 사람은 더 잘 치려고 힘을 줄 것이고, 보기 하여 못 친 사람은 더 잘 치려고 힘을 줄 것이고, 오랫동안 연습과 경험으로 단련된 분이 아니면 보통 초보자는 첫 홀과 반대로 Tee box에서 이번에도 버디를 잡기 위하여 왼쪽에 물을 보고, 오른쪽에 산을 보고, 앞에 펼쳐진 넓고 시원한 잔디밭을 보면서, 아득히 보이는 미지의 중앙을 겨냥하여 어드레스를 하고 힘차게 스윙을 한다. 그러나 공은 가운데 중앙을 본대로 안 날라가고 좌측 물 쪽으로 빨려서 들어가고 만다. "어쿠! 어떻게 된 거지?(초년)" 세컨샷을 잘하여 물속에 들어간 공의 잘못된 벌타를 만회하려고 그린을 보고 힘차게 샷을 하였다. 드라이버는 왼쪽으로 갔으나 이번에는 그린 오른쪽 산비탈로 간다.(중년) 드라이버(초구)와 우드(중구)로서 그린에 올라온 공을 이번에는 정말 한 번에 홀에 넣어야 된다고 마음먹고 힘을 주어 퍼팅한다. 공은 여지없이 공을 지나 멀리 굴러간다.(노년)

위의 두 번째 홀의 경우 드라이버(초년) 우드, 어프로치(중년) 퍼트(노년)는 자기 주어진 실력만 믿고 힘을 주니 人生으로 치면 엉망의 人生 결과이다.

드라이버(초년)은 못 쳤지만 심기일전하여 우드(중년)를 잘 쳐서 그린에 올리고 퍼트(노년)도 잘 마무리해서 파를 지킨다.

드라이버(초년)는 잘 쳤지만 방심하여 우드(중년)를 세게 쳐서 산으로 들어가고, 다시 심기일전하여 그린에서 퍼트를 신중하게 집중하여 잘 마무리하여 파를 지킨다.

경우의 수가 너무 많다. 한 홀 한 홀마다 人生의 초년, 중년, 노년을 살아가니 어느 한 홀(한 세월)을 소홀히 할 수 있을까? 청춘의 드라이버샷도 중년의 우드나 아이온 샷도, 노년의 그린 퍼트 마무리도 정말 다 잘 꾸려가야 제 타수(72타)를 기록할 수 있으며 청춘의 힘을 과시하면 드라이버샷이 허물어지고, 돈과 명예와 권력을 과시하면 우드나 아이온 샷이 무너지고, 하늘의 뜻대로 지천명(知天命) 이순(耳順)하여 살지 않고 과욕을 부리면 퍼트가 멋대로 춤을 춘다. 골프 전체의 홀수는 18홀이다. 젊은 시절과 중년 시절과 노년 시절을 안배하여 정말 재미있고 건강하게, 보람되게 살아야 한다.

골프는 人生의 길(道)이다

아웃홀 9홀까지는 우리 인생의 50까지의 초년과 중년 세월 전반전이고 인홀 9홀은 50까지 생업生業에 충실히 하고 50 이후의 중년과 말년의 후반전이다.

첫 홀에서 5홀까지는 혈기왕성한 젊은 날 30살까지의 날로 볼 수 있다. 아침 일찍 일어나 눈을 비비며 짐을 싸고 골프채를 준비하여 나오면서 아침 식사를 서둘러 하고, 몸을 풀지 못하고 누구나가 18홀을 돌기 위한 준비가 부족하니 평소에 배운 대로 연습한 대로 힘껏 뺑뺑 칠 수밖에 없다. 이것이 젊은 날의 일반적인 생각이다.

6홀에서 9홀까지는 젊은 날에 갈고닦은 실력과 경험을 토대로 하여 뜻을 세우고 한곳에 몰두하여 세상을 경영할 불혹不惑의 나이인 30살에서 50살이다. 5홀까지 온 지점을 반성하며 왜 OB가 났는지? 왜 벙커에 들어갔는지? 왜 퍼트가 세 번 퍼트가 됐는지? 이제는 절대 젊은 날의 실패를 다시는 겪지 않아야 된다는 각오로 온고지신하며 한 샷, 한 샷 신중하고 정확하게 중년(6홀, 7홀, 8홀, 9홀)의 결실을 맺어야 하겠다. 전반전 첫 홀에서 아홉 번째 9홀까지 마쳤다.

그늘집에서 점심 식사시간이다. 지나온 人生을 돌아보니 50세가 어느덧 되었다. 나름대로 살아온 결과가 아들딸 자식을 잘 키웠고 돈과 명예와 권력도 갖게 되었다. 식사를 하며 동반자와 치열한 경쟁의 소용돌이를 얘기하며 곁들인 막걸리 한 잔이 지나온 세월이(전반전 9홀) 너무 억울하고 남은 게 없다고 생각된다. 남은 세월(후반전)에는 돈 욕심, 명예, 권력 욕심 내려놓고 지천명하며 순리대로(힘 빼고) 잘살자고 다짐한다. 그러나 그렇지 않다고 번뜩 앞 세상이 더 크게 보여온다. 아니다. 기왕에 세상에 왔으니 현재의 돈, 명예, 권력에 더 박차를 가하고자 지천명과 순리를(힘주고) 연장하여 잘 살자고 다짐한다.

후반전 10홀에서 14홀까지(50살에서 71살) 시작이 되었다. 왕대포 술 한잔에 안주로 두부김치로 배를 채웠으니 드라이버 티샷 공이 달같이 크게 보인다. 좌측에 물도 보았고, 우측에 나무숲 산도 보았고, 중앙 쪽으로 넓은 잔디 위로 뭉게구름 떠가고 밝은 해가 머리 위에 떠 있고, 바람의 향기가 코끝을 스쳐온다. 잘 쳐야 된다. 굿샷 이다. 참 좋은 자리 중앙 부분에 떨어졌다. 세컨샷 아이온 샷으로 한 번에 그린에 올린다. 굿샷이다.(Good shot) 나이스 언(nice on)이다. 그린에 올라온 공을 한 번에 홀에 넣기는 거리가 너무 멀다. 어쩌면 퍼트를 잘하면 들어갈 수 있겠다고 생각된 다. 거리를 짐작하니 20걸음 정도이다. 다소 오르막이다. 방향은 좌측으로 경사이 다. 학교(역학)에서 배운 대로 일을 성사시키기 위하여는 힘이 있어야 되는데 그 힘 은 정확한 방향과 작용점을 정하고 어느 정도의 힘으로 움직일 것이냐? 공학 土木 전문가 엔지니어로서 계산하니 방향은 컵 3컵 정도 오른쪽으로 거리는 20걸음이 며 오르막이니 백스윙 80cm로 스윙 밀어준다. 선 자세와 그립과 팔과 퍼트와 눈 이 一心同體가 된다. 공은 정확히 굴러간다. 어디로 갈 데가 없다. 그대로 10cm 홀 속으로 빨려 들어간다. 짜릿한 전율과 쾌감으로 오른쪽 손이 번쩍 올라간다. 동 반자님의 나이스 버디(nice birdie)가 크게 외쳐진다.

15홀에서 18홀까지(81살~100살)이어서 계속 가고 있다. 집중하여 걷고 샷을 했으 니 배가 출출하다. 그런대로 후반전에는 파도하고 보기 없이 날라가는 새 버디도 하나 잡았다. 참으로 편안하다. 재미있다. 방심하지 않고 적당하게 힘을 안배하여 14홀까지 왔다. 이제 오늘의 골프 남은 게임은 사람으로 말하면 인생을 총정리할 나이가 되었다. 공자님 말씀에 70이 되면 종심소욕불유구從心所慾不踰矩라고 해서 "마음먹은 대로 행동하여도 절대 거스르는 법이 없다"고 하였으니 하고 싶은 대로 하고 살아도 도를 넘지 않으니 신선의 삶이다. 70의 從心 나이는 자연의 이치 를 안다는 지천명知天命의 50세와 상대방 말을 받아들일 줄 안다는 60세 이순耳 順을 지났으니 이제는 세상 이치에 밝아져 법에 저촉되거나 남의 눈살을 찌푸리 게 하는 일이 없다는 뜻으로서 일부러 의식하지 않고 행동한다는 자기 행동에 책 임을 져야 한다는 말이다. 15세 地學, 30세 而立, 40세 不惑의 골프 전반전 9홀을 마치고 50세 知天命, 60세 耳順의 골프 후반전 5홀까지 산전수전 다 겪으며 인생의 70세 從心의 15홀까지 와서 Tee Box에 서 있다. 16홀은 80세, 17홀은 90세, 18홀을 100세로 생각하자.

앞을 바라보니 서산에 태양이 붉게 물들어 있다

젊은 날의 힘대로 온 힘을 다해서 힘껏 드라이버샷을 날릴 것인가? 아니다. 그간에 평소 연습하였던 자기의 실력과 오늘 14홀까지 돌아온 과정에서의 궤적을 돌아보며 신중하게 실수하지 않도록 샷을 할 것이다. 동쪽에서 찬란하게 떠오른 밝은 태양을 보며 시작한 첫 홀이 이제는 태양은 서산 쪽으로 기울어져 뭉게구름 너머로 살포시 머리를 기울이며 붉은 노을이 반겨주고 있다. 과욕은 금물이다. 더 이상 잘 칠 수 있는 시간도 없다. 해는 붉은 노을로 물들어 황혼으로 물들고 있는데 어찌 하늘의 順理를 따르지 않을 수 있을까? 마지막 홀 18홀의 가장 끝부분 종결인 그린에서의 '뎅그렁' 소리를 들어야 골프 게임은 끝이 난다. 우리의 삶 100세까지의 인생도 마무리가 '뎅그렁' 소리를 들으며 끝이 난다. 항상 18홀을 끝나고 나면 그날의 18홀 과정이 더 잘할 수 있었을 텐데 아쉬움이 남아 있고 1홀이라도 연장하여 더 돌고 싶은 마음은 누구나가 갖는 심정이다.

인생의 삶도 마감할 때 자기의 지나온 삶에 아쉬움이 없는 사람이 있을 수 있을까? 지나온 과정을 반성하며 더 가치 있고 보람되고 멋있는 삶을 살 수 있겠다하지만 이미 태어나서 저세상으로 갈 수밖에 없는 현실이다. 우리의 삶! 이대로 끝인가? 골프 18홀의 게임! 여기서 끝인가? 아니다. 다음 골프 게임은 특별히 신체의 이상이 없는 한 더 성숙되어 규정대로 하늘도 보고 땅도 보며 밝은 태양과 붉은 노을을 보며 또 시작된다. 골프는 매 18홀을 원시반본原始反本하는 人生이다. 골프의 18홀을 마무리하면 거꾸로 읽은 81자로 천부경天符經 81자이다. 다음 천지天地 골프에서는 굿 샷(Good shot)!을 기대해본다. 우리의 삶도 골프와 같이 계속 이어진다고 생각된다.

ㅇ. 서울시 공무원은 9급 ~ 1급 순으로 올라간다

    대한민국 공무원의 일반직 직급은 9급부터 시작하여 1급까지 편성되어 있는데 1 계급 진급을 하기 위하여는 대체적으로 5년에서 10년 이상이 소요되는데 30살에 9급 공채를 시작하여 공무원으로 근무하면서 60세 정년까지 30년 동안 5급 승진을 하기가 힘들다. 나는 다행히 9급으로 시작하여 군대 3년 동안 마치고 복직 전에 7급 공채 시험을 봐 다행히 합격하였다. 20살에 공무원을 시작하여 9급에서 8급이 2년 3개월, 8급에서 7급이 3년 8개월, 7급에서 6급이 3년 1개월, 6급에서 5급이 10년 총 18년 만에 5급 사무관을 38세에 시험을 보아서 1번 떨어지고 2번째에 필살의 각오로 임하였다. 너무 다행스럽게 합격을 하였다. 5급 사무관으로 13년간 공직을 수행하다 더 이상 기술직 공무원으로서 서울시에 봉사 근무할 역할이 없기에 52세에 단호하게 결심하고 명예퇴직을 하여 제2의 人生을 시작하게 되었다.

    5급 사무관 과장 때 지하철 7호선 1, 2단계 개통을 총괄하여 마무리하였다. 운행 중인 7호선을 포함한 5,6,7,8호선의 운행 중 사전안정성 확보를 위하여 세계최초로 시도한 유지관리계측을 134Km 전 구간에 걸쳐 구축하였다. 경험과 실적이 없는 상태에서 주야간 가릴 것 없이 현장을 확인하고, 결과를 분석하여 system 구축을 할 때이다. 처음으로 시도하는 바라 검증도 되지 않았으며 반대하는 분도 많았고 건설만 하였지 유지관리에 대한 공감대 형성이 안되었을 뿐 아니라, 운행 중 작업으로 인한 위험성 등으로 직원들이 가장 싫어하는 업무이다. 설상가상으로 9호선이 시작될 때이므로 일하기 쉽고 성과가 바로 나타나는 9호선 구간에 근무지원자는 많으나, 지하철 전 구간 정거장에 설치하는 장애우 편의시설(7600억 원)(6-37, 6-45) 업무까지 수행하여야 하므로 누구도 스스로 근무하고자 하는 지원자가 없었다. 지하철 7호선 개통(6-46)을 무사히 마치고 외국유학을 떠나는 최본부장님이 간곡하게 말씀하신다. "김과장이 어려운 일 맡아서 해주게, 일 할 사람이 없어. 내 1년간 미국 다녀와서 다 해결해주겠네" 도리상, 의리상 내가 어떻게 해서라도 꾸려갈 수밖에 없다고 생각하였다. 4급 진급을 하려면 교육도 가야 되는데 교육은 엄두도 못 내고 오로지 일에만 매달렸다. 일 핑계로 시험을 봐서 10번 계속 떨어진 토질 및 기술사에 대하여 이제 7호선을 개통하였으니 다시 시작하기로 하였다.

　五十 이후 學易이라는 명제가 살아있다. 50세 이후에는 공무원을 그만두어야 한다는 무언의 약속이 가슴에 와 닿는다. "그래 가장 악조건일 때 일은 이루어지는 법法으로 몸이 부서지더라도 한번 승부를 걸어보자, 일과 공부에 촌음을 아껴보자"고 다짐을 하였다. 새벽 3시에 일어난다. 세수하고 절드리고 30분간 三法修行을 한다. 2시간 정도 기술사 공부를 한다. 5시 30분에 새벽 버스를 타고 6시 30분에 용산 국선도 도장에 나가 1시간 정도 체력단련과 三法修行을 한다. 출근하여 8시경에 구내식당에 가서 아침 식사를 한다. 9시까지 30분정도 시간이 있다. 방법이 없다. 나이 먹어서 기술사 시험에 합격하려면 시간 투자가 많지 않으면 될 수가 없다. 1일 3문제는 외우고 쓰고 하였다. 창피한 면도 있지만, 토요일에는 이춘석 후배가 강사인 양재학원에 나가 제일 뒷자리에서 강의를 듣는다. 승강 편의 시설공사개소가 도심지 교통혼잡지역으로 전시내에서 굴착하니 물도 터지고, 가스도 터지고, 불도 나고 사고가 다반사로 일어난다. 열차운행이 끝난 12시부터 새벽까지 유지관리계측기를 현장에 설치 점검하여야 되니 안전사고가 많이 난다.

　일이 어려우니 시설개량부를 떠나려 하는 직원들이 많다. 다른 부서에서 받아주지 않으니 나하고 함께 누군가는 해야 할 우리들 일이니 사나이답게 의義를 지켜 일을 해보자고 독려한다. 일이 힘들고 직원들 격려하여야 되니 틈나는 대로 저녁에는 술을 퍼마신다. 체력은 국선도 단련으로 극복할 수가 있다. 일은 몸으로 때우면 된다. 기술사 공부는 새벽 시간과의 싸움이다. 이춘석 교수와 이재현 회장님과 박춘수 교수님(대전 공전 은사님) 등 다른 지인들의 도움을 받아 100문제로 압축하고 매일 쓰고 외운다. 지성이면 감천이라 천우신조께서 도우셨다. 11번째 시험에 나이 먹은 51살 김홍석이가 '토질 및 기술사'에 합격하였다. 다행히 지하철 대심도 굴착과 정보화 시공(계측)쪽에 문제가 나왔으니 평소에 했던 업무이니 신나게 써내려갔다. 사무관 시험 때만큼은 아니지만 2년간을 책을 봤으니 새치 머리가 하얗게 흰머리가 되었다. 시험 합격한 후에 잘 보이던 왼쪽눈이 잘 보이질 않는다. 백내장이란다. 수술하니 시원히 잘 보인다.

　2003년 2월 명예퇴직(5-79) 시(52세) 퇴임식 때 퇴직자 대표로서 이명박 시장님과 인사를 하였다. 나는 내 마음의 약속을 지키고자 새로운 시작을 하였다. 명예퇴직 시 4급이니 3급, 2급, 1급으로 오르지 못하였다. 나는 서울시 기술직 공무원으로서 31년간 근무하였으며 9급, 8급, 7급, 6급, 5급, 4급은 서울시에서 순차적으로 단계를 밟아 진급을 하였으나 3급, 2급, 1급으로 가는 공직생활 대신에 설계회사로 나와 공무원 때 못하였던 공학박사, 골프, 서예, 천부경 등 뿌리 찾기 일에 매진할 수 있는 하늘의 자유, 땅에는 평화, 사람에게는 사랑을 누릴 수 있게 되었다. 항상 감사드리고 고마움을 드리며 살고 있다.

　五十知天命과 五十而學易하도록 현실의 여건이 서울시를 그만둘 수밖에 없도록 합리화가 되었다.

공무원 직급의 올라가는 순서는 9, 8, 7, 6, 5, 4, 3, 2, 1로서 10의 숫자가 없다.

　낙서洛書의 숫자 9에서 1로 되어있다. 역易에서는 시계반대방향을 역逆이라 한다. 9곱에서 1곱으로 역逆을 한다. 상극相克의 시대에 살고 있다 하겠다.

　31년간을 서울시에서 9, 8, 7, 6, 5, 4하였으니 3, 2, 1은 사람과 땅과 하늘의 의미를 갖는 숫자이다. 나의 이름 끝 글자인 주석석錫은 변함이 없는 광물로서 金과 易의 합성글자이다. 돈으로 운행되어온 金세상을 해日과 달月의 합성 글자인 바꿀 역易으로서 돈세상을 바꾼다는 뜻이다. 상극相克과 돈으로서 경영되어온 낙서洛書시대를 원시반본하는 새로운 정역正易세상으로 바꾼다는 뜻이다. 이름값을 해보자고 다짐을 해본다.

왜 공무원 직급은 9급까지 있을까?

낙서의 시대에 살고 있기 때문이 아닐까 생각된다.

본인이 서울시 토목직(기술직) 근무한 과정이다.

급수	9급	8급	7급	6급	5급	4급	3급	2급	1급	비고
진급 년도	1971.6	1973.9	1977.5	1980.6	1990.7	2003.3				31년 7개월
재직 기간		2년 3개월	공채 시험 3년 8개월	내부 시험 3년	내부 시험 10년	명예 퇴직 12년 8개월				31년 7개월

왜 5급이 중요한가?

본인이 6급을 80년 6월에 진급하고 90년 7월에 5급으로 승진하였으니 6급에서 5급으로 진급하기까지 꼭 10년이 걸렸다.

5급으로 근무한 기간이 2003년 2월 명예퇴직까지 12년 8개월이다. 5의 숫자는 9, 8, 7, 6, 5, 4, 3, 2, 1의 숫자 중 9, 8, 7, 6의 좌측 음−과 4, 3, 2, 1의 우측 양+의 중앙에 균형을 이루는 중정中正이다. 정역에서는 5황극五皇極의 자리이며 대우주와 소우주의 中心인 영0의 자리와 같은 자리이다.

중용中庸의 지나치거나 모자람이 없이 도리에 맞는 것이 中이며 평상적이고 불변적인 용庸인 자리이기도 하다.

○. 서울시 지하철은
1호선~9호선 순으로 개통 운행되고 있다

　낙서는 9궁의 수로 중앙 5에서 팔방으로 다 뻗쳐나간다. 서울 地下鐵의 1호선 (북)을 시작으로 2호선(남서)(6-40, 6-44) 3호선(동)(6-41) 4호선(동남) 5호선(중앙)(6-42) 6호선(북서) 7호선(서) 8호선(동북) 9호선(남)까지 9개 노선을 71년 4월부터 시작하여 현재 2016년 12월 9호선까지 총 연장 317km를 운행 중에 있으며 9호선 나머지 구간 9.6km는 2018년까지 개통 예정으로 건설 중에 있다.

　2001년도에 서울시에서 3기 지하철 노선 계획(6-39)으로 서울 지하철 건설계획에 10호선 이후 11호선, 12호선을 검토하였으나 중전철이 아닌 경전철로 계획을 변경하여 10호선 이후의 서울시 지하철 건설 계획은 수립되지 않았다.

　하도의 10수의 시대는 아직 도래하지 않고 있다. 원시반본하는 하늘 무극의 시대가 오면 서울 지하철 10호선 용마는 달리게 될 것인가? 2001년도에 서울 지하철 기본구상계획은 있었으나 교통난 해소를 위한 간선이 아닌 지선으로서 우이-신설, 신림선 등 경전철 계획으로 바뀌었지만 이미 추진계획이 있었으며, 명칭만 바뀌었을 뿐 지하철 9호선 이후에 지하철 〈중전철(선천)→경전철(후천)〉은 우이-신설, 신림선 등 건설 공사가 진행 중에 있다. 아마도 10호선은 서울시의 교통난을 획기적으로 개선하고 삶의 질을 향상시킬 수 있는 교통수단으로서 머지않아 탄생될 것으로 예상이 된다. 나는 서울지하철 1호선(71.4-74.8년도) 건설(영등포구 수도사업소 근무)에만 직접 참여하지 못하였고, 2호선부터는 직접 참여하여 3, 4, 5, 6, 7, 8, 9호선까지 설계와 건설과 유지관리의 일을 하였다. 서울 지하철은 洛書 9궁수의 판박이이다. 하늘이 주신 洛書의 神書와 실제로 땅(서울)에 이루어진 서울 지하철을 호선별로 표시하였다.

서울시 지하철 건설현황

호선명	공사기간(년)	연장(km)	정거장수 (개소)	환승정거장수 (개소)
1호선	71.4~74.8	7.8km	9	
2호선	78.3~84.5	60.2km	49	20
3호선	80.2~85.10	35.2km	31	14
4호선	80.2~85.10	31.7km	26	12
5호선	90.5~96.12	52.3km	50	15
6호선	94.1~2000.12	35.2km	38	12
7호선	97~2000.8	47km	42	11
8호선	94.1~99.7	17.7km	17	5
9호선	2001.12~2018.	39.6km	37	
계		326.7km	299	

　본인은 90년 7월에 5급 승진을 하고 서울지하철 5호선 건설착공 당시부터 개통하기까지 6년 6개월을 5호선 건설에 참여하였다.

　지하철의 개통된 순서는 1, 2, 3, 4, 5, 6, 7, 8, 9호선(6-37, 6-38)으로 개통 운영되고 있으며 10호선은 없다. 역易에서 시계방향을 순順이라 한다. 1호선에서 9호선까지 순順을 한다. 하도河圖의 상생相生의 시대에 살고 있다 하겠다.

　5호선은 1, 2, 3, 4, 5, 6, 7, 8, 9호선의 숫자 중 1,2,3,4,의 좌측 음-과 6, 7, 8,

9의 우측 양+의 중앙에 균형을 이루는 중정中正이다. 정역正易에서는 5황극五皇極의 자리이며 대우주와 소우주의 中心인 영0의 자리와 같은 자리이다. 중용中庸의 지나치거나 모자람이 없이 도리에 맞는 것이 중中이며 불변적인 용庸인 자리이기도 하다.

5호선은 강동江東을 시점으로 하여 江西까지 한강의 강남북을 천호동한강구간과 여의도한강구간을 땅속으로 관통하여 52km를 운행하는 구간이다. 길동네거리에서 고덕선(5-35)과 거여선이 갈라져 운행된다. 5호선의 탄생을 위하여 사용했던 터널작업(6-36)을 위한 작업구는 현재는 쓸모가 없기에 폐쇄되어 있다. 앞으로 좋은 광명光明의 시대에는 다시 열릴 것으로 기대를 해본다.

공무원 직급의 5급은 낙서의 상극원리이며 지하철의 5호선은 하도의 상생원리로서 오행의 생극生極 조화造化의 현실이다.

10은 체體가 되고 9는 用이되며 5는 중앙의 황극皇極이다. 따라서 하도와 낙서에서 5중앙 土는 기운이 사방으로 木, 火, 金, 水가 되어 발전될 것이고, 수화기제와 화수미제를 슬기롭게 넘어갈 수 있을 것이다. 서울의 지하철 5호선은 5황극의 중심으로 우뚝 서 있다고 하겠다.

공무원 직급순서(낙서)

  9, 8, 7, 6, 5, 4, 3, 2, 1
_____
서울지하철개통순서(하도)

+1, 2, 3, 4, 5, 6, 7, 8, 9
 10 10 10 10 ⑩ 10 10 10 10

10무극 无極을 이룬다.
1은 태극太極을 이루고 5는 황극皇極을 이룬다.
참으로 장관이 펼쳐져있음에 감사를 드린다.

448

정역正易의 금화일송金火一頌에서의 성인수도聖人垂道하시니 금화명金火明이라는 뜻은 성인이 도道를 내리시니 금화金火가 밝혀졌다. 성인수도聖人垂道라는 것은 10, 9, 8, 7, 6, 5, 4, 3, 2, 1로 수數를 내린다는 것이고 그러므로 금화金火(九二)의 후천세상이 밝혀졌다는 말이다. 공무원 급수의 9, 8, 7, 6, 5, 4, 3, 2, 1로 올라가는 것은 (정역에서는 수로는 내려갔다고 함) 금화명金火明의 후천세상을 밝혀주고 있는 실례가 되겠다.

또한 정역正易의 금화일송金火一頌의 장군운주將軍運籌하니 수토평水土平이라는 뜻은 장군將軍이 수가치로 경략經略하니 수토水土가 평정되었다. 성인과 장군이 짝이되고 수도와 운주가 짝이 되고 금화명金火明과 수토평水土平이 짝이 된다. 음과 양의 조화가 이루어진 것이다. 성인수도聖人垂道라 하여 10, 9, 8, 7, 6, 5, 4, 3, 2, 1로 내려온 것은 공무원 급수가 9, 8, 7, 6, 5, 4, 3, 2, 1로 올라가는 것이고, 장군운주將軍運籌라하여 1, 2, 3, 4, 5, 6, 7, 8, 9, 10로 올라가는 것은 서울지하철의 1, 2, 3, 4, 5, 6, 7, 8, 9호선으로 올라가면서 개통운행하는 것과 같다고 하겠다. 하나一에서 열십十으로 가는 것이 수토평水土平이다.

金火明

順數　十 九 八 七 六 五 四 三 二 一
　　　土 金 木 火 水 土 金 木 火 水

공무원 직급

九 八 七 六 五 四 三 二 一
金 木 火 水 土 金 木 火 水

水土平

逆數　　一 二 三 四 五 六 七 八 九 十
　　　　水 火 木 金 土 水 火 木 金 土

서울 지하철 개통운행

一 二 三 四 五 六 七 八 九
水 火 木 金 土 水 火 木 金

　성인은 십토十土 세상을 열어놓았으나, 아직 세상의 현실은 공무원 직급에서도 십급 십토十土가 없으며, 서울지하철에서도 10호선 십토十土가 건설되지 않고 있다. 머지않아 통일시대의 십토十土가 이루어질 것이다.
　공무원의 6급에서 5급으로 올라가기까지 꼭 10년이 걸렸다. 가장 왕성한 활동을 할 때인 결혼을 하고 1년 후인 1980년 28세에서 38세까지 10년 세월이다. 5급까지

10년이니 5×10=50의 숫자가 된다. 구궁수 낙서수 9, 8, 7, 6, 5, 4, 3, 2, 1의 합은 45이다. 6급에서 10년이니 하도의 수10을 열어놓았다 하겠다. 지하철 5호선 건설의 총 길이는 55km이다. 5호선 건설의 시작이 1990년도이니까 5급 진급을 하면서 1996년 개통 시까지 6년이 걸렸다. 5급에서 5년이 꼭 소요되어 5호선이 개통되었으니 6급의 한이 풀렸을까? 5호선 총연장이 55km이니 하도수 1, 2, 3, 4, 5, 6, 7, 8, 9,10의 합은 55이다. 10의 수 하도 시대는 도래하였으나 서울시는 지하철 10호선 이후 계획을 경전철 노선으로 변경하였다.

10호선 명칭은 바뀌었지만 금년 2017년 9월에 개통하는 우이-신설구간이 서울시 10번째의 지하철 노선이 된다. 지하철 5호선은 강동에서 강서까지의 구간이다. 정역에서 동은 산山으로서 8의 숫자이며 서는 택澤으로서 3의 숫자이다. 산택통기山澤通氣가 이루어진 것이다. 중앙토土에서 천호동 한강과 여의도 한강이 남 화火에서 북 수水으로 다시 북 수水에서 남 화火으로 땅속에서 관통되었으니 이미 하늘에서 이루어진 수화기제水火旣濟와 화수미제火水未濟가 5호선 한강에서 이루어진 것이라 볼 수 있다. 이제 남은 것은 하늘과 땅에서 이루어진 하도, 낙서, 정역을 인간세상에서 펼쳐야 할 때라 생각한다. 낙서수 합 45와 하도수 합 55를 더하면 100의 숫자가 된다.

100의 중심中心은 50이다. 공자님은 50에 지천명知天命으로 하늘의 뜻을 받들어 살라고 하였다. 지천명知天命을 스스로 찾고 스스로 알아서 살아가야 하겠다.

대연지수大衍之數는 50이다. 50은 하도와 낙서의 수가 다 들어있는 수이며 음양陰陽의 상대성으로 서로 상대에게 뿌리박고 있다고 하겠다. 하도의 10은 체體가 되며 낙서의 9는 용用이 되며 5는 중앙의 황극皇極이다. 하도와 낙서의 5중앙 토土는 동서남북 사방팔방으로 사람이 지켜야 할 5대 덕목인 인의예지신仁義禮智信을 기본으로 하여 木金土水火로 퍼져나간다.

물水와 불火는 서로 합하거나 떨어질 수 없으며 세상은 수화기운水火氣運으로 운행된다.

서울 지하철 건설은 9호선까지만 있고 10호선은 없다

지하철 호선	1호선	2호선	3호선	4호선	5호선	6호선	7호선	8호선	9호선	비고
건설 연도	71.4 ~ 74.8	78.3 ~ 84.5	80.2 ~ 85.10	80.2 ~ 85.10	90.6 ~ 96.12	94.1 ~ 2000.12	94 ~ 2000.8	94.1 ~ 99.7		
건설 기간	3년 4개월	6년 2개월	5년 8개월	5년 8개월	6년 6개월	6년 11개월	6년 11개월	5년 6개월		
재직 연도		80.1 ~ 85.6			90.6 ~ 95.1		97.6 ~ 2003.3			시공건설 16년 8개월
재직 기간		5년 5개월			4년 6개월		5년 9개월			
			95.1 ~ 96.1	95.1 ~ 96.1	95.1 ~ 96.1	95.1 ~ 96.1	95.1 ~ 96.1			안전관리 1년
	2000.3 ~ 2007.2	2000.3 ~ 2007.2	2000.3 ~ 2007.2	2000.3 ~ 2007.2	2000.3 ~ 2007.2	2000.3 ~ 2007.2	2000.3 ~ 2007.2	2000.3 ~ 2007.2	2000.3 ~ 2007.2	
	7년	7년	7년	7년	7년	7년	7년	7년	7년	유지관리 7년
							2003.9 ~ 2008.9		2009.6 ~ 2015.12	
							5년		6년 6개월	설계 11년 6개월
										총 36년

7편

세상은 윷판과 같이 돌고 있다

(천지인도 天地人道)

ㅇ.그 시절에는 연자방아가 돌았다

연자방아는 곡식을 탈곡 또는 제분을 하는 방아이며 연자매라고도 한다. 발동기가 없던 옛날에 많은 곡식을 찧거나 밀을 빻을 때 말과 소의 힘을 이용한 방아이다. 둥글고 판판한 돌판 위에 그보다 작고 둥근 돌을 옆으로 세워 얹어, 아래위가 잘 맞닿도록 하고 말과 소가 끌고 돌린다. 방앗간 정미소가 없는 강원도 일부에 남아 있으나 옛날에는 마을마다 하나씩 있어 공동으로 사용하였으며 이곳을 연자방앗간 또는 연자맷간이라 하였다.

내가 여섯 살 때까지 큰집(큰댁)이 있는 외뿔에서 살았는데 우리 집 앞 밭에 연자방아가 있었다.

(출처: 한국민족문화대백과)

ㅇ.맛있는 두부를 만들기 위하여 맷돌은 그렇게 계속 돌았다

맷돌은 곡식을 압착하고 비비면서 껍질을 까거나 빻는 데 사용하는 연장이다. 바닥이 평평한 두 짝의 둥근 돌 사이에 곡식을 넣고 한 짝을 돌리면서 곡식을 갈거나 탄다. 아래짝에는 한가운데에 수쇠, 위짝에는 암쇠를 끼워 매를 돌릴 때 벗어나지 않게 한다. 위짝에는 매를 돌리는 맷손을 박는 홈과 곡식을 넣는 구멍을 낸다. 작은 맷돌은 혼자서 돌리기도 하고 큰 것은 둘이서 마주 앉아 맷손을 잡고 돌린다. 어처구니는 맷돌의 손잡이, 즉 나무로 된 굽은 막대기가 어처구니이다. 그리고 궁궐 지붕 위에 올려 홈을 파고 꼭 끼운 동물의 모양 토우상도 어처구니라 한다. '없다'와 함께 쓰이는 말로 뜻밖이거나 한심해서 기가 막힘을 이르는 뜻이다. 요즘 곳곳에서 어처구니없는 일들이 많이 벌어지고 있다. 정치, 문화, 사회, 국방, 역사, 종교 등 어느 한구석도 제대로 돌아가는 일이 없다. 어처구니없는 일들이 너무 많다. 맷돌은 어처구니가 있어야 곡식을 맷돌질할 수가 있다. 어처구니가 없으면 아무짝에도 쓸 수 없는 돌덩이에 불과하다. 어처구니는 한자어의 요철공(凹凸孔)에서 유래됐다. 요철 즉 들어가고 나옴의 공孔 즉 구멍의 합성어다. 이는 곧 음과 양의 조화이다. (출처:한국의 농기구)

　새말 우리 집은 여섯 살 때 외뿔에서 이사를 온 집이다. 어렸을 적에 처음에는 정을 붙이기가 어렵고 친구들이 없어 외로웠으나 우리 집은 동네 아주머니들과 할머니들이 함께 모이는 동네 사랑방이다. 어르신들이 모이시면 전깃불과 라디오도 없을 때이니 호롱불 밑에서 「장화홍련전」을 한 분이 크게 읽으시면 들으시고 눈물을 흘리시고 혀를 끌끌 차시고는 한다. 한쪽에서는 어머니와 힘센 아주머니 두 분이 두부를 만들기 위하여 맷돌을 교대로 돌리신다. 위짝 구멍에 콩을 물과 함께 넣으시고 계속 돌리면 아래짝에서는 하얀 콩물이 흘러 내려온다. 부엌 가마솥에서 익어가는 두부 냄새가 허기진 배를 유혹한다. 두부를 누르기 전 둥둥 떠 있는 순두부 한 그릇씩 떠서 간장을 쳐서 김치와 함께 마실꾼들이 맛있게 드신다. 나는 어머니 무릎을 베고 잠이 들락 말락 하다가 시끌벅적하여 다시 일어나 순두부국을 맛있게 먹는다.
　와! 정말 맛있는 순두부국이다. 남은 두부는 찬물에 담아 두었다가 마을 사람들에게 돈을 받고 파니 생계수단으로 보릿고개를 잘 넘긴다.

○.팽이는 때려서 돌린다

팽이치기는 땅이나 얼음판에서 하는 건강한 겨울 놀이로 어린이들에게 인기가 높다. 팽이는 박달나무, 대추나무같이 재질이 단단한 나무로 만든다. 팽이채는 손가락만 한 막대에 닥나무 껍질이나 명주실 또는 무명실을 꼬아서 만든다. 닥나무 껍질 경우 팽이를 치면 경쾌하게 딱딱 소리가 나며 팽이가 잘 돈다.

팽이는 말팽이·줄팽이·장구팽이 등이 있다. 팽이는 축을 중심으로 좌우 무게가 맞아야 똑바로 서서 돌 수 있으며, 어느 정도 무게가 있어야 잘 돈다. 원뿔 꼭지에 못이나 쇠구슬을 박아서 바닥 마찰을 줄이고 무게 중심을 일정하게 한다. 팽이를 치면 채로 회전력을 줌으로서 구심력이 커져 팽이를 돌리게 된다. 이것은 굴렁쇠가 돌아가는 것이나 자전거 바퀴가 돌아가는 원리와 같다. 빨리 돌아가는 물체는 회전 관성 때문에 평행을 유지하려는 힘을 가지게 된다. 이 원리를 자이로(Gyro) 원리로 비행기나 배의 자동항법장치에 운용되고 있다. 팽이는 아름답게 꾸밀 요량으로 윗면에 여러 가지 색 무늬를 그려 넣는데 팽이가 돌면 색의 간섭현상을 관찰할 수 있다. (출처:지식백과)

어릴 때 대추나무를 깎아서 못을 박거나 구슬을 박고, 크레용을 칠한 팽이를 닥나무 껍질로 채를 만들어 딱딱치며 재미있게 놀았다. 또한, 고무줄로 팽이 머리를 감아서 휙 던져서 당기면 그 회전력으로 잘 돈다.

○.태풍이 돌고 돌아야 지구가 산다

태풍은 중심최대 풍속이 17m/s 이상이고 지구 자전의 영향을 받아 시계 반대방향으로 회전하면서 태풍의 눈을 중심으로 30~50km 정도이며 태풍의 눈을 둘러싼 부분에서는 이 태풍의 최대 풍속을 내는 바람이 분다. 태풍의 눈(7-1)을 중심으로 약 400 km 이내에서는 많은 바람과 비가 내린다. 지구는 열대지방에서는 에너지가 남아돌지만, 극지방에서는 에너지가 부족하다.

열대지방의 과잉의 에너지를 고위도 지방으로 이동하여 그곳에서 소멸되면서 지구의 온도조절을 하고 바다의 생태계를 활성화하고 물의 공급과 대기를 정화시키는 에너지를 모두 내놓게 된다.(출처:과학사전)

○.계속 돌고 도는 사람의 혈액순환

사람의 혈액순환은 심장에서 나온 혈액이 동맥, 모세혈관, 정맥을 거쳐 다시 심장으로 돌아오는 것을 혈액순환이라 한다.

혈액의 순환 경로는 심장의 우심실에서 출발하는 이산화탄소를 내보내고 산소를 받아가는 폐순환과 좌심실에서 출발하여 온몸을 지나면서 조직 세포에 산소와 영양소를 주고 이산화탄소와 노폐물을 받아 체순환으로 구분된다.

혈액은 폐순환과 체순환(온몸 순환)을 교대로 반복하며 끊임없이 순환한다.

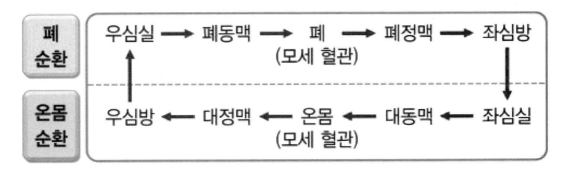

체순환과 폐순환은 분리된 과정이 아니다. 체순환을 거친 혈액이 이어서 폐순

환을 거치고, 다시 이를 반복하는 것이다. 즉, 혈액이 온몸을 한 바퀴 도는 데에는 심장을 2번 거친다.

혈액순환경로

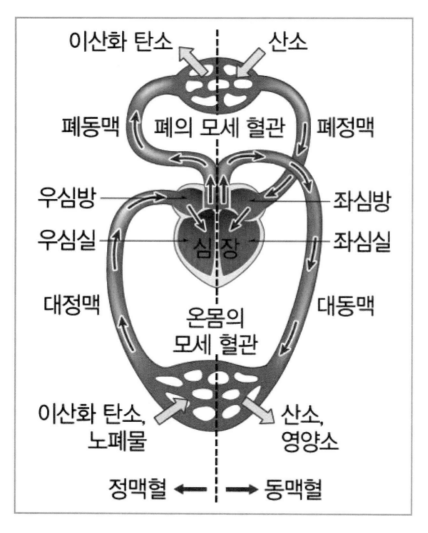

(출처:학생백과)

○. 신神나는 사물놀이 패가 동네를 돈다

사물놀이(7-1)는 꽹과리(천둥번개), 장구(비), 징(바람), 북(구름)의 네 개의 타악기로 연주하는 리듬 합주로서 예부터 전해 내려오는 각 지방별 풍물놀이(농악)의 타악기 가락을 긴장과 이완의 원리에 맞게 재구성하여 실내 연주용으로 무대 음악화한 것이다.

전통적인 풍물놀이는 마을 또는 마을 공터 등 야외에서 서서 연주하며 발림·춤사위·진풀이가 있으며 연주 시간은 한없이 길며, 가락의 짜임새는 맺는 가락과 푸는 가락을 반복 교체한다.

사물놀이는 풍물굿을 축소한 것이지만 풍물굿이 갖는 민족 고유의 정신의 세계를 고스란히 드러낸다. 공연 때마다 무대 중앙에 서낭대를 세우는데 이것의 원형은 지방마다 전하는 솟대다. 「삼국지」「동이」 전에서 신성 지역으로 설명한 소도에 방울과 북을 매단 큰 나무가 있었다는 제천의식까지 닿아 있다.

신과의 통로로 마련된 소도의 나무는 솟대로 변했고, 그것이 서낭대로 사물놀이 무대에 등장한 것이다. 솟대는 윗부분에 새를 앉히고 밑으로는 땅을 지주 삼는 막대기 형태이다. 바로 하늘과 땅, 그리고 인간의 조화를 상징한다. 네 악기와 사람이 어우러진 사물 놀이판은 하늘로 품어 올라가는 소리를 가진 꽹과리와 징이 하늘을, 무겁고 깊은 소리를 내는 북과 가죽 악기 장구가 땅을 상징해 인간과 우주의 조화를 음악적으로 승화시킨 것이다.(출처:지식백과)

어릴 때 사물놀이 대장은 상모 쓰신 누밑 아저씨이다. 동네별로 풍물놀이를 했으나 우리 동네는 작은 동네라서 흥이 나지 않았지만 누밑 동네는 깃발 들고 상모 쓰고 돌리며 꽹과리, 징, 장구, 북 치며 우리 동네까지 한 바퀴 돌고 춤추면서 올라간다.

풍물놀이(7-1)는 주로 정월 대보름을 전후해 행해진다. 동네 마을 회관 앞에서 풍물대의 머리에는 상모象毛를 달고 꽹과리, 징, 장구, 북을 치며 상모를 돌리며 神나게 돈다. 다음에 지신밟기와 마당밟기라 하는데 화려하게 꾸민 풍물패를 중심으로 제일 앞에 서낭대를 세우고 꽹과리, 징, 장구, 북을 치며 춤을 춘다.

마을 내의 집집을 돌면서 가정 내의 샘, 마당, 마루, 부엌, 장독대, 뒤꼍을 번갈아 가며 지신을 밟는다. 집주인은 상을 차려 음식과 곡식, 돈을 내어놓는다. 지신밟기를 통해 모은 금품은 주로 마을 공동 사업 경비로 사용한다.

우리 동네 정월 대보름 척사대회에서 막걸리를 한 대접씩 퍼드시고 상모를 돌리고 꽹과리, 징, 장구, 북을 교대로 치며 바깥북실동네 어르신 모두가 춤을 덩실덩실 춤을 추며 神나는 윷판이 시작된다.

○. 돈이 돌고 돌아야 세상이 편하다

돈이란 무엇인가?

우리에게 돈은 살아 있는 존재나 다름없다. 돈은 마치 우리 주변에서 제 스스로 살아 움직이며 인간과 동고동락하는 그 어떤 존재이다.

돈이 공기, 물, 불 등의 자연물과 같이 인간 삶의 절대적 배경이 된다. 돈은 정해진 주인이 없이 돌아야 하는 것이다. 돈돈의 어원은 '돈다'에서 비롯되었다.

우리 실생활에서 떼어낼 수 없는 돈! 언제나 휴대하게 되는 돈! 없으면 불안한 돈! 화폐는 그 나라의 대표할 수 있는 여러 인물과 작품을 넣는 경우가 많다. 우리나라 지폐 속 그림 1,000원권의 '퇴계 이황', 5,000원권의 '율곡 이이', 10,000원권의 '세종대왕', 50,000원권의 '신사임당'의 인물이 실려있다.

가장 많이 사용하고 있는 만원권을 살펴본다

10,000원 – 세종대왕 그리고 해품달

만원권 앞면에는 세종대왕의 초상이 보인다. 그리고 세종대왕 초상 뒤로 「일월 오봉도」(7-2)가 등장한다. 이름 그대로 달과 해, 그리고 다섯 개의 산봉우리와 물이 일정한 구도로 배치되어 있다. 다른 그림들은 모두 화폐의 뒷면에 그려진 반면 만원권만 유일하게 앞면에 그림이 들어있다.

「일월오봉도」는 조선 시대 임금이 있는 곳에는 항상 뒤에 존재하는 병풍이다. 「일월오봉도」는 왕권을 상징할 뿐만 아니라 백성들의 태평성대를 염원하는 의도에서 제작된 것이다. 그래서 화폐에서도 세종대왕의 뒤에 병풍처럼 그림을 펼쳐둔 것이다. 이 그림은 최근 화제의 드라마, 〈해를 품은 달〉에도 배경화면으로 자주 등장했던 그림이다.

「일월오봉도日月五峯圖」(7-2)는 나의 고향 보은報恩에 있는 서당재산에서 말티고개를 넘어 속리산으로 가는 능선인 오봉산五峯山의 모양과 비슷하다. 오봉산에서는 매일 찬란한 태양이 떠오른다.

돈의 가치! 너무도 소중하다

돈은 돌고 돌아야 사람끼리 서로 어울려 살아갈 수가 있다.

사람이 살아가면서 돈의 역할은 인체 조직에서는 피의 순환이며, 자연현상에서는 높은 데서 낮은 곳으로 이동하는 물의 순환이며, 땅에서 이루어진 인류 문명을 연결하는 도로道路의 이어짐이며, 하늘과 땅과 사람이 하나이어야 되는 天道, 地道, 人道의 도道의 이어짐과 같다고 할 수 있다.

나의 고등학교 진학 때의 일화를 소개하고자 한다. 중 3때 참고서적 한 권 사서 볼 수 없을 정도로 가난한 집안 사정으로 다정한 친구 책을 빌려서 공부하여 당당히 대전공업고등 전문학교 토목과에 합격하였다. 아버님은 농사짓고 있는 외갓집 할아버지 500평 땅을(어머니 친정집) 담보로 등록금을 마련하시었다. 홍석이 외가댁 땅으로 돌아가신 할아버지께 염치가 없으니 홍석이가 나중에 값을 지불하면 돌려주는 조건으로 군청에 다니시는 사촌 홍운洪雲형님께서 돈을 빌려주셨다. 등록금 마련이 안 되어 고등학교를 진학하지 못하였으면 金洪錫의 人生은 지금에는 어디에 있을까? 참으로 고마우신 외갓집 할아버지와 홍운형님이시다. 외갓집 할아버지 묘는 큰형님 홍영洪榮께서 막냇동생 학교 보낸 할아버지로서 매년 벌초해드리고 추석, 설명절 때 가족이 함께 성묘해 드리고 있다. 묘비를 세워 드리려고 등기 등본과 토지대장 등본을 떼보고, 외갓집 홍식洪植형님께 땅 주인을 확인해보아도 외갓집 할아버지의 근거가 없다. 대야리 소재 金氏의 땅으로 나타나 있다. 아마도 우리 아버님이 홍운형님한테 구두상으로 약조하고 땅값을 빌리신 것과 마찬가지로, 일제 강점기에 외갓집 할아버지도 그때 당시 친척 金氏어르신한테서 땅을 받으셨는가보다. 아! 안타깝다. 외갓집 할아버지에 묘비명을 적을 수 없으니 말이다. 등록금돈이 마련되지 않았다면 어떻게 되었을까?

돈이 있고 없고가 행복과 불행을, 선과 악을 웃고 우는 현실을 지배하게 된다. 오늘 아침 신문에 롯데그룹 신격호 회장님, 큰아들 신동주님, 작은아들 신동빈님의 경영권 싸움, 탈세 의혹, 롯데 123층 빌딩 특혜 의혹 등 재벌가의 싸움이다. 돈 때문이다. 서울메트로의 구의역 스크린 안전사고로 19세의 젊은 청년이 월급 160만 원도 못 받고 대학진학도 못 하고 희생되었다. 메트로 퇴직자가 그 회사에 가 있으니 직원들 월급(돈)을 정당하게 줄 수 없는 여건이고 퇴직자들은 또 월급(돈) 받고 살아야 하고, 가진 자와 못 가진 자의 적당한 선은 어디까지인가?

대한민국의 보릿고개 시절은 내가 초등학교와 중학교 때는 어쩔 수 없는 현실이었다. 아침에는 꽁보리밥으로 점심에는 고구마 감자로 때우고, 저녁에는 또 고구마와 김칫국으로 때우고, 학교에 점심 도시락 싸가는 것은 꿈에도 생각지 못하고 점심은 대체로 굶고 물만 마신 것 같다. 새마을운동 바람으로 마을 길이 넓혀지고, 쌀과 보리쌀을 부엌 작은 단지에 한 줌씩 모아서 그래도 칠월칠석날은 쌀과 보리를 주고 바꾸어서 수박 참외로 가족 파티를 한다. 1960년대 그때에 대한민국의 1인당 국민소득은 70$이고 북한은 150$이었다.

2012년 기준으로 대한민국은 25,590$이고 북한은 1370$ 소득으로 남한은 북한의 19배로 점차적으로 잘살아 풍요롭고, 북한은 핵 개발과 착취로 굶주린 생활을 하고 있다. 지구촌 곳곳이 잘사는 나라, 못사는 나라가 공존해 있다. 하늘에 엄연히 떠 있는 뭇 별들은 북극성北極星을 중심으로 다 돌고 있다. 북두칠성北斗七星도 28宿별도, 태양계(수성, 금성, 지구, 화성, 목성 등)도 한 치의 오차도 없이 무한히 돌고 있다. 당연히 天道가 있고, 地道가 있고, 人道가 있는데 왜 돈은 돌지 않고 한곳에 모여있는가? 돈은 돌아야 한다.

○. 술잔이 돌을 수밖에 없다

널리 알려진 그 유명한 장진주將進酒의 앞부분이다

「그대는 보지 않는가

하늘에서 내달은 황하의 물이

굽이쳐 흘러 흘러 바다에 들면

다시는 돌아오지 못하는 것을

그대는 또 보지 않는가

드높은 집에 사는 부귀한 이들

거울 속 백발 보고 한숨짓는 걸

아침엔 푸른 머리카락 저녁엔 백설白雪

인생이란 기쁠 땐 기뻐할 것이

달빛 아래 금 술잔을 헛되이 마라.

君不見黃河之水天上來　奔流到海不復廻　又不見高堂明鏡悲白髮　朝如靑
絲暮成雪　人生得意須盡歡　莫使金樽空對月」

　적당한 음주는 생활의 활력소이지만 과음 또는 만성적인 음주는 피할 수 없는
질병인 알코올 간 질환 즉 지방간, 간염, 간 경화, 간암 등 끔찍하고 치명적인 결
과를 초래한다고 귀가 따갑게 듣고 있다. 따라서 침묵의 장기인 간의 증상이 생기
면 어찌 될까 하는 애주가들의 고심도 대단할 수밖에 없는 것이 사실이다. 오늘
저녁 식사 약속에도 술 한잔할 터인 즉 '술 앞에 장사 없다'는 사실을 결코 잊지 말
자. 즐겁고 편안하게 술을 보약처럼 적당히 마실 수밖에 없지 아니한가 말이다.

술에 대한 「주역周易」의 내용을 정리해 보았다

술에 대하여는 주역周易(2-13)의 마지막 괘卦인 화수미제火水未濟 ䷿ (64)괘卦의 384효 맨 마지막 효사爻辭에 「상구유부우음주 무구유기수유부실시 上九有孚于飮酒无咎濡其首有孚失是」라 하였다. 믿음을 두고 술을 마시면 허물이 없지만, 그 머리가 젖도록 술에 빠지면 바름을 잃게 된다는 뜻이다.

주역周易 64괘卦 384효爻가운데 '술주酒'이 언급된 곳은 네 곳이다.

수천수水天需 ䷄ (5)괘卦의 「구오수자주식정길九五需子酒食貞吉」라 하였다. 중정한 부모의 때를 기다리는데 군자의 도를 지키며 중정한 부모의 마음으로 유유자적하게 술을 마시는 것을 지켜보는 것이다. 다섯 살 어린나이에 중정한 부모의 술마시는 모습을 지켜보며 때를 기다린다는 뜻이다.

중수감重水坎 ䷜ (29)괘卦의 「육사준주기이용부납약자유　종무구六四樽酒簋貳用缶納約自牖終无咎」라 하였다. 매우 어려운 상황에서 육사신하가 간략하게 술을 바치는 것이며, 질그릇처럼 질박하고 순수한 마음으로 구오 인군에게 어려운 상황을 충심으로 간언하기 위함이다. 29살 젊은 나이에 세상에 나가 뜻을 이루기 위하여 술을 바치는 순수한 마음의 자세이다.

택수곤澤水困 ䷮ (47)괘卦의 「구이곤우주식주불방래이용향사정흉무구九二困于酒食朱方來利用享祀征凶无咎」라 하였다.
연못에 물이 없는 곤궁한 상황이니 구이 효에서 술과 음식이 곤하지만, 오직 변치 않는 마음으로 지극한 정성을 드리면 이롭다는 뜻이다. 47살 중년의 나이에 세상사가 곤궁하나 불혹의 나이에 지극한 정성으로 술을 주고받고 하는 중년의 모습이다.

주역周易 64괘卦중 5살, 29살, 47살, 64살까지 대략 20년 터울로 술에 대하여 적시를 하였다. 내용을 보면 중정한 부모의 마음으로, 질그릇처럼 질박하고 순수한 마음으로, 오직 변치 않는 지극한 정성의 마음으로 술을 대하도록 강조하고 있다. 어질고(仁), 의롭고(義), 예의 바르고(禮), 지혜롭고(智), 변치 않는 믿음(信)을 가르치고 있다.

마지막 64괘卦인 화수미제 괘에서 술로서 머리를 적시도록 마시지 말라하였으니 시작한 처음의 중천건 괘로 돌아가도록 올바른 처신을 하여야한다는 뜻이다.

술주酒의 뜻은 물의 삼수변(氵)에 닭유酉가 함께하고 있다. 닭이 물을 먹는 모습이다. 닭은 물을 먹을 때 부리로 조심스럽게 물을 두들기며 머리를 조아리며 물을 마신다. 물을 목으로 넘기기 위하여 하늘로 머리를 쳐든다. 하늘을 보고 눈을 깜빡이며 감사드리고 물을 마신다. 닭이 땅에 머리를 조아리며 감사드리며 물을 먹고 다시 고개를 하늘로 들어 하늘에 감사드리며, 물을 마시는 모습의 글자가 술주酒이다.
우리도 술을 마실 때 고개 숙여 땅에 감사드리고 고개 들어 하늘에 감사드리는 닭의 물 먹는 모습인 술주酒 문화가 이루어지면 술잔은 계속 잘 돌지 않을까?

술잔이 돌아야 한다

어제 모임을 시작한 지 30년을 이어온 구동회 볼링 모임이 있었다. 8호선 강동역 옆에 있는 팬코리아 볼링장에서 부부 동반하여 한 달에 한번 모임을 갖고 있다. 9쌍 18명이 시작을 하였는데 현재는 먼저 돌아가신 분이 3명과 외국 근무로 14명 정도가 꾸준히 나와서 운동하면서 친목 도모와 나이 먹어가는 것을 서로 확인하고 격려해준다.

우리는 게임이 끝나고 성적에 따라 시상을 하고 일상적으로 맥주와 소주를 섞어서 다 함께 구동회를 위하고 각기 건강을 위하여 건배 선창을 한다. 서로서로 주거니 받거니 술잔을 돌리며 그렇게 패기 있고 자신만만하게 술자리를 가졌으나 세월이 지난 요즘은 술잔이 돌지를 못하고 멈추었다. 건강이 따르지 못하면 술을 먹을 수 없다. 현실이다. 한참 혈기왕성했던 젊은 날의 구동회 술잔은 이제 지나간 꿈이 되었다. 회원을 한 쌍 부부 더 받아들여 구동회를 십동회로 이름을 바꾸면 옛날의 술잔이 잘 돌아갈까? 참으로 안타까운 현실이다.

鐘谷초등학교 13회 졸업 불알친구들을 만나면 술잔이 정신없이 주고받고 돈다. 술이 너무 지나쳐 치고받고 싸운다. 상대방 친구가 안 먹던 먹던 술잔 부딪치는 소리는 아직도 힘차다. 그냥 함께 자리를 같이하면 편하다. 요즈음은 신길동 자동차 정비소를 운영하는 권병기 동네로 15명이 2달에 한 번 모임을 한다. 66년 졸업 후 30년이 지나 각기 가정을 꾸리고 50줄에서야 늦게 서울서 만난 친구들이 반갑고 하여 60대 중반인 지금까지 술잔은 밤이 깊도록 부딪치며 돌아간다.

술이 너무 지나쳐 먼저 세상을 떠난 친구도 있고, 사업부도로 동창회비 갖고 달아난 친구도 있고, 그냥 다 같이 한자리에 모여 술잔을 부딪칠 수 있기를 바라는 것도 이제는 헛꿈이 되었다. 그러나 우리 친구들의 술잔은 변함없이 돌기를 기대해 본다.

운명을 달리한 홍천 친구 동네 건국대 입구에 친구들이 모였을 때 「7월의 한 이야기」로 정리하여 96년 06월 15일 날 나름대로 친구들에게 얘기하고 싶었다. 친구들의 성향이 너무 강하고 정이 너무 깊어 술만 먹으면 힘자랑을 한다. 아! 우리 친구들아, 벗들아 내 얘기 한 번 들어보렴. 20년이 지난 오늘에서야 노트 속에서 꺼내었으니 이제는 술잔종鐘, 계곡곡谷 종곡에서 쇠북종鐘, 계곡곡谷 종곡의 眞理의 새벽종이 우렁차게 울려 퍼지길 기다려도 될까? 나는 언제까지나 기다리고 기다릴 것이다.

세월도 술잔도 흘러가고 있다. 세상을 달리한 친한 친구도 있다. 자, 술잔을 높게 들어보자. 금년이 정유년丁酉年이니 붉은 계룡의 닭이 새 광명의 새해를 맞이하여 물 한 모금 먹고 하늘을 보고 경건히 예를 갖추고 물을 먹는 자세가 술주酒 먹는 자세이니 계룡의 닭을 닮아보자. "꼬끼오, 감사합니다."

○.세상은 다 돌아야 산다

다 돌아야 산다

세상은 끊임없이 변화하고 있다. 돌고 돌고 돈다. 돌지 않고 멈추면 어찌 될 것인가? 돌고 있는 세상의 일들을 몇 가지 요약하였다.

우선 우리의 삶에 가까운 것부터 찾아보면 우리 자신의 몸뚱어리에서 먹고 싸고 입고 벗고 자고 일하고가 다 도는 것에서 출발한다. 돌지 않으면 한순간도 견딜 수 없는 것이다. 맛있는 음식을 입에 넣어서 씹고 맛보고 목으로 넘겨 위로 보내고, 위에서 소화시켜서 영양분은 각기 오장육부에 보내어, 누구나가 공유하고 있는 산소와 만나 피를 맑게 하고, 피를 돌려서 인체의 기능을 유지하고 있다. 또한, 찌꺼기는 소장, 대장을 거쳐 항문을 통해 밖으로 배출된다. 이러한 기능이 한곳에서 멈추면 그대로 죽는 수밖에 없다. 멈출 수가 없다. 맑은 피가 힘차게 돌아야 한다. 눈으로 보고 느끼고 생각하고 행동하고 하는 오감의 감각작용에서 눈으로 보고 듣기는 하는데, 느낌과 생각이 연결되지 못한다면 죽은 생명이나 마찬가지이다. 바른 생각과 사유가 끊임없이 일어나야 한다. 사람이 살아가면서 건강한 육체와 건강한 사유는 필수 불가결한 조건이다. 하늘의 뜻을 받들어 사람으로 태어났다면 반드시 사람이 지켜가야 할 인의예지신 5대 덕목 또한 준수하여야 함은 당연한 것이라 하겠다.

윷판의 첫 출발인 참먹이는 사람의 탄생이며 어린 시절을 거쳐 청춘 시절, 장년 시절, 중년 시절, 노년 시절 그리고 다시 참먹이로 돌아가는 과정을 펼침에 있어 하늘이 주신 말씀대로, 뜻대로 우리가 살고 있는지? 그렇게 가고 있는지? 반성하고 재점검하여 새로운 윷판을 다시 시작하여야 하겠다.

우리의 일상생활에서 꼭 돌아야 하는 돌지 않으면 안 되는 일들은 무수히 많다. 어릴 때 친구들과 얼음판에서 돌리고 노는 팽이는 중심축을 중심으로 돌지 않으면 팽이는 넘어진다. 돌지 않는 팽이는 팽이의 의미가 없다. 친구와 재밌게 즐겁게 놀기 위하여는 팽이를 쳐서 돌려야 한다. 맛있는 두부를 만드는 콩을 갈아주는 맷돌은 아래에 숫맷돌이 받쳐주고 위의 암맷돌이 돌아야 콩과 물을 갈아 두부의 원료를 만들게 된다. 곡식을 먹을 수 있게 껍질을 벗기는 연자방아 또한 돌바닥 위를 돌 바퀴가 돌아야만 제구실을 할 수 있는 것이다.

삶에 윤활유이며 활력소인 술은 서로서로 부딪쳐 주고받고 돌리지 않으면 술 먹는 흥이 나지 않는다. 혼자서 먹는 술은 맛과 멋이 없다. 술잔은 돌아야 한다. 그래야 다 함께 노래가 나온다. 그래야 모두의 인생이 즐겁다.

돈은 사람의 삶에 있어서 인체의 피와 같이 돌아야 하는 소통의 수단이다. 돈이 없으면 꼼짝을 못한다. 우리 어머니께서도 말씀을 하시었다. "땅을 열길 파 보아라. 돈이 나오는가. 돈을 열심히 벌되 남을 위해 정승같이 쓰라고" 돈이 한곳에 많이 모이고, 다른 곳에 없으면 사회는 폭동이 일어나게 된다. 돈은 동서남북 골고루 차등 없이 펼쳐져야 세상이 편하다. 돈의 뜻은 돈다는 뜻이다.

사람이 사는 땅에는 길이 있어야 오고가는 왕래가 된다. 도시에서 시골로, 시골에서 산으로, 바다에서 육지로, 육지에서 바다로, 가야되는 곳곳이 찻길, 시골길, 산길, 바닷길, 비행기길, 온통 다 길이다. 88올림픽 같이 세계는 서울로 서울은 세계로 뚫려있어야 된다. 길은 뚫려있어야 제 역할을 한다. 뚫리지 않은 길은 오고가고를 할 수 없기 때문에 길이 아니다.

물은 높은 데서 낮은 데로 흐르는 자연 그대로의 멋이 있다. 흐르지 않으면 물은 썩는다. 흐르는 물은 자정 작용을 하여 항시 맑다. 사람도 물과 같이 계속 갈고 닦으면 물의 본연의 의미인 용서와 포용의 경지에 갈 수가 있다고 한다. 물은 항시 부드럽지만, 자연을 거스르면 폭우와 홍수로 무자비하게 용서치 않는다. 물안개 피어오르는 새벽 아침은 물의 고요가 한없이 평화롭다. 평화 속에 잠재된 인고를 알려주고 있다. 바다의 물은 증발하여 구름이 된다. 구름은 다시 비가 되어 지상에 내린다. 땅에 내린 비는 흙 속으로 스며들고 산천초목이 자라고 사람이 먹고 생성 멸한다. 물은 계속 순환하여 돈다.

우리가 사는 지구에는 동서남북이 있고 북극이 있고 남극이 있고 적도가 있으며, 실제로 직접 왕래가 가능한 도로, 철도 등 길이 있고 경도와 위도가 보이지는 않지만, 사방팔방의 공간의 위치를 나타낼 수 있도록 되어있다. 지구 북극 방향의 기준점은 우주의 주인인 북극성이다. 지구의 방위를 나타내는 경도는 누에고치의 종방향 씨줄의 역할을 한다. 지구의 횡방향을 짜고 있는 위도는 누에고치의 날줄의 역할을 한다. 누에고치의 씨줄에 북실인 날줄이 차곡차곡 쌓여가면 우리가 입는 옷의 천이 만들어지게 된다. 마찬가지로 지구의 경도 씨줄에 북실인 위도가 차곡차곡 쌓여가면 우리가 살고 있는 지구의 옷이 만들어지게 된다.

윷판은 돌아야 한다. 돌아야 살아서 참먹이로 다시 갈 수 있다. 살기 위해서는 어떻게 해서라도 윷판을 돌아야 한다. 돌고 도는 우리 인생의 '희노애락애오욕喜怒哀樂愛惡慾'과 지켜야 할 5대 덕목 '인의예지신仁義禮智信'을 윷판에서 찾아보았다. 도가 나고 걸이 나고 모도 난다. 변화무쌍하다. 그러나 결론은 출발 자리인 참먹이 자리로 다시 되돌아간다는 것이다.

하늘 윷판인 북극성과 북두칠성의 첫 번째 윷판과 28수 별의 두 번째 윷판과 태양계 해와 달 오행성 세 번째 윷판의 꽃이 활짝 만개하여 세상을 환하게 밝힐 때, 나의 지나온 삶의 윷판이 펼쳐진 하늘 윷판의 뜻대로 가고 있는 것인지? 어디쯤 가고 있는지? 어떻게 가야 할 것인지?

윷판을 도는 넉동의 말은 참먹이를 출발하여 참먹이로 다시 돌아갈 때까지 첫 동은 원시반본 하여야 하며 둘째 동은 해원하여야 하며 셋째 동은 보은하여야 하며 넷째 동 마지막 말은 함께 살아가는 상생의 길을 준수하여야 함은 물론이다.

하늘이 주신 윷판 위에서 神나게 "얼이 씨구나!"를 외치며 윷을 하늘 높이 던졌다.

8편

신神났다,
윷 한판 더 놀아보세
(천지인도天地人道)

○. 양재천 나무와 과천집 나무

개포동 양재천 옆을 따라가는 이면 도로에는 가로수 메타세콰이어 나무(8-1)가 하늘 높이 곧게 잘 자라 양재천을 지키고 있다. 86년도경 개포구획정리사업으로 양재천을 정비하고 공원을 조성하고 도로를 개설할 때 작은 묘목을 가로수로 식재했는데 30년이 지난 지금에는 아주 훌륭하고 멋있고 씩씩하게 자리를 하고 있다. 양재천을 휴식공간으로, 휴식공원으로 산보하는 사람에게는 그늘을 제공하며 맑은 공기로 건강을 유지하게 해준다. 곧고 바르고 긴 나무터널을 통과하는 차량에게는 평화스럽고 안정된 길(道)이 되고 있다.

양재천이 정비되기 이전에는 수천 년 동안 봄·여름·가을·겨울 4계절을 꽃이 피고 지고 열매 맺는 늪지대로서 한강 물과 합류하여 웅덩이가 많은 습지로서 사람이 출입을 할 수 없었다. 자연생태대로 물에는 붕어·잉어·피라미·새우 등 물고기가 자유롭게 살았고, 갈대숲에는 청둥오리가 알을 낳고 새끼를 기르는 새들의 보금자리였다. 다행히 양재천 상류가 공장 지역이 아닌 청정지역인 果川이라서 깨끗한 물이 흘러내려 폐수오염이 안된 맑은 하천의 위용을 여태껏 자랑하고 있다.

도시발전으로 파생되는 하천오염의 독한 역경을 겪지는 않았으나 개포구획정리사업지구로 개발되면서 하천이 직강으로 정비 설치되었다. 그러나 기존의 자연 그대로 한강 물과 과천 청계산과 관악산에서 내려오는 양재천 물과 함께 만나 모든 자연 생물을 키우고 지고 함께 사는 개포開浦 포구의 어울림은 사라졌다. 웅덩이 지역엔 잠실의 가락구획정리지역의 흙을 파내어 이곳에 메꾸면서 흙을 돈 받고 받는 불법 매립자가 수억대의 돈을 벌어 부자가 되고 사람을 해치는 불법이 활개 치고 인정되었던 곳이었다. 이제는 불법 승자는 이곳에 없으나 어디선가는 망하지 않고 잘살고 있으려니 하는 기대감도 있다.

수천 년 동안 한강 포구 개포開浦로서 나룻배를 띄우고 고기를 잡아 식생활을 하며, 가족을 꾸리며, 봄에는 씨앗 뿌리고, 여름에는 가꾸고 가을에는 추수하여 농사짓던 개포는 영원히 사라졌다.

지나간 연륜의 한강 개포開浦의 한限을 뒤로한 채, 30년 전에 가로수로 심은 나무가 크게 자라서 양재천이 전부인양 서있는 모습은 어쩌면 지난날을 대신하여 대견스럽겠지만, 지난날을 모르니 안타까울 뿐이다. 그러나 고층아파트와 양재천을 경계하는 길(道)에 자리 잡고 있는 나무는 곧게, 높게, 길게 우뚝 서서 양재천의 모든 생명의 삶을 지키고 있다.

우리 집 마당에 있는 84년도 건물 신축시 심은 1,000년을 산다는 주목 나무(8-2)는 아담하고 작은 자태로 건물 베란다 밑에 허접한 공간을 잘 지키고 있다.

작은 마당의 정원이지만 주목나무는 자기의 역할을 충실히 하여 다른 철쭉, 사철나무와 조화를 이루고 베란다 밑을 보기 좋게 병풍을 치고 있다. 어느 날 문득 만약 우리 집 주목나무를 우리 집에 심지 않고 양재천 옆 가로수로 심었더라면 아주 키가 크고 곧고 굵게 잘 자랄 수 있었을 텐데, 불행하게도 집의 정원수로 심어졌으니, 자라면 잎을 쳐주고 하니 자랄 수도 없고 참 안타까운 생각이 든다.

각기 큰 산, 작은 산, 가정집, 도시도로 가로수 등 나무가 서있는 위치와 자리에 따라 나무의 형상과 크기와 역할이 다르듯이 사람 또한 태어난 장소와 시간에 따라 삶이 다른 것은 어쩔 수 없는 것 같다.

나무가 있는 자리에 따라 양재천 공원도로의 좋은 자리에서 많은 사람들을 반겨주는 큰 나무가 되고, 집정원수로 있는 우리 집 주목나무는 작은 나무로 자리 잡고 있다. 큰 나무가 좋은 것이냐? 작은 나무가 좋은 것이냐? 같은 종류의 나무인데 크고 작음이 다르구나. 제자리인데 누굴 원망하고 탓하겠는가?

○. 나의 별을 찾다

나의 별을 찾다

나는 머리 정수리에 가마가 셋이 있다. 어릴 때 어머니 무릎에서 단잠을 자고 나면 어머니와 아랫집 아주머니께서 하늘에 있는 삼태성별이 막내아들에게 와있다고 하신다. 자라면서 고향 하늘 한가운데 떠 있는 별들을 보면서 별 3개가 나란히 줄지어 있는 별을 보았지만 큰 의미를 모르고 그냥 하늘에 별3개가 나란히 있구나 하는 생각이었다. 생업전선에서 물러나고 60세 환갑을 넘기고 숙제로 남겨 두었던 삼태성별을 찾고 그 역할을 알아보고자 「정역」과 「천문유초」 별자리 전문 서적들을 보고 「천상열차분야지도」에서 삼태성별을 찾았으나, 북극성이 있는 자미원의 북두칠성 주변에 삼태성별이 있다고 하나 잘 이해가 가질 않고 공감이 가지 않는다.

「가마 이야기」(홍성현 지음)에서 가마의 뜻은 머리의 중심에서 회전하는 가마는 영혼이 우주와 소통하는 부분이다. 다른 뜻으로는 사람이 타는 가마와 도자기나 그릇을 굽는 것이 가마라고 한다고 명기하고 있다.

「음양오행으로 가는 길」(전창선, 여윤형지음)에서 가마의 뜻은 인체는 소우주이다. 소우주는 대우주의 설계도이다. 하늘이 서북으로 기울고 땅이 동남으로 내려앉은 현실은 인체에서 그대로 나타난다. 머리의 가마는 핏속의 양기가 인체의 북방인 머리끝으로 뻗어 오르는 중심축이다. 하늘의 기둥 천주天柱가 서북으로 기울어 있듯 인체의 중심축인 가마 역시 서북으로 기울어져 있다.

고향 바깥 북실에서 안 북실로 넘어가는 고개 쪽에 가마실이 있다. 왜 가마실이란 이름으로 불려질까? 가마실은 큰 산도 아니고 작은 구릉지 산으로 논과 밭도 없고 산소가 많다는 기억이 있다. 동학군의 최종격전지였으며 동학군이 일본의 총탄을 맞고 극악무도하게 참살되어 고이 묻혀있는 곳이다. 억울하게 돌아가신 영령님들의 해원을 어찌하여야 될까? 가마실에 다 자리하고 계신다. 그래서 가마실로 불릴까? 아니면 도자기를 굽던 가마터가 있었던 곳인가?

시원한 여름밤 과천집 마당에서 화톳불을 피우고 어릴 때 보아왔던 하늘 가운데 떠 있는 삼태성별을 자세히 보니 주변에 몇 개의 별이 일정하게 삼태성별을 보좌하고 있었다. 창창한 밤하늘에 무심히 하늘을 보아도 북극성이 있는 자미원의 삼태성별은 찾아볼 수 없고, 머리 위에 하늘 가운데 떠 있는 3개의 그 별들은 그 자리에서 자리를 지키며 하늘을 돌고 있다.

정유년 새해 들어서 모처럼 밤하늘이 청명하고 상쾌하다. 공원마을길에서 저녁 8시 30분경에 동쪽 하늘을 보니 상현달이 청계산 봉우리 위쪽으로 한껏 올라와 만물을 비추고 있다. 달 주변을 살펴보니 내가 찾던 삼태성별이 아득하게 반짝이고 있다. 3개의 별은 양팔을 벌린 모습이다.

3개의 별 남쪽으로 머리별이 자리 잡고 있고 북쪽으로 등거리에 배꼽별이 굳건하다. 형상으로는 열십자(＋)이다. 하늘과 땅이 만난 모양새이다. 배꼽별 북쪽으로는 생식기별이 가운데에 자리 잡고, 더 북쪽으로는 힘차게 걸어가는 2개의 두 다리 별이 건재하다. 3개의 삼태성은 한일 一 누워있는 땅의 의미이다.
머리와 배꼽별은 하나일 １ 서 있는 사람의 의미이다. 땅과 사람이 사랑으로 만났으니 하늘이 열려 십(⊹)을 이루었다. 머리와 몸통과 배꼽과 생식기와 두 다리를 연결하여 보니 사람인(人)자가 되었다. 삼태성 3개의 별 누워있는 한일(⋯)자와 사람인(人)자가 한 몸이 되니 하늘의 옥동자(大)가 탄생하였다.

달과 옥동자별의 움직임을 확인하고자 11시경 하늘을 보니 동쪽에 있던 별들이

한 무더기로 달과 함께 중앙남쪽 하늘에 자리 잡고 있다. 북쪽 하늘에 있는 북두칠성은 시계 반대방향으로 좌회전하며 돌고 있는데 삼태성 옥동자별은 달을 따라가며 시계방향으로 우회전하고 있다. 새벽 4시에 일어나 서쪽 하늘을 보니 달이 관악산 쪽으로 기울고 삼태성 옥동자별은 찾을 수가 없었다. 천문학에 대한 아는 것이 부족하니 그냥 좋은 뜻과 의미로서 삼태성옥동자별은 달과 함께 세상을 밝히며 변함없이 바른 인간 세상으로 인도하고 있다고 생각한다.

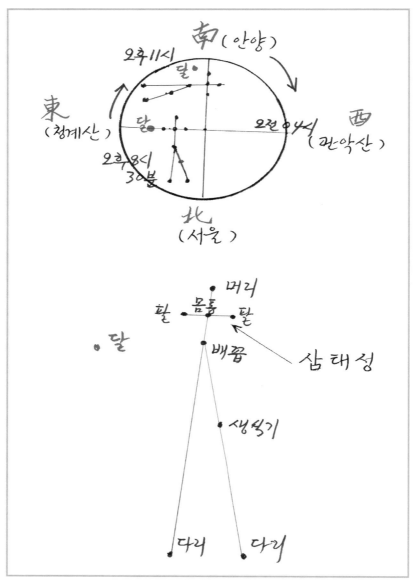

그림36. 삼태성 별을 찾다
丁酉年 2017년 2월 6일(월) 음력 1월 10일

○. 이름 석 자 그대 이름은?

나의 이름은 김홍석金洪錫이다

아버님께서 이름 작명을 잘하시는 어르신께 부탁하여 지으셨다고 한다. 6·25 동란 중 어렵게 5남매 중 막내로 태어났으나(음력 1952.1.22. 용띠) 어머니께서 노산(44세)이며 전쟁 중 먹을 것이 없었으니 죽어서 세상으로 나왔는가 보다. 윗목에 이불을 싸서 놓아두었는데 하루를 지나니 이마서부터 하얀 점이 퍼져 살아났다고 한다. 몸이 약하고 전쟁 중이니 출생신고를 1년 뒤에 하여 음력 53년 01월 22일이 (뱀띠) 호적 나이이다. 초등학교를 7살 때 일찍 들어가 친구들이 대체적으로 2, 3살 많은 편이다. 학교 다닌 연령으로는 토끼띠(卯)로, 실제 나이로는 용띠(辰)로, 호적 나이로는 뱀띠(巳)로 묘卯 진辰 사巳를 다 누리고 여지껏 살아오고 있다. 이름의 돌림자는 음양오행의 순서대로 木火土金水로 할아버지, 아버지, 손자로 이어가고 있다.

    할아버지 基成 가운데 이름자 基의 土
    아버지   致九 끝 이름자 九의 金
    본인   洪錫 가운데 이름자 洪의 水
    아들   允植 끝 이름자 植의 木

이름 석 자에는 지나온 과거와 현재의 나와 앞으로 살아갈 미래의 나인 과거, 현재, 미래가 한눈에 보인다. 과거를 알 수 있는 것은 성씨이다. 성氏씨 金은 아버님과 할아버님…… 조상님의 성씨를 바꿀 수 없는 지난세월의 과거의 나이다.
　현재를 알 수 있는 것은 이름의 앞자이다. 이름의 첫째인 홍洪은 넓을 홍자로 부모님한테 받은 김씨 성씨로서 부모님의 뜻을 받들어 어려운 세상을 넓게 살아가며 홍익인간 이화세계 하고자 하는 대장부의 현재의 삶이다.

미래를 알 수 는 것은 이름의 뒷자이다. 이름의 두 번째인 석錫은 주석석으로서 부모님이 주신 김金과 바꿀역 易자가 합쳐진 글자로서 미래에는 돈 금金으로 지배하는 세상을 후천後天에는 해일 日과 달월 月의 조화로 이루어진 바꿀역易의 역할로 광명의 새 시대를 열고자 하는 바람이 있다고 하겠다.

나의 이름 석 자 金洪錫에 대하여 음양오행陰陽五行을 살펴보겠다

日月木火土金水에서 성씨 金은 쇠 금의 金에 해당하며 이름의 가운데 돌림자 洪은 물수水변과 함께 공(共)이 합쳐진 넓을 홍의 뜻이며 水에 해당하며 물은 위에서 아래로 흐르며, 모든 곳에 함께 공유된 생명 창조의 기본임으로 홍익인간弘益人間의 뜻이 있다. 이름의 끝 자인 석錫은 쇠금 金변의 주석석의 뜻이며 金에 해당하며, 金을 우측에서 보좌하고 있는 역易은 날일日과 달월月의 바꿀 역易의 뜻으로서 금金을 바꿀수 있는 五行은 불화火로 해석이 된다. 양陽을 뜻하는 해 날일日의 낮이 오면 다음에는 음陰을 뜻하는 달월月이 오고 낮과 밤이 일정하게 순리대로 이치대로 오고간다. 주석석錫의 금金이 불화火로 녹여져 바뀌어 주석이 되었다. 마찬가지로 순리와 이치가 기본조건이어야 한다. 이화세계理化世界의 뜻이 있다.

나의 직업과 전공은 土木工學이다. 영어로는 시빌(Civil)로써 시민 공학이라는 뜻이다. 영어의 시빌(Civil)의 한글 발음은 십일로서 십일을 한자로 풀면 십일(十一 = 土)이 되며, 한자로서 흙토土가 된다. 흙토土만으로도 영어의 Civil의 뜻은 만족한다. 木(仁) 火(禮) 土(信) 金(義) 水(智) 五行 중 토土는 중앙토土의 역할이며 믿음의 민을 신信이다. 목(木)은 동방 좌청룡으로서 어진 어질 인仁이다. 김金은 서방 우백호로서 의로움의 의로울 의義의 뜻이 있다.

480

넓을 홍洪의 수水는 북방 북현무로서 지혜로움의 지혜로울 지智이다. 주석 석錫의 선천시대의 가치 기준인 금金을 바꾸는 바꿀 역易은 새 시대를 창조하는 화火이므로 금화정역金火正易이다. 화火는 남방 남주작으로서 예의 예禮이다.

木火土金水 오행중 김金에서 금金과 이름의 홍洪자는 수水와 석錫자의 금金과 바꿀역易의 화火의 금수화金水火가 나타난다. 직업의 토土와 목木이 뿌리로 하고 있으니 金水火가 무럭무럭 자라서 열매를 맺기를 기대해본다.

이름 석 자 金洪錫과 직업 土木에는 木火土金水 오행五行이 함께 하고 있다. 이름의 석錫 자에 역易은 日과 月의 합슴이므로 양陽 일日과 음陰 달月의 음양이 조화롭게 어울려 9궁의 낙서로 상극의 시대에서 홍익인간과 이화세계로 새로운 正易 세상을 나타내고 있다. 음陰 양陽은 달과 해로서 석錫자의 바꿀 역(易)에서 양해(日)＋음달(月)이 항상 공유하여 운행되고 있다.

이름을 잘 지어주신 아버님께 참으로 감사를 드릴뿐이다. 토목土木의 직업으로 64卦를 잘 돌아왔으니 남은 세월은 금화金火 정역正易을 열어 가야 할 사명과 의무의 책임이 있다 하겠다.

한벗이란 호號를 받다

한벗이란 金洪錫의 호號는 공산주의와 자본주의의 이념이 하나가 되고 세계는 서울로 서울은 세계로 나가는 국운 상승의 시점인 1988년 서울 올림픽을 개최할 때에, 국내 최초로 천부경 책을 발간하신 송원홍 대사님께서 지어주신 호이다.
천부경 일은훈一恩訓에 명시된 한은 만법의 근원이요, 만행의 근본은 은혜이니라(만법원일만행본은 萬法原一萬行本恩),

하느님은 한과 은혜로 온전하시니라(신일은전일신신 神一恩全一神身).

한은 하느님의 몸이니 한으로부터 너희가 났으며 은혜는 하느님의 마음이니 은혜로써 너희가 사느니라(일생이 은신심은생이 一生爾 恩神心恩生爾).

하늘의 뜻을 받들어 묵묵히 실행하는 무행茂行할 수 있도록 한 벗의 의미에 맞는 삶을 살자고 다짐을 하였다.

용담龍潭이다(5-83)

용담이라는 金洪錫의 호號는 2013年 의암서실 김일성金一性 원장님께서 서예를 배우는 제자에게 몇 달간을 숙고하셔서 지어주신 호이다. 나의 고향은 忠北報恩江新里이다. 실제 불리는 동네 이름과 학교 이름은 바깥 북실인 와평 江新里가 아닌, 안 북실인 종곡리鐘谷里로 불리고 있다. 초등학교 이름도 종곡鐘谷초등학교이다. 처음에는 報恩의 은혜를 갚는다는 恩자와 선비의 정신이 살아 숨 쉬는 鐘谷의 뜻이 담긴 谷자에서 恩谷을 염두에 두셨다. 태어난 띠가 龍이니 龍이 물이 있어야 하늘로 오를 수 있으니 담潭자가 들어가야 좋다고 하신다. 恩潭에서 谷潭에서 龍潭(5-83)으로 정하여 주셨다.

호號를 선생님께서 친필로 써주신 것을 받고 보니 옛날 선비가 된 느낌이다. 용이 큰물을 만났으니 남은 세월에 잠용 潛龍의 역할은 할 수 있을 것 같은 생각을 해본다.

○. 천도天道, 지도地道, 인도人道의 道를 찾았다

도(道)란 의미는 한자 옥편에 길도道라고 나와 있다. 풀이를 보면 길, 도리, 방법, 사상, 통하다, 가다, 행하다, 말하다, 가르쳐 인도하다, 다스리다의 여러 가지 뜻이 있다.

도(道= 머리수首 + 길게 걸을 인辶)의 합성어로 머리수首의 풀이를 보면 머리(하늘), 우두머리, 으뜸, 첫째, 첫머리의 뜻이 있다.

길게 걸을 인(辶)의 풀이를 보면 길게 걷다, 발걸음을 길게 떼어놓다는 뜻이 있다. 합성어를 풀어보면 도道의 뜻은 머리(하늘)를 공손히 받쳐 들고 큰길서부터 아주 작은 오솔길의 발걸음이 닿는 곳까지 통하도록 한다는 뜻이 있다.

하늘에서 가장 中心별은 한자로는 '首星'이라 할 수 있는데 首星은 하늘에 가장 中心별인 북두칠성의 북극성이라 할 수 있다. 인간 세상에서 가장 우두머리를 수령首領이라 할 수 있다. 하늘의 북극성 수首에서 사람이 살아가고 있는 이 땅 위의 수首까지 통할 수 있는 길은 首를 받쳐서 길게 걸을 인(辶)자가 길을 안내하는 길도道자이다.

천도天道 지도地道 인도人道의 뜻은?

도道에 대한 염표문念標文의 내용을 보면 "하늘은 아득하고 고요함으로 광대하니 하늘의 도 천도天道는 두루 미치어 원만하고 그 하는 일은 참됨으로 만물을 하나 되게 하는 진일眞一이니라. 땅은 하늘의 기운을 모아서 성대하니 땅의 도 지도地

道는 하늘의 도道를 본받아 원만하고 그 하는 일은 쉼 없이 길러 만물을 하나 되게 하는 근일勤一이어라. 사람은 지혜와 능력이 있어 위대하니 사람의 도 인도人道는 천지의 도를 선택하여 원만하고 그 하는 일은 서로 협력하여 태일의 세계 협일協一을 만드는 데 있느니라. 그러므로 삼신 일신一神께서 참마음을 내려 주셔서 일신강충 一神降衷하고 사람의 성품은 삼신의 대광명에 통해 있으니 성통광명性通光明하니 삼신의 가르침으로 세상을 다스리고 깨우쳐 제세이화在世理化하는 인간을 널리 이롭게 홍익인간弘益人間 하라"(환단고기 단군세기 126쪽) 고 하였다.

　하늘의 도 천도天道와 땅의 도 지도地道와 사람의 도 인도人道를 지키면 진일眞一, 근일勤一, 협일協一이 이루어져, 삼신과 하나가 되어 일신강충 一神降衷하고, 사람의 성품이 삼신과 대광명하는 성통광명性通光明 하고, 삼신의 가르침을 이치대로 펼쳐 인간을 널리 이롭게 하는 이화세계와理化世界와 홍익인간弘益人間을 표명하였다. 여기서 천도天道와 인도人道의 중앙에 있는 땅의 도 지도地道를 살펴보겠다.

　인간의 삶 속에서 옛날이나 현재나 길은 소통의 근본시설이다.
　사람만이 걸어 다니는 길을 만들고, 다음에 우마차가 다니는 큰길을 만들고, 현대 물질문명의 대량 수송 유통을 위하여, 지상과 지하에 도로, 철도, 지하철도, 뱃길, 비행기 길을 만들고, 이제는 우주 길까지도 만들고 있다.

　모든 길은 도道라고 명명할 수 있다. 이중 가장 생활에 밀접하며 친숙한 도로道路에 대하여 살펴보면 도로道路는 서울과 같은 큰 도시로부터 대전大田을 거쳐 부산까지의 438km 구간의 차량만 다니는 경부고속도로도 있고, 대전에서 충북 보은까지 가야 하는 국도도 있고, 보은에서 말티고개를 넘어 속리산까지 가는 지방도가 있다. 여기까지 차량이 다닐 수 있도록 시설된 것이 도로道路라 할 수 있다. 또한, 속리산 주차장에서 오리숲을 지나 법주사까지 수많은 관광객 사람만 다니는 인도도 있다. 따라서 속리산의 산세와 풍광을 즐기며 호연지기를 기르기 위하여 선녀탕을 지나 문장대까지 가는 길의 과정을 보면 넓은 등산로를 걷다가, 돌계단 오르막을 거쳐 바위 외줄을 타고 다시 급경사, 나무계단을 고비로 올라가 정상 휴식광장까지 올라가 육중한 바위가 우뚝 버티고 서있는 문장대에 오른다. 모두가 사람이 오르는 길의 연속이다. 속리산에는 문장대 가는 길과 천왕봉 쪽으로 가는 등산로길 이외에 외길 오솔길도 많이 있다. 또한, 사람이 다니는 길이 아닌 사슴이 다니는 길, 산토끼가 다니는 길, 산새가 날아다니는 길, 수많은 동물이 다니는 길이 있다. 동물의 길이든, 사람의 길이든, 산길이든, 들판 길이든, 말티고개 길이든, 피발령 길이든, 대전이든, 청주이든, 천안삼거리든, 안성이든, 과천이든, 서울 남태령이든, 남산이든 어느 곳에도 소통이 안 되는 길은 없다. 길은 적재적소에 그 역할을 다하도록 넓이, 시설을 갖추어 안전하여야 하며 산길은 산길대로 제모양을 갖추어야 한다. 그리고 위, 아래, 상하, 좌우가 통하여야 길이라 할 수 있다. 그래서 길도 도道이다.

우리나라 도로道路에 대한 설명이다

노선번호부여 기준은 고속국도에서는 남북방향은 홀수 번호, 동서방향은 짝수 번호를 부여하되, 남북방향은 서쪽부터 동쪽으로 오름 차선으로 동서방향은 남쪽에서 북쪽으로 오름 차선으로 노선번호를 부여한다. 일반국도, 지방도, 특별시도 등도 위 기준 부여방법에 따른다.

두산백과에 나오는 뜻을 살펴보면

1번 경부 고속도로 (홀수, 양)
부산 금정구에서 서울 양재동에 이르는 총연장 416km 구간의 경부고속도로가 도로법규정에 의하여 홀수 번호(양) 1번 고속도로로 지정되었다. 지구의 남북축을 연결하는 경도와 같은 개념으로 북실의 씨줄을 형성하고 있다.

위키백과에 나오는 뜻을 살펴보면

100번 고속도로 (짝수, 음)

서울 외곽순환 고속도로는 총연장 128km 구간으로서 중요한 외곽도시인 퇴계원, 판교, 일산을 다 연결하는 순환선으로서 1991년에 개통되었다. 도로법규정에 의하여 짝수번호 100번(음) 100번 고속도로로 지정되었다. 지구의 동서축을 연결하는 위도와 같은 개념으로 북실의 날줄을 형성하고 있다.

도道는 물과 같이 흘러야 한다

도로道路, 철도鐵道, 행정구역 도道, 이외의 위도緯度 경도經度의 도는 실제로 지상에 설치된 길은 아니고 공간에서 동서남북의 위치를 정한 것이므로 보이지 않는 길도道의 뜻이 있다고 하겠다. 또한, 이것도 저것도 등의 도는 한자어가 아닌 순수한 우리말로 모든 것을 다 포함하는 뜻으로 하늘, 땅, 사람이 다 함께 하는 천지인도天地人道를 뜻하고 있다.

노자의 도덕경에 "천하의 유약하기는 물보다 더한 것이 없다." 물과 같이 뭇 세상과 조화롭게 함께하는 소박한 삶의 방식을 권하고 있다. 겸하부쟁謙下不爭의 말로써 환언換言하고 있다. 도道는 물수水와 같다고 해도 될 것이다. 우리는 길 도道를 따라 어느 곳이든 갈 수가 있다. 속리산 문장대를 오를 때는 산길을 따라 땀을 흘리며 묵묵히 오른다. 정상에 올라서는 다시 내려올 수밖에 없다. 높은 데서 낮은 곳으로 흘러가는 물과 같이 내려오는 산길이 흙길도 있고 돌길도 있다. 큰 바위, 작은 바위, 큰 나무, 작은 나무, 큰 새, 작은 새, 산을 지키고 있는 모든 자연물이 다 함께 반겨준다. 베풀고 받아들이며 겸손하게 내려온다. 이것이 길이며 도道이다.

수水물은 자연현상으로는 지상에서는 높은 데서 낮은 곳으로 흐른다. 형상이 없는 기체가 있는 곳은 어느 곳이든 다 채워주고 있다. 속리산 문장대에서 발원한 물은 바위를 타고 흘러내려 나무가 먹고 자라고 남은 물은 흙 속에 공극을 찾아 흘러 들어 가 가장 낮은 계곡으로 흘러들어 간다. 산 계곡수가 되어 나무로 타고, 바위로 타고 흘러 흘러 도랑을 만들고 도랑에서, 개울로 개울에서 강으로 강에서 하천으로 하천에서 바다로 바다에서 온통 하나가 된다. 바다에서 하늘로 증발되어 구름으로 하늘에서 다시 속리산 문장대에 비가 되어 내린다. 영원한 순환의 연속이다. 물은 어느 곳이든 안 통하는 것이 없다. 소통의 왕이다. 베풂의 왕이다.

땅의 도 지도地道가 도로道路와 물수水이라면 옛 어르신께서 밝히신 염표문念標文의 하늘의 도 천도天道와 땅의 도 지도地道와 사람의 도 인도人道는 천지인天地人이 큰 덕과 큰 슬기와 큰 은혜로 하나가 되어 일신강충一神降衷하고 성통광명性通光明하고 제세이화在世理化하고 홍익인간弘益人間 할 것이라 확신한다.

길 도道는 계속 변화하고 있다

변화變化에 대하여 철학사전의 내용을 살펴보았다.

「변화의 뜻은 어떤 사물이나 양적 규정성과 질적 규정성을 갖추고 있고, 사물의 질의 존속과 결부되어 있는 양적 규정성에 관해 다소 점진적으로 행해지는 변화(양적인 증대 내지 감소)가 축적되어, 점차로 사물에 고유한 한도를 넘어서면 사물의 근본적인 질적 변화 즉 새로운 질로의 이행이 일어나게 된다. 이것은 사물의 합법칙적 발전에서의 비약이며 전화라고 말한다. 이것이 양적 변화에서 질적 변화로의 이행이다.

토마토의 일례를 들어보면 토마토는 크기와 무게 등의 양적 규정성이 있지만, 토마토의 고유한 맛을 유지하고 토마토이기를 계속 결부한다면 양적 규정성은 신선도이다. 이 신선도가 어느 정도 떨어져도 토마토는 아직 토마토이지만, 고유한 한도를 넘어서면 토마토라고 할 수 없다.

즉 토마토에 근본적인 질적 변화가 일어나 새로운 질로의 이행이 행해진 것이다.

사회생활에 있어서도 자연현상과 마찬가지로 양적 변화와 질적 변화가 일어난다. 아직 토마토인 것은 진화라는 개념으로 한도를 넘어선 것은 혁명이라는 개념으로 말할 수 있다.

이런 변화를 일으키는 원인은 무엇인가?」

주역周易에서 봄, 여름, 가을, 겨울의 계절과 동서남북의 방위에서 공간적으로 펼쳐지는 대자연을 시간적으로 변화하는 우주 변화變化의 원리를 64괘와 384효로서 변화의 원리를 드러내었다. 변화變化의 의미를 변變을 음으로서 서로 극極하여 흩어지는 것으로 보았으며 화化를 양으로서 서로 생生하는 모여드는 것으로 보았다. 결국, 변화는 쉬지 않고 돌고 있는 우주와 같이 자강불식 하여야 한다는 뜻이다.

주역周易(2-13)은 변역變易으로서 변화變化라는 뜻이다.

즉 주역周易은 사물의 변화발전을 해명하기 위한 변화를 판단하기 위한 변화에 관한 법칙이다. 춘하추동春夏秋冬의 변화에서부터 생주이멸生住移滅 길흉화복吉凶禍福에 이르기까지 우리의 삶은 무한한 변화의 와중에서 영위된다. 변화는 근원적인 생명원리라고 할 수 있다.

주역은 변화의 이치를 파헤친 학문으로서 음과 양이라는 요소로서 음의 기운이 다하면 양의 기운으로 변하고 양의 기운이 다하면 음의 기운으로 변한다. 음과 양의 두 기운이 별개로 존재하는 것이 아니라 음 속에 양의 기운이 숨어있고 양 속에 음의 기운이 숨어있다. 음과 양이 직물을 짜듯이 교차하여 만들어낸 64괘와 384효를 가지고 세상 변화의 이치를 담고 있다. 현시대는 매우 빠르게 세상이 변하고 있다. 환경에 적응하도록 변화의 의미를 알아야겠다.

○. 일적십거一積十鉅의 숫자를 풀어보다

숫자의 의미를 경전에서 찾았다

살아가면서 살고 있는 주소와 타고 다니는 차량과 항상 상대방과 소통을 위한 전화기의 번호는 1에서 10까지의 숫자로 구성되어 있다.

일상생활 속의 숫자에 대하여 천부경, 주역, 정역의 경전의 수리數理에서 의미를 찾아보았다.

주소

과천시 ○ ○ ○ 15–139   1985년

과천시 ○ ○ ○ ○   26   2016년

※ 31년이 걸려서 주소가 바뀌었다.

전화번호

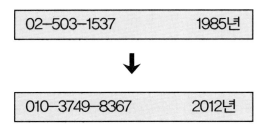

※ 27년이 걸려서 전화번호가 바뀌었다.

차량번호

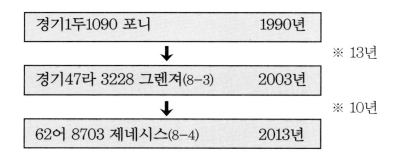

※ 13년, 10년이 걸려서 차가 바뀌었다.

내가 살고 있는 과천, 조상 부모님과 내가 태어난 보은, 대한민국 등 공간의 지명과 시간에 있어서 과거 현재 미래의 모든 시공간을 1에서 10의 일적십거一積十鉅 숫자의 연속선상에서 볼 수가 있다.

수數는 천부경天符經의 우주창조의 이치로서 무한한 반복의 경위를 설명한 것으로 일一에서 십十까지의 수리數理가 만법 萬法과 만행萬行의 근본이 되었다. 주역周易과 정역正易 또한 수數가 펼쳐지는 원리原理가 동일하다. 구제자救濟者로 오신 정역正易의 일부一夫님과 도전道典의 증산甑山님이 태어나신 날과 돌아가신 날에 대하여 수리數理로서 뜻을 풀어보았다. 그리고 살아온 과정에서 숫자로 엮어진 주소, 전화번호, 차량 번호 등에 대하여도 수리數理로 살펴보겠다.

「정역正易(2-14)」 십오일언十五一言에서

태극太極은 1이오
황극皇極은 5요
무극無極은 10이다라고 하였다.

「거변무극擧便無極이시니 십十이니라.
 십변시태극十便是太極이시니 一이니라.
 一이 무십無十이면 무체無體요
 十이 무일無一이면 무용無用이니
 합습하면 토土라 거중居中이 오五니 황극皇極이시니라.」고 하여 십무극十無極과 일태극一太極이 호상체용互相體用하고 그 중간에 자라서 거중하는 것이 황극皇極이라하여 정역正易은 삼극三極의 판이다라고 밝히고 있다.

무극無極은 주역周易에서 공자孔子님이 이미 알았으나 때가 아니므로 말하지 않고 뒤로 넘겨 二千八百年后 금화정역도金火正易圖의 일부一夫를 기다리게 하였다.

본인은 50살까지는 주어진 현실의 삶, 생업生業에 충실할 수밖에 없었다. 현시대를 살아가는 우리들은 모두가 생업에 매진하여야 한다. 그래야 나에게 주어진 윷판을 다 돌아 참먹이로 나갈 수 있지 않은가? 오십이학역五十而學易을 핑계로 생업에 충실한 것이 무엇이 잘못인가? 산속에 들어가 혼자만의 깨달음을 얻는 것이 무슨 소용이 있을까? 주어진 윷판의 역할을 다하는 민생 속에서 이룸이 있는 홍익인간하고 이화세계를 하여야 한다고 생각을 하였다.

「주역周易(2-13)」 설계전設卦傳에 「삼천양지이기수三天兩地而倚數」라 하였다.

삼천三天은 一三五요
양지兩地은 二四이다.
천수天數 삼參을 쌓으면 구九요.
지수地數 兩을 합합하면 육六이다.
그러므로 천天이 건乾 그 적수積數인 구九를 용用하고,
지地인 곤坤은 그 합수인 육六을 용用하는 것이 用九用六의 원리原理이다.

주역周易은 자연의 환난을 극복하고 인간의 사랑을 실현할 수 있는 슬기와 도덕道德을 배양하기 위하여 지은 성인聖人의 글이며 구제자救濟者의 서書이다.

과천시 ○○○ 15-139와 503-1537에 대하여 풀어본다

과천시 ○○○ 15-139에서 앞의 15는 주역 설계전에서 삼천 參千 1, 3, 5 의 1과 5이다. 15는 정역의 10과 5에서 보면 10은 십무극十無極과 5는 五皇極이다. 합하면 15가 된다.

정역의 십오존공十五尊空이며 십오성통十五聖統이다. 정역의 상경인 십오일언十五一言이다. 뒤의 139는 주역 설계전의 천수天數 삼參을 쌓으면(1+3+5) 구九이다에서 1과 3과 9이다. 9는 주역의 최종 완성수이다. 십오일언인 하늘과 땅과 사람이 삼태극인 태극, 황극, 무극으로 운행되며 땅에는 천수 1과 3과 5가 함께 어우러져 아홉 9가 되며 갈등의 주역 세상이다.

　85년 과천에 새집을 짓고 이사하면서 부여받은(34세 때) 전화번호 503-1537에서 앞의 503은 정역의 십오일언十五一言의 십오가十五歌에 있는 오원五元과 삼원 三元이다. 오원五元은 후천后天이요, 0은 무극無極이요, 삼원三元은 선천 先天이다. 뒤의 1537에서 15는 십오일언十五一言이다. 37에서 3은 정역의 삼극인 太極, 皇極, 無極이며 7은 칠극인 月極, 日極, 土極, 水極, 火極, 金極, 木極을 나타낸다. 선후천은 하늘과 땅과 사람이 태극, 황극, 무극으로 운행되며 땅에는 해와 달 음양과 목화토금수 오행으로 펼쳐져 운행되고 있다.

　정역의 천도天道는 天度와도 같은 것이며 度와 道를 時計로 비유하면 度는 時針과 같고, 道는 글자판과 같다. 그러므로 천도天道는 하나의 이정표里程標이다. 인간人間의 상도常道도 마찬가지이다. 인간이 걸어가는데 하나의 표준이 되는 것이다.

「선오천도 후오지덕　십일지덕이천도 천도원 경임갑병

　先五天道 後五地德　十一地德而天道 天道圓 庚壬甲丙」

　정역(2-14)의 천도天道는 一三五七九를 말한다.

　공교롭게도 주소 15-139와 전화번호 503-1537은 정역의 천도天道 13579의 숫자에 포함되어 있다.

경기 1두 1090을 풀어본다

　1990년 사무관을 진급하고 진급기념으로 현대차 포니를 구입하였다.(39세) 차량번호 경기 1두·1090에서 살펴보면,

　계연수 님께서 10년 동안 묘향산에서 수도 중 발견한 천부경(2-9) 81자를 1916년 9월 9일에 발견 탁본하였다. 9월 9일은 구구 팔십일 일로서 천부경 81자이다. 9일

날 일적십거一積十鉅의 무극 10을 이루었으니 90이다. 1을 머리에 두고 10년 동안 쌓아온 형설의 공이 90을 이루었으니 경기1두 1090이다.

　본인은 80년에 6급 진급을 하고 10년의 공을 쌓아 5급 사무관 시험에 합격을 90년도 7월 1일 날 하였고 10년 동안 일적십거하여 5급으로 진급하고 차량을 처음으로 구입한 것은 복희팔괘 하늘10이 무극无極 정역팔괘로 원시반본하는 5황극皇極이 이루어진 것이라 하겠다. 1을 머리에 두고 10년 동안 쌓아온 형설의 공이 1990년에 이루어졌으니 경기1두 1090이다라고 해석을 해본다.

증산甑山님의 태어나신 1871년 09월 19일을 풀어본다

　도전道典 말씀을 하신 증산甑山님께서 조선 고종 8년 신미辛未 1871년 9월 19일(양력 11월 1일) 객망리에서 태어나셨다.

　돌아가신 날은 39세로서 젊은 나이인 1909년 6월 24일(양력 8월 9일)이다.
　객망리는 선망리仙望里라 하여 하늘의 주主를 기다리는 마을의 가난한 집에서 태어나셨는데 천자문의 하늘천天자와 땅지地자를 크게 읽으시고 일곱 살 때 「원보공지탁이요 대호공천경이라 遠步恐地坼이요 大呼恐天驚이라」 멀리 뛰려하니 땅이 꺼질까 두렵고 크게 소리치려하니 하늘이 놀랄까 두렵구나하시는 영기靈氣가 넘치시었다.

　태어나신 해 1871년의 1을 머리로 한 일一은 천부경에서 「일시무시일……일종무종일…… 一始無始一 …… 一終無終一」 한은 비롯이니 한의 비롯은 없느니라……한은 끝맺음이니 한의 끝맺음은 없느니라. 일一은 「일시무시일一始無始一……」 천부경에서 하늘, 땅, 사람으로 나툰 한의 비롯이라 하였다. 주역 복희팔괘에서 일一은 일건천(☰) 一乾天이며 乾은 하늘이며 굳세고, 동물로는 오午 말이며, 아버지부父라 하였다. 또한 주역 64괘 중 처음 시작으로 중건천 重乾天⑴이

천지의 운행이 쉬지 않는 것과 같이 끊임없이 노력하는 자강불식自强不息을 의미하고 있으며, 하늘의 사덕四德으로 건乾은 원형이정元亨利貞이라 하였다. 하늘의 섭리를 알 수 있는 현상이 춘하추동(봄,여름,가을,겨울)이며, 사람이 지킬 수 있는 사덕四德으로 인의예지仁義禮智는 하늘의 사덕을 본받은 것이라 하였다.

정역(2-14)은 정역팔괘에서 일一은 일손一巽(☴)으로 동남방에 뿌리를 박고 있다. 복희팔괘의 일건천자리 하늘에는 땅의 오곤五坤이 자리를 잡고 있어 하늘의 기운이 땅으로 내려오고 땅의 기운이 하늘로 올라가는 기위친정己位親政의 10 무극이 실현된다. 복희팔괘도와 비교하면 건곤의 위치가 180° 바뀐 모습으로 후천문명의 원시반본의 원리가 나타난다. 십10은 천부경에서 1에서 10까지 수리數理로서 천지인 삼 극의 생생, 장長, 노老, 병病, 몰歿의 무한한 반복이며, 홍익인간의 이념과 성통공완性通功完의 공덕을 쌓은 완성수 일적십거一積十鉅의 완성수이다.

천부경의「신리대전」에 "一에서 十과 十에서 백百과 만萬은 모두가 하나로 말미암아 쌓이지 않음이 없으니 고로 一이 체體가 되고 三으로 九, 九로 二十七, 二十七에서 八十一은 모두가 三으로 말미암아 변하므로 三은 용用이 된다."라고 하였다.

여기서 십十은 수리적으로 모든 수의 끝수로 무한성을 나타내며 三은 모든 변화의 기본이다. 생년월일인 9월 19일에서 구九는 주역설괘전에 천수天數 삼參을 쌓으면(1+3+5) 구九이다에서 9는 주역의 최종 완성수이다.

천부경(2-9)「일적십거무궤화삼 천이삼 지이삼 인이삼 대삼합육 생칠팔구 운삼사성환오칠 一積十鉅無軌化三 天二三 地二三 人二三 大三合六 生七八九 運三四成環五七」한은 열 곱으로 불어나면서 모자람이 없이 세 극으로 화하느니라. 하늘과 땅과 사람은 각각 맞 짝과 세 극을 지니고 있느니라. 세 극은 여섯수로 어울리고 일곱 여덟 아홉수로 생성하며 셋과 넷 수로 운행하고 다섯과 일곱수로 고리를 이루느니라에서 하늘과 땅과 사람이 세 극으로 어우러져 생성하는 최종의 완성수가 9이다.

정역正易(2-14)에서 구구九九는 9x9=81이며 천부경 81자이다.
「구구음九九吟」은 구구를 노래한 것이다.

「구구중배열九九中排列」은 구구법에 의하여 적적중에 질서 있게 쌓아놓은 것으로서 원형이정元亨利貞을 순서대로 배열한 것이다.

「구궁九宮」은 문왕선천역文王先天易 아홉궁으로 괘 일감一坎에서 구리九離까지를 구궁이라 한다.」

「구이착종오원수九二錯綜五元數」는 정역에서 삼원三元과 오원五元이 상대적으로되어 三元은 선천수요, 五元은 후천수이다.

「구주九州」 중국의 우임금이 천하를 아홉 개의 주로 나누어 행정구역을 나누어 다스렸다.

조선 26대 마지막 왕인 고종 때인 신미양요 등 외세가 몰려들어 바람 앞에 등불인 1871년의 일一은 천부경에서는 한의 비롯으로서 일一이며 주역에서는 자강불식의 하늘건乾으로서 4덕인 원형이정이다. 정역은 건곤의 위치가 바뀌는 원시반본하는 후천 문명의 시작을 알리고 있다. 9월은 천부경에서 하늘과 땅과 사람이 세 극으로 어우러져 생성하는 최종의 완성수 9이다. 정역의 구구음이며 천부경의 구구99 팔십일81자 근본 숫자 9이다.

19일에서 10은 천부경에서 1에서 10까지의 수리로서 3 태극 중 10무극 无極으로 성통공완과 홍익인간의 세계이다. 1은 복희팔괘에서 일건천一乾天으로 굳센 하늘이다. 1과 9는 1+9=10으로서 10无極이다.

태어나신 날은 1871년 09월 19일(양력 11월 1일)이시다.

1871년의 1을 머리로 하여 원시반본하는 후천 문명을 하늘로써 열었으니 9월의 9는 천부경 9×9=81자에서 하늘과 땅과 사람이 부조화와 부조리로 경위된 구궁도를 마감하고 19일의 1은 다시 하늘로써 비롯을 세우고 9로써 실제로 세상을 천부경의 하늘을 근본으로 하여 경위된 구궁의 현실을 극복하여 1과 9를 합하여 10이 되니 10无極인 정역의 새 광명의 세상을 이룬다.

돌아가신 날은 1909년 06월 24(양력8월9일) 일로(39세)로 모든 천지공사를 보시고, 천하의 모든 법을 대속代贖하여 세계 창생을 하시었다. 돌아가신 해인 1909년은 1태극과 주역의 완성수 9로서 이루어진 10무극이다.

2010년에 수성 엔지니어링 근무 시에 잠심뻘에 있는 서울지하철 919공구를 수주하였다.

1972.09.01 : 서울시 8급시작(21세)
1990.07.01 : 사무관 5급진급(39세)
　　　　　　경기1두 1090 포니구입
1991.09.　　토질및기초기술사 시작
1999.01.11 : 지하철7호선 7-24공구 구조물 완료하고 안전기원제
2000.09.19 : 창공시작(재)
2002.09.01 : 국선도 元後진급
2002.09.01 : 토질및기초기술사합격
2010.　　　: 지하철 9호선 919공구 수주

9와 1로서 실사구시한 날들이 유난히 많다.

경기 47라 3228(8-3)에 대하여 풀어본다

2003년 2월 28일 날 31년간 정들었던 서울시를 명예퇴직하고 오십이학역五十而學易하기 위하여 SOC 건설 엔지니어링 사장으로 새 출발을 하였다. 현대차 그랜저 차량번호 경기47라3228가 나의 동반자가 되었다.(52세 때) 서울시를 퇴직한 날짜인 2003년 2월 28일과 차량번호가 3228로 일치한 것이 우연치고는 너무 똑같다.

자동차 앞 번호 47을 살펴보면

경기47의 넷4는 천부경에서 「대삼합육 생칠팔구 운삼사성환오칠大三合六 生七八九 運三四成環五七……」 세 극은 여섯수로 어울리고 일곱 여덟 아홉수로 생성하며 셋과 넷 수로 운행하고, 다섯과 칠수로 고리를 이룬다고 하였다. 하나 하늘 둘 땅 셋 사람 다음에 넷으로 세상을 운행한다. 넷4는 세상 운행에 기본 마무리 수이다. 일곱7은 다섯5와 일곱7수로 고리를 이룬다. 일곱7은 끊임없이 이어져가는 자강불식의 북두칠성이다.

넷4와 일곱7의 47은 정역正易의 '사정칠수용중수四正七宿用中數'라 에서 사정칠수四正七宿은 이십팔수二十八宿가 하늘천天의 사방 즉 동서남북으로 배열된 것을 말한다. 동방창룡 7수, 남방주작 7수, 서방백호 7수, 북방현무 7수가 중中에 맞추고 있다는 뜻이다.

47은 넷4과 일곱7을 합하면 십일11이 된다. 정역正易의 십일일언十一一言이다. 십일일언의 뜻은 정역의 하편이 되는데 성성成成하는 원리原理로서 십토육수十土六水를 비롯하여 하도낙서의 생성生成, 십일귀체十一歸體의 생성生成, 뇌풍용정雷風用政 등이 포함되어있다. 십일 十一은 10과1의 합이며 십은 십무극十无極이며 일一은 일태극一太極이다. 십무극十과 일태극一이 만나면 중앙

토土가 된다. 즉 사정칠수四正七宿 동서남북의 28수의 중앙 토土의 역할을 한다.

　과천果川에서 서울의 개포동開浦을 잇는 양재대로良才大路의 도로번호는 47번 국도이다. 양재대로는 87년 본인이 감독한 50m도로이며 출퇴근하며 현재까지 가장 많이 이용하고 있는 서울대공원, 경마공원, 양재천, 경부고속도로, 양재시민의 숲, 구룡사, 능인선원, 구룡마을, 삼성 병원, 대모산, 구룡산 등이 반겨주고 있고 잠실 123층 롯데빌딩까지 이어지는 도로道路이다. 십일일언十一一言을 알도록 한 현실의 도로道路이다.

자동차 뒷번호 3228을 살펴보면

삼십이32에 대하여

　천부경에서 삼3과 이2와 팔8은 「일시무시일 석삼극무진본 一始無始一 析三極無盡本」한은 비롯이니 한의 비롯은 없느니라. 한은 나투어 세 극을 이루나 다함이 없는 근본이니라.

　「천일일 지일이 인일삼 天一一 地一二 人一三」하늘은 한의 첫 번째 나툼이요, 땅은 한의 두 번째 나툼이요, 사람은 한의 세 번째 나툼이요.

　「일적십거무궤화삼一積十鉅無櫃化三」한은 열 곱으로 불어나면서 모자람이 없이 세 극으로 화하느니라.

　「천이삼 지이삼 인이삼 天二三 地二三 人二三」하늘과 땅과 사람은 각각 맞 짝과 세 극을 지니고 있느니라.

　「대삼합육 생칠팔구 운삼사성환오칠 大三合六 生七八九 運三四成環五七」세 극은 여섯수로 어울리고 일곱 여덟 아홉수로 생성하며 셋과 넷수로 운행하고 다섯과 일곱 수로 고리를 이루느니라.

　정역(2-14)의 대역서에서

「정역의 대역서에서 삼3천양2지 三天兩地」로 하늘 양이 3이면 땅 음이 2을 뜻한다.

정역의 십오일언十五一言에서

「십기요 이경이요 오망이요 칠은 위니라 무위는 도순이도역하야 도성어삼십이도하니 천수금태음지모니라.

十紀二經五綱七緯戊位度順而道逆度成道於三十二度后天水金太陰之母」 10은 건乾으로 기紀가 되고, 2는 천天으로 경經이 되며, 5는 곤坤으로 綱망이 되며, 7은 지地로 위緯가 되니 건곤천지의 사상이 서게 되며, 기강경위의 사유 四維가 갖추어지게 되며 10, 5, 2, 7의 네수가 이루어진다. 도는 순하고 도는 역한다는 것은 하도에서 거꾸로 생겨나고 거슬러 이룬다(도생역성)의 뜻이오, 무술궁이 기사근巳궁에 이르러 도度를 이루니 그 도道는 순행이요, 그 도는 역逆으로 이루는 것이라 그 수는 32이다. 태음은 달의 몸체이다. 1수水의 혼魂이요 4금金의 백魄이며 무위戊位의 여女이다.

「천지합덕삼십이요 지천합도육십일을 天地合德三十二 地天合道六十一」 천지天地는 괘로서는 비否가 되는데 否인즉 교류하지 못하는 바, 비록 그 덕은 합하나 그 체도體度는 나누어지는 것이니 즉 32이다. 지천天地은 태泰가 되며 태泰는 교합하는 것으로 그 도를 통합하여 그 체도가 온전하므로 61이 된다.

「황극체위도수 무술·기해·무진·기사니라. 도는 순하고 도는 역하니라. 이수는 삼십이니라. 皇極體位度數 戊戌 己亥 戊辰 己巳니라. 度順道逆而數三十二」 황극이 형形으로 체體를 이룬다. 무술년 기해월 무진일 기사시이다. 서차는 순順이나 법도는 역 逆이 된다. 무술에서 기사까지 32도가 된다.

삼3천양2지 參天兩地로 경위되어 덕德은 합하나 교류하지 못하고 그 도는 나누어진 것이 32라는 뜻이다.

이십팔28에 대하여

정역의 대역서를 살펴보면 3천2지의 음양 조화를 잃은 천지 음양의 경위가 2800년 동안 있었음을 밝히고 있다. 정역의 이십팔수(28수)운기도二十八宿運氣圖의 천은 무형체이나 사정四正으로 칠수七宿씩 나누어 28수로 형체를 삼는다. 선천에서는 각항 角亢에서 일어나서 하늘을 거스르며(逆) 운행하지만 후천에서는 진익軫翼에서 일어나 하늘을 순행(順)하며 운행한다.

정역의 무위시無位詩에서
「도내분삼리자연이니 기유기불우기선을 유식일부진도차오 무인칙수유인전을 세갑신월병자일무진이십팔일28에 서정하노라.
　道乃分三理自然이니 斯儒斯佛又斯仙을 誰識一夫眞蹈此오
　无人則守有人傳을 歲甲申月丙子日戊辰二十八에 書正하노라」
도가 셋으로 나누어지는 것은 자연의 이치이니 이것이 유, 불, 선이라. 일부가 이를 참으로 밟았음을 누가 알리오. 이를 아는 사람이 없으면 지키고 있으면 전하리라. 세갑신월병자일무진 이십팔일28에 서정하노라.

一夫님의 나이 60세 되는 해에 정역을 마치고 삼가 받들어 쓴 근봉서謹奉書는 「을유세 계미월 을미일 이십팔28 불초자 김항은 근봉서하노라.乙酉歲 癸未月 乙未日 二十八 不肖子 金恒은 謹奉書하노라」 서기 1885년(고종22년) 乙酉歲 癸未月 6월 乙未日 28일에 불초자 김항은 삼가 받들어 쓴다고 하였다.

28은 대역서에 명시된 천지음양경위 2800년을 나타내고 있으며, 하늘을 동서남북으로 일곱별씩 나누어 끊임없이 운행하는 28수 운기도를 상징하고 있다. 또한 일부 김항金恒님이 무위시를 마치고 서정한 날과 60세에 정역을 최종 마무리하고 하늘에 근봉한 날이 28일이다.

그러면 천지합덕 삼십이수32와 28수 운기 28수를 합하면 어떻게 될까? 32와 28

을 합하면 60이 된다. 육십60은 정역의 대역서에 「육십년솔성지공六十年率性之工」으로 일부사적一夫事蹟을 밝히고 있다.

구구음九九吟에서 「육십평생광일부六十平生狂一夫」라 하여 일부님이 정역을 60세 되던 해 을유년乙酉年에 끝마치었다. 그리고 광일부란 도道에 심취하여 자신도 모르게 영가무도를 추며 공부하였기 당시 사람들이 미쳤다고 하고 자신도 광일부狂一夫 라 했다.

「무무위육십수 일육궁분장 無無位六十數 一六宮分張」는 육십수는 무무위이다. 육십수에서 하도와 낙서가 나오는 것이니

60-5=55(하도 河圖)
60-15=45(낙서 洛書)

二十八宿運氣圖에서 60日이 한 단위가 된다.
十二月二十四節氣候度數의 절후의 표준이 60일이다.
육십60은 선천을 마감하고 후천의 세상을 펼칠 정역의 완성을 나타낸다.

3228 의미가 대단하다.
32는 3天이요 하도의 숫자요(55)
28은 2地이요, 낙서의 숫자이다.(45)
앞의 3+2=5로서 5황극皇極이다.
뒤의 2+8=10으로서 10무극无極이다.
5황극皇極의 역할을 다하고, 10무극无極의 역할을 다하면 자연스럽게
화합하여 15가 되니 십오일언十五一言의 의미가 된다.

경기47라에서 47은 4+7=11 10과 1에서 10무극无極 1태극太極을 이루고 있다.

11은 十一一言의 의미가 된다. 정역正易에서 밝힌 십오일언과 십일일언이 앞뒤로 이루어져 있다.

3228을 합하면 60이니 一夫님의 솔성지공이다.

끝에 숫자 8은 어떠한 의미일까?

천부경에서는 「대삼합육 생칠팔구 운삼사성환오칠大三合六生七八九 運三四成環五七」 세 극은 여섯수로 어울리고 일곱 여덟 아홉수로 생성하며 셋과 넷수로 운행하고 다섯과 일곱 수로 고리를 이룬다고 하였다. 7,8,9중 中心에 있는 세상을 열어가는 가장 활발한 숫자가 여덟8이다.

만물의 탄생을 표상하는 「복희8괘도」와 탄생된 만물이 자라는 과정을 표상하는 「문왕8괘도」에 이은 생장의 완성을 표상하는 「정역8괘도」가 출현하였다.

숫자 8은 가장 많이 사용하는 숫자로 자연 이치를 풀어나가는 중요한 역할을 한다. 가장 대표적인 것이 '동서남북 사방팔방'이라는 말이 있다. 주역의 64괘는 8x8=64가 되므로 64괘와 일치한다. 숫자인연법에서 숫자 8은 '오행'의 작용에 의하여 8방 방향으로 '사방팔방'으로 변화를 일으키게 된다. 팔자 八字는 사람의 한 평생 운수로 사주팔자에서 유래한 말로 사람이 태어난 해와 달과 날과 시간을 간지干支로 나타내면 여덟 8글자가 되는데, 이 속에 일생의 운명이 정해졌다고 본다.

누에고치 모양이 8자 모양인데 누에고치가 2개가 서 있는 모양이 88이다. 잠실蠶室은 서울 송파구에 있다. 보잘것없는 강변의 땅에다 뽕나무를 심고 누에를 친 데서 유래한 이름이다. 이곳에서 세계는 하나로 서울은 세계로 가는 88올림픽 세계축제가 열렸다. 잠실은 옛날 뽕나무는 간 곳이 없고 신천역, 잠실역을 중심으로 대단위 아파트, 호텔, 백화점, 롯데월드와 종합경기장이 자리한 곳으로서 세계에서 가장 높은 555m로서 123층 건물(하늘 1, 땅 2, 사람 3)이 함께하는 곳이다.

8은 천부경의 생성하는 숫자 중 가장 활발하고 중심이 되는 숫자이다.
8은 생장의 완성인 정역8괘도이다.
8은 동서남북 사방8방의 변화이다.
8은 사람의 한평생은 8자로 살아간다.
8은 세계를 하나로 하는 88올림픽의 누에고치이다.

2003년 02월 28(8-3)일 서울시를 퇴직하였는데 구입한 차량번호가 경기 47라 3228이니 서울시 참먹이방을 나간 날이 2003년 02월 28일이고 참먹이 방을 들어 가는 차량번호가 3228이니 끝과 시작이 공교롭게도 같다. 우연인가? 필연인가?

2013년은 五十而知天命하고 五十而學易을 하기로 다짐하고 10년이 되는 해 이다. 수성首星엔지니어링 사장 때에 현대차 제네시스 차량번호 62어8703이 나 의 동반자가 되었다. (62세 때) 차량번호가 종전에는 각 지역별로(예 경기) 앞머리를 두고 번호가 부여되었는데 이제는 숫자가 먼저 머리로 나온다. 세상은 쉼 없이 변 화한다. 우리 집 주소도 과천시 ○○○ 15-139 지번에서 과천시 ○○○○ 26으로 바뀌었다. 아직은 병행으로 사용하고 있다. 또한, 경기 47라3228 그랜저 차량은 집사람이 이용하고 있으며 나중에 산 62어8703 제네시스 차량(8-4)과 내구연한이 다하는 날까지 함께 동반자의 역할을 할 것이다.

차량번호 62어8703(8-4)을 풀어본다

차량의 앞 번호 62를 살펴보면

천부경은 「석삼극무진본 천일일 지일이 인일삼 일적십거무궤화삼 천이삼 지이삼 인이삼 대삼합육 생칠팔구 운삼사성환오칠 析三極無盡本 天一一 地一二 人一三 一積十鉅無化三 天二三 地二三 人二三 大三合六 生七八九 運三四 成環五七」

한은 나투어 세 극을 이루나 다함이 없는 근본이니라. 세 극은 하늘과 땅과 사람이니라. 하늘은 한의 첫 번째 나툼이요, 땅은 한의 두 번째 나툼이요, 사람은 한의 세 번째 나툼이요, 한은 열 곱으로 불어나면서 모자람이 없이 세 극으로 화하느니라.

하늘과 땅과 사람은 각각 맞 짝과 세 극을 지니고 있느니라. 세극은 여섯수로 어울리고 일곱 여덟 아홉수로 생성하며 셋과 넷수로 운행하고 다섯과 일곱수로 고리를 이루느니라.

천부경에서 육6은 하늘 땅 사람의 세 극은 모자람이 없이 세 극으로 화하여 생성하는 수중 첫 번째 여섯수로 어울린다 하였다.

또한, 이2는 땅으로서 한의 두 번째 나툼이요, 하늘과 땅과 사람은 맞 짝과 세 극을 지니고 있느니라.

정역에서 이2는 「금화2송金火二頌」에서 금화金火를 두 번째로 기린다는 뜻으로 금화는 금金에서 화火로 한다. 화에서 금으로 하면 선천수先天數요 금에서 화로 하면 후천수后天數가 된다. 이는 구이착종九二錯綜이란 후천수后天數의 금화金火를 말하는 것이다.

금 金
十九八七六五四三二一

화 火
一二三四五六七八九十

일부一夫님의 태어나신 1826년 10월 28일을 풀어본다

일부님은 1826년 10월 28일 날 충남 논산군 양촌면 남산면 담곡리(당골) 오도산五道山에서 태어났다. 일부님은 1881년 6월 22일에 대역서大易序를 완성하였다. 그리고 3년 후인 1884년 6월 26일에 「정역正易」의 상경에 해당하는 십오일언十五一言에서부터 일세주천율려도수一歲周天律呂度數까지 초고를 정리하고 그 자신도 역리의 신묘성을 스스로 찬탄하였다 한다. 그리고 상경 말미의 정역시正易詩와 포도시布圖詩를 하경인 십일일언十一一言과 십일음十一吟까지를 다음 해인 1885년 6월 28일에 「정역正易」을 완성하였다.

6은 천부경에서 생성하는 수중 첫 번째로 어울리는 수라고 하였다. 정역에서는 포오합육의 육6의 자격이다.

2는 천부경에서 땅으로서 한의 2번째 나툼으로 맞 짝(2)을 지니고 있다. 정역에서는 금화2송으로 선천에서 후천으로 가는 금화문을 열고 있다. 일부님은 1826년에 태어나셨다. 태어난 해가 26년으로 6과 2로서 금화가 되어있다. 대역서의 상경인 십오일언을 62와 26선후천이 함께하는 1884년 6월 26일에 완료였다. 정역의 전부인 상경인 십오일언과 하경인 십일일언을 1885년 6월 28일 완성하였다. 6과 2를 합하면 8이 된다. 그래서 6월 28일이다. 사방 8방으로 금화문을 열어놓았다.

차량의 뒷번호 8703을 살펴보면

87에 대하여 살펴보면

천부경에서 「대삼합육 생칠팔구 운삼사성환오칠大三合六生七八九 運三四成

環五七」세극은 여섯수로 어울리고 일곱 여덟 아홉수로 생성하며 셋과 넷수로 운행하고 다섯과 일곱수로 고리를 이루느니라. 세상을 열어가는 7,8,9중 7로서 시작을 하고 8로서 중심 역할을 하는 7과 8이다. 여기서 8과 7은 7과 8의 금화문이다.

8에 대해서는 3228의 끝수인 8에서 살펴본 내용과 같으며 생장의 완성인 정역8괘도이다. 동서남북사방8방의 변화이다. 사람의 한평생은 8자로 살아간다. 세계를 하나로 하는 88올림픽의 누에고치이다.

7은 생성하는 일곱7로 세상을 열며 일곱7은 다섯5와 일곱 7수로 고리를 이룬다. 일곱7은 끊임없이 이어져 가는 자강불식의 북두칠성이다. 7에 대하여는 47의 7에서 살펴본 내용과 같으며
사방으로 배치된 28수 별에서 동방7수, 남방7수, 서방7수, 북방7수 각방향의 7수별이다.

87은 팔8과 일곱7을 합하면 십오15가 된다. 정역의 십오일언十五一言이다. 또한 팔8과 칠7을 곱하면 오십육56이 된다. 포오합육包五合六이 된다. 다시 5와 6을 더하면 11이 된다.
왜 78이 아니고 87일까?
정역의 상경인 십오일언과 하경인 십일일언을 전부 완성하고 서정하신 날이 1885년 6월 28일이다. 62어8703에서 6과 2를 합하면 8이 된다. 8로서 금화문을 열게 된 것이다.

십오일언十五一言은 정역에서 상편에 해당되며 하편은 십일일언十一一言이 된다. 십오일언은 기축己丑에서 무술戊戌까지의 十과 무술戊戌에서 임인까지의 五를 합하여 十五를 말한 것이다. 십오十五 수로 나타낸 것에는 정역에 십오일언十五一言 십오일일절十五日一節, 십오분일각十五分一刻, 십오존공十五尊空, 십오가十五歌, 십오귀공十五歸空 등이 있다. 십오十五는 시간 時間의 기

준이며 성장의 시작이다. 십오가十五歌는 십오일언을 노래한 것이다. 十五는 十一에 대하여 체體가 되고 十一은 十五에 대하여 용用이 된다. 87은 십오일언十五一言을 밝혀주고 있다. 87은 십오일언十五一言으로 금화문金火門을 활짝 열어 놓았다. 다음으로 이어가는 03은 어떠한 의미가 있을까?

03에서 0에 대한 내용을 보면

「위키백과」에 0零은 −1보다 크고 1보다 작은 정수이다. 수를 표기 위한 숫자이다. 수로서의 0은 덧셈에 대한 항등원이며 수직선과 좌표계의 0점이 된다. 음의 값이 없는 양量을 나타낼 경우에 0은 무無와 같은 뜻으로 쓰기도 한다고 정의하고 있다. 0은 없음과 있음 사이에 완벽하게 이원적인 성질을 지닌 존재이다. 음수와 양수의 정중앙 지점에 놓여있는 중의 존재이다. 자기 자신 스스로는 어떤 존재도 없으면서 모든 음과 양의 존재들을 묶어주고 결합시켜주는 중심과 균형 속에 있는 존재이다. 동서남북 사방팔방 우주시공간으로 뻗어 나가는 양의 변화(+)와 줄어가는 음의 변화(−)에 양수와 음수의 정중앙 지점 중심 0점이 된다. 각 좌표의 숫자(예100)에 0을 더하거나(+) 빼주더라도(−) 0의 존재가 영향을 미치지 못하지만(예100+0=100, 100−0=100) 중심 0은 그대로 존재한다. 변함이 없는 중의 원리 中의 原理라 하겠다. 우주의 중심 북극성이며 하늘이다. 천부경의 「일적십거무궤화삼一積十鉅無櫃化三 천이삼 지이삼 인이삼 대삼합육 생칠팔구 天二三 地二三 人二三 大三合六 生七八九」에서 한은 열 곱으로 불어나면서 하늘과 땅과 사람이 여섯수로 어울리고 일곱 여덟 아홉으로 생성하더라도 「일시무시일……일종무종일一始無始一…… 一終無終一」 한은 비롯이니 한의 비롯은 없느니라……한은 끝맺음이니 한의 끝맺음은 없느니라. 0은 한의 비롯이며 한의 끝맺음이며 없음을 나타내고 있다. 동서남북사방팔방 우주시공간으로 팽창확장해가는 양의 변화(×)와 나누어 분열해가는 음의 변화(÷)에 양수와 음수의 정중앙 지점 중심 0점이 된다.

508

각 좌표의 숫자(예100)가 무수히 팽창확대 곱하여 우주 끝까지 가더라도 0의 존재는 그대로 0(예100×0=0)으로 되고, 또한 무수히 나누고 분열하여 초세입자 세포가 되더라도 그대로 0(예100÷0=0)으로 존재한다. 0을 곱하거나 나눌 경우 어느 곳이나 어느 시간이나 0의 존재가 있음을 나타내고 있음으로 하늘의 근본은 변함없이 항상 함께하고 있다 하겠다. 우주의 중심 북극성을 중심으로 우주 만물 사방팔방 천지인에 하늘이 함께 한다.

천부경의 한은 비롯이니 한의 비롯은 없느니라……한은 끝맺음이니 한의 끝맺음은 없느니라. 천부경과 정역에는 직접 0에 대한 언급은 없지만 보이지 않는 전체인 한의 근본 자리가 0이라 하겠다.

현상계에서 0은 모양이 원이다.
하늘의 모양은 ㅇ이다.
땅의 모양은 ㅁ이다.
사람의 모양은 △이다.

ㅇ은 한얼 정신이 깃든 머리이다.
ㅁ은 몸뚱어리이다.
△은 팔다리이다.

ㅇ의 운동경기 기구는 축구공, 볼링공, 테니스공, 골프공 등 다 둥글게 굴러간다.
ㅇ우주 전체 만물이 하늘을 중심으로 도는 모양이다
ㅇ은 사방팔방의 ＋－× ÷의 중심 0으로 우주 태초의 하늘의 자리를 지키고 있다.

ㅇ은 팽창확장 발전하여 갈 때 10단위마다 계속 순환하여 쌓아간다. (10, 20, 30, 40…∞) 무한대로 쌓여가지만
숫자1, 2, 3, 4, 5, 6, 7, 8, 9는 0과 0사이에서 다시 계속 순환하고 있다. (⑩, 11, 12, 13, 14, 15, 16, 17, 18, 18, ⑳, 21, 22, 23, 24…)

한의 근본 자리인 0으로 다시 돌아왔다. 윷판에서 참먹이를 출발한 넉(4)동의 봄 여름 가을 겨울이 다 지나고 원래 자리 참먹이로 역할을 다하고 돌아갔다. 한의 근본 자리 0으로 돌아서 가시었다. 사람으로 보면 일생을 마친 것이다. 여기까지 가 先天의 일이다.

영삼03에서 삼3의 내용을 보면

그러나 천부경의 3과 정역의 3은 혼란과 절망에서 광명과 희망의 새로운 세상을 천명天命하고 있다. 감히 감복하여 3의 의미를 정리해 보고자 한다.

천부경에서 「일시무시일 석삼극무진본 천일일 지일이 인일삼一始無始一 析三 極無盡本 天一一 地一二 人一三」한은 비롯이니 한의 비롯은 없느니라. 한은 나투어 세 극(3)을 이루나 다함이 없는 근본이니라. 세 극(3)은 하늘과 땅과 사람이 니라. 하늘은 한의 첫 번째 나툼이요, 땅은 한의 두 번째 나툼이요, 사람은 한의 세 번째(3) 나툼이니라고 하였다.

「일적십거무궤화삼 천이삼 지이삼 인이삼 대삼합육 생칠팔구 운삼사성환오칠 一積十鉅無軌化三 天二三 地二三 人二三 大三合六 生七八九 運三四成環 五七」한은 열 곱으로 불어나면서 모자람이 없이 세 극(3)으로 화하느니라. 하늘 과 땅과 사람은 각각 맞 짝과 세 극(3)을 지니고 있느니라. 세 극(3)은 여섯수로 어 울리고 일곱 여덟 아홉수로 생성하며 셋(3)과 넷수로 운행하고 다섯과 일곱수로 고 리를 이루느니라.

「일묘연 만왕만래 용변부동본 본심본태양앙명 인중천중일 일종무종일 一妙衍 萬往萬來 用變不動本 本心本太陽昂明 人中天中一 一終無終一」한은 걸림 없이 변화하지만 움직임이 없는 근본이니라. 마음의 근본과 햇빛의 근본은 더없이 밝나니 사람과 하늘 가운데 있는 한이니라. 한은 끝맺음이니 한의 끝맺음은 없느 니라. 3은 천부경 81자 중 총 8자가 등장하고 있다.

1은 11자, 2는 4자, 3은 8자, 4는 1자, 5는 1자, 6은 1자, 7은 2자, 8은 1자, 9는 1 자, 10은 1자, 숫자 31자이고 언어가 50자로 구성되어있다.

석삼극의 3극은 하늘 땅 사람이다. 인일삼의 3은 사람이 한의 세 번째 나눔이다 라고 하였다. 천이삼, 지이삼, 인이삼의 3은 하늘과 땅과 사람은 맞 짝과 세 극(3) 하늘, 땅, 사람을 지니고 있다. 대삼합육의 3은 세 극(3) 하늘, 땅, 사람은 여섯수와 어울리고 하나둘셋(3) 넷으로 운영한다.

정역에서 3은 어떠한 의미일까?

금화이송의 「화삼벽이일관化三碧而一觀」 화삼벽은 세가지의 푸른것으로서 일손풍 一巽風 二天 三兌澤이다.

「풍삼산이일관風三山而一觀」 풍삼산은 세 가지 산으로서 육진뢰六震雷, 칠지七地, 팔간산八艮山이다.

「삼오착종삼원수三五錯綜三元數」 변화變化의 원칙으로서 갑진甲辰이 무진戊辰으로 변하는데 갑삼甲三이 무오戊午수로 변하면서 이를 선천先天의 삼원三元이다.

천지인天地人의 삼원三元과 재래 역법의 상원上元, 중원中元, 하원下元의 선천을 삼원三元으로 후천을 오원五元으로 볼 수도 있다. 「삼원오원三元五元」 선천의 三元과 후천의 五元이다.

「삼재문三才門」 천지인天地人을 삼재三才라하니, 재才란 크다는 뜻이며 문門이란 금화문金火門으로서 天地도 이 문에 出入을 하고 사람도 이 문에 出入을 하여 천지인 삼재문三才門이라 한다. 「삼절위편오부자 불언무극유의존 三絶韋編吾夫子 不言無極有意存」 공부자孔夫子가 늦게서야 역易을 좋아하여 얼마나 많이 읽었는지 가죽끈을 엮은 간책簡册이 세 번이나 끊어졌다고 史記에 보인다. 가죽끈으로 엮어진 역易을 세 번이나 닳아서 끊어트린 공부자孔夫子가 무극无極을 뜻으로만 두고 말씀을 아니 하셨다는 말이다.

「삼지양천三地兩天」 二四六八十중 六八十은 삼지三地가 되고, 二四는 양천兩天이 된다. 이는 후천后天의 상상이다.

「삼천양지 三天兩地」 一三五七九중에서 一三五는 삼천三天이 되고 七九는 양지兩地가 된다. 이는 선천先天의 상상이다.

「삼팔봉三八峰」 삼팔三八은 정역괘의 간태艮兌를 말한다. 동산東山의 제일이

삼팔봉이다.

「정역삼극正易三極」은 태극太極(1) 황극皇極(5) 무극无極(10)이다.

「정역正易(2-14)」 대역서大易序(5-61)에서 천지경위이천팔백년天地傾危二千八百年이란 천지가 경위 된 지 2800년 동안 음양 조화를 잃은 문왕팔괘도의 건곤이 서북과 서남에 경위 되었음을 말한 것이다. 또한, 삼3천양2지 參天兩地의 천지 음양의 괴리를 뜻한다. 공자님이 먼저 말씀한 「주역」 십익의 뜻을 계승하여 일부님의 「정역」은 출현한 것이다. 일부님은 천지의 성정性情인 건곤乾坤의 뜻을 체득하여 천지 무형의 본체적 존재로서의 십오존공원리 十五尊空原理를 통관함으로써 십오성통十五聖統의 천지역수원리를 천명한 통천通天의 대성大聖이라면 공자님은 천지 만물의 유형한 이치를 깨달아 십오건곤의 뜻을 받듦으로서 글자의 사덕을 천하에 달행하는 인도중심의 역리를 밝힌 친천지성親天之聖이다. 정역正易은 '역자역야易者曆也'라는 기본 명제에 따라 '씨와 열매'의 관계와 같이 하나이면서 둘이요, 둘이면서 하나인 「십오존공원리」와 「십일귀체원리」를 천명함으로서 「사역변화원리四曆變化度數」를 새로이 발견하였고, 따라서 원역 도수를 처음 밝힘으로서 공자님이 말씀한 정역 도수와 배합 일치시켜 역의 근본 문제를 해결하였다.

일부님은 삼천 년간 적덕하여 온 가문의 태생인 까닭에 그의 도학이 능히 「천지제일원」 자리를 통관할 수 있는 경지에 도달할 수 있었던 것이며 그의 육십년솔성지공六十年率性之工이 이루어진 것이다.

3은 하늘 땅 사람이 함께하는 삼재문이다.
3은 공자님의 무극에 대한 묵언으로 정역이 탄생되었다.
3은 삼지양천으로 후천의 산을 놓았다.
3은 동산제일의 가장 큰 산이다.
3은 태극(1) 황극(5) 무극(10)의 3극이다.
3은 3천 년 적덕의 솔성지공으로 이루어진 제3의 역학이다.
3은 하늘 땅 사람이 하나가 되어서 태극, 황극, 무극으로 끊임없이 이어지는 광명과 자유와 기쁨으로 홍익인간하고 이화세계 하는 제3의 역학의 시대가 열린 다는 뜻이다.

하도는 우주와 인간의 생장발전과 결실성도를 예시하는 완전무결한 진선진미한 십수가十數家의 설계도를 제시했으나 불완전하고 부조화된 천지경위의 3,000여 년의 낙서의 구궁도九宮圖로 바뀌어 부조화와 부조리, 투쟁으로 천리가 점철되어 왔다. 비롯은 끝이 있고 낡은 것은 무너지고 그 자리에 정역正易 새 생명의 새싹 이 움터 나오는 때가 되었다.

9편

천부윷판 건강관리
(천지인도 天地人道)

○. 조식調息, 지감止感, 금촉禁觸을 만나다

　천부경을 알기 전에는 틈틈이 땀을 흘리는 축구나 산행을 하고 볼링 등을 주로 하면서 체력을 유지하였다. 주·야간 작업을 하는 거치른 지하철 현장에서 술자리는 많은 편이며 일의 해결을 위하여 폭음을 마다하지 않았다. 부모님께서 주신 기본 체력 덕분에 잘 버티어 냈지만 자주 감기가 걸리고 콜록콜록 기침도 많이 했었다.

　88년 서울올림픽 개최 전인 87년 경 국운 상승의 기류를 타고 불어온 우리나라 뿌리찾기운동으로 '정감록'과 '단'을 읽고 면면히 흐르는 한민족의 혼이 살아 숨 쉬고 있으며 조상님들이 지켜 이어오신 단전호흡법이 있음을 알게 되었다. 절망의 늪에서 만난 한민족 경전인 천부경天符經은 꺼져가는 촛불을 다시 밝히게 하였으며 광명의 세계로 자신만만하고 당당하게 설 수 있는 계기가 되었다. '하늘은 극복할 수 있는 시련을 준다', '하늘은 찾으면 항상 함께 하고 계신다', '태어남은 돌아가신 조상님에 공덕으로 필연적인 태어남이다', '성통공완을 위하여는 조식, 지감, 금촉의 삼법수행을 생활화 하여야 한다'

　시중에 나온 단전호흡 책은 다 사서 보았다. 똑 부러지는 호흡법을 제시한 책은 없고 호흡법에 대하여 뜬구름 잡는 식의 나열들 뿐이다. 나름대로 천부경에 나온 조식법과 단전호흡 방법을 정리하여 매일 새벽에 절을 드리고 단전에 의식을 두고 긴 호흡(1회 81초)을 한다, 정좌하여 앉는다. 항상 단전에 의식을 두고 일상적 호흡을 한다. 지하철에 타면 좌석에 앉지 않고 일부러 조용한 자리를 잡고 1회 10초의 단전호흡을 한다.
　선도체험기(김태영님)를 읽으면서 체험사례와 나의 숨 쉬는 방법을 비교도 해보면서 깊은 내면의 세계를 조금씩 알게 되었다. 직장, 가정, 친구 관계 등 모든 면에서 즐겁고 당당하고 자신이 있게 하는 일이 풀려나가는 느낌이다. 잘 걸리던 감기도 걸리지 않게 되었다.

87년부터(36살) 95년까지(44살) 8년 동안 정신적으로 육체적으로 나를 지켜주고 끌어준 삼법수행인 천부경의 조식법은 나의 삶에 가장 중요하였으며 왕성한 활동의 시기였다.

서울시 직장에서는 개포구획정리사업지구 감독 시절로 불법업체계약에 따른 중징계와 교량붕괴 안전사고에 따른 탄천 하수처리장 근무를 하게 되었고, 7급으로 진급하여 10년간 6급으로 있다가 6급 계장에서 5급 과장으로 진급한 영광스러운 경사도 있었다. 이 시기에 땅속의 물을 알기 위하여 석사과정을 마치고 학위를 받았다. 서울지하철 5호선을 착공 시작하여 천호동 한강통과, 길동 네거리 건물 통과 등 난공사구간을 완료하였으나 갈등 속 모함으로 송파구청으로 자진하여 근무하게 되었다. 현실생활의 갈등과 불신을 극복하고 받아들이며 마음공부에 전념을 하였다고 생각한다.

"일신강충一神降衷하여 성통광명性通光明하니 재세이화在世理化하여 홍익인간弘益人間하라"는 하늘 말씀 실현은 조식법으로만 되는 것이 아니고 지감과 금촉의 마음과 몸이 함께하는 공부가 되어야 함을 알게 되었다.

96년부터 98년까지 2년간은 잠실 롯데 123층 빌딩이 있는 송파구청에서 근무하였다. 마음공부와 병행하여 건강한 몸공부가 되지 않으면 공염불에 불과하다는 결론을 얻었다. 단전호흡을 중단하였다. 그리고 체력을 단련시킬 수 있는 서울대공원 달리기를 아침에 시작하였다.

또한, 공기 좋고 살기 좋은 과천에 살면서도 동네의 고마움을 알지 못했지만 우리 동네 청계산 매봉 밑에 있는 문원동 테니스장에서 테니스를 시작하게 되었다.

나이가 많지만 레슨도 받고 열심히 연습을 하였다. 그러나 젊은 친구들과 어울리기에는 실력이 따라가지 못함은 사실이다. 동네 분들과 운동을 하고 땀을 흘린 후 시원한 맥주와 막걸리 마시는 인간미도 알게 되었다.

서울지하철의 갈등과 불신을 피하여 송파구청으로 새로운 시작을 위하여 갔으나 잠실구획정리지역의 신도시 송파는 돈과 이권으로 뒤범벅이 된 개발지역으로 갈등과 불신이 더 점철되어 있었다. 더 이상 견디지 못하고 2년 만에 다시 서울지하철로 돌아가게 되었다.

98년 서울지하철로 돌아가면서 서울시 별관 12층에 있는 국선도(9-1) 수련실에 등록하여 공식적인 국선도 단전호흡을 시작하게 되었다. 98년 1월 8일 시작하여 2003년 3월까지 6년간은 서울지하철 7호선 건설개통과 서울지하철 유지관리계측, 서울지하철 환승 편의시설을 하면서 토목의 최고의 고지인 '토질 및 기초기술사'를 합격하였다.

국선도 선도활법仙道活法 건체강심建體康心 효천애교孝踐愛橋 일화창생一和蒼生의 후령에 맞춘 몸공부는 참으로 대단한 효과가 있다. 단계별로 어려움을 극복하고 승진하여 올라가는 과정에서의 매력과 건강한 체력 유지는 지하철 건설과 토질 기술사 공부, 학업을 병행하여 수행토록 하는 원천의 힘이 되었다. 생업과 학업을 병행하면서 박사과정을 마치게 되었다.

2003년 서울시를 명예퇴직하여 2008년까지는 5년간을 혼자서 삼법수행을 하였다. 2008년 잠실에 있는 ㈜수성에 근무하면서 석촌네거리 김종필 원장님이 운영하는 국선도 도장(9-2)에 새벽에 나가면서 다시 국선도를 시작 10년(2011년)만에에 꿈에 그리는 흰 도복 검정 띠를 차게 되었다. 새벽 국선도 수련은 체력을 강하게 단련하는 효과가 대단함을 실감하게 되었다.

이제는 과천집에서 나름대로 그간 공부한 천부경 삼법수행(9-3)과 국선도 수련법을 근간으로 하여 나의 건강관리법을 정립하게 되었고 틈틈이 수행하고 있다.

축구와 테니스와 골프 등 구기 종목의 운동은 즐기면서 체력을 단련하는 운동으로서 공(하늘○)을 가지고 경기장인 땅(□)에 기초 뿌리를 두고 사람(△)의 팔다리로서 중심을 만들어 공(하늘○)을 목표한 것으로 좌우상하 동서남북 사방팔방으로 보내어 상대방과 즐기는 운동이다 하늘(○) 공을 가지고 사람(△)이 다리와 팔로서 땅(□)에서 노는 운동경기이다. 구기 종목에서의 중심역할은 사람(△)의 팔과 다리이다.

삼법수행三法修行(9-1)은 다 함께 공유하고 있는 무한대의 자연 공기를 코로 들여마시고 마신 공기를 하단전까지 내리고 내단하여 탁한 공기를 자연으로 보내는 순환의 연속이다. 하늘이 주신 머리(○)와 땅의 역할인 몸통(□), 사람의 역할인 다리(△)가 석삼극무진본의 하나가 되어 수승화강水昇火降 하여 참된 자아인 원신元神을 각성하는 수행법이다. 수승화강水昇火降이 되면 원신元神을 각성하고 진공묘유眞空妙有의 경지를 알게 된다.

하늘(머리○)을 머리에 두고 땅(몸뚱이 하단전□)을 중심에 두고 자신의 호흡을 조절하여 사람(팔, 다리.△)이 몸 안에 있는 정기신精氣神을 합일시키고 단련하여 선천적 밝음을 되찾는 정신수련법이다. 삼법수행의 중심역할은 사람인체의 하단전이다.

○. 천부경 삼법수행법三法修行法

(홍익학당 대표 윤홍식 님 강좌 내용을 발췌하여 정리하였다)

천부경 삼법수행법은 본인의 나이 62세가 되던 해 홍익사상을 펼치고 있는 윤홍식 대표님의 단학을 알게 되었다. 그간 20여 년간 찾고 헤맸던 우리 한민족의 삼법 수련법이 천부경 의미를 명확하게 살려 잘 설명되어있기에 요약하여 감사하는 마음으로 정리하였다.

삼일신고 1장 — 천훈天訓

너의 저 오가들아!

저 푸른 것이 하늘이 아니며 저 까마득한 것이 하늘이 아니니라 하늘은 허울도 바탕도 없고 시작도 끝도 없으며 위와 아래와 사방과 겉도 속도 없느니라. 하늘은 어디나 있지 않은 데가 없으며 무엇이나 싸지 않은 것이 없느니라.

→ 본래 그 자체로 완전하며 모든 존재의 바탕이 되는 **창조 이전의 하느님 무극無極을 설명**하고 있다.

삼일신고 2장 — 신훈信訓

하느님은 그 위에 더없는 으뜸 자리에 계시사 큰 덕과 큰 슬기와 큰 힘을 지니시고 하늘을 내시며 수 없는 누리를 주관하시느니라. 만물이 생겨남에 있어 티끌만한 것도 빠트리심이 없나니 밝고도 신령하시어 구태여 이름 지어 헤아리지 아니하시느니라. 하느님은 소리나 기운으로 원하여 빌면 대할 수 없나니 스스로의 성품에서 씨알을 구하라. 그리하면 너희 머릿골에 내려와 계시느니라.

→ 만물의 직접적인 뿌리가 되는 모든 존재의 **창조주 하느님 태극太極을 설명**하고 있다.

삼일신고 3장 ― 천궁훈天宮訓

하느님 나라에는 천궁이 있어 온갖 착함으로 섬돌을 하고 온갖 덕으로 문을 삼았느니라. 천궁은 하느님이 계시는 곳으로써 뭇 신령과 모든 밝은이들이 받들고 있나니 지극히 복되고 가장 빛나는 곳이니라. 오직 성품을 통하고 공적을 다 마친 사람이라야 천궁에 가서 영원한 복락을 얻을지니라.

→ 우주의 중심에 자리하며, 우주 만물을 다스리는 **통치자 하느님 황극皇極을 설명**하고 있다.

삼일신고 4장 ― 세계훈世界訓

너희들은 총총히 널린 저 별들을 바라보라. 그 수가 다함이 없으며 크고 작고 밝고 어둡고 괴롭고 즐거워 보임이 서로 같지 않느니라. 하느님께서 모둔 누리를 생겨나게 하시고 그중에서 해누리 맡은 사자를 시켜 칠백 누리를 거느리게 하셨느니라. 너희가 살고 있는 땅이 제일 큰 것 같으나 작은 한 개의 덩어리로 된 세계이니라. 지진이 일어나고 화산이 터져 바다가 육지 되고 육지가 바다 되면서 마침내 형상을 이루었느니라. 하느님께서 기운을 불어넣어 밑까지 싸시고 햇빛과 열을 쬐시니 기어 다니고, 날고, 탈바꿈하고 헤엄질치고, 심는 온갖 동식물이 번성하게 되었느니라.

→ 2장에서 말한 **창조주 하느님께서 창조한 세계를 추가로 설명**하고 있다.

삼일신고 5장 — 진리훈眞理訓

사람과 만물이 다 같이 세 가지 참함을 받나니 그것은 성품과 목숨과 정기이니라. 사람은 이 세 가지를 옹글게 받으나 만물은 치우치게 받느니라.

참 성품은 착함도 악함도 없으니 가장 밝은 지혜로써 두루 통하여 막힘이 없고, 참 목숨은 맑음도 흐림도 없으니 다음 밝은 지혜로써 다 알아 미혹함이 없으며, 참 정기는 후함도 박함도 없으니 그 다음 밝은 지혜로써 잘 보전하여 이지러짐이 없나니 모두 참으로 돌이키면 하느님과 하나가 되느니라.

뭇 사람들은 아득한 땅에 태어나면서부터 세 가지 허망한 뿌리를 내리나니 그것은 마음과 기운과 몸이니라.

마음은 성품에 의지한 것으로서 착하고 악함이 있으니 착하면 복이 되고 악하면 화가 되며 기운은 목숨에 의지한 것으로써 맑고 흐림이 있으니 맑으면 오래 살고 흐리면 일찍 죽으며, 몸은 정기에 의지한 것으로써 후하고 박함이 있으니 후하면 귀하고 박하면 천하게 되느니라.

참함과 허망함이 서로 맞서 세 갈래 길을 만드나니 그것은 느낌과 숨 쉼과 부딪힘이니라. 세 갈래 길은 다시 열여덟 갈래로 갈라지나니 느낌에는 기쁨과 슬픔과 성냄과 두려움과 탐냄과 싫어함이 있고, 숨 쉼에는 향기와 난기와 한기와 열기와 진기와 습기가 있으며, 부딪힘에는 소리와 빛깔과 냄새와 맛과 음탕함과 살닿음이 있느니라.

뭇 사람들은 착하고 악함과 맑고 흐림과 후하고 박함이 서로 얽히어 막다른 길을 좇아가며 제 마음대로 살다가 쇠약해져서 병들고 죽는 고통을 겪게 되느니라.

밝은 사람은 느낌을 그치고 숨 쉼을 고루하며 부딪침을 금하여 오직 한 뜻만을 행함으로써 허망함을 돌이켜 참에 이르나니 신기가 크게 발하여 성품을 통하고 공적을 완수하게 되느니라.

→3장에서 말한 **'성통공완'을 추가로 설명**하고 있다.

□. 천부경 정신 수련법

사람의 인체는 크게 머리는 하늘(o), 몸통 땅(ㅁ), 다리 사람(△)로 나뉘어진다. 인체의 3가지 기본 요소인 정精(물질), 기氣(에너지), 신神(의식)으로 구성되어 있다.

지감止感의 뜻은 마음을 고요하게 하는 것이고
조식調息의 뜻은 숨을 고르게 쉬는 것이고
금촉禁觸의 뜻은 오감을 절제하는 것이다.

마음과 기운과 몸을 단련하여 큰 덕과 큰 지혜와 큰 힘을 나투도록 배양하여서 참나를 깨닫고, 이치대로 살아 성통공완을 이루니 다함께 홍익인간弘益人間 하자는 수련법이다.

정精에 대하여 살펴보면

정精은 우리의 몸과 물질을 이루는 근본으로서 쌀미米자와 푸를청青자의 합성어이다. 생명을 탄생시키는 쌀로서 푸른 싹을 키우는 씨앗이다.

선천적인 정精은 만물을 낳는 무형의 생명을 뜻한다. 후천적인 정精은 우리가 먹고 마시는 음식물에서 이루어진다. 선천적인 정은 원정元精으로서 근원적인 에너지가 응축된 우주 만물의 근간인 씨앗이라고 할 수 있다. 후천적인 정精은 음식물에 의해 이루어지는 머리와 몸과 팔다리에 공급된 각종의 진액이다.

기氣에 대하여 살펴보면

정(물질)과 신(정신)을 이루는 근본적 기운으로서 맑은 기운은 정신을 이루고 탁한 기운은 물질을 이룬다.

여러 기운 중에 가장 근본이 되는 음양이 갈리기 전의 선천적 기운인 혼원일기混元一氣(무극無極)는 태초 우주의 정신적인 존재들과 물질적 존재의 바탕이 되는 궁극적 존재가 된다.

후천적인 기氣는 무한대의 우주 공간에서 공유하고 있는 숨 쉬는 호흡과 땅에서 생명을 유지하고 있는 음식물에 의해 이루어지는 기운을 의미한다.

선천적인 원기元氣는 인간이 태초로부터 존재하고 있는 물려받은 생명의 근원적인 에너지가 된다.

神에 대하여 살펴보면

신神은 정기精氣를 주재하는 정신적인 작용으로서, 큰 개념으로는 우주를 주재하는 신神(우주신, 우주의식)과 한 몸에 이르러서는 육신을 주재하는 마음(心)이 모두 신에 해당한다.

우주와 인간의 본질적인 신의 모습은 하나이며, 우주의 마음인 하느님께서 우리의 몸(삼일신고 신훈에 자성구자 강재이뇌)에 거주하고 있으니 이것이 우리의 정신작용의 핵인 원신元神이 된다.

후천적인 신神은 옳고 그름의 시비와 좋고 나쁨의 선악을 가리며 오욕칠정이 교체되는 자리이다. 언제 어디서나 생각과 의심(알음알이)의 희로애락애오욕의 감정이 파동을 일으켜 잠시도 쉼이 없는 인간의 일반적인 의식에 해당된다.

선천적인 원신元神은 사람의 생각 사유와 감정에 영향받지 않는 순수의식(알아차림)인 사람의 맑은 본성 그대로이다.

정·기·신 精 氣 神에 대하여 정리하면

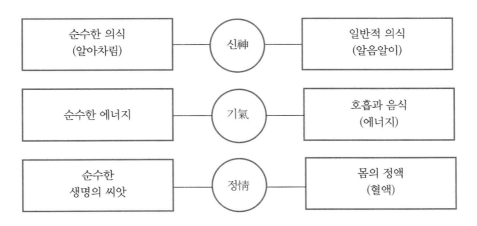

정기신精氣神은 사람인체의 5장6부에 중요한 요소이다.

□. 천부경 단학 수련법

단학丹學이란?

　단학丹學이란 사람이 호흡을 고르게 쉬어 조식調息하고 자신의 본래의 모습을 되찾기 위한 정신 수련법이다. 호흡을 고르게 쉰다는 것은 들숨과 날숨을 그 길이나 굵기에 있어서 균등하게 조절하여 음양을 고르게 한다는 의미이다. 고르게 들이쉬고 내쉬다 보면 기운이 음양의 균형을 회복하게 되고 호흡이 점점 깊어지다 보면 기운의 본래 모습 원기元氣를 회복하게 된다. 기운이 본래의 모습을 되찾게 됨에 따라 인간의 정신 또한 본래의 모습인 원신元神을 찾게 된다.

　회복된 원기元氣, 원정元精과 원신元神의 참다운 결합에 의한 생겨난 정기신精氣神 합일체를 단丹이라고 한다. 단丹이란 글자는 일日과 월月이 합해져서 이루어진 글자이다. 여기서 해인 일日은 원신元神은 火의 龍을 뜻하고 달인 월月은 원기元氣인 水의 호랑이호虎를 뜻한다. 수화정기水火精氣가 결합된 것을 단丹이라 한다. 원기元氣는 양陽으로서 용龍과 火가 되고 원정元精은 음陰으로서 호랑이인 호虎와 수水가된다.

단학의 효능

　단학이란 자신의 숨쉬기 호흡을 조절하여 우리 몸 안에 있는 정기신精氣神을 합일시키고 단련하여 선천적 밝음을 되찾게 하는 정신수련법이다. 우리 몸 안의 정기 精氣가 충만해져서 육신의 건강을 회복하고 육신의 변화와 함께 정신精神 또한 크게 건강하게 된다.

육신의 변화를 살펴보면 호흡의 들숨과 날숨이 균형을 이루게 되면 우리 몸 안의 음과 양이 조화를 이루게 되며, 단전에 바른 기운이 모이게 됨으로 인해 우리 몸 전체에서 사투한 기운 풍사風邪가 물러가며 바른 기운 정기正氣가 온몸에 골고루 운행된다. 아랫배에 위치한 하단전에 바른 기운이 충만됨으로써 인체의 오장육부와 기능에 모든 변화에 활기를 준다.

육신이 점차 변화함에 따라 정신도 크게 변화하는데 우선적으로 마음의 번뇌와 스트레스를 씻어낼 수 있으며, 기억력과 집중력이 증진되고 사고의 폭이 확대된다. 우리의 정신은 항상 번뇌와 망상으로 쉴 틈이 없다. 들숨과 날숨이 안정되고 단전에 집중하게 되면 마음이 차차 고요하게 되고 쌓여있는 번뇌에서 벗어난 각성된 상태를 찾아갈 수 있다.

반복하여 수련하는 중에 집중력은 점차 상승하게 되며 잡념은 변화하여 일념一念을 이루게 된다. 정신이 하나로 합일습一되었을 때 기억력과 사고력은 비약적으로 계발된다. 단학수련을 통하여 숨이 고르게 조식調息이 이루어지면 번뇌 망상이 근절되고 정신집중이 잘되고 지감과 금촉이 다스려져 대덕, 대혜, 대력을 이루게 된다.

끊임없는 정진을 하면 현실의 생사를 초월한 각자의 참된 자아인 원신元神의 각성이라는 크나큰 깨달음을 얻을 수 있다. 이러한 정신적 변화는 육신의 변화와 더불어 시너지 효과를 발휘하여 우리의 삶을 근본적으로 변화시키게 된다. 이렇게 볼 때 지감·조식·금촉의 삼법수행의 단학丹學은 삼일신고三一神誥 진리훈眞理訓의 지감, 조식, 금촉하여 일의화행하면 반망즉진하고 발대신기하여 성통공완한다는 뜻에 따라 진정한 웰빙의 진수가 이루어진다.

단학수련행공

• 폐기閉氣란?

폐기閉氣란 하단전에 기운을 모으는 것이다. 단전에 기운이 모이게 되면 기운의 응축된 형태인 정精도 충만하게 된다.

혹은 복기伏氣 또는 누기累氣라고도 한다.

「황정경」에 "신선도사라 하여 별다른 신통이 있는 것이 아니다. 정精과 기氣를 쌓아서 참되게 하였을 뿐이다"라고 한 것은 바로 이것을 이른 말이다. 「용호비결」에서는 폐기閉氣, 태식胎息, 주천화후周天火候라는 단학의 3단계 과정 중에서 가장 기초가 되며 전 과정을 통하여 가장 중요한 것은 바로 '폐기'라고 설명하고 있다.

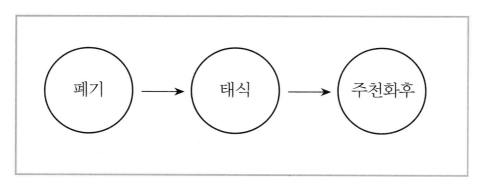

단학의 3단계 과정

수련의 자세

정 면 자 세   측 면 자 세

단전

먼저 마음을 고요히 한다. 항상 마음을 들이쉬고 내쉬는 '호흡'에 온전히 모아야 한다. 눈은 반개하고 의식을 하단전에 놓아둔다. 그다음에는 배꼽 밑 세 손가락 아래에 위치하는 하단전에 가볍게 마음을 모아서 집중하고 들숨과 날숨을 고루게 한다.

• 바른 원 세우기

단학은 자신을 밝히고 남을 밝혀서 온 천하를 밝게 만드는 것을 목표로 하는 공부이다.

환웅 단군께서 '널리 인간을 돕고 사랑하라'는 홍익인간 이념을 전파하면서 구체적 방법으로 조식법調息法을 전해 주시었다. 따라서 우리는 선현들의 큰 뜻을 이

어받아서 단학 수련을 함에 있어 남과 나를 동일하게 보며 남을 나처럼 이해하고 사랑하자는 대아大我적 이념을 항상 잊어서는 안 된다. 나 혼자 살고자 하는 단학 수련은 이기심에 빠진 수련이 되고 만다. 평소의 생활에서 감정을 다스리는 지감止感을 할 것이며, 물욕, 재물욕, 명예욕, 정욕 등에 욕심을 다스려 금촉禁觸을 함께 병행하여야 바른 원이 세워진다. 우리의 목표는 밝음 명明이다.

　눈은 완전히 뜨지 않고 눈썹을 발처럼 드리워 내려다보듯이 반개半開한다. 시선의 눈은 콧등을 대하고, 코는 배꼽을 대한다.
　입은 가볍게 다물고 혀는 윗앞니와 천장 사이에 가볍게 놓는다. 호흡은 오로지 코로만 호흡을 한다.

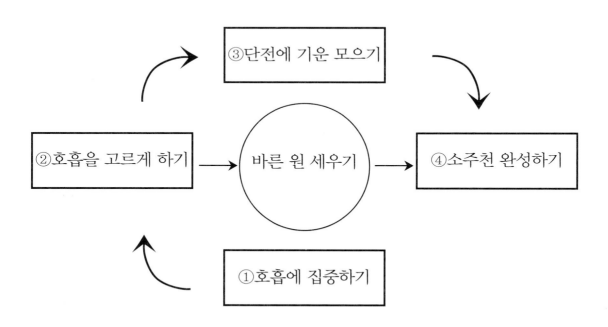

• 호흡에 집중하기

항상 깨어 있는 상태이어야 한다. 결코, 호흡을 놓쳐서는 안 된다. 들이쉬고 내쉬는 숨에 정신을 집중하여 알아차려야 한다.

• 호흡을 고르게 하기

호흡을 끊어짐 없이 고르게 길게 가늘게 단전까지 도달한다고 생각하며 숨을 들이쉬고 내쉬어야 한다. 배꼽 아래 부위에 단전이 있다고 상상하고 숨을 들이쉬면 횡격막에서 멈추지 않고 단전까지 내려가며 숨을 내쉴 때는 단전에서 코를 통하여 배출한다고 상상하면서 호흡을 한다.

들숨 시 단전까지 숨이 내려가고 단전에서 날숨이 시작될 때는 의식적으로 항문을 조여서 날숨을 남김없이 배출한다. 호흡 길이를 5초-5초, 10초-10초, 20초-20초, 30초-30초 늘려간다.

• 단전에 기운을 모으기

호흡을 고르게 하고 단전에 정신을 더욱 집중시켜야 된다. 들이쉬고 내쉬는 호흡 모두 단전을 중심으로 관찰하면 항문을 조이지 않아도 숨길이 끊임없이 이어진다. 단전에 뭉쳐지는 정기精氣에 정신精神을 실어야 한다. 정기신이 합일되고 선천의 정기신의 합일체 내단內丹이 결성되고 정기신의 합일체인 도태道胎가 결성되는 '결태結胎'가 가능해진다. 도태를 배양하는 태식胎息과 대주천大周天도 가능해진다.

이 단계를 지나게 되면 화후火候(열기)라고 하는 단학의 중요한 개념을 이해할 수 있다. 의식을 단전에 집중하다 보면 단전에서 열기가 일어난다. 이는 불화火에 해당하는 신神이 물수水에 해당하는 기氣를 덥히기 때문에 일어난다.

• 소주천 완성하기

천부경 81자를 외우며 이어가면 호흡이 10초—10초를 지나면서 1회 호흡이 20초 정도에 이르면 단전 자리가 명확하게 된다. 이때 뱃속에서는 소주천의 행로가 계발된다. 중요한 것은 하단전의 성숙도이다. 소주천이 처음에 돌지 않더라도 폐기량이 호흡 길이가 1분, 2분을 넘어서면 소주천은 자연히 열리게 된다. 배꼽까지의 길은 확실하게 나게 되며 이후 폐기량이 늘어남에 따라 파이프가 개설되듯 단계별로 행로가 열리게 된다.

소주천 행로가 열리는 것은 자연스럽게 이루어져야지 힘이 가해져서는 안 된다. 힘이 가해지면 탈선하기 쉽다. 항상 단전에 의식을 집중하고 기운을 모으는 중에 자연이 넘쳐흐르듯 기운이 흘러가도록 하여야 한다.

소주천은 오행의 기운이 두루 단련되는 것을 뜻한다.

폐기가 충분히 이루어지면 소주천이 이루어진다. 좌청룡木인 왼쪽 옆구리 좌협에 이르게 되고, 남주작火인 명치 부분인 명문命門에 도달하게 되며, 다음 우백호金인 오른쪽 옆구리 우협에 도달하며, 다음 우협에서 북현무水인 하단전까지 이어지는 행로가 열리게 된다.

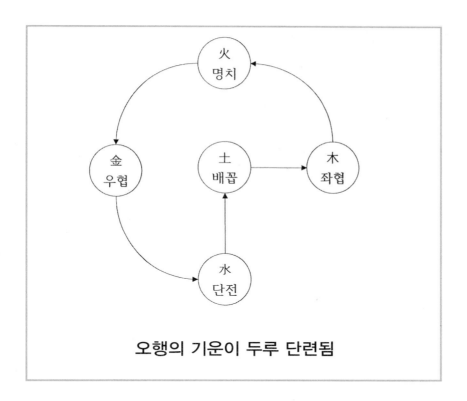

오행의 기운이 두루 단련됨

• 원신 각성하기

　원신元神(우리의 참나)은 머릿골(상단전)에 감추어져 있는데 지극히 밝고 광명한 정신의 핵이다. 우리가 일상생활에서 쓰는 일반적인 의식意識은 온갖 사려 작용을 일으키며 잡념과 욕심에 이끌려 다닌다. 「삼일신고」에 의하면 우리의 뇌에 존재하는 원신은 하느님의 본신이다. 하느님이 우리의 뇌에 강림해 계신다는 자신의 본성에서 그 씨알을 구하라는 「삼일신고」의 가르침은 동서고금의 영원한 진리이다.

　'천하의 지극한 神'이란 '우주적 하느님'이면서 동시에 그 분신인 우리의 '순수의식'이다. '신'이란 항상 고요하되 천하에 모르는 것이 없는 전지전능全知全能한 존재이다. 이러한 고유의 신성함을 다시 회복해야한다. 원신元神의 양지양능良知良能을 회복하여야 한다. 큰 덕과 큰 지혜와 큰 능력을 지니신 하느님을 본받아야 한다. 정신 수련을 통하여 우리의 원신을 밝혀내야 한다.

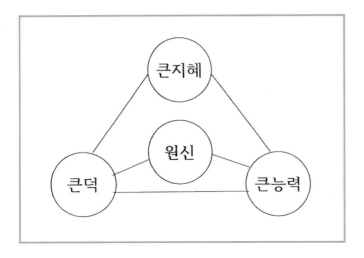

‘원신’ 즉 내면에 존재하는 하느님과의 만남은 모든 종교의 교리를 초월한다. 이 원신과 만남은 우리의 삶을 평화롭게 만들어 줄 것이며, 지혜와 사랑이 넘칠 것이다. 단학丹學이란 이러한 내면에 존재하는 하느님, 즉 자아의 근원(참자아)에게 정기신精氣神으로 올리는 기도이다.

정기신을 하나로 모아 갈고 닦으면 우리의 원신은 광명하게 드러나며 다시 되 밝혀진다. 항상 하단전이 튼튼한 후에 상단전이 더욱 명확해진다. 정기精氣는 충만하고 원신元神은 광명하여야 된다. 이 조건이 만족되면 아랫배 하단전에 원신의 태아 도태道胎가 결성된다.

소주천이 이루어진 이후에는 태식을 통하여 원신의 태아를 맺으며 주천화후를 통화여 대주천을 완성한다. 대주천에서 원신을 명확하게 찾을 수 있다.

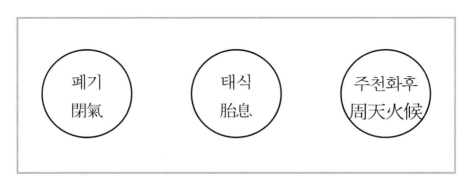

정기신 精氣神과 상하단전과 내단의 결성

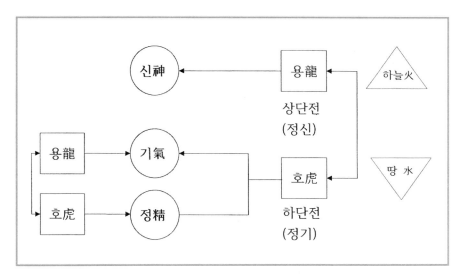

정기신과 용호와 상하단전

삼법 三法의 修行

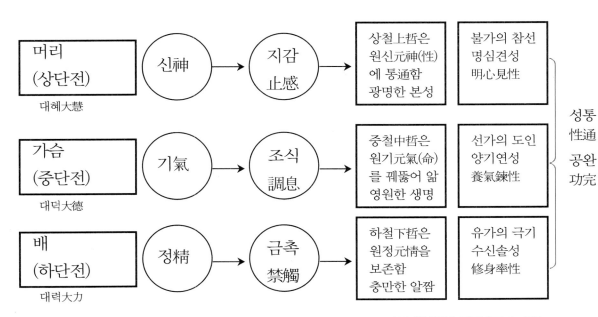

삼일신고三一神誥 진리훈眞理訓 제 9절의

철 지감 조식 금촉 일의화행 반망즉진 발대신기 성통공완시

哲 止感 調息 禁觸 一意化行 返妄卽眞 發大神機 性通功完是

• 대주천의 운행

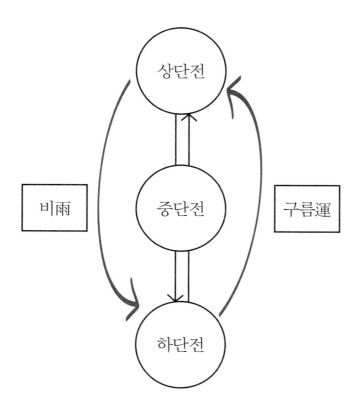

대주천의 운행(수승화강)이 되면 도태의 결성과 배양이 된다. 천부경의 삼일신
고의 의미와 천부경 정신수련법과 천부경의 조식, 지감, 금촉에 의한 단학 수련
법인 삼법수행법을 정리하였다. 지면관계상 상세한 설명은 못하였다. 「단학강좌」
홍익학당대표 윤홍식(wppan@naver.com)를 참고 바란다.

○. 움직이는 동선과정에서 건강관리

□. 아침 일어나기 전 이불속에서

(펌프작용으로 혈액을 순환시킨다)

발끝치기와 손뼉치기

①침대목에 머리를 고정시킨다

　양손을 크게 벌려서 손바닥을 하늘을 향하도록 한다

　양 발은 일자로 붙이고 발끝을 당겨서 직각으로 세운다

　누워 있는 모습이 王大 자로 참 편하다고 생각하며 자세를 잡는다

②침대목의 머리뇌호를 좌우로 흔들어 머리와 목의 혈을 풀어준다(234번)

③발과 발가락을 90°로 세운 다음 왼쪽과 오른쪽 발로 발끝을 쳐준다(234번)

④왼쪽 발바닥 용천혈을 오른발 지골 발끝으로 세게 쳐준다(234번)

⑤오른쪽 발바닥 용천혈을 왼쪽 발끝으로 세게 쳐준다(234번)

⑥발과 발가락을 180°로 쭉펴서 왼쪽과 오른쪽 발로 발끝을 쳐준다(234번)

⑦발끝과 손끝의 혈액순환을 극대화시키기 위하여 발과 발가락을 180°로 편

　상태로 왼쪽과 오른쪽 발로 발끝을 쳐주면서(234번) 침대목에 어깨 등을 걸쳐

　놓고 벌린 양팔 양손을 큰 소리가 나도록 손뼉을 동시에 쳐준다(234번)

⑧발끝과 손끝을 180°로 쭉펴서 하늘과 땅이 연결된 마음으로 동시에

　발끝과 손끝을 쳐준다(234번)

　총 발끝치기 1404번, 손뼉치기 468번 쳐준다

　머리 뇌호와 목의혈 234번 좌우로 흔들어준다

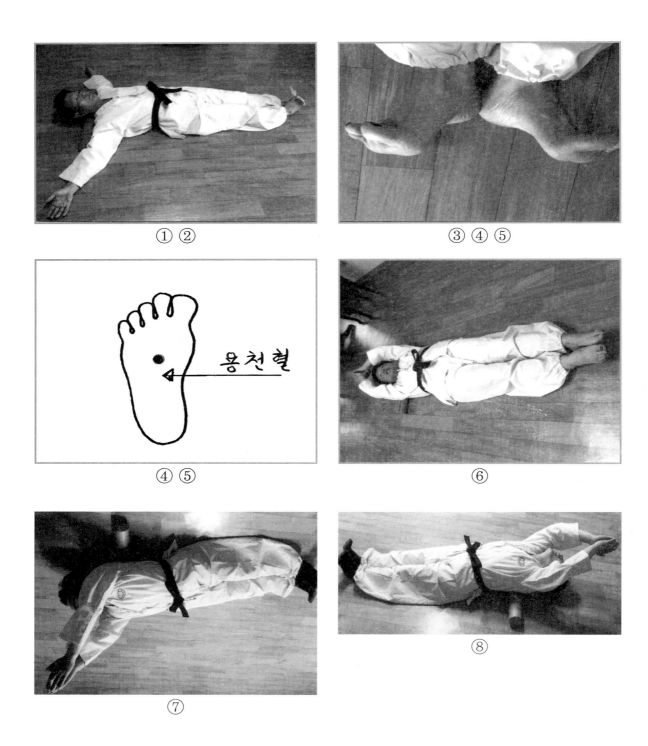

① ②

③ ④ ⑤

용천혈

④ ⑤

⑥

⑦

⑧

□. 화장실 거울 앞에서 온몸풀기

(방귀 나오고 변이 나온다)

배단전치기

①거울 앞에서 자기의 눈과 얼굴 몸을 보며 감사한 마음을 갖는다, 발을 똑바로
  밀착시키고 발, 무릎, 단전, 가슴, 목, 머리를 중심에 맞춘다

②손을 삼각형으로 만들고 배꼽을 중심에 두고 단전을 친다(100번)

③양손을 좌우 옆구리에 두고 위에서 아래로 아래서 위로 두들겨준다(100번)

④왼손은 명치와 배꼽부위에 놓고 오른손은 배꼽과 허벅지
  중간 지점에놓고 쳐준다(100번)

⑤오른손은 명치와 배꼽부위에 놓고 왼손은 배꼽과 허벅지
  중간 지점에 놓고 쳐준다(100번)

⑥양손의 엄지를 배꼽을 누르고 배꼽 중심으로 우에서 좌로 좌로 19번 돌려서
  배를 쓸어준다, 반대로 좌에서 우로 19번 돌려서 쓸어준다

⑦다시 ②번의 상태로 단전을 친다(100번)

총 배단전치기 500번과 배 쓸어주기 38번 한다

팔 어깨 돌리기

⑧앞으로 밀고 밀쳐준다(19번)−좌·우측으로 양팔을 밀고 쳐준다(19번)
  팔꿈치를 가슴에 붙이고 양손을 최대한 어깨 위에 놓고
  뒤로 똑바로 올리고 회전시킨다(19번)
  다시 앞으로 똑바로 올리고 회전시킨다(19번)

총 38번 밀고 쳐주기와 38번 어깨 돌리기 해준다

도리도리道理道理

⑨눈을 감고 목을 좌우로 머리 도리도리道理道理 도리도리 흔들어준다(39번)

목을 앞뒤로 도리도리 흔들어준다(39번)

목을 좌에서 우 방향으로 진행하면서 360°돌아가도록 돌려준다.(19번)

반대로 우에서 좌 방향으로 진행하면서 360° 돌아가도록 돌려준다(19번)

다음 우 방향으로 진행하면서 목돌리기를 한다(19번)

다음 좌 방향으로 진행하며 목돌리기를 한다. (19번)

손을 어깨 위로 올리고 손을 털면서 머리를 좌우로 도리도리 흔들어준다(234번)

① ② ③ ④ ⑤ ⑦

⑥

⑧

⑨

□. 거실에서 머리혈 누르기

(물 1컵 반을 공복에 마신다)

①손바닥을 비며 열을 내어 얼굴을 마사지해주고 눈에 열을 준다(38번)

②손가락 끝으로 머리 전체를 두들겨 준다(117번)

③관자놀이를 꾹꾹 눌러준다(19번)

④눈썹 가운데 자리 좌우를 눌러준다(19번)

　눈아래 뼈 승읍혈 자리 좌우를 눌러준다(19번)

　눈안쪽 정명혈 자리 좌우를 눌러준다(19번)

⑤콧등(19번), 인중혈(19번)을 눌러준다

　귀태를 눌러준다(19번), 귀이중을 눌러준다(19번), 귀고리를 당겨준다(19번)

　귀태를 눌러준다(19번), 귀이중을 눌러준다(19번), 귀고리를 당겨준다(19번)

⑥윗턱과 아래턱 잇몸을 다섯 손가락으로 마사지하듯 눌러준다(76번)

⑦아래턱의 천용혈을 차례로 눌러준다(19번)

⑧뒷목 천주혈을 눌러준다(19번)

　아문혈을 눌러준다(19번)

⑨정수리 백회혈을 눌러준다(38번)

총 497번을 꾹꾹 눌러준다

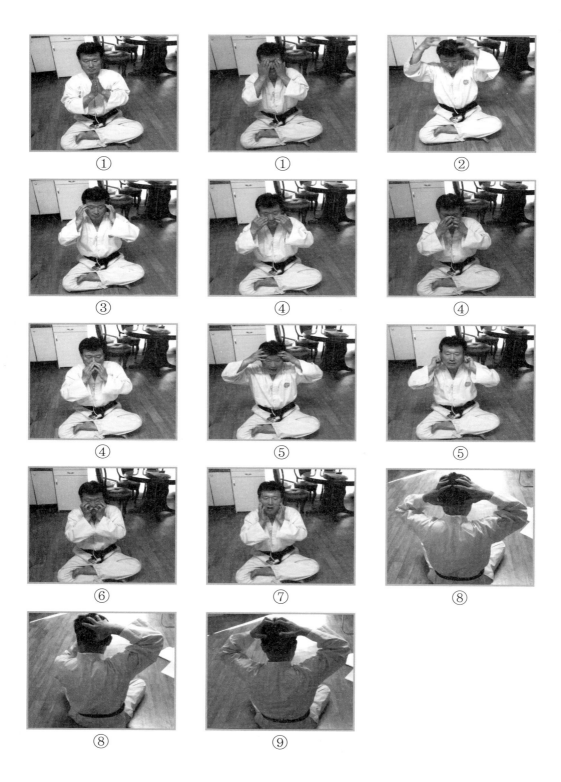

□. 도인체조導引體操

(돌리고, 털고, 두드리고, 치고, 문지르고, 틀고, 늘리고,
당기고 하여 온몸의 기혈 순환을 원활하게 함으로써
자연 치유력을 극대화하는 건강체조)

신문 가지러 가서 마당에서

①어깨 돌리기 한다, 앞뒤로(5번)

②손을 허리에 잡고 허리를 좌우로 돌려준다(38번)

③앉았다 일어났다. 무릎 관절 운동한다(19번)

④서서 허리를 굽혀 좌우 손으로 반대쪽 등을 두들기고(19번) 손이 바닥에 닿도록
최대한 굽혀주고 손을 최대한 발치듯 팔을 하늘로 펴준다

⑤좌우로 옆구리가 당겨지도록 굽혔다 폈다 한다(10번)

⑥기마자세로 서서 중단 치기를 한다(19번)

⑦다리와 허리를 쭉펴고 팔을 올려 앞뒤로 노젓기 한다(10번)

⑧다리를 최대한 벌리고 좌우로 허리와 팔을 틀어준다(10번)

⑨앞차기, 옆차기, 돌려차기, 좌우로 5번씩 한다(총 30번)

⑩의자에 손을 잡고 어깨와 몸을 고정시키고 팔굽혀펴기를 한다(81번)

⑪하늘을 보고 누워서 역기를 들어 올린다(19번)

총 돌리고, 치고, 틀고, 올리고 등 265번 한다

① ②

③

④

⑤

⑥

⑦

⑧

⑨

⑨

⑩

⑪

아침식사 전 TV를 보면서

①앉아있는 상태에서 발을 앞으로 모으며 곧게 펴고

　　손이 발끝에 닿도록 굽혔다 폈다 한다(5번)

　　발을 최대한 넓게 벌리고 손으로 허벅지를 두드려 준다(39번)

②앉아있는 상태에서 발을 삼각형으로 모으고, 장단지와 종아리를

　　주물러 준 다음 발바닥의 용천혈(19번), 발목혈(19번), 무릎혈(19번) 눌러준다

③앉아서 발목을 손으로 좌우 상하로 돌려주고 용천혈을 꾹 눌러준다(19번)

④발 가부좌를 틀고 앉아 좌우 앞뒤로 몸을 틀어준다(8번)

　　손과 팔을 쫙펴서 장풍이 일어나도록 양팔을 좌우로 쳐준다(10번)

　　앞으로 쳐준다(10번), 하늘위로 쳐준다(10번), 가부좌상태에서 팔을 앞으로 집고

　　팔굽혀펴기를 한다(19번), 어깨를 좌우로 펴준다(19번)

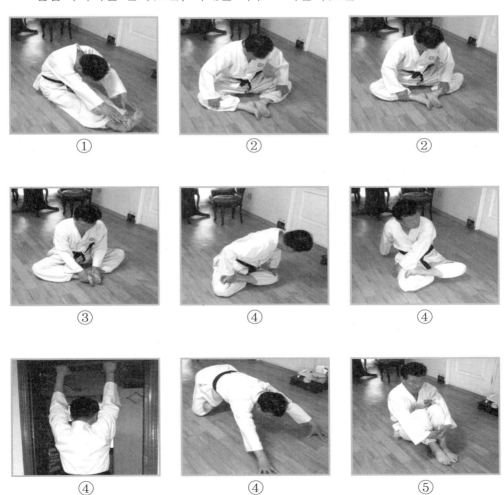

①　　　　　　　　②　　　　　　　　②

③　　　　　　　　④　　　　　　　　④

④　　　　　　　　④　　　　　　　　⑤

⑤팔과 손으로 무릎을 감싸 안고 등 뒤가 둥글게

　닿도록 누웠다 일어났다를 한다(19번)

　다음 다리를 하늘로 올리고 위로 좌우로 흔들어준다(38번)

⑥팔을 앞으로 쭉 펴고 다리를 쭉 펴고 누웠다 일어났다를 한다(19번)

⑦PT 체조(발로 뛰고, 손뼉 치기)를 한다(38번)

⑧머슬파워기로 손, 팔, 어깨를 오므렸다 폈다 한다(19번)

⑨철봉대에 매달려 앞뒤로 그네를 탄다(19번)

　38초간 가만히 매달려 깊은 호흡을 한다

⑩등 뒤에 발목펌프를 받치고 허리부터 어깨까지 굴려서 등을 굴려준다(39번)

　다음 목에 발목펌프를 받쳐주고 좌우로 흔들어준다(39번)

⑤	⑤	⑤
⑥	⑦	⑧
⑨	⑩	⑩

⑪발목펌프를 발을 받쳐놓고 오른발목을 30cm 올리고 내리고 쳐준다(39번)

다음 왼발목을 쳐준다(39번)

다음 양발목을 교대로 쳐준다(39번)

발목펌프는 평상시 앉아 있거나 TV를 보면서

수시로 발목을 쳐주는 습관을 가진다

총 돌리고, 털고, 두드리고, 치고, 문지르고, 틀고, 늘리고,
당기고 하여 562번을 한다

⑪

⑪

아침에 일어나서 일상생활을 하면서 부담 없이 건강관리를 하기 위하여, 아침 시간에 1시간 정도 가볍게 운동을 한다. 이불 속에서 잠을 깨면서 발등치기와 손뼉 치기로 10분, 화장실에서 배 단전치기와 도리도리 10분, 거실에서 머리혈 누르기 10분, 도인체조는 신문 가지러 가서 마당에서 15분, 아침식사 전 TV 보면서 20분 정도 하여 총 1시간 정도 몸의 활동 에너지 충전에 활용한다. 움직이는 동선상에서 자연스럽게 이루어지는 나의 건강관리법이다.

⑫아침 일찍 일어나 시간이 허용되면 공복 상태에서
   삼법수행 단전 행공을 수행한다.

발끝치기, 단전치기시에는 경건한 마음으로 천부경과 태을주와 시천주를 소리내어 독경하고 "감사합니다. 고맙습니다. 감사합니다"를 외운다. 도리도리나 다른 굽히고 펴는 운동은 숫자 횟수를 5번, 10번, 19번, 38번, 39번을 기운차게 속으로 수를 외운다. 운기가 활발해짐을 느낄 수 있다.

⑫ 三法修行 단전행공

허준의 동의보감에 통즉불통通卽不痛이라고 하였다. 혈관의 흐름이 원활하지 못하면 만병이 생기게 된다. "막힌 것을 통하게 하여야 아픈 것이 없어지며 막혀서 통하지 않으면 통증이 생긴다"는 뜻이다.

몸속에 흐르는 혈과기가 잘 통하여야 건강하다는 뜻이다.

도시에서 도로가 좁고 차량이 많아지면 교통체증은 불가피한 것이고, 비가 많이 오는 데 하수관이 막히면 도시가 침수되는 것은 자명한 것과 같은 사유이다.

아침에 일어나 하루를 시작하면서 움직이는 동선상에서 이불 속 발끝 치기와 손뼉 치기와 화장실 거울을 보면서 단전치기와 도리도리와 거실에서 머리혈 누르기와 신문을 가지러 가서 마당에서, TV를 보면서 하는 도인체조를 일상화한다면 건강한 체력의 몸으로서 기혈의 흐름이 원활하여 정신과 마음과 몸이 건강한 삶이 될 것이다.

움직이는 동선상에서의 건강관리법은 보이는 외공의 양의 양생법이라면 보이지 않는 내공의 삼법수행 단전행공은 음의 양생법으로서 양과음을 병행하여야 음양 조화의 수승화강이 되어 성통공완의 길을 갈 수 있다 하겠다.

10편

더 신神나는
윷판 인생人生
(천지인도 天地人道)

○. 오십이학역五十而學易이다

「자왈 가아수년 오십이학역가이무대과의 子曰 加我數年 五十以學易可以無大過矣」는 논어論語 술이편述而篇에 나오는 공자孔子의 말씀이다.

가아수년加我數年은 나에게 몇 년의 시간을 더 준다면, 몇 년 더 살게 해준다는 뜻이다. 오십이학역 五十而學易은 오십 세가 되어서 역경易經을 배운다, 가이무대과의可以無大過矣은 후대에 큰 허물없이 잘할 수 있을 것이다는 뜻이다.

공자께서 말씀하셨다. 나에게 몇 년의 시간을 더 주어 쉰 살에 역경易經을 배운다면 큰 과오는 없을 것이다. 공자가 만년에 이르러 비로서 역경을 공부하기 시작했는데 재미있기도 하고 어렵기도 하여 책을 맨 가죽끈이 세 번이나 끊어질 정도로 여러 차례 반복하여 읽었다. 이른바 위편삼절韋編三絕이다. 또한 오십이지천명五十而知天命은 나이 오십에 하늘의 명을 알았다는 뜻이다. 논어論語 위정편爲政篇에 나오는 글로써 공자孔子나이 오십五十에 천명天命, 곧 하늘의 명령을 알았다고 한데서 연유한다. 천명이란 우주 만물을 지배하는 하늘의 명령이나 원리를 알아서 순응한다는 뜻이다.

공자는 만년에 위정편爲政篇에서 다음과 같이 회고하였다 "나는 나이 열다섯에 학문에 뜻을 두었고(吾十有五而志于學) 서른에 뜻이 확고하게 섰으며(三十而立) 마흔에는 미혹되지 않았고(四十而不惑) 쉰에는 하늘의 명을 깨달아 알게 되었으며(五十而知天命) 예순에는 남의 말을 듣기만 하면 곧 이치를 깨달아 알게 되었으며(六十而耳順)

일흔이 되어서는 무엇이든 하고 싶은 대로 하여도 법도에 어긋나지 않았다(七十而從心所欲不踰矩)고 하였다.

창조된 생명이 일태극一太極이며 이미 육성育成된 생명이 五皇極이며 활기

552

차고 찬란하게 빛나는 생명체는 십무극十无極이다. 주역周易에는 「역유태극하니 시생양의易有太極 是生兩儀」라 하여 태극太極만이 있을 뿐 무극無極과 황극皇極은 있지 않다. 「육효지동 삼극지도 六爻之動 三極之道」라 하여 추상적 암시는 있지만 구체적으로 나타나 있지 않다. 주역周易 자체는 구궁九宮에 그치고 말았다. 주역에는 십무극十无極이 없다.

　괘도(卦圖)를 그리지 않고 「가아수년加我數年하여 오십이학역五十以學易」이라고 미루어 놓았다. 만고대성공자萬古大聖孔子도 시명時命이 없으면 어찌할 도리가 없었다. 공자는 십무극十无極 소리는 어디에도 비치지 않고 오직 「묵이성지하며 불언이신 默而成之 不言而信」하였다. 주역周易이 64괘 미제未濟로 끝나고 있다. 구제 求濟의 길이 막혀있다.

　십무극十无極은 어디에 있으며 구제求濟의 길은 무엇인가?
　정역正易이 태극太極에서 발전된 주역周易의 뒤를 이어 후천역 后天易이 되었다.

○. 대우주와 소우주를 다시 논하다

대우주의 세상이 열리고 사람이 사는 현상계가 시작될 때 창조주이신 하늘님은 천부경과 윷판을 세상에 내려주셨다.

일시무시일 석삼극무진본.... 일종무종일「一始無始一 析三極無盡本 …… 一終無終一」하늘과 땅과 사람의 한은 태극太極 1에서 시작하여 일적십거「一積十鉅」하여 5황극皇極을 경영하여 10무극无極을 이루고 다시 一태극太極의 자리로 돌아가는 것이다. 윷판의 참먹이방으로 들어가서 한 바퀴 돌아서 나가는 문도 참먹이 방이니 끊임없는 순환의 진리인 것이다.

실제로 인간 세상에서 펼쳐지는 해와 달이 뜨고 지는 낮과 밤의 음양 세상은 숫자로는 양은 1, 2, 3, 4, 5…… ∞이고 음의 숫자로는 −1, −2, −3, −4, −5…… ∞로서 천부경의 1에서 10까지의 진리가 무수히 재반복 순환 될 때 무궁으로 펼쳐질 수 있다.

우리의 삶은 남자(+)와 여자(−)가 만나서 열(十)을 이루면 자궁인 대우주 중심의 근본자리인 무극(0)의 자리에서 태극太極 1로 세상을 나와서 2살, 3살, 4살...나이를 먹어가면서 20살에 입지立志하고 30살에 이립而立하고, 40살에 불혹不惑하고, 50살에 일적십거지천명一積十鉅知天命하는 5황극五皇極을 경영하고 99살에 백수白壽하여 100살에 10무극无極으로 돌아간다. 100살을 살 경우 일적십거一積十鉅를 10번 반복한다고 볼 수 있다.

실제로 살아가는 방법은 매일매일 먹고 싸고를 반복하며 건강한 체력을 유지하며 살아간다. 땅에서 생산되는 음식을 입으로 먹고 위로 들어가서(土) 소화시킨다. 대우주의 무한대의 에너지인 공기를 코로 숨을 쉬어 폐 금(金)으로 들어간다.

폐에 들어간 산소는 심장에 모인 피를 정화시켜서 인체 사방팔방 곳곳으로 순환시킨다. 오장육부로 골고루 영양분이 분배되고 찌꺼기는 항문과 생식기로 소우주 인체에서 대우주로 다시 배출된다. 배출된 똥과 오줌은 다시 곡식과 채소의 거름이 되어 자라게 하고 사람의 입으로 다시 들어오고 또 배출된다. 순환의 연속이다. 사람이 음식을 먹는 음식의 선택은 사람의 의지에 달려있다. 맛있는 음식을 먹을 수도 있고 쓴 음식을 먹을 수도 있다. 이는 보이는 양(+)의 작용이다. 그러나 위에 들어간 음식은 오장육부로 분배되고 건강을 유지하고 찌꺼기는 배출된다. 이는 사람의 의지가 아닌 보이지 않는 음(-)의 작용이다. 건강한 육체가 유지되려면 위의 먹고 싸고의 양(+)의 작용과 오장육부의 음(-)의 작용이 계속 조화롭게 작용하여야 한다.

실제로 먹고 싸고가 조화롭게 이루어져 건강한 육체가 유지된다면, 보고, 듣고, 말하고, 쓰는 희, 노, 애, 락, 애 오욕의 칠정의 삶이 펼쳐진다. 보고, 듣는 것은 대우주의 기운으로 볼 수밖에 없고 들을 수밖에 없다. 그러나 말하는 것은 인간의 의지로서 말을 안 할 수도 있다. 여기서 보고, 듣고, 말하고는 보이는 작용으로 양(+)이라 할 수 있다. 눈으로 보고, 귀로 들어서 뇌로 전달된 정보는 심장의 박동, 혈압, 혈액의 농도, 체온 등을 일정하게 유지시키며 기쁨, 고통, 배고픔, 갈증 등 인지력과 감정, 기억 등 본능적인 생명 활동을 한다. 이는 보이는 과정이 아니므로 음(-)의 작용이라 할 수 있다.

세상에 태어나고, 자라고, 배우고, 결혼하고, 사회생활하고, 지천명하고, 살아가는 과정에서 낮과 밤이 양음으로 진행되고 있다. 먹고 싸고와 보고 듣고, 말하고 하는 일상의 생활이 체내에서 목화토금수 오행으로 오장육부가 음(-)으로 작용하고 있다. 동서남북 사방팔방으로 하늘, 땅, 사람과 함께 어울려 살아가는 우리의 인생은 당연히 목화토금수의 인의예지신을 지켜가며 살아야 함은 당연하다고 하겠다.

대우주 하늘에는 세상의 모든 만물의 중심인 북극성과 자미원이 있으며 북극성을 중심으로 7개의 북두칠성이 끊임없이 돌고 있다. 인체에서 머리 전체는 자미원이라 하겠고 북극성은 우리의 머릿속에 있는 뇌라고 하겠다. 천추와 천선은 두 개의 눈으로, 천기와 천권은 두 개의 귀로, 옥형과 개양은 2개의 코로, 요광은 1개의 입의 역할을 한다고 볼 수 있다.(10-1, 10-3) 사람이 죽으면 칠성판을 관에 덮고 장례를 치른다. 원래 자리인 북두칠성으로 돌아간다고 우리 조상님들은 믿고 있었다.

개양 양옆을 지키고 있는 보성과 필성은 잘 보이질 않는다.

우리 인체의 항문과 생식기의 역할을 한다고 본다.

좌청룡 7수, 우백호 7수, 남주작 7수, 북현무 7수, 총 28수로 대우주 하늘에서 북극성과 북두칠성을 동서남북으로 견고히 보좌하고 있다.

28수 별을 소우주인 사람의 인체에 적용하여 보면 머리, 몸통, 팔, 다리의 외형을 구성하는 사람의 형상이며, 사방팔방으로 세상을 펼쳐가는 모습이다. 좌청룡 7수는 왼쪽 눈, 왼쪽 귀, 왼쪽 코, 왼쪽 팔, 왼쪽 다리, 왼쪽 불알이며 우백호 7수는 오른쪽 불알, 오른쪽 다리, 오른쪽 팔, 오른쪽 코, 오른쪽 귀, 오른쪽 눈, 입이며 남주작 7수는 왼쪽 다리, 오른쪽 다리, 왼쪽 불알, 오른쪽 불알, 항문, 몸통, 생식기이며 북현무 7수는 왼쪽 눈, 오른쪽 눈, 왼쪽 귀, 오른쪽 귀, 왼쪽 코, 오른쪽 코, 입으로 자리 잡고 있다. 우리 신체의 중심은 10달 동안을 어머니 자궁에서 하늘의 기운과 땅의 기운을 받아서 사람으로 탄생하기까지의 입의 역할을 한 배꼽이다.

좌청룡과 남주작에는 하늘 기운을 무한정 받고 있는 생식기가 굳건히 버티고 있으며 우백호와 북현무에는 땅의 기운을 무한정 받고 있는 입이 크게 벌리고 있다.

인체의 좌측과 우측의 구조를 보면 머리와 몸통의 큰 구조의 중심에 입과 배꼽과 항문 생식기 4개가 자리하고 있으며 좌측 눈과 좌측 귀와 좌측 코와 좌측 불알 4개와 좌측 손가락 5개, 좌측 발가락 5개 하여 총 14개의 기능이 우측에 있는 14개의 기능과 대칭으로 구성되어 있다. **좌측을 양(1, 2, 3, 4, 5······∞)으로 하고 우측을 음(−1, −2, −3, −4, −5······∞)으로 하면 머리와 몸통과 입과 배꼽과 항문과 생식**

기 중심축(0)을 대칭으로 음양조화가 균형을 이루게 된다. 실제로는 지구가 북극성 진북과 23.5° 기울어져 있기 때문에 소우주인 사람도 머리의 가마와 생식기가 중심축에서 기울어진 경우가 많다고 한다.(10-1, 10-3, 10-4)

천부경의 말씀에는 '자성구자'하면 '강재이뇌'하여 무소, 무재하신 하늘님이 항시 머릿골에 내려와 항시 함께하고 계신다고 하였다. 하늘의 자리가 머리라 하면 머리는 동서남북좌표로 본 인체구조에서 좌우측인 중심인 0의 위치에 놓이게 된다. 중심인 0의 위치는 하늘의 자리로서 자연현상계에서 실제로 보이는 양의 현상계이든 보이지 않은 음의 현상계에서 동서남북으로 무한하게 변화 발전할 경우 주어진 한계 내에서 하늘 0의 역할은 그대로 다 여여히 인정하고 관여치 않는다.(10-2)

예를 들어 72억 지구의 인구가 갑자기 늘어나 환경공해와 에너지 부족 등 먹고 살기가 어려울 경우 하늘은 지구를 그대로 놔두고 볼까? 북극, 남극의 빙하는 녹아서 바닷물의 높이가 상승되고 잠자고 있던 화산폭발과 지진 등으로 많은 사람이 자연재해로 생명을 잃게 될 것이다. 사람의 수명이 길어야 100세 전후인데 부귀영화를 누리며 500세까지는 살 수가 없다. **하늘은 만물 각자의 주어진 물성의 시작과 끝을 제한하고 그 한계와 법도 내에서 순환 발전토록 인정하고 있다고 하겠다.** 도표에서 사람의 수명이 100세라면 자라면서 실제로 하늘의 역할은 사람의 주어진 그대로를 인정한다고 볼 수 있다.

1세(0+1세), 2세(0+2세), 10세(0+10세), 20세(0+20세),

30세(0+30세), 60세(0+60세), 100세(0+100세), 하늘 0의 역할은 없다. 사람의 수명의 100세이므로 100세에서 돌아가셨다면 −100세(0, −100)가 음의 숫자로 인정된다.

우리의 삶은 일주일은 일(日, 양), 월(月, 음) 화(火, 禮) 수(水, 智) 목(木, 仁) 금(金, 義) 토(土, 信)로 낮과 밤인 음양오행으로 끊임없이 운행되고 있다.

우리의 인체에서 음은 안 보이는 것으로 양은 실제로 보이는 것으로 볼 때 음양의 내용을 살펴보면 하늘의 북두칠성 역할인 눈으로 보고, 귀로 듣고 입으로 말하고는 실제로 현상계에서 나타나는 보임으로 양의 활동이라 할 수 있다.

　얼굴에 있는 칠성판인 눈 두 개, 귀 두 개, 코 두 개, 입 한 개, 일곱 구멍은 눈으로 보고, 귀로 듣고, 코로 냄새 맡아서 뇌(골)에서 희, 노, 애, 락, 애, 오, 욕(喜怒哀樂愛惡慾) 칠정七情을 느끼는 감정을 거쳐서 최종으로 입으로 말하게 된다. 얼굴에 있는 뇌에서 일어나는 희노애락애오욕의 감정은 보이지 않는 현상계의 음의 작용이라 할 수 있다. **중심인 머리 0의 자리에서 양의 활동인 보고, 듣고 (+)에서, 음(-)의 작용인 뇌의 보이지 않는 회, 노, 애, 락, 애, 오, 욕 칠정의 감정작용을 거쳐서 다시 양의 활동인 (+)로서 말을 하게 된다. 양(+)과 중(0)과 음(-)이 함께 존재한다.**

　사람의 일상생활에서 코로 숨을 쉬지 않으면 생명의 유지는 불가능하다. 공기는 하늘과 땅과 사람이 항시 공유되고 있어 귀한 것을 모르고 살지만, 하늘의 공기가 코를 통하여 폐로 들어가 산소가 순환하는 피를 맑게 하는 조건하에서 태양계의 오행성의 역할인 사람이 음식을 입으로 먹고 오장육부인 위와 비장, 간과 담, 심장과 소장, 폐와 대장, 신장과 방광의 과정을 거쳐서 영양분은 유용하게 활용하고 남은 음식물의 찌꺼기는 항문과 생식기로 싸고 하는 과정에서 먹고, 싸고 하는 보이는 현상은 양(+)이라 할 수 있다. 몸통 내에서 보이지 않은 위와 비장은 토성으로서 중앙 믿음의 신信을 뜻하며 간과 담은 목성으로서 동쪽의 인仁을 뜻하며 폐와 소장은 금성으로서 서쪽의 의義를 뜻하며 심장과 대장은 화성으로서 남쪽의 예禮를 뜻하며 신장과 방광은 수성으로서 북쪽의 지智를 뜻하며 위와 같이 몸속에서 이루어지는 오장육부의 목화토금수 작용은 보이지 않지만 실제로 이루어지는 과정이므로 음(-)의 역할이라 할 수 있다.

　여기서 입으로 먹는 것은 보이는 양(+)으로서 북두칠성의 일곱 번째 마지막별인 요광별의 역할로서 땅의 음식을 먹는 것이며, 먹은 음식을 태양계의 역할인 보이지 않음 음(-)으로서 오장육부를 거쳐서 항문과 생식기로 음식 찌꺼기를 배출하고 다시 시작하는 것은 북두칠성의 보이지 않은 여덟 번째 보성과 아홉 번째 필성으로서 실제로 현실에서는 양(+)으로 보이는 항문과 생식기의 역할을 한다고 볼 수 있다.

오장육부를 간직하고 있는 몸통은 배꼽을 중심으로 0의 자리라 하겠다. 여기서 입으로 먹는 것은 양(+)이며, 오장육부의 작용은 보이지 않은 음(-)이며, 몸통은 중심의 0의 자리이다. 다시 항문과 생식기로 배출하는 것은 보임으로 양(+)이라 하겠다.

우리 몸 안의 오장육부 기능인 목화토금수가 보이지 않은 음(-)의 작용으로 운영된다면 해가 뜨고 해가 지고 달이 뜨고 달이 지고 하는 낮과 밤의 양음의 끊임없는 연속속에서 사람이 살아가면서 천지우주에 운행되고 있는 해와 달과 목성, 화성, 토성, 금성, 수성으로 짜여진 1주일 과정대로 일월화수목금토 순서를 지키며 사람답게 하늘의 뜻대로 살아가는 것이다. 목木은 인仁이며 금金은 의義이며 화火는 예禮이며 수水는 지智이며 토土는 신信이다. 사방팔방으로 5덕五德을 펼쳐간다고 하겠다.

사람의 몸과 좌우 팔다리의 역할을 하는 28수 별은 좌청룡 7수는 어짊의 인仁으로서 우백호 7수는 의로운 의義로서 남주작 7수는 예의의 예禮로서 북현무 7수는 지혜의 지智로서 중앙 중심은 믿음의 신信을 바탕으로 하여 사방팔방으로 5덕德을 펼쳐가는 것이다. 당연히 대우주 하늘의 기운과 뜻대로 사람의 인체도 운영 되어야 하며 살아가는 과정의 인생살이도 마찬가지이다.

천부경에서는 일적십거무궤화삼「一積十鉅無軌化三」의 十으로서 하나에서 쌓아 열十을 완수하여 그 이룸은 동서남북 사방팔방으로 무궁하다.(∞) 하늘, 땅, 사람이 근본이다. 또한 천부경에서 성환오칠 일묘연 만왕만래 용변부동본 본심본태양앙명 인중천중일 일종무종일「成環五七 一妙衍 萬往萬來 用變不動本 本心本太陽昂明 人中天中一 一終無終一」의 七에 대하여는 七이 맞는 것인지 十이 맞는 것인지 논란이 많았다.

본인도 처음과 지금까지는 七로서 성환오칠의 뜻을 돌고 돌아 펼쳐지는 五와 七로 생각했으나 이번 공부를 하면서 七의 숫자가 아닌 十의 숫자가 더 적합한 숫자임을 확신하게 되었다. 왜냐하면 음의 현상계와 양의 현상계에는 항시 중심인 0도 함께 존재하고 있으며, 중앙 중심에는 대우주 하늘자리인 0이 자리하고 있음이

좌표상에 나타나 있다. 일적십거로서 1에서 10을 이룸은 형상이 없다고 하였다. 무한성을 얘기하지만, 사람이 사는 땅과 하늘로 근본을 하고 있다.

성환오십成環五十에서 무한히 돌고 돌아 5와 10을 이루었으니 오고가고하는 근본은 본래의 하늘의 마음이며 태양을 우러르는 밝음은 사람과 하늘과 같은 10이다. 1은 끝도 아니요 시작도 아니다. 1은 시작도 아니요 끝도 아니다에서 1에서 10을 이루면 다시 순환하여 돌아가면 0이다.

정역正易에서는 일一은 태극太極이요 오五는 황극皇極이요 십十은 무극无極이라 하였다. 십十 무극无極에서는 다시 일一이 시작된다. 십일일언十一一言이다.

1에서 5에서 10에서 다시 돌고 도는 순환을 나타내고 있다.

천부경의 1, 5, 10과 정역의 1, 5, 10의 의미가 일치한다. 현상계의 음(−)과 양(+)은 무한히 존재하며 생장멸을 한다. 그러나 사람의 수명은 100살 정도이다. 살아 있을 때는 양(+)의 100이요, 죽었을 때는 음(−)의 100이다.

살아있거나 죽었거나 중심 바탕은 하늘의 근본(0)이 함께하고 있다. 사람이 자성구자하면 하늘이 강재이뇌한다고 천부경에 말씀이 있다. 사람이 본분을 다하고 깨달으면 그 자리가 참나이며 하늘(0)이다. 자연현상에서 해가지고 달이 떠 있는 깜깜한 밤을 음(−)이라 하고, 찬란히 동쪽에서 떠오르는 태양이 서산으로 넘어갈 때까지 낮을 양(+)이라고 한다면 해가 뜨고 달이 지고 해가지며 달이 뜨는 아침과 저녁 시간은 어느 영역으로 할까?

당연히 (−)의 음 자리에서 근본중심인 0의 자리를 지나 (+)양의 자리로 무수히 반복하는 낮과 밤의 순환이다. 낚시를 할 때 밤을 새우고 먼동이 터오는 새벽에 물위에 펴오르는 물안개의 경지가 0의 자리가 아닐까?

지금까지 음(−), 양(+)이 있는 현상계의 무한한 생성멸에서는 대우주 중심의 하늘의 0에 10을 더하면 10이요 0+100을 더하면 100이요, 0+9000을 더하면 9000 그대로 나타난다.

숫자를 더하고(+) 빼면(−) 0이 역할이 없는 그대로 나타나는 현상계이다.

(0+100+0+200−150=150)

그러면 숫자를 곱하고(×) 나누면(÷) 어떻게 될까?

(10×100=1,000, 1,000×1,000=1,000,000

−10×−100=−1,000, −1,000×−1,000=−1,000,000)

현상계에서는 무한정으로 양과 음으로 사방팔방으로 생성멸할 수 있다.(∞)

대우주의 중심인 하늘의 0자리와 음, 양의 숫자를 곱하고 나누기 한다면 어떻게 될까?

(0×100=0 0×1,000=0 0×10,000=0

0×−100=0 0×−1,000=0 0×−10,000=0

100÷0=0 1,000÷0=0 10,000÷0=0

−100÷0=0 −1,000÷0=0 −10,000÷0=0)

0과 곱하거나 나눌 경우 그 자리는 0이다. 현상계에서는 원자폭탄, 수소폭탄 등 폭발력으로 곱하거나 미세입자인 원자핵, 분자, 바이러스 등으로 나눌 경우는 무한대의 생성멸을 할 수가 있다. 그러나 **대우주의 중심인 하늘의 0의 자리에서는 그대로 0인 자리이니 여여한 영원무궁한 무중벽의 자리이다.**(10-2)

천부경(2-9)에서의 일적십거「一積十鉅」의 十의 자리 성환오십 일묘연 만왕만래「成環五十 一妙衍 萬往萬來」의 十의 변함없는 근본 자리가 대우주 중심의 0의 하늘자리이다.

정역(2-14)에서는 일태극一太極 오황극五皇極 십무극无極의 十무극의 무중벽의 근본자리가 대우주 중심의 0의 하늘 자리이다.

주역에서는 63괘의 수화기제水火旣濟에서 64괘의 화수미제火水未濟를 다 마치고 미제未濟인 상태에서 첫째 1괘인 원형이정元亨利貞의 중천건重天乾괘로 다시 돌아가는 과정에서 수승화강水昇火降하고 진공묘유眞空妙有의 상태의 자리이다.

얼이 씨구나! 신神나는 윷판 인생人生의 들어가는 말과 나가는 말이 영원히 만나는 자리가 윷판의 참먹이방으로서 대우주 중심의 0의 하늘 자리이다.

○. 그러면 하늘, 땅, 사람의 윷판을 다 돌아보니 몇 점의 인생인가?

그림16의 인생성취도의 윷판(10-5)에서

21세까지의 과정은 앞밭을

37세까지의 과정은 뒷밭을

42세까지의 과정은 중심의 방을

48세까지의 과정은 쨀밭을

64세까지의 과정은 날밭을 넉동의 말이 차례대로 달리고 있다.

건강을 20점, 사랑을 20점, 경제를 20점, 명예를 20점, 행복을 20점을 도, 개, 걸, 윷, 모의 행마로 보았으며 일생동안 살면서 넉동의 말이 날밭의 가을결실을 다 이루었다면 우리 인생의 성취도는 100점이 되겠다.

윷판 참먹이를 출발하여 봄날 앞밭을 달리는 21세까지의 학업에 전념하는 지학志學의 젊은 날의 시절에는 건강은 20점 만점으로, 사랑 또한 20점 만점으로, 경제는 아직 학업 중으로 아르바이트를 학업과 병행한다면 5점으로, 명예는 아직 시기가 도래하지 않았기에 0점으로, 행복은 20점 만점에 10점으로 하였다. 학업에 젊음을 불사르고 21세까지의 청춘은 인생성취도에서 다 더하면 55점이 최대점수가 된다.(10-6)

학업에 열중한 젊은 날의 건강은 20점으로 좋지만 사랑도 미루어 놓고, 경제력도 없고, 명예도 없으며, 행복감을 전혀 느낄 수 없으면 최소점수가 20점이 된다.

지학志學의 젊은 날의 시절을 거쳐서 뜻을 세워 이립而立하여 여름날 윷판의 뒷밭을 달리는 37세까지는 사랑하는 님과 결혼을 하여 자식을 낳고 생업을 하는 직장생활을 시작하여 안정적 가정생활을 유지하고 사회활동을 나름대로 참여하게 된다.

건강을 20점 만점, 사랑도 20점 만점, 경제는 10점, 명예는 10점, 행복은 10점하여 최대점수는 70점이다. 최소점수는 35점으로 하였다.(10-6)

이립而立의 청년시절을 무사히 보내고 48세까지 뜻을 바꾸지 않은 불혹不惑의 나이에서 드넓은 만주벌판 가을날의 쩰밭을 달리고 있다. 직장에서는 인생관, 국가관, 사회관, 책임감으로 중책을 맡고 수행하며, 훌륭한 자식이 무럭무럭 자라며, 사랑이 가득한 가정을 이루었으며 경제력도 기반을 구축하고 사회활동도 활발히 하게 되었다. 건강은 20점 만점, 사랑도 20점 만점, 경제력은 15점, 명예도 15점, 행복도도 15점하여 최대점수는 85점이다.

최소점수는 50점이다.(10-6)

하늘의 명을 받아 살아가는 50세 지천명知天命의 삶은 인생의 겨울 결실기로 날밭에서 알차게 수확을 기다리고 있다. 순리로 살아가는 이순耳順에서 4년을 더 달리면 주역周易 64괘의 64세까지 참먹이 나가는 곳에 도착하게 된다. 한도 내려놓고, 원도 내려놓고, 원시반본하여 해원하고, 은혜를 갚고 함께 살아가는 상생의 의미를 알게 되었다.

건강은 20점 만점이다.
사랑도 20점 만점이다.
경제도 20점 만점이다.
명예도 20점 만점이다.
행복도 20점 만점이다.
최대점수는 100점이다.
최소점수는 가까스로 65점으로 참먹이로 나가게 되었다.(10-6)

넉동의 말이 힘차게 달려온 앞밭, 뒷밭, 쨀밭, 날밭에 오면서 수없이 넘어지고 쓰러지고, 싸우고, 터지고 하였으나 서로 끌어주고, 밀어주며 긴 여정을 거쳐 참먹이 출발점으로 다시 무사히 돌아가게 되었다. 사람이 태어나서 출발한 참먹이 방으로 다시 살아서 돌아가게 되었으니 참으로 자랑스럽고 영광스러운 인생길을 마감하는 것이다.

사람이 태어나서 도중에 되돌아가지 않고 윷판 한판을 넉동의 말이 힘차게 달려서 참먹이방으로 다시 돌아가는 천수를 다하기가 얼마나 어려운 일인가?

인생성취도의 윷판 점수

구분	21세 (점)	37세 (점)	48세 (점)	64세 (점)
건강	20/20	20/20	20/20	20/20
사랑	20/20	20/20	20/20	20/20
경제	20/5	20/10	20/15	20/20
명예	20/0	20/10	20/15	20/20
행복	20/10	20/10	20/15	20/20
합계	100/55	100/70	100/85	100/100

인생성취도의 윷판에 나이별로 나온 점수를 도식화 하였다.
인생성취도의 변화도(10-6)이다.

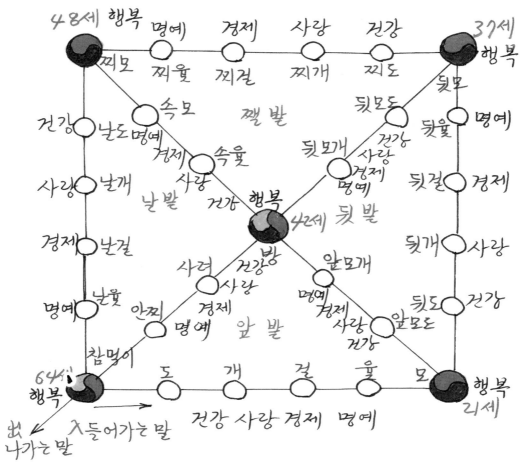

48세 행복 명예) 경제 사랑 건강 37세
찌모 찌웃 찌걸 찌개 찌도 행복
속모 쨀 밭 뒷모돗 뒷모
건강 낟도 명예 뒷모개 건강 명예)
경제 속윳 사랑
사랑 낟개 사랑 속윳 경제 뒷걸 경제
낟 밭 건강 행복 명예
경제 낟걸 42세 뒷 발 뒷개 사랑
명예 낟윳 사려 건강 밧 앞모개 뒷도
사랑 명예 건강
안찌 경제 경제 앞모돗
참멱이 명예 앞 밭 사랑
64세 건강
행복 도 개 걸 윳 모 행복
건강 사랑 경제 명예 리세

出 入들어가는 말
나가는 말

건강 20점
사랑 20점
경제 20점
명예 20점
행복 20점 성취도 100점

10-5 그림16 인생성취도의 윷판(用)

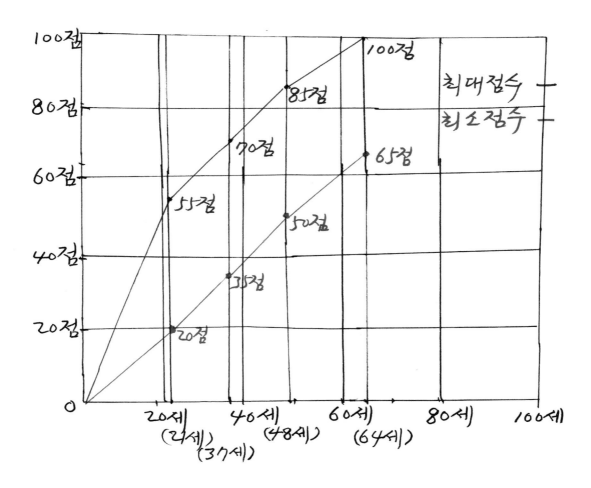

우리는 살아가면서 희로애락애오욕을 함께 한다. 자기 나이에 따라서 건강과 사랑과 경제와 명예와 행복 점수를 재점검하여 보자. 인생성취도인 윷판에 최대점수와 최소점수를 도식화하여 변화도를 그렸다. 자기의 현재 나이에서 건강과 사랑과 경제와 명예와 행복 점수를 재점검하여 하늘이 주신 윷판을 잘 돌아서 참먹이로 가야 하겠다.

10-6 인생성취도의 변화도

o. 뜨거운 7월 여름날 66세 나이의 하루 일과

창밖으로 날이 밝아온다. 아침 다섯시 반 정도이다. 30분 정도 일찍 일어났다면 다섯 시로서 아침 운동을 여유 있게 하고 8시까지 출근을 할 수 있을 텐데 조금 늦었다.

침대 잠자리에서 일어나기 전 침대 운동을 시작한다. 누워있는 자세에서 우선 발을 모으고 발끝을 위로 당겨서 90° 직각으로 만든다. 천부경 81자와 태을주 23자, 시천주 13자 총 117자를 외우며 왼발과 오른발을 서로 부딪쳐 주는 것이다. 다음 왼쪽 발 용천혈을 오른발 엄지발가락 지골 부분으로 위와 같이 234회 세게 쳐준다. 다음 오른쪽 발 용천혈은 왼쪽 발 엄지발가락 지골 부분으로 똑같이 234회 세게 쳐준다.

다음 발끝을 쭉 펴서 다리와 발이 수평으로 되도록 한다. 똑같이 234회를 왼쪽 발과 오른쪽 발 엄지발가락 지골을 부딪쳐준다.

다음 침대 단부목에 목을 걸치고 온몸에 힘을 빼고 편안하게 자세를 취한다. 목을 좌우로 117회 굴려준다. 다음 똑같이 머리 뇌호 부분을 걸치고 목을 좌우로 117회 굴려준다.

발과 목을 풀어준 상태에서 발끝을 다시 쭉 펴서 다리와 발이 수평으로 되도록 하고, 팔과 손을 머리 위로 쭉 편다. 손바닥을 열이 나도록 234회 쳐준다. 동시에 발끝도 234회를 쳐준다.

다음 침대 단부목에 어깻죽지와 등이 놓이도록 자세를 바꾼다. 팔과 손을 좌우로 180°가 되도록 쭉 펴준다. 손바닥이 머리 정수리 윗부분에서 큰소리가 나도록 234회 쳐준다. 동시에 발끝도 234회를 쳐준다.

편한 자세로 앉아서 머리 관자놀이 좌우를 19번 눌러준다. 눈썹 가운데 자리 좌우를 19번 눌러준다. 눈 아래 뼈 부분 승읍혈 자리 좌우를 19번 눌러준다. 눈 안쪽 정명혈 부분 좌우를 19번 눌러준다. 콧등과 코 부분을 19번 눌러준다. 코밑 인

중혈을 19번 눌러준다. 윗입의 윗몸 부분을 38번 눌러 마찰해준다. 아래턱의 윗몸 부분을 38번 눌러 마찰해준다. 아래턱의 천용혈부터 턱뼈와 목살 부분을 19번 눌러준다. 귀의 이중과 귀의 전체 부분을 38번 눌러준다. 머리와 뒷목사이의 천주혈 좌우를 19번 눌러준다. 아문혈을 19번 눌러준다. 풍부혈을 19번 눌러준다. 머리의 정상인 백회혈을 19번 눌러준다. 머리 전체는 손가락 끝으로 힘을 주어 38번 두드려 준다.

머리 부분의 혈을 누른 다음 가부좌 자세로 가장 편하게 앉아서 온 힘을 다 빼고 양손을 머리까지 올리고 좌우로 38번 앞뒤로 38번 머리를 흔들어준다. 머리를 좌로 10번, 우로 10번 회전시켜준다. 마무리로 천부경 81자, 태을주 23자, 시천주 13자, 총 117자 암송하며 머리를 좌우로 도리도리하며 팔과 손을 흔들어서 쌓인 피로를 다 날려 보낸다.

식탁 위에 있는 약수를 한 컵 마신다. 빈속에 물 내려가는 느낌이 있다. 신문 가지러 대문으로 간다. 능수화 나무 꽃에 윙윙대는 벌들의 날개 소리가 대단하다. 마당에서 방을 지킨 「옥동자 안고 있는 어머니」가 반겨준다. 마당 운동과 거실 운동은 시간이 안 되어 생략한다. 신문을 큰 제목만 읽는다.

날씨가 아침부터 무척 덥다. 8시에 출근해서 잠깐 회의를 하고 「여의도올림픽대로확장공사」에 10까지 참석하기 위하여 지하철 4호선을 타고 서울역까지 간다. 지하철 승객이 많다. 앉으나 서있으나 10명 중 7명 정도는 스마트폰을 보고 있다. 지하철 개폐문 옆에 바짝 자리를 잡고 10초 단전호흡을 한다. 에어컨이 가동되어 무척 시원하다. 나이 드신 어르신들이 많다. 서울역은 역시 콩나물시루같이 승객이 많다. 허리가 굽어진 할머니 할아버지가 많이 눈에 띈다. 서울역에서 1호선 인천 방향 지하철로 갈아탄다. 1호선 지하철 안은 땀이 뻘뻘 나게 덥다. 대방역에서 내리니 지상역사라서 지하철 안보다 더 덥다.

9시 40분경 현장사무실에 도착한다. 기술지원 감리자로서 현장 정기점검과 기성검사를 하는 날이다. 현장을 나가보니 올림픽대로 확장 법면구간이 장맛비로 인

하여 토사가 흘러내린 곳도 있고 일부 천막 덮개가 덮어져 있다. 장마대비라면 전 구간 천막 덮개를 하여 토사가 흘러내리지 않도록 하여야 한다.

　도심지 비산먼지발생을 하지 않으려면 또한 천막 덮개를 하여 비산먼지가 발생하지 않도록 하여야 한다. 현장의 관리가 전혀 되어있지 않으니 어인 일인가? 차량 통행이 많은 올림픽대로확장이며 대한민국국회가 샛강 건너편에 있으며 방송국이 있어 많은 국내외 손님이 왕래하는 곳인데 미장차면시설도 설치하지 않고 있다.

　공사현장 진입도로구간도 출입자관리와 비산먼지관리가 안 되고 있다. 장마 우기시니 한강 샛강이므로 수방안전대책도 철저히 하여야 하고 비산먼지 환경대책도 이상이 없어야 한다. 영세한 시공사와 현장여건이 어렵더라도 관련 규정과 시방을 준수하도록 끌어가야 하는 책임감리단이 천일이다. 나는 책임감리단의 본사 기술지원자이니 나 또한 공동책임과 의무가 있다.

　책임을 맡고 있는 단장님은 발주청에 들어가고 환경청 현장점검 관계로 현장소장도 자리에 없다. 직접 현장관리를 했던 서울시에 있었다면 나는 어떻게 했을까? 주인이 아니고 지원자이니 의견만 제시하고 결정은 감리단장의 의견을 들어 발주청에서 할 일이다. 지난날 현업 근무 시절이 아직도 살아 있으니 씁쓸하다.

　잠실 서실로 글씨를 쓰러 가기 위하여 대방역에서 1호선 전철을 타고 다시 서울역으로 향한다. 잠실까지 갈려면 2호선을 타야 되는데 잘못 내렸다.

　어차피 점심을 해결하고 잠실로 가야 하므로 어디서 점심을 먹을까 생각하니 지하철 5호선 길동역 옆에 있는 해장국집이 제일 적합하다고 생각되었다. 점심 먹을 겸하여 궁금했던 길동역과 소송이 있었던 도고건설부지를 보기로 하였다.

　길동역을 돌아보니 감회가 새롭다. 고덕 쪽 터널의 막장이 무너져 내릴 때 밀려오는 막장에서 뛰어나오고 긴급으로 H-형강 빔 보강을 했었는데 프랫트홈 스크린 창으로 보니 터널속구조물이 불이 환하게 밝혀있어 터널 모양이 좋게 보인다. 단면이 작아 보였던 계단부 기둥(40cm×40cm)이 그대로 있고, 민간건물과 협의하여 출입구를 연결 설치했던 1번 출입구와 개통 후 설치했던 장애우시설인 에스컬레이터와 엘리베이터도 타보니 역시 나이 먹으신 어르신이 이용하기가 편하도록 설치하기를 잘하였다고 자위를 한다. 현장사무실이 있던 1번 출입구에는 삼환(三桓)건물이 우뚝 서 있다. 지상의 환기구가 인접 건물의 영업활동에 지장이 없도록 하되 비가 와서 도로가 침수되더라도 지하철로 물이 들어가지 않도록 고민했던 환기구가 미장된 돌로 아직 보기 좋게 버티고 있다.

전주 해장국에 가서 뼈 해장국을 맛있게 먹었다. 20년 전 아주머니가 그대로이시며 해장국 맛도 옛날 그대로이다. 도고道高건설 곽의원님의 소식을 물어보니, 모텔과 빌딩을 지어서 이 지역에서 제일 부자라고 하신다.

잠실 서실로 지하철을 타고 천호동까지 가서 8호선을 타고 가려니 시간이 많이 걸리고 날씨가 너무 덥다. 큰맘 먹고 시원한 택시를 타고 서실로 간다. 나이 드신 기사님이 참 친절하시다. 2시 반경에 서실에 들어서니 예서 쓰시는 연세 드신 할머니 한 분과 선생님만 계신다. 더운 날씨이니 땀이 줄줄 흐른다. 잘 나오시던 서우님들이 더워서 휴가를 가셨는지? 사업이 바쁘신지? 참석률이 저조하다. 선생님께서 오늘은 연꽃을 그려주시지 않고, 파초를 그려주신다. 작년에 대나무, 난, 매화, 국화인 4군자중 대나무와 난을 그렸고, 금년에는 매화, 국화, 소나무, 포도, 연꽃, 파초를 그리고 있다. 붓으로 그리는 그림이 재미가 있다.

4시가 넘어서 2호선 잠실역을 출발하여 약속장소인 사당역으로 향한다. 사당역은 지하철 감독을 처음 시작한 곳이니만큼 애중이 많은 곳이다. 지하철 난공사 해결사인 홍종헌 님과 신림선 단장 김두주 님과 천일 김회중 님 넷이서 오랜만에 '금수사' 일식집에서 자리를 함께하기로 했다. 사장님 부부께서 활짝 웃으시며 반겨준다. 맥주잔에 소주를 타서 완샷으로 건배를 한다. 지난 세월의 무용담이 무르익고 술잔 몇 바퀴 돌아간다. 술맛이 참 좋다. 다음을 기약하고 화이팅하고 헤어진다. 우렁우렁 우렛소리가 들리고 빗방울이 떨어진다. 복기 아내가 차를 가지고 과천역으로 나오고 집으로 귀가한다. 집에 와서 시원하게 찬물로 샤워를 한다. 날것 같이 상쾌하다.

소설드라마인 「그 여자의 바다」를 본다. 사랑의 배반과 이루어질 수 없는 사랑으로 악과 선의 연속이다. 드라마 속이지만 주인공 수인의 처지가 막막하여 눈물이 날 정도이다. 9시 뉴스는 온통 북한의 핵실험 규탄과 문재인 대통령이 G20 참석하여 대한민국 경제개발에 일익을 담당했던 독일의 광부와 간호원들과의 만남의 기쁨을 전해주고 있다. 씨를 뿌린 것은 박정희 대통령인데 결실을 맺은 때에 독일을 방문한 문대통령 부부가 영광을 누리고 있으니 참 억울하다고 생각된다. 박정희 대통령의 딸인 박근혜 대통령은 탄핵 재판으로 초췌한 모습이다. 9시 뉴스는 꼭 본다. 장맛비가 쏟아졌는데 가뭄이 심했던 경기도 남부와 충남, 호남 쪽은 아직도 논바닥이 쩍쩍 갈라져 있다. 테러, 홍수, 지진, 난민 등으로 세상이 뒤죽박죽이다. 스포츠 뉴스를 보며 그나마 위안이 된다.

오늘의 일들을 적다 보니 11시가 넘었다. 여름밤이 더우니 땀이 줄줄 흐른다. 오늘의 일과중 지난날 담당했던 지하철 5호선 구간의 길동네거리를 돌아본 것이나 잠실 서실로 가서 파초 그림을 그리는 여유를 가진 것은 회사로 귀사하지 않고 나의 시간을 가질 수 있었기에 가능하였다. 나이를 먹었으니 주역 64괘를 다 돌고 새롭게 시작하는 1괘인 중건천괘에 맞는 일과가 되도록 하여야 한다고 다짐을 해 본다. 내일은 오전에 원주청도로설계회의 참석과 오후에는 평택시의 오성 하수처리장점검과 5시에는 천일 사무실에 진공묘유에너지 회의가 있다. 바쁜 게 좋은 것인가?

회사의 일에 충실하지만, 나의 시간을 많이 갖도록 하여야 할 것이다. 복기 아내가 덥다고 선풍기를 머리 쪽에 틀어놓는다. 모든 세상이 좋은 밤이 되도록 생각하며 잠자리에 든다.

○. 신神나는 윷판 인생人生

　대우주 하늘별에서 내려온 북극성 중심의 북두칠성, 북극성 중심의 28수 별, 북극성 중심의 태양 행성, 태양 중심의 태양 행성을 윷판에 도시하였다.

　하늘, 땅, 사람 말씀에 대한 천부경 81자, 태을주와 시천주 36자, 참전계경 8강령, 10간 12지, 주역 64괘, 금화5송을 윷판에 펼쳐보았다. 살아온 과정을 64괘 64살로서 참먹이방을 출발하면서 윷판에 들어가는 말이 앞밭, 뒷밭, 쨀밭, 날밭 지나서 다시 참먹이방을 나가는 말이 되었다. 현재의 윷판은 사람의 평생을 64괘로 주역의 상극의 낙서세계로 규정짓고 있다.

　주역의 마지막 괘 64괘는 화수미제火水未濟로 남겨서 미제이니 술에 머리를 적시지 말고 믿음을 두고 술을 마시어 바름을 지켜 다시 주역의 첫괘인 중천건重天乾 1괘로 다시 돌아가야 함을 제시하고 있다.

　역易이 하도河圖 복희伏羲에서 낙서洛書 문왕文王으로 낙서洛書에서 정역正易의 일부一夫로 바뀌었으니 정역세계正易世界는 제3역第三易의 건곤乾坤이다. 정역正易의 새 광명은 주역周易에서의 9궁수가 아닌 10무극无極수로 금화金火가 바뀐다. 천지경위 2800년의 윤역閏易은 청산하고 낙서가 하도로 복귀함에 따라 건곤乾坤이 정위正位하여 존공尊空되고 뇌풍雷風이 기위친정己位親政을 봉행하여 기朞 360日의 정역正易 세계가 실현된다. 이를 정역正易에서는 유리세계, 무량세계, 대동세계大同世界라 한다.
　주역周易의 기제미제旣濟未濟는 선천先天의 끝에서 后天의 새 나라로 다 건너지 못 한 체 끝을 맺었다.

정역正易의 기제미제既濟未濟는 새 건곤乾坤의 자리로 건너서 새 나라의 후천后天에 들어가 하느님과 제신諸神이 화합和合하여 각축과 불협화음이 제거되고 율여律呂로써 음양 조화를 이루어 이화세계를 이룬다.

정역正易에서는 이를 「우우이이혜여, 정정방방이로다. 정정방방혜여 호호무량이로다. 于于而而兮여, 正正方方이로다. 正正方方兮여 好好无量이로다.」아 기쁘고 기쁘도다! 바르고 바르도다. 바르고 바른 세상이여! 좋고 좋은 일이 무량하도다라고 찬양하고 있다.

주역周易에서의 64괘 화수미제에서 다시 돌아가는 중천건重天乾괘는 주역周易의 첫 번째 괘이니 선천先天의 낙서洛書 괘에서 후천后天의 정역正易 괘로 새로운 시작을 의미한다.

윷판의 동서남북 괘로 길을 돌면서 용마龍馬가 괘를 이탈하지 않고 안전하게 달릴 수 있도록 항시 지켜준 노래는 천부경 81자와 태을주 23자 시천주 13자 총 117자이다. 선천先天의 64괘를 한바퀴 다 돌았으니 후천后天 64괘를 한 바퀴 더 돌면 128괘가 된다. 사람의 수명은 천수를 다하면 125세라고 한다.

어차피 한 바퀴를 더 돌아야 참먹이방으로 나가는 윷판 위에 던져졌다면 새 시대의 선경문화와 조화문명, 홍익인간 이화세계의 주인공이 되어 하늘(天一)과 땅(地一)과 사람(太一)이 하나가 되는 진정한 신인합일神人合一하는 태일太一이 되도록 「신나는 윷판 인생」으로 새 광명 새 시대를 열어가기를 기원한다.

나가는 말(참먹이 도착)

얼이 씨구나! 윷 한판 놀아보세

어릴 때 재미있게 놀았던 "얼이 씨구나! 윷 한판 놀아보세"를 외치며 참먹이방을 출발하였다. 우리나라의 고유한 윷놀이 의미와 유래를 살펴보았다.

윷판은 어디서 온 것일까? 우리가 현재 사용하고 있는 윷판은 주로 사각형 윷판이다. 윷을 높이 던질 때 왜 "얼이 씨구나!"를 외칠까? 얼은 정신이다. 씨는 씨앗으로 씨를 뿌리면 봄에 싹을 키워, 여름에는 무성히 자라서 꽃을 피운다. 가을에는 열매를 맺는다. 얼이 씨인 것을 알게 된 것은 「천부경天符經」을 접하게 된 내 나이 36세 때인 것 같다. 하늘과 땅과 사람이 큰 덕과 큰 슬기와 큰 힘으로 나툰 하나임을, 시작과 끝이 하나임이 마음과 몸으로 다가왔다. 시작의 얼은 무엇이고 씨앗은 무엇이고 열매는 무엇일까?

하늘이 주신 천부 윷판 천도天道

시작의 얼을 찾으니 어머니께서 정화수 떠놓으시고 추운 겨울 대보름날에 부엌에서 칠성님께 빌고 빌고 비시는 모습이 떠오른다. 북두칠성님이다. 가을 청명한 저녁에 하늘을 보니 북쪽 하늘에 항시 떠 있는 7개의 별이 돌고 있음을 알았다. 우주의 중심에 보이지 않는 북극성과 북두칠성을 찾았고, 하늘에 동서남북을 지키는 28수 별, 음양오행의 태양계별이 다 같이 윷판에 있음을 그려보았다. 윷판에 다 들어온다.

실제로 사람이 살아가면서 지켜야 할 도리道理를 옛 성현님들은 말씀하셨다. 천부경과 참전계경 8강령, 태을주와 시천주, 음양오행, 주역 64괘, 정역, 인생행로, 인생성취도를 차례대로 그려보았다. 윷판에 다 들어온다.

말씀에서 찾은 윷판 천도天道

그러면 대우주별의 운행과 성현님들의 말씀이 어떻게 경전에 나타나고 있는지를 환단고기, 천부경, 주역, 정역, 도전을 순서대로 요약해보았다. 여기까지를 하늘이 주신 천도天道로 보았다.

땅에 펼쳐진 한밭윷판 지도地道

태어나고 살아가는 이 땅에는 펼쳐진 윷판이 어떠한가를 살펴보았다. 동학東學의 최종격전지로서 태어난 고향 북실 종곡리와 현재 살고 있는 과천과 생업으로 일을 했던 서울에 대하여 지도地道로 보았다. 역시 윷판에 다 들어온다.
5년 동안 학교를 다니며 무에서 유를 창조한 한밭 대전大田은 아직 때가 아니어서 살펴보지 않음이 몹시 아쉽다.

살아보니 도개걸윷모 윷판일세 인도人道

그러면 천도天道, 지도地道가 윷판에 들어오는데 실제로 내가 태어나고, 자라고, 일하고 살아가는 과정이 천도天道와 지도地道에 맞게 얼이 씨가 되어서 씨를

뿌려 비바람 맞으며 결실의 가을철 열매를 맺고 있는지를 인도人道로서 살아본 과
정의 도개걸윷모 윷판을 펼쳐보았다. 역시 윷판에 다 들어온다.

신나는 윷판 위의 이야기 천지인도天地人道

위의 살아본 윷판에서 그래도 경전의 말씀을 지켜보자고 했던 생업 이외의 취미
생활인 실생활의 축구, 산, 낚시, 볼링, 테니스, 골프, 서울시 일들을 신나는 윷판
위의 이야기천지인도天地人道로 보았다. 역시 윷판 위에 다 들어온다.

신났다. 윷 한판 더 놀아보세 천지인도天地人道

지금까지 "얼이 씨구나!" 윷놀이, 대우주별, 말씀, 땅, 삶, 경전 순으로의 시작에
서 끝을 달려왔다. 참먹이방을 들어가서 한 바퀴 돌아서 참먹이 방에 도착되었다.
다시 한 바퀴를 윷판에서 더 돈다면 어떻게 돌아야 될까를 심사숙고하였다.
　나무, 별, 이름, 一積十鉅를 살펴보니 참먹이방을 들어가는 말은 "세상은 윷과
같이 돌아야 한다와 정신, 마음, 몸 건강을 위하여 삼법수행과 더 신나는 윷판 인
생이어야 함"을 알게 되었다. 결론은 "얼이 씨구나!" 천지인도天地人道인 신났다.
윷 한판 더 놀아보세이다.

　처음에 「신神나는 윷판 인생人生」의 목차는 8편으로서 8편의 제목은 "신神났다.
윷 한판 더 놀아보세"로서 나가는 말로 정하였으나, 미제를 건너 기제로 건널 수 있
는 하늘과 땅과 사람을 잇는 실사구시하는 "9편의 천부윷판건강관리(천지인도天
地人道)"다리가 놓아졌고, 천부 윷판 건강관리를 함으로서 10무극인 새광명의 "10
편의 더 신神나는 윷판 인생(천지인도天地人道)"의 참먹이방에 도착하게 되어 나
가는 말로 정하였다.

　주역 63괘卦의 수화기제水火旣濟에서 64괘卦는 화수미제火水未濟이다. 광명

의 새 시대를 화수미제로 남겨놓았다. 다시 원시반본하여 미제를 건너 중건천重乾天으로 가기 위하여는 술을 마실 때 머리를 적시지 말고 적당히 먹어야 된다고 경고를 하고 있다. **천부경 삼일신고天符經 三一神誥의 삼법수행三法修行인 조식調息, 지감止感, 금촉법禁觸에서 호흡을 고르게 하면 정精, 기氣, 신神 합일로 내단이 결성되고, 수승화강水昇火降이 되면 생사를 초월한 참된 자아인 원신元神의 각성을 깨닫고 진공묘유眞空妙有를 이룬다. 다가오는 더 신神나는 윷판인생의 새 시대는 하늘과 땅과 사람이 자유, 평화, 사랑으로 이루어가는 10무극의 정정방방正正方方한 원형이정元亨利貞의 세상을 맞이하게 될 것이다.**

새 세상을 맞이하는 정정방방하고 원형이정하는 옥동자의 탄생을 우리 모두가 갈구하고 바라고 있다. 간절하게 소원하며 자성구자하면 강재이뇌하고 지감, 조식, 감촉, 일의 화행하면 성통공완한다고 하였다. 하늘에서 열어주신 새 세상을 땅에서 씨 뿌리고 가꾸어 기르기 위하여 적당한 물과 온도와 영양분을 충분히 준비하도록 하자.

옥동자의 탄생은 10달이 걸려야 된다. 정기신이 충만하여 남녀가 함께 수승화강이 되면 큰 덕과 큰 지혜와 큰 능력을 지닌 원신을 찾을 수 있다. 머리를 하늘에 두고 다리를 땅에 굳건히 디딛고 가슴을 활짝 열고 두 팔을 벌려, 10무극 유리세계, 무량세계, 대동세계를 맞이하도록 하자.

먼 길을 돌고 돌아서 윷판의 참먹이방으로 다시 원시반본 하였으니, 우리는 항상 사람으로서 해원하고, 보은하며, 상생하면서 홍익인간 하는 이화세계를 열어가자.

하늘이 주신 윷판에서 우리는 하늘과 땅과 사람이 신神 나게 함께 살아간다.

"얼이 씨구나! 새 윷판에서 신神 나게 함께 하신 모든 분에게 감사를 드린다.

| 참고문헌 |

경주김씨종친회, 『경주김씨판도판서공파계도보』, 2014.

고미숙, 『동의보감』, 북드라망, 2016.

權寧遠, 『正易과 天文曆』, 상생출판, 2013.

權寧遠, 『正易入門과 天文曆』, 동서남북, 2010.

權寧遠, 『周易句解』, 景仁文化社, 1989.

금일권, 『한글의 신비』, 천부동 사람들, 1995.

길기석, 『무엇을 남기고 가야 하나』, 이화문화출판사, 2016.

金桂鴻, 『天符經과 宇宙變化』, 天符社, 1993.

김대성, 『금문의 비밀』, 컬쳐라인, 2002.

김덕균, 『통쾌한 동양학』, 글항아리, 2011.

김동현, 『時間과 空間』, 한솜미디어, 2008.

金碩鎭, 『周易傳義大全譯解』, 大有學堂, 1996.

김성환, 『國仙道, 단전호흡법』, 덕당, 2004.

김승권, 『사람이 하늘과 땅을 품는다』, 한울벗, 2015.

김옥희 옮김, 『신의 발명』, 동아시아, 2005.

김용정, 이성범 옮김, 『현대, 물리학과, 동양사상』, 범양사, 2015.

김장호, 『韓國名山記』, 평화출판사, 1995.

김재성, 『문명과 지하공간』, 글항아리, 2014.

김재성, 『美路』, 글항아리, 2016.

김정현 저/노영근 역, 『正易註義』, 아람, 2004.

김 천, 『시대를 이끈 창종자』, 창글세상, 2014.

김태영, 『仙道 체험기』, 유림, 1995.

김현일, 『최수운』, 상생출판, 2013.

金洪穆, 『人生 나이 八十을 맞으며』, ㈜창문IPS, 2016.

김홍석 외, 『세계의 대심도장대터널』, ㈜수성엔지니어링, 2010.

김홍석, 『지하굴착지반에서의 지하수 흐름 해석에 관한 신뢰성 연구』, 박사논문, 2005.

남사고, 신유승 역, 『격암유록』, 경성라인, 2001.

노영균, 『황극경세서』, 대원출판, 2009.

노중평, 『유적에 나타난 북두칠성』, 백영사, 1997.

문계석, 『시천주와 다시 개벽』, 상생출판, 2013.

문용직, 『주역의 발견』, 부키, 2007.

박건웅, 『기가 세상을 움직인다』, 예인, 2005.

박맹수, 『생명의 눈으로 보는 동학』, 모시는 사람들, 2015.

박석재, 『하늘에 길을 묻다』, 상생출판, 2013.

박석재, 『해와 달과 별이 뜨고 지는 원리』, 성우, 2016.

박선영, 김호현 공저, 『한의학원론』, 이채, 2016.

박원길, 『유라시아 초원 제국의 샤머니즘』, 민속원, 2006.

박제상 저/김은수 역, 『부도지』, 한문화, 2015.

박진한 외, 『한의학개론』, 보명, 2008.

박창범, 『하늘에 새긴 우리 역사』, 김영사, 2002.

박홍래, 『우주생명보감』, 햇살, 1996.

반재원, 『쥐뿔 이야기』, 한배달, 2003.

峰 山, 『한기공』, 유림, 1994.

서대원, 『주역강의』, 을유문화사, 2008.

성기옥, 『논어와 명문 감상』, 지식과 감정, 2017.

손병욱, 『玄武經大論理』, 中和出版, 2007.

송영달, 『별자리서당』, 북드라망, 2015.

송영성, 『델타골프비전』, 이화문화사, 2008.

申性秀, 『周易通解』, 大學書林, 2005.

신원봉, 『윷경』, 정신세계사, 2002.

신지윤, 『天符經』, 배달문화연구원, 2004.

안경전 역주, 『桓檀古記』, 상생출판, 2016.

안경전, 『이제는 개벽이다』, 대원출판, 2002.

안경전, 『천지성공』, 대원출판, 2011.

안경전, 『한민족과, 증산도』, 상생출판, 2014.

안덕균 외, 『한의학이란 무엇인가』, 평화당, 1999.

안상규, 『단전호흡과 기호흡』, 태웅출판사, 2010.

안상현, 『우리 별자리』, 현암사, 2005.

안운산, 『春生秋殺』, 대원출판사, 2007.

양병무, 『일생에 한 권 책을 써라』, 21세기북스, 2013.

양우석, 『후천선경문명』, 상생출판, 2005.

양재학, 『김일부의 생애와 사상』, 2014.

왕의선, 『한민족의 원류』, 양문, 2000.

柳南相, 『周.正易經合編』, 經院, 2011.

유정수 역주, 『陰符經』, 여강, 2011.

유홍준, 『명작순례』, 눌와, 2014.

윤내현, 『고조선 연구』, 연권당, 2014.

윤봉운, 『주역사주』, 화담, 2004.

윤상철, 『세종대왕이 만난 우리별자리 1,2,3』, 대유학당, 2014.

윤석산, 『동경대전』, 모시는 사람들, 2014.

윤석산, 『용담유사 연구』, 모시는 사람들, 2003.

윤석희, 『천부윷의 재발견』, 자하仙, 2013.

윤종빈, 『正易과 周易』, 상생출판, 2009.

윤창열,『하도낙서와 삼역궤도』, 2012.

이기석, 한용우 역해,『대학중용』, 홍신문화사, 2012.

이동규,『사주강의록』, 밀알, 2008.

이민화,『스마트 코리아로 가는 길』, 새물결, 2011.

이상학,『한한한의 비밀과 사명』, 대원출판, 2002.

이순지 저/김수길, 윤상철 공역,『天文類抄』, 大有學堂, 2006.

이승수,『中의 原理』, 지지닷컴, 2010.

이승헌,『뇌파진동』, 브레인월드, 2009.

이어령,『가위바위보』, 마로니에북스, 2015.

이윤숙,『千字文과 易解』, 경연학당, 2008.

이윤숙, 이달원 공저,『왜 주역이고 공자인가』, 경연학당, 2010.

李正浩,『第三의 易學』, 亞細亞文化社, 1992.

李正浩,『周易正義』, 亞細亞文化社, 1994.

李正浩,『學易 言』, 대한교과서주식회사, 1981.

이찬구,『천부경과 동학』, 모시는 사람들, 2007.

이 청,『태어나기 전 너는 무엇이냐』, 북마크, 2009.

이현중,『역경철학』, 문예출판사, 2004.

이형문,『세월은 쉬어가지 않는다』, 유나미디어, 2015.

이화형,『민중의 꿈, 신앙과 예술』, 푸른사상, 2014.

임명진,『周易參同契』, 상생출판, 2013.

자 현,『사찰의 비밀』, 담엔북스, 2015.

전관수 옮김,『동서양의 고전 천문학』, 연세대학교출판부, 2010.

전창선, 어윤형 공저,『음양오행으로 가는 길』, 세기, 2005.

정 렴, 서해진 역,『용호비결』, 바나리, 2001.

정 욱 역,『삼국유사』, M&B, 2007.

정재원,『運命』, 일송미디어, 2005.

제갈태일,『한문화 뿌리 찾아서』, 상생출판, 2014.

조하선 옮김, 『카발라』, 물병자리, 1999.

조흥근, 『마고할미로부터 7만 년』, 글로벌콘텐츠, 2015.

주춘재, 『易經』, 청홍, 2003.

증산도도전편찬위원회, 『甑山道道典』, 대원출판, 2007.

최규중, 『홍익인간』, 보고사, 2008.

한규성, 『易學原理講話』, 예문지, 2010.

韓東錫, 『宇宙變化의 原理』, 대원출판, 2002.

한배달, 『천부경 연구』, 사단법인 한배달, 1994.

홍성현, 『가마 이야기』, 퍼플, 2015.

홍순섭, 『한국명산』, 깊은솔, 2013.

황경선, 『신교』, 상생출판, 2011.

황경선, 『천부경과 신교사상』, 상생출판, 2014.

황남송, 김성욱 옮김, 『송하비결』, 큰숲, 2003.

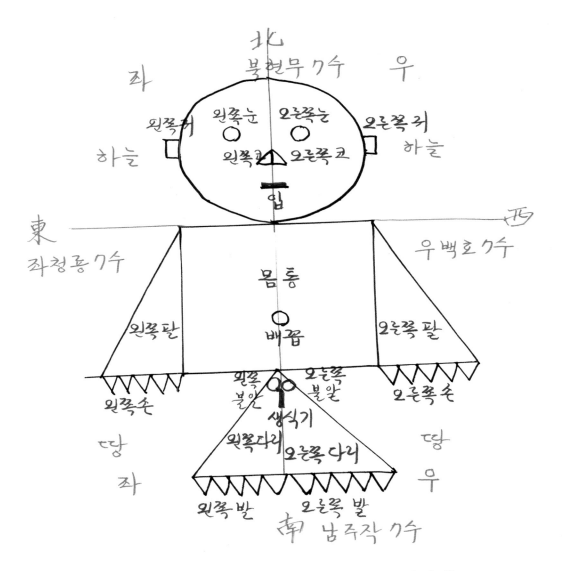

인체의 구조(머리 + 몸통 + 팔다리 + 손 발가락)

10-1 그림37. 인체의 구조

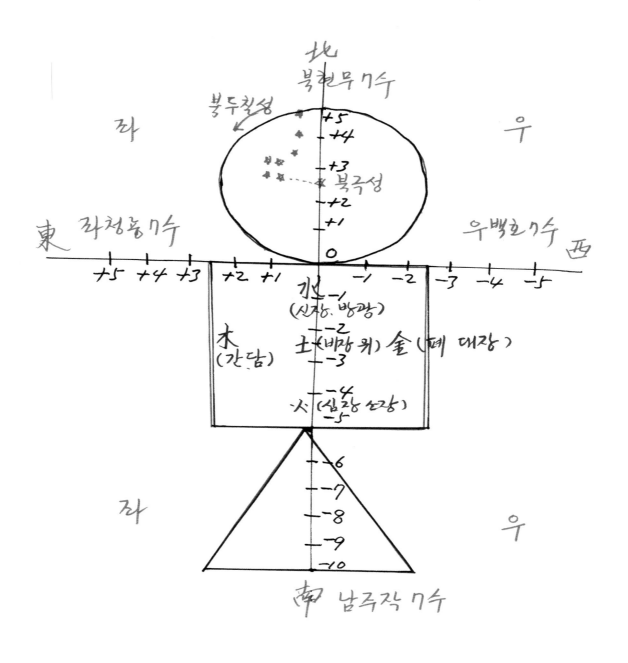

10-2 그림38. 동서남북 좌표로 본 인체구조

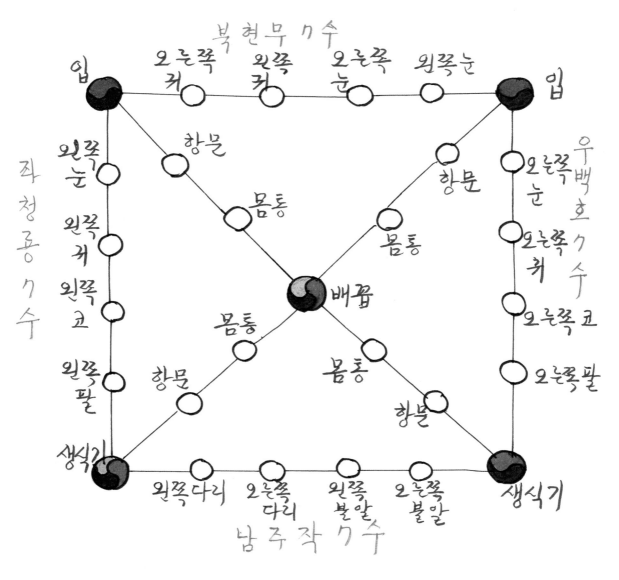

북현무 ヶ수
오른쪽 귀
왼쪽 귀
오른쪽 눈
왼쪽눈
입
입
좌청룡ヶ수
왼쪽 눈
왼쪽 귀
왼쪽 코
왼쪽 팔
항문
몸통
몸통
항문
배꼽
우백호ヶ수
오른쪽 눈
오른쪽 귀
오른쪽 코
오른쪽 팔
몸통
몸통
항문
항문
생식기
왼쪽다리
오른쪽 다리
왼쪽 불알
오른쪽 불알
생식기
남주작ヶ수

인체의 구조 윷판
(머리 + 몸통 + 팔다리)

10-3 그림39. 인체의 구조 윷판

북현무 기수

왼쪽손 | 왼쪽손 환지 | 왼쪽손 중지 | 왼쪽손 약지 | 왼쪽손 엄지 | 오른쪽 손

좌청룡 기수

우백호 기수

왼쪽발 엄지
왼쪽발 약지
왼쪽발 중지
왼쪽발 환지
왼쪽 발

왼쪽손 소지
왼쪽 불알
생식기
배꼽
항문
오른쪽 불알
왼쪽발 소지
오른쪽손 소지
오른쪽손 환지
오른쪽손 중지
오른쪽손 약지
오른쪽손 엄지
오른쪽 발 소지

오른쪽 발 엄지 | 오른쪽 발 약지 | 오른쪽 발 중지 | 오른쪽 발 환지 | 오른쪽 발

남주작 기수

인체의 구조 윷판
(몸통 + 팔다리 + 윷 발가락)

10-4 그림40. 인체의 구조 윷판

586

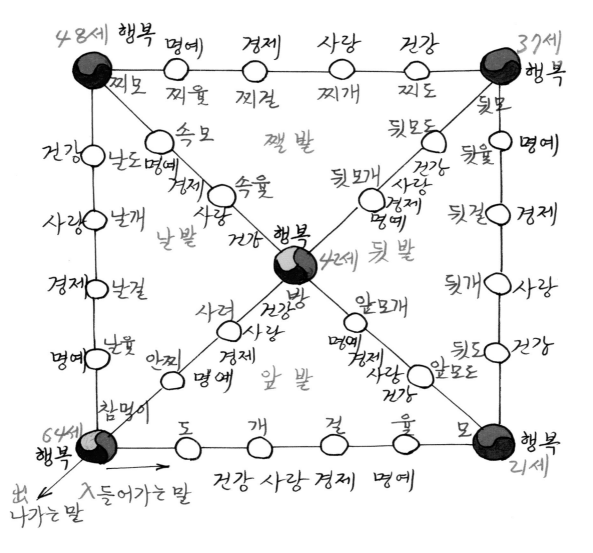

건강 20점
사랑 20점
경제 20점
명예 20점
행복 20점 성취도 100점

10-5 그림16. 인생성취도의 윷판(用)

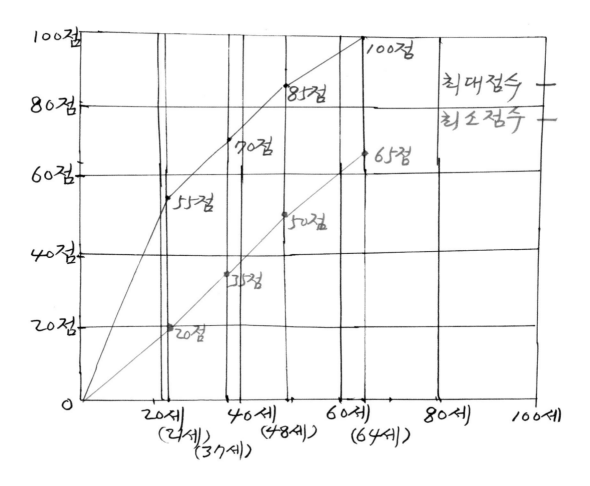

우리는 살아가면서 희로애락애오욕을 함께 한다. 자기 나이에 따라서 건강과 사랑과 경제와 명예와 행복 점수를 재점검하여 보자. 인생성취도인 윷판에 최대점수와 최소점수를 도식화하여 변화도를 그렸다. 자기의 현재 나이에서 건강과 사랑과 경제와 명예와 행복 점수를 재점검하여 하늘이 주신 윷판을 잘 돌아서 참먹이로 가야 하겠다.

10-6 인생성취도의 변화도

8-1 양재천 메타세콰이어 2017년 현재의 모습
개포구획정리 공사시 1987년에 식수하였다

8-2 과천집 마당의 주목나무 2017년 현재의
모습 개포구획정리 공사시
1987년에 식수하였다

8-3 그랜저 경기47라3228,
2003년 02월 28일 서울시 퇴직시 구입하였다

8-4 제네시스 62어 8703,
2012년 수성 재직시 구입하였다

6-0 지하철 7호선 개통을 하고 족구대회 2000년

5-97 한밭대학교 대한민국을
이끈 동문상 2017년 05월 19일

5-97 한밭대학교 재경총동문회 회장 명패 2013년

6-1 학교에서 본 서당재산 2017년 08월

6-2   서당재산 정상,

2017년 11월 아내와 아들
며느리와 함께 오봉으로
출발해서 산에 올랐으나
50년 전에 나무지게 받쳐
놓은 정상이 소나무가 무
성하다

6-3 장바우산 입구 장승목

6-4 한라산 철쭉꽃
1984년 05월

6-4 천지연 폭포 앞에서 福起 아내와
함께 1984년 05월

6-4 한라산 영실에서 1984년 05월

6-5 한라산 백록담 1984년 05월

6-6 지리산 백무동 입구

6-7 지리산 백무동 안내판

594

6-8 태백산 당골의 천부경비

6-9 태백산 당골의 성황당

6-10 태백산 천제풍경

6-11 모악산 금산사

6-12 금산사에서 본 모악산 전경

6-13 모악산 미륵성지

6-14 과천중앙공원의 충혼탑

6-15 과천충혼탑 헌시

6-16 검단산 소나무 1991년

6-16 검단산 정상 1991년

6-17 검단산 5호선 길동구간
안전기원제 1991년

6-18 검단산 약수터 옆에서
삼겹살 구워서 건배 1991년

6-19 5호선 건설기공식, 올림픽공원. 1990년 07월

6-20 백두산 천지 2014년 08월

6-21 백두산 천지 2014년 08월

6-22 속리산 법주사

6-23 속리산 말티재

6-24 속리산 정이품송

6-25 속리산 오리숲 뒷길

6-26 속리산 문장대 정상에서,
대전창공모임 1968년

6-26 속리산문장대 형훈, 미자 처제님
2017년 10월

6-27 여적암 어머니께서 다니셨던 절
중할머니가 외뿔집에서 주무시고 가셨다
아버님 49제를 드린 곳이다.

6-28 속리산 문장대

6-30 충남 송학저수지에서
붕어님 상면 못하다 1986년

6-31 천호동 펜코리아 볼링장에서 구동회 회원 모습 2016년

6-32 과천듀스회 오승학님, 정순자님 2016년

6-32 듀스회 테니스 게임 후 식사 마치고
화이팅! 2017년 10월

6-33 천안상록골프장에서
드라이버 티샷 2009년

6-34 용인시 한원골프장
그린에서 버디 2017년 10월

6-34 아내 김복기님, 동서 내외 임페리얼에서 함께 2016년

6-34 골드 CC에서 77타
기념 2010년 10월 31일

6-35 5호선 지하철 천호동 한강
개착공사현장 1993년

6-36 5호선 지하철
터널공사현장 1993년

6-37 지하철 역사에 설치된
에스컬레이터 편의시설

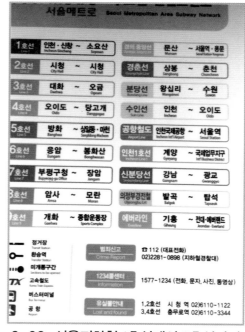

6-38 서울지하철 1호선에서 9호선까지
9색의 안내판

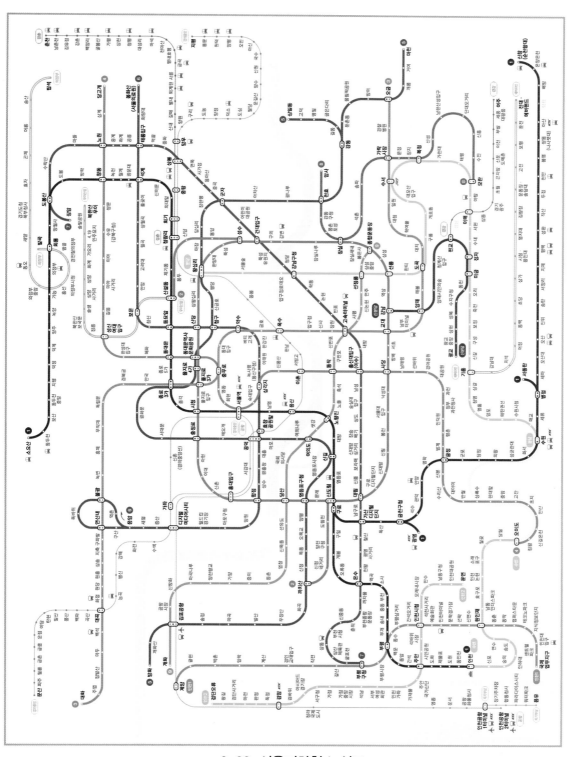

6-39 서울지하철 노선도

6-40 2호선 당산철교 개통기념 1983년 11월

6-41 3호선 중앙청, 독립문구간터널관통
1984년 3월 9일

6-42 5호선 개통식
1996년 12월 30일

6-42 5호선 개통식
1996년 12월 30일

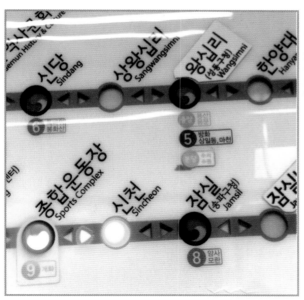

6-43 2호선 환승역 삼태극(잠실, 상왕십리, 신당)

6-44 2호선 잠실역 환승센터 지하철 8호선
인접하여 한강 유입 지하수 처리 안정 대책
수립한 위치 2017년 11월

6-45 2호선 신촌역 편의시설 안내판
2000년도에 7,600억원 예산으로 지하철 전구간
편의시설 설치토록 계획하였으나 청계천에
3,200억원 지원으로 나머지 개소는
2017년 현재 설치중임

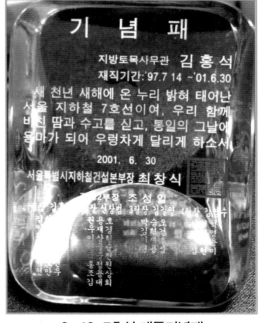

6-46 7호선 개통기념패
2001년 06월 30일

7-1 사물놀이 패가 동네를 돈다.
안성휴게소놀이공원 2018년 01월 01일

7-1 태풍이 돈다

7-2 만원권 지폐에 실린 일월오봉도

구자 자자 영자 장모님 생신 때 인천 삼겹살 식당에서 2018년 02월 16일

9-1 국선도 아침수행 서울시청별관 13층 원기단법 승진시
덕당정사님께서 2001년

제 0640-0284 호

段 證

주   소: 경기 과천시 문원동
성   명 김홍석 (金洪錫)
주민등록번호. 530122-1******
입 회 일 2001 년 9 월 19 일

위 사람은 國仙道協會에 입회하여
第 四 段 眞氣待期丹法 과정으로 승단
하였기에 단증을 수여함.

2006 년 11 월 21 일

소   속· 松坡支院
支院長   煉師   金宗必

國 仙 道 協 會
德堂正師 金 性 煥

9-2 국선도 아침수행 수성근무하며 송파지원장
김종필 연사님증 4단진기 단법 승진시 2006년 11월 21일

9-3 천부경 삼법 수행법 과천 2층
다락방에서 2017년 06월

37 風火家人

38 火澤睽

39 水山蹇

40 雷水解

41 山澤損

42 風雷益

43 澤天夬

44 天風姤

45 澤地萃

46 地風升

47 澤水困

48 水風井

49 澤火革

50 火風鼎

51 震為雷

52 艮為山

53 風山漸

54 雷澤歸妹

55 雷火豐

56 火山旅

주역64괘응효표(그림13)

1 重天乾
2 重地坤
3 水雷屯
4 山水蒙
5 水天需
6 天水訟
7 地水師
8 水地比
9 風天小畜
10 天澤履
11 地天泰
12 天地否
13 天火同人
14 火天大有
15 地山謙
16 雷地豫
17 澤雷隨
18 山風蠱
19 地澤臨
20 風地觀
21 火雷噬嗑
22 山火賁
23 山地剝
24 地雷復

57 巽為風
58 兌為澤
59 風水渙
60 水澤節
61 風澤中孚
62 雷山小過
63 水火旣濟
64 火水未濟